呂思勉講

中國史

呂思勉 著

商務印書館

呂思勉講中國史

作　　者：呂思勉

責任編輯：徐昕宇

出　　版：商務印書館 (香港) 有限公司

　　　　　香港筲箕灣耀興道 3 號東滙廣場 8 樓

　　　　　http://www.commercialpress.com.hk

發　　行：香港聯合書刊物流有限公司

　　　　　香港新界大埔汀麗路 36 號中華商務印刷大廈 3 字樓

印　　刷：美雅印刷製本有限公司

　　　　　九龍觀塘榮業街 6 號海濱工業大廈 4 樓 A

版　　次：2017 年 7 月第 1 版第 2 次印刷

　　　　　© 2010 商務印書館 (香港) 有限公司

　　　　　ISBN 978 962 07 5579 8

　　　　　Printed in Hong Kong

例　言

一、民國十三年商務印書館出版的《新學制高中本國史教科書》，係鄙人所編。出版之後，徵諸各方面的評論，似乎以為尚屬可用。惟間有嫌其太深的。鄙人自行覆視，似乎過深之處，尚不甚多。惟 (1) 該書係用文言；(2) 敍述力求揭舉綱要，其詳則留待教師的指示和學生的參考，因此措語較為渾括，而讀之遂覺其過深。所以前書的嫌深，在內容一方面，關係尚少；在文字一方面，關係轉覺其較多。所以此次編纂，改用白話；敍述亦力求其具體，少作概括之辭。無論教師或學生，使用起來，該都較前書為便利。

二、白話的易於了解，全在其 (1) 語調和 (2) 述說的順序，都較文言為接近。至於名詞，倒是無甚關係的。況且名詞是萬不能譯作白話的。所以此篇都一仍其舊。至於語句，似乎可以隨便些。然亦有含義繁複，勉強改譯，必至失真的，如第三編第六章註中所引漢刺史所奉六條詔書是。又有須就其原文加以考釋的，第二編中所引經子，此例特多。此等處若教師能明白講解，學生能細心體會，原亦無甚難解。況且此等用語，自己讀史時，亦總是要遇到的。在高中時期，亦應有相當的訓練。所以此編亦一仍其舊。此等皆有刪節，無改易。必不得已，寧可再下解釋。此外還有一種，是歷史中特別精彩，或足以振起精神的文字，間引一二，以助讀者的興味，如第三編第十一章所引《史記平準書》，第三十六章所引司馬光疏語，第四十七章所引《明實錄》是。

三、鄙人對於中國史分期的意見，具見前書例言中。此次教育部所定《教材大綱》，分期之法，和鄙意無大出入。故即遵照編纂，以期劃一。至於每一時期之中，又可分為數小期，則其意見，具見第一編第四章中，茲不贅述。

四、本書編纂，雖係自古至今，依着時間的順序排列。然使用之時，即先授第四、五編——近世史、現代史——亦無不可。因為近世和現代的事，和眼前的生活較為切近，學生容易了解，亦容易有興味。固然，史事係逐步發展，讀後世史，必須溯其原於古，乃能真實了解。然必先覺有興味，乃能引起其探求之心。而讀古代史時，得後世史事，以資比較，亦更容易了解——因為古史多是殘缺不全的，而帶神話、傳說等性質亦較多。

五、一部十七史，從何說起，昔人早有此感慨。何況今日，史實愈繁；一因史實的累積，一因觀點的不同，而史料增加。中等學生，又非專門研究之家。要在僅少時間中，探原於既往以說明現在；所舉示的，既不能失之繁蕪，又不能過於漏略；既不能失之艱深，又不能過於膚淺，這是談何容易的事？無論何人，編纂起來，恐亦不敢自信，何況如鄙人的淺學。茲編所注重：(1) 為一時代中重要之事，如漢之外戚、宦官，唐之藩鎮。(2) 則其事對於現在社會，仍有直接影響的，如明、清兩代的制度，敍述均較詳，其餘則較略。無甚關係之事，或徑從刪削，以免頭緒紛繁之病。其有不能不敍及以備始末的，則存之於註。

六、史事敍述，最宜忠實。有等事，逐細敍來，似嫌瑣屑，然一經改作概括之語，便不免於失真。本書於此等處，寧任其稍繁，不敢以意改易。但亦有宜避其過繁以節省學者的腦力的。以最經濟的方法，俾學者得最精要的知識，原係教授目的之一。如第三編第二十三章，引《唐書・地理誌》所載賈耽所記入四夷之路，其中重要的地名，都用原名而釋以今地；其較不重要的，則但以今地名示其路線的概略，即其一例。

七、講歷史是離不開考據的。考據無論如何精確，總只是考據，不能徑作為事實，這是原則。但亦有例外。如佛教的輸入，斷不能將宗教家的傳說，即認為事實，後人考據的結果，其勢不能不採。第三編第十章，這看似例外，其實此等傳說，不能認為事實，亦正是史學上的公例。但鄙人於此等處，必格外謹慎。所採取的，必係前人的成說，大略為眾所共認的，決不羼以自己的意見。且必著明其如何考據而得，俾學者並可略知考據的方法。

八、考據宜避瑣碎，這不是對專門家說的話。專門家的考據，正以愈瑣碎而愈見其精詳。因為有許多大事，係聯結小事而成；又有許多大關係，是因小節目而見的，但這亦不是對中學生說的話。教授中學生的材料，若過於瑣碎，他不知其在全局中的關係，就不免遊騎無歸，變為徒費腦力了；而且易入於歧途。此篇於此等考據，概不闌入。所採取的，都是能發明歷史上重要事實的真相；或則貫串許多事實，示人以重要概念的。如顧亭林先生的《日知錄》，趙甌北先生的《陔餘叢考》等，所採較多。

九、對於考據問題，一個人的意見，往往前後不同，這是無可如何的事。此書的編纂，距離編新學制高中教科書時，將近十年了。鄙人的意見，自亦不能全無改變。如漢族由來，鄙人昔日主張西來之說，今則對於此說亦不敢相信。又如伏羲氏，鄙人昔亦認為遊牧時代的君主，今則以為黃帝居河北，係遊牧之族；羲、農之族居河南，自漁獵徑進於耕稼，並未經過遊牧的階級。又如堯、舜、禹的禪讓，昔日認為絕無其事，今則對此意見，較為緩和。此等處，一一都將舊說改正。自信今是而昨非。但亦不知今之果是乎？非乎？惟有仰望大雅弘達的教正而已。

十、編教科書，自不宜羼入議論。但此亦只指空論或偏激穿鑿之談。至於正確的理論，成為讀史的常識的，則不徒不在禁例，並宜為相當的輸入。又利用歷史以激發人民的愛國心等等，亦為有失忠實之道。但此亦以與史實不合者為限。至於陳古可以鑒今，讀了某種史實，自然會感動憤發的，自亦不在此例。又貫串前後，指示史事的原因結果，及其變遷之所以然的，則看似議論，實係疏通證明的性質，其不能強指為主觀自更無待於言了。本書從表面上看，似乎有發議論之處，實皆謹守此三例，所以自信為尚無臆逞之弊。

十一、歷史的有年代，猶地理的有經緯線。必一見紀年，即能知其事在時間上的位置，方為有用。准此以談，舊日用君主年號紀年之法，其不能適用，自然無待於言，前編新學制教科書時，係用民國紀元；辛亥以前，均用逆計。此法年代的先後，固亦可一見而知；惟逆計太多，亦總覺其不便。此編徑用公元，以便用世界史互相對照。中國歷史紀年，是否應徑用公元，自亦成為一問題。但就目前的情形而論，則似乎此法較為便利，所以本編用之。好在教科書本應時時改良，並不是有永久性質的。

十二、歷史、地理兩科，關係極密。治歷史的人，必先明白地文地理；次則歷代的政治區劃，亦宜知其大概；然後任舉一地名，大略知其在何處，即能知其有何等關係。關於前者，宜在地理科中致力。後者宜時時翻閱歷史地圖。本書第一編第三章，所舉歷代政治區劃的大概，自信尚屬簡要。一時固不必強記，如能用作綱領，參考他種書籍，多和讀史地圖，對讀幾過，似於讀史不無裨益。

十三、吾國書籍，向分經、史、子、集四部，這原不過大概的分類。何況今日，史學上的觀點，和從前不同，一切書籍，都應用平等的眼光，認作史材。編歷史的人，所引據的不能限於史部，自更無待於言。茲編引據之例，即係如此。所引的書，自信都較為可信；引據的方法，自信亦尚謹嚴。教者如能善為啟示並可使學生略知判別書籍及引用書籍的方法。

十四、讀史地圖、年表、系譜，都是讀史者當備的書，所以本書中不再附入。偶或附入，則是普通圖譜所不具；或則讀課文時必須對照的。有時徑以此代敍述。改求簡明，亦以養成讀圖譜的能力。

目　錄

第三編　　中古史

第四編　　近代史

第五編　　現代史

第六編　**結　論**

第一編

緒 論

第一章 歷史的定義和價值

歷史是怎樣一種學問？究竟有甚麼用處？

從前的人，常說歷史是“前車之鑒”，以為“不知來，視諸往”。前人所做的事情而得，我可奉以為法；所做的事情而失，我可引以為戒。這話粗聽似乎有理，細想卻就不然。世界是進化的，後來的事情，決不能和以前的事情一樣。病情已變而仍服陳方，豈惟無效，更恐不免加重。我們初和西洋人接觸，一切交涉就都是坐此而失敗的。

又有人說：歷史是“據事直書”，使人知所“歆懼”的。因為所做的事情而好，就可以“流芳百世”；所做的事情而壞，就不免“遺臭萬年”。然而昏愚的人，未必知道顧惜名譽。強悍的人，就索性連名譽也不顧。況且事情的真相，是很難知道的。稍微重要的事情，眾所共知的就不過是其表面；其內幕是永不能與人以共見的。又且事情愈大，則觀察愈難。斷沒有一個人，能周知其全局。若說作史的人，能知其事之真相，而據以直書，那就非愚則誣了。又有一種議論：以為歷史是講褒貶、寓勸懲，以維持社會的正義的。其失亦與此同。

凡講學問必須知道學和術的區別。學是求明白事情的真相的，術則是措置事情的法子。把舊話說起來，就是“明體”和“達用”。歷史是求明白社會的真相的。甚麼是社會的真相呢？原來不論甚麼事情，都各有其所以然。我，為甚麼成為這樣的一個我？這決非偶然的事。我生在怎樣的家庭中？受過甚麼教育？共些甚麼朋友？做些甚麼事情？這都與我有關係。合這各方面的總和，才陶鑄成這樣的一個我。個人如此，國家社會亦然。各地方有各地方的風俗；各種人有各種人的氣質；中國人的性質，既不同於歐洲；歐洲人的性質，又不同於日本；凡此都決非偶然的事。所以要明白一件事情，必須追溯到既往；現在是決不能解釋現在的。而所謂既往，就是歷史。

所以從前的人說：“史也者，記事者也。”這話自然不錯。然而細想起來，卻又有毛病。因為事情多着呢！一天的新聞紙，已經看不勝看了。然而所記的，不過是社會上所有的事的千萬分之一。現在的歷史，又不過是新聞紙的千萬分之一。然則歷史能記着甚麼事情呢？須知道：社會上的事情，固然記不勝記，卻也不必盡記。我所以成其為我，自然和從前的事情，是有關係的；從前和我有關係的事情，都是使我成其為我的。我何嘗都記得？然而我亦並未自忘其為我。然則社會已往的事情，亦用不着盡記；只須記得"使社會成為現在的社會的事情"就夠了。然則從前的歷史，所記的事，能否盡合這個標準呢？

怕不能罷？因為往往有一件事，欲求知其所以然而不可得了。一事如此，而況社會的全體？然則從前歷史的毛病，又是出在哪裏呢？

我可一言以蔽之，說：其病，是由於不知社會的重要。惟不知社會的重要，所以專注重於特殊的人物和特殊的事情。如專描寫英雄、記述政治和戰役之類。殊不知特殊的事情，總是發生在普通社會上的。有怎樣的社會，才發生怎樣的事情；而這事情既發生之後，又要影響到社會，而使之政變。特殊的人物和社會的關係亦是如此。所以不論甚麼人、甚麼事，都得求其原因於社會，察其對於社會的結果。否則一切都成空中樓閣了。

從前的人不知道注意於社會，這也無怪其然。因為社會的變遷，是無跡象可見的。正和太陽影子的移動，無一息之停，人卻永遠不會覺得一樣。於是尋常的人就發生一種誤解。以為古今許多大人物，所做的事業不同，而其所根據的社會則一。像演劇一般，劇情屢變，演員屢換，而舞台則總是相同。於是以為現在艱難的時局，只要有古代的某某出來，一定能措置裕如，甚而以為只要用某某的方法，就可以措置裕如。遂至執陳方以藥新病。殊不知道舞台是死的，社會是活物。

所以現在的研究歷史，方法和前人不同。現在的研究，是要重常人、重常事的。因為社會正是在這裏頭變遷的。常人所做的常事是風化，特殊的人所做特殊的事是山崩。不知道風化，當然不會知道山崩。若明白了風化，則山崩只是當然的結果。

一切可以說明社會變遷的事都取他；一切事，都要把他來說明社會的變遷。社會的變遷，就是進化。所以，"歷史者，所以說明社會進化的過程者也。"

歷史的定義既明，歷史的價值，亦即在此。

第二章 我國民族的形成

民族和種族不同。種族論膚色，論骨骼，其同異一望可知，然歷時稍久，就可以漸趨混合；民族則論語言，論信仰，論風俗，雖然無形可見，然而其為力甚大。同者雖分而必求合，異者雖合而必求分。所以一個偉大的民族，其形成甚難；而民族的大小和民族性的堅強與否，可以決定國家的盛衰。

一國的民族，不宜過於單純，亦不宜過於複雜。過於複雜，則統治為難。過於單純，則停滯不進。我們中國，過去之中，曾吸合許多異族。因為時時和異族接觸，所以能互相淬礪，採人之長，以補我之短；開化雖早，而光景常新。又因固有的文化極其優越，所以其同化力甚大。雖屢經改變，而仍不失其本來。經過極長久的時間，養成極堅強的民族性，而形成極偉大的民族。

各民族的起源發達，以及互相接觸、漸次同化，自然要待後文才能詳論。現在且先作一個鳥瞰。

中華最初建國的主人翁，自然是漢族。漢族是從甚麼地方遷徙到中國來的呢？現在還不甚明白。既入中國以後，則是從黃河流域向長江流域、粵江流域漸次發展的。古代的三苗國，所君臨的是九黎之族，而其國君則是姜姓。這大約是漢族開拓長江流域最早的。到春秋時代的楚，而益形進化。同時，沿海一帶，有一種斷髮文身的人，古人稱之為越。吳、越的先世，都和此族人雜居。後來秦開廣東、廣西、福建為郡縣，所取的亦是此族人之地。西南一帶有濮族。西北一帶有氐、羌。西南的開拓，從戰國時的楚起，至漢開西南夷而告成。西北一帶的開拓，是秦國的功勞。戰國時，秦西併羌戎，南取巴、蜀，而現今的甘肅和四川，都大略開闢。

在黃河流域，仍有山戎和獫狁，和漢族雜居。獫狁，亦稱為胡，就是後世的匈奴。山戎，大約是東胡之祖。戰國時代，黃河流域和熱、察、綏之地，都已開闢。此兩族在塞外的，西為匈奴，東為東胡。東胡為匈奴所破，又分為烏桓和鮮卑。胡、羯①、鮮卑、氐、羌，漢時有一部分入居中國。短時間不能同化，遂釀成五胡之亂。經過兩晉南北朝，才泯然無跡。

隋唐以後，北方新興的民族為突厥、回紇，現在通稱為回族②。西南方新興的民族為吐蕃，現在通稱為藏族。東北則滿族肇興，金、元、清三代，都是滿族的分支。於是現在的蒙古高原，本為回族所據者，變為蒙古人的根據地，回族則轉入新疆。西南一帶，苗、越、濮諸族的地方，亦日益開闢。

總而言之，中華的立國，是以漢族為中心。或以政治的力量，統治他族；或以文化的力量，感化他族。即或有時，漢族的政治勢力不競，暫為他族所征服，而以其文化程度之高，異族亦必遵從其治法。經過若干時間，即仍與漢族相同化。現在滿、蒙、回、藏和西南諸族，雖未能和漢族完全同化，而亦不相衝突。雖然各族都有其語文，而在政治上、社交上通用最廣的，自然是漢語和漢文。宗教則佛教盛行於蒙、藏，回教盛行於回族。滿族和西南諸族，亦各有其固有的信仰。漢族則最尊崇孔子。孔子之教，注重於人倫日用之間，以至於治國平天下的方略，不具迷信的色彩。所以數千年來，各種宗教在中國雜然並行，而從沒有爭教之禍。我國民族的能團結，確不是偶然的。

註解

① 匈奴的別種。居於上黨武鄉羯室，因以為號（在今山西遼縣）。

② 此族人，現在中國通稱為回，歐洲人則通稱為突厥，即今譯的土耳其。見《元史譯文證補》卷二十七中。其本名實當稱丁令，見第三編第二十一章。

第三章 中國疆域的沿革

普通人往往有一種誤解，以為歷史上所謂東洋，係指亞洲而言；西洋係指歐洲而言。其實河川、湖泊，本不足為地理上的界線。烏拉山雖長而甚低，高加索山雖峻而甚短，亦不能限制人類的交通。所以歷史上東西洋的界限，是亞洲中央的葱嶺，而不是歐、亞兩洲的界線。葱嶺以東的國家和葱嶺以西的國家，在歷史上儼然成為兩個集團；而中國則是歷史上東洋的主人翁。

葱嶺以東之地，在地勢上可分為四區：

(一) 中國本部　包有黃河、長江、粵江三大流域。

(二) 蒙古新疆高原　以阿爾泰山系和崑崙山系的北幹和海藏高原、中國本部及西伯利亞分界。中間包一大沙漠。

(三) 青海西藏高原　是亞洲中央山嶺蟠結之地。包括前後藏、青海、西康。

(四) 關東三省　以崑崙北幹延長的內興安嶺和蒙古高原分界。在地理上，實當包括清朝咸豐年間割給俄國之地，而以阿爾泰延長的雅布諾威、斯塔諾威和西伯利亞分界。

四區之中，最先發達的，自然是中國本部。古代疆域的記載，最早的是《禹貢》。《禹貢》所載，是否禹時的情形？頗可研究。即使承認他是的，亦只是當時聲教所至，而不是實力所及。論實力所及，則西周以前，漢族的重要根據地大抵在黃河流域。至春秋時，楚與吳、越漸強；戰國時，巴、蜀為秦所併，而長江流域始大發達。秦取今兩廣和安南之地，置桂林、南海、象郡，福建之地置閩中郡，而南嶺以南，始入中國版圖。

其對北方，則戰國時，魏有上郡；趙有雲中、雁門、代郡；燕開上谷、漁陽、右北平、遼西、遼東五郡，而熱、察、綏和遼寧省之地，亦入中國版圖。其漠北和新疆省，是漢時才征服的。但此等地方，未能拓為郡縣，因國威的張弛，而時有贏縮。

青海，漢時為羌人所據，西藏和中國無甚交涉。唐時，吐蕃強盛，而其交涉始繁。元初征服其地，行政上隸屬於宣政院。

總而言之，漢唐盛時，均能包括今之蒙古、新疆。至西藏之屬於中國，則係元、清時代之事。但當秦開南越時，我國即已包有後印度半島的一部。至漢時，並以朝鮮半島的北部為郡縣。唐以後，此兩半島均獨立為國，我國迄未能恢復。中國疆域的贏縮，大略如此。

至於政治區劃，則據《禹貢》所載，大約今河北、山西，是古代的冀州。山東省分為青、兗二州。江蘇、安徽的淮水流域是徐州，江以南為揚州。河南和湖北的一部是豫州。自此南包湖南是荊州。四川是梁州。陝、甘，是雍州。秦時，此等地方和戰國時新開之地，分為三十六郡。而桂林、南海、象、閩中四郡在其外。漢時十三部，大略古代的冀州析而為幽、冀、薊三州。關中屬司隸校尉。甘肅稱涼州。荊、揚、青、徐、兗、豫，疆域略與古同。四川稱益州，兩廣稱交州。唐時，今河北省為河北道。山西省為河東道。陝西省為關內道。甘肅、寧夏為隴右道。山東、河南為河南道。江蘇、安徽的江以北為淮南道。其江以南及湖南、江西、浙江、福建為江南道。湖北和湖南、四川，陝西的一部分為山南道。四川之大部分為劍南道。兩廣為嶺南道。後來區劃又較詳，而宋代的分路，大略沿之。元代疆域最廣，始創行省之制。現在的河北、山西，直隸於中書省。河南、山東及江蘇、安徽的北部、湖北省的大部分為河南省。江蘇、安徽的南部和浙江、福建為江浙省。江西和廣東為江西省。湖北的一小部分和湖南、廣西為湖廣省。雲南、四川，疆域略和現在相像。陝西包括現在甘肅的大部分，而寧夏和甘肅西北境，別為甘肅省。遼寧為遼陽省。明清兩代的區劃略和現代相近。不過明代陝、甘、蘇、皖、湘、鄂都不分，所以清代所謂十八省者，在明代只有十五。清代將中國本部分成十八省。新疆和關東三省，則係末年始改省制的。其時共得行省二十二。其西康、熱河、察哈爾、綏遠、寧夏、青海，則到民國才改為省制的。

第四章 本國史時期的劃分

歷史事實，前後相銜。強欲分之，本如"抽刀斷流，不可得斷"。但是為明瞭變遷大勢起見，把歷史劃分做幾個時期，也是史家常用的法子。

中國的歷史，當分幾期，這是顯而易見的。三代以前，我國還是個列國並立的世界，當劃為一期。自秦以後，便入於統一的時代了。自此，直至近世和歐人接觸以前，內部的治化，雖時有變遷；對外的形勢，亦時有漲縮；然而大體上，總是保守其閉關獨立之舊約。這個當劃為一期。從中歐交通以後，至民國成立之前，其間年代，雖遠較前兩期為短；然這是世運的進行，加我以一個新刺戟，使之脫離閉關自守之策，進而列於世界列國之林的，亦當劃為一時期。民國成立，至今不過二十二年。卻是我國改良舊治化，適應新環境的開始。一切都有更始的精神。以後無窮的希望，都將於此植其基。其當另劃為一期，更不待言。

所以自大體言之，我國的歷史，可劃分為上古、中古、近世、現代四個時期。這是大概的劃分。若更求其詳，則每一時期中，亦可更分幾個小階段。

在上古期中，巢、燧、羲、農，略見開化的跡象。自黃帝御宇，東征西討，疆域大拓。自此稱為天子的，其世系都有可考。雖然實際還是列國並立，然已有一個眾所認為共主的，這是政治情勢的一個轉變。東周以後，我民族從各方面分歧發展。地醜德齊之國漸多，王朝不復能號令天下。號令之權，移於"狎主齊盟"的霸主。戰國時代，霸主的會盟征伐，又不能維繫人心了。諸侯各務力征，互相兼併，到底從七國併而為一國。雜居的異族，亦於此競爭劇烈之秋，為我所攘斥，所同化。隆古社會的組織，至此時代，亦起劇烈的變遷。學術思想，在這時代，亦大為發達而放萬丈的光焰，遂成上古史的末期。

中古史中，秦漢兩代，因內國的統一而轉而對外。於是有秦皇漢武的開邊。因封建制度的剷除，而前此層累的等級漸次平夷；而君權亦因此擴張。實際上，則因疆域的廣大，而政治日趨於疏闊；人民在政治上的自由，日以增加；而社會亦因此而更無統制。競爭既息，人心漸入於寧靜。而學術思想，亦由分裂而入於統一。這是第一期。因兩漢的開拓，而有異族入居塞內的結果。因疆域廣大，亂民蜂起之時，中央政府不能鎮壓，而地方政府之權不得不加重，於是有後漢末年的州郡握兵，而成三國的分裂。晉代統一未久，又有五胡亂華之禍。卒致分裂為南北朝。直至隋代統一，而其局面乃打破。這是第二期。隋唐之世，從積久戰亂之餘，驟見統一，民生稍獲蘇息，國力遂復見充實。對外的武功，回復到秦漢時代的樣子。這是第三期。唐中葉以後，軍人握權，又入於分裂時代。其結果，則政治上的反動，為宋代的中央集權。而以國力疲敝之政，異族侵入，莫之能禦，遂有遼、金、元的相繼侵入。明代雖暫告恢復，亦未能十分振作，而清室又相繼而來。這是第四期。

近世這一期，是我們現在直接承其餘緒而受其影響的。清朝雖亦是異族，然其對於中國的了解，較胡元為深。其治法遵依中國習慣之處，亦較胡元為多。因其能遵依中國的習慣而利用中國的國力，所以當其盛世，武功文治，亦有可觀。假使世界而還是中古時期的樣子，則我們現在，把這客帝驅除之後，就更無問題了。然而閉關的好夢，已成過去了。歐風美風，相逼而來，再不容我們的鼾睡。自五口通商以後，而門戶洞開，而藩屬喪失，外人的勢力，深入內地。甚至劃為勢力範圍，創作瓜分之論；又繼之以均勢之說。中國乃處於列強侵略之下，而轉冀幸其互相猜忌，維持均勢，以偷旦夕之安。經濟的侵略，其深刻，既為前此所無；思想的變動，其劇烈，亦非前此所有。於是狂風橫雨，日逼於國外，而軒然大波，遂起於國中了。所以近世史可分為兩個小期。西力業已東漸，我國還冥然罔覺，政治上、社會上，一切保守其舊樣子，為前一期。外力深入，不容我不感覺，不容我不起變化，為後一期。五口通商，就是這前後兩期的界線。

現代史是我們受了刺戟而起反應的時代。時間雖短，亦可以分做兩期。革命之初，徒浮慕共和的美名，一切事都不徹底，所以釀成二十年來的擾亂。自孫中山先生，確定三民主義、五權憲法，為我民族奮鬥、國家求治的方針。對內則剷除軍閥，以求政治的清明；對外則聯合被壓迫民族，廢除不平等條約，以期國際關係的轉變。雖然革命尚未成功，然而曙光已經發現了。所以國民政府的成立，亦當在現代史上，劃一個新紀元。

以上只是指示一個大勢，以下再舉史實以證明之。

第二編

上古史

第一章 我國民族的起源

　　我國現在所吸合的民族甚多，而追溯皇古之世，則其為立國之主的，實在是漢族。漢族是從甚麼地方遷徙到中國來的呢？這個在現在，還是待解決的問題。從前有一派人，相信西來之說。他們說：據《周官·大宗伯》和《典瑞》的鄭註：古代的祭地祇，有崑崙之神和神州之神的區別。神州是中國人現居之地，則崑崙必是中國人的故鄉了。崑崙在甚麼地方呢？《史記·大宛列傳》說："漢使窮河源，河源出于闐"、"天子案古圖書，名河所出山曰崑崙"。這所指，是現在于闐河上源之山。所以有人說：漢族本居中央亞細亞高原，從現在新疆到甘肅的路，入中國本部的。然而鄭註原出緯書。緯書起於西漢之末，不盡可信。河源實出青海，不出新疆。指于闐河源為黃河之源，本係漢使之誤；漢武帝乃即仍其誤，而以古代黃河上源的山名，為于闐河上源的山名，其說之不足信，實在是顯而易見的。漢族由來，諸說之中，西來說較強；各種西來說之中，引崑崙為證的，較為有力；而其不足信如此，其他更不必論了。民族最古的事蹟，往往史籍無徵。我國開化最早，又無他國的史籍可供參考。掘地考古之業，則現在方始萌芽。所以漢族由來的問題，實在還未到解決的機會。與其武斷，無寧闕疑了。

　　現在所能考究的，只是漢族既入中國後的情形。古書所載，類乎神話的史跡很多，現在也還沒有深切的研究。其開化跡象，確有可徵的，當推三皇五帝。三皇五帝，異說亦頗多。似乎《尚書大傳》燧人、伏羲、神農為三皇，《史記·五帝本紀》黃帝、顓頊、帝嚳、堯、舜為五帝之說，較為可信。燧人、伏羲皆風姓。神農姜姓。黃帝姬姓。燧人氏，鄭註《易緯通卦驗》，說他亦稱人皇。而《春秋命歷序》說：人皇出暘谷，分九河。伏羲氏都陳。神農氏都陳徙魯。黃帝邑於涿鹿之阿。據地理看來，似乎風姓、姜姓的部落在河南，姬姓則在河北。燧人氏，《韓非子》說他，因"民食果蓏蚌蛤，腥臊多害腸胃"，乃發明鑽木取火之法，教民熟食。這明是搜集和漁獵時代的酋長。伏羲氏，亦作庖犧氏。昔人釋為"能馴伏犧牲"，又釋為"能取犧牲，以充庖犧廚”，以為是遊牧時代的酋長。然而伏羲二字，實在是“下伏而化之”之意，見於《尚書人傳》。其事跡，則《易·繫辭》明言其作網罟而事佃漁。其為漁獵時代的酋長，亦似無疑義。從前的人，都說人類的經濟，是從漁獵進而為遊牧，遊牧進而為耕農。其實亦不盡然。人類經濟的進化，實因其所居之地而異。大抵草原之地，多從漁獵進入遊牧；山林川澤之地，則從漁獵進為耕農。

神農氏，亦稱烈山氏。“烈山”二字，似即《孟子》“益烈山澤而焚之”的烈山，為今人所謂“伐栽農業”。則我國民族居河南的，似乎並沒經過遊牧的階級，乃從漁獵徑進於耕農。黃帝，《史記》言其“遷徙往來無常處，以師兵為營衛”，這確是遊牧部落的樣子。涿鹿附近，地勢亦很平坦，而適宜於遊牧的。我國民族居河北的，大約是以遊牧為業。遊牧之民，強悍善戰；農耕之民，則愛尚平和；所以阪泉涿鹿之役，炎族遂非黃族之敵了。

阪泉涿鹿，昔人多以為兩役。然《史記·五帝本紀》，多同《大戴禮記》的〈五帝德〉、〈帝系姓〉兩篇，而《大戴禮記》只有黃帝和炎帝戰於阪泉之文，更無與蚩尤戰於涿鹿之事。而且蚩尤和三苗，昔人都以為是九黎之君。而三苗和炎帝，同是姜姓。又阪泉、涿鹿，說者多以為一地。所以有人懷疑這兩役就是一役；蚩尤、炎帝，亦即一人。這個亦未可斷定。然而無論如何，總是姜姓和姬姓的爭戰。經過此次戰役而後，姬姓的部落就大為得勢。顓頊、帝嚳、堯、舜，稱為共主的，莫非黃帝的子孫了。

我國歷史，確實的紀年起於共和。共和元年，在民國紀元前二千七百五十二年，公元前八百四十一年。自此以上，據《漢書·律曆誌》所推，周代尚有一百九十二年，殷代六百二十九年，夏代四百三十二年。堯、舜兩代，據《史記·五帝本紀》，堯九十八年，舜三十九年。如此，唐堯元年，在民國紀元前四千一百四十二年，公元前二千二百三十一年；三皇之世，距今當在五千年左右了。

第二章 太古的文化和社會

　　太古的社會，情形畢竟如何？古書所載，有說得極文明的，亦有說得極野蠻的。說得極野蠻的，如《管子》的〈君臣篇〉等是。說得極文明的，則如《禮記‧禮運篇》孔子論大同之語是。二說果孰是？我說都是也，都有所據。

　　人類的天性，本來是愛好和平的。惟生活不足，則不能無爭。而生活所資，食為尤亟。所以社會生計的舒蹙，可以其取得食物的方法定之。搜集和漁獵時代，食物均苦不足。遊牧時代，生活雖稍寬裕，而其人性好殺伐，往往以侵掠為事。只有農業時代，生計寬裕；而其所做的事業，又極和平，所以能產生較高的文化。

　　古代的農業社會，大約是各個獨立，彼此之間，不甚相往來的。老子所說：「至治之極，鄰國相望，雞狗之聲相聞，民各甘其食，美其服，安其俗，樂其業，至老死不相往來。」所想像的，就是此等社會。惟其如此，故其內部的組織，極為安和。孔子所謂：「不獨親其親，不獨子其子，使老有所終；壯有所用；幼有所長；鰥寡孤獨廢疾者，皆有所養。男有分，女有歸。貨惡其棄於地也，不必藏於己；力惡其不出於身也，不必為己。」所慨慕的，也就是此等社會。內部的組織既然安和如此，其相互之間自然沒有鬥爭。這就是孔子所謂「謀閉而不興，盜竊亂賊而不作」，這就是所謂「大同」。假使人類的社會都能如此，人口增加了，交通便利了，徐徐的擴大聯合起來，再謀合理的組織，豈不是個黃金世界？而無如其不能。有愛平和的，就有愛侵掠的。相遇之時，就免不了戰鬥。戰鬥既起，則有征服人的，有被征服於人的。征服者掌握政權，不事生產，成為治人而食於人的階級；被征服的，則反之而成為食人而治於人的階級。而前此合理的組織，就漸次破壞了。合理的組織既變，則無復為公眾服務，而同時亦即受公眾保障的精神。人人各營其私，而貧富亦分等級。自由平等之風，漸成往事了。人與人之間時起衝突，乃不得不靠禮樂刑政等來調和，來維持。社會風氣，遂日趨澆薄了。先秦諸子，所以慨歎末俗，懷想古初，都是以此等變遷，為其背景。然而去古未遠，古代的良法美意，究竟還破壞未盡。社會的風氣也還未十分澆灕。在上者亦未至十分驕侈。雖不能無待於刑政，而刑政也還能修明。這便是孔子所謂小康。大約孔子所慨想的大同之世，總在神農以前；而階級之治，則起於黃帝以後。《商君書‧畫策篇》說：「神農之世，男耕而食，婦織而衣。刑政不用而治，甲兵不起而王。神農既沒，以強勝弱，以眾暴寡。故黃帝作為君臣上下之義，父子兄弟之禮，夫婦妃匹之合。內行刀鋸，外用甲兵。」可見炎黃之為治，是迥然不同的。而二者之不同，卻給我們以農耕之民好平和，遊牧之民好戰鬥的暗示。

　　以上所說，是社會組織的變遷。至於物質文明，則總是逐漸進步的。《禮運篇》說：「昔者先王未有宮室，冬則居營窟，夏則居橧巢。未有火化，食草木之實，鳥獸之肉；飲其血，茹其毛。未有麻絲，衣其羽皮。後聖有作，然後修火之利。範金合土，以為台榭，宮室，牖戶。以炮以燔，以烹以炙。」這是說衣食住進化的情形。大約從生食進化到熟食，在燧人之世。我國的房屋，是以土木二者合成的。土工原於穴居，木工則原於巢居。構木為巢，據《韓非子》說，是在有巢氏之世。其人似尚在黃帝以前。至於能建造棟宇，則大約已在五帝之世。所以《易‧繫辭傳》把「上古穴居而野處，後世聖人易之以宮室」，敍在黃帝、堯、舜之後了。《易‧繫辭傳》又說：「黃帝、堯、舜，垂衣裳而天下治。」《正義》說：「以前衣皮，其制短小。今衣絲麻布帛；所作衣裳，其制長大，故言垂衣裳。」這就是《禮運》所說以麻絲易羽皮之事。此外，《易‧繫辭傳》所說後世聖人所做的事，還有：「刳木為舟，剡木為楫」、「服牛乘馬，引重致遠」、「重門擊柝，以待暴客」、「斷木為杵，掘地為臼」、「弦木為弧，剡木為矢」以及「古之葬者，厚衣之以薪，葬之中野，不封不樹，後世聖人易之以棺槨」、「上古結繩而治，後世聖人易之以書契」各項。這後世聖人，或說即蒙上黃帝、堯、舜而言，或說不然，現亦無從斷定。但這許多事物的進化，大略都在五帝之世，則似乎可信的。

第三章 唐虞的政治

孔子刪《書》，斷自唐虞，所以這時代史料的流傳，又較黃帝、顓頊、帝嚳三代為詳備。

堯舜都是黃帝之後，其都城則在太原①。太原與涿鹿均在冀州之域，可見其亦係河北民族。但唐虞時代的文化似較黃帝時為高。《堯典》載堯分命羲和四子，居於四方，觀察日月星辰，以定曆法，"敬授民時"，可見其時業以農業為重，和黃帝的遷徙往來無常處大不相同了。這時代，有兩件大事足資研究。一為堯、舜、禹的禪讓，一為禹的治水。

據《尚書》及《史記》，則堯在位七十載，年老倦勤，欲讓位於四嶽。四嶽辭讓。堯命博舉貴戚及疏遠隱匿的人。於是眾人共以虞舜告堯。堯乃妻之以二女，以觀其內；使九男事之，以觀其外。又試以司徒之職。知其賢，乃命其攝政，而卒授之以天下。堯崩，三年之喪畢，舜避堯之子丹朱於南河之南②。諸侯朝覲訟獄的，都不之丹朱而之舜；謳歌的，亦不謳歌丹朱而謳歌舜。舜才回到堯的舊都，即天子位。當堯之時，有洪水之患。堯問於眾。眾共舉鯀，堯使鯀治之。九年而功弗成。及舜攝政，乃殛鯀而用其子禹。禹乃先巡行四方，審定高山大川的形勢。然後導江、淮、河、濟而注之海。百姓乃得安居。九州亦均來貢。當時輔佐舜諸人，以禹之功為最大。舜乃薦禹於天。舜崩之後，禹亦讓避舜之子商均。諸侯亦皆去商均而朝禹，禹乃即天子位。儒家所傳，堯、舜、禹禪讓和禹治水的事，大略如此。

禪讓一事，昔人即有懷疑的，如《史通》的〈疑古篇〉是。此篇所據，尚係《竹書紀年》等不甚可靠之書。然可信的古書，說堯、舜、禹的傳授，不免有爭奪之嫌的，亦非無有。他家之說，尚不足以服儒家之心。更就儒家所傳之說考之。如《孟子》、《尚書大傳》和《史記》，都說堯使九男事舜。而《呂氏春秋·去私》、《求人》兩篇，則說堯有十子。《莊子·盜跖篇》，又說堯殺長子。據俞正燮所考證，則堯被殺的長子名舜，就是《論語·憲問篇》所謂蕩舟而不得其死，《書經·皋陶謨篇》所謂"朋淫於家，用殄厥世"的。又《書經‧堯典》，説舜“流共工於幽州，放驩兜於崇山，竄三苗於三危，殛鯀於羽山，四罪而天下咸服”。而據宋翔鳳所考證，則共工、驩兜和鯀，在堯時實皆居四嶽之職。此等豈不可駭。然此尚不過略舉；若要一一列舉，其可疑的還不止此。儒家所傳的話，幾千年來，雖然即認為事實，而近人卻要懷疑，亦無怪其然了。然古代的天子，究不如後世的尊嚴。君位繼承之法，亦尚未確定。讓國之事，即至東周之世，亦非無之。必執舜禹之所為和後世的篡奪無異，亦未必遂是。要之讀書當各隨其時的事實解之，不必執定成見，亦不必強以異時代的事情相比附。堯、舜、禹的禪讓，具體的事實如何？因為書缺有間，已難質言。昔人説：“五帝官天下，三王家天下。”我們讀史，但知道這時代有一種既非父子、亦非兄弟，而限於同族的相襲法就是了。

治水之事，詳見於《尚書》的〈禹貢篇〉。此篇所述，是否當時之事，亦頗可疑。但當時確有水患，而禹有治水之功，則是無可疑的。《尸子》説當時水患的情形，是“龍門未開，呂梁未鑿，河出孟門之上，江淮流通，四海溟涬”。則其患，實遍及於今日的江、河流域。禹的治水，大約以四瀆為主。凡小水皆使入大水，而大水則導之入海。未治之前，“草木暢茂，禽獸繁殖”、“民無所定，下者為巢，上者為營窟”；治水成功，則“人得平土而居之”。佐禹的益、稷，又“烈山澤而焚之”、“教民稼穡，樹藝五穀”，人民就漸得安居樂業了。

舜所命之官，見於《尚書》的，有司空、后稷、司徒、士、共工、朕虞、秩宗、典樂、納言等。又有四嶽、十二牧。四嶽，據《鄭註》，是掌四方諸侯的。十二牧，則因當時分天下為十二州，命其各主一州之事。《書經》又述當時巡守之制：則天子五年一巡守。二月東巡守，至於東嶽之下，朝見東方的諸侯。五月南巡守，至於南嶽；八月西巡守，至於西嶽；十一月北巡守，至於北嶽；其禮皆同。其間四年，則四方諸侯，分朝京師。此所述，是否當時之事？若當時確有此制，則其所謂四嶽者，是否是後世所説的泰山、衡山、華山、恆山，亦都足資研究。但當時，確有天子諸侯的等級；而堯、舜、禹等為若干諸侯所認為共主，則似無可疑。當時的政治，似頗注重於教化。除契為司徒，是掌教之官外，據《禮記‧王制》所述，則有虞氏有上庠、下庠，夏后氏有東膠、西膠；一以養國老，一以養庶老。古人之教，最重孝弟。養老，正是所以孝弟，而化其獷悍之氣的。我國的刑法，最古的是五刑，即墨、劓、荆、宮、大辟。據《書經‧呂刑》，則其法始於苗民，而堯採用之。而據《堯典》所載，則又以流宥五刑；鞭作官刑，樸作教刑；金作贖刑。後世所用的刑法，此時都已啟其端倪了。

註解

① 今山西太原縣。堯都太原，係漢太原郡晉陽縣，見《漢書‧地理誌》。後人以為在平陽（今山西臨汾縣），誤。

② 黃河在今山陝兩省之間，古人謂之西河。自此折而東行，謂之南河。更折向東北，則謂之東河。

第四章 夏代的政教

夏為三代之一，其治法大約在春秋戰國之世還未全行湮滅。在當時，孔子是用周道，墨子是用夏政的。我們讀《墨子》的〈天志〉、〈明鬼〉，可以想見夏代的迷信較後世為深；讀《墨子》的〈尚同〉，可以想見夏代的專制較後世為甚；讀《墨子》的〈兼愛〉，可知夏代的風氣較後世為質樸；讀《墨子》的〈節用〉、〈節葬〉和〈非樂〉，可知夏代的生活程度較後世為低，而亦較後世為節儉。墨子之學，《漢書‧藝文誌》謂其出於清廟之守。清廟即明堂，為一切政令所自出，讀《禮記‧月令》一篇，可以知其大概。蓋古代生活程度尚低，全國之內只有一所講究的房屋，名為明堂。天子即居其中，所以就是後世的宮殿。祭祀祖宗亦於其中，所以就是後世的宗廟。古代的學校，本來帶有宗教色彩的；當時天子典學，亦在這一所房屋之內，所以又是學校。一切機關，並未分設，凡百事件，都在此中商量，所以於一切政教，無所不包。明堂行政的要義，在於順時行令。一年之中，某月當行某令，某月不可行某令，都一一規定，按照辦理，像學校中的校曆一般。如其當行而不行，不當行而行，則天降災異以示罰。〈月令〉諸書的所述，大概如此。此等政治制度和當時的宗教思想，很有連帶的關係。我們讀《書經》的〈洪範〉，知道五行之說，是源於夏代的。甚麼叫做五行呢？便是"一曰水，二曰火，三曰木，四曰金，五曰土"①。蓋古人分物質為五類，以為一切物，莫非這五種原質所組成。而又將四時的功能比附木火金水四種原質的作用；土則為四時生物之功所憑藉。知識幼稚的時代，以為凡事必有一個神以主之。於是造為青、赤、黃、白、黑五帝，以主地上化育之功；而昊天上帝，則居於北辰之中，無所事事②。此等思想，現在看起來，固然可笑。然而明堂月令，實在是一個行政的好規模，尤其得重視農業的意思。所以孔子還主張"行夏之時③"。

我們看明堂月令，傳自夏代；孔子又說："禹卑宮室而盡力乎溝洫"，可見夏代的農業，已甚發達。然其收稅之法，卻不甚高明。孟子說："夏后氏五十而貢。"又引龍子的話說："貢者，校數歲之中以為常。"這就是以數年收穫的平均數，定一年收稅的標準。如此，豐年可以多取，而仍少取，百姓未必知道儲蓄；凶年不能足額，而亦非足額不可，百姓就大吃其苦了。這想是法制初定之時，沒有經驗，所以未能盡善。

學校制度，孟子說："夏曰校，殷曰序，周曰庠；學則三代共之，皆所以明人倫也。"案古代的學校，分大學小學兩級。孟子所說的校、序、庠是小學，學是大學。古代的教育，以陶冶德性為主。"序者，射也"，是行鄉射禮之地；"庠者，養也"，是行鄉飲酒禮之地，都是所以明禮讓，示秩序的。然則校之所教，其大致亦可推知了。至於學，則"春秋教以禮樂，冬夏教以詩書。"頗疑亦和宗教有深切的關係。禮樂都是祀神所用，詩是樂的歌辭，書是教中古典。古代所以尊師重道，極其誠敬，亦因其為教中尊宿之故。

夏代凡傳十七主；據後人所推算，共歷四百餘年，而其事蹟可考的很少。《史記》說禹有天下後，薦皋陶於天，擬授之以位，而皋陶卒，乃舉益，授之政。禹之子啟賢，諸侯不歸益而歸啟，啟遂即天子位。《韓非子》又説：禹陽授益以天下，而實以啟人為吏。禹崩，啟與其人攻益而奪之位。古無信史，諸子百家的話，都不免雜以主觀。我們只觀於此，而知傳子之法，至此時漸次確定罷了。啟之子太康，為有窮后羿所篡。《史記》但言其失國，而不言其失之之由。《偽古文尚書》謂由太康好略，殊不足據。據《楚辭》及《墨子》，則由啟沉溺於音樂，以致於此。其事實的經過，略見《左氏》襄公四年和哀公元年。據其説：則太康失國之後，后羿自鉏遷於窮石，因夏民以代夏政。羿好田獵，又為其臣寒浞所殺。時太康傳弟仲康，至仲康之子相，為寒浞所滅。並滅其同姓之國斟灌、斟尋氏。帝相的皇后，名字喚做緡，方娠，逃歸其母家有仍。生子，名少康，後來逃到虞國。虞國的國君，封之於綸。有田一成，有眾一旅。夏的遺臣靡，從有鬲氏，收斟灌、斟尋的餘眾，以滅浞而立少康。並滅寒浞的二子於過、戈。鉏與窮石，《杜註》都不言其地。其釋寒國，則謂在今山東濰縣。斟灌在山東壽光，斟尋亦在濰縣。虞在河南虞城。綸但云虞邑。有鬲氏在山東德縣。過在山東掖縣。戈在宋、鄭之間。其釋地，似乎不盡可據。案《左氏》哀公六年引《夏書》，説："惟彼陶唐，帥彼天常，有此冀方。今失其行，亂其紀綱，乃滅而亡。"似指太康失國之事。又定公四年，祝佗説唐叔"封於夏虛"。唐叔所封，是堯的舊都，所以晉國初號為唐而又稱之為夏虛，可以見禹之所居，仍係堯之舊都。窮石雖不可考，該距夏都不遠，所以能因夏民以代夏政。夏人此時，當退居河南。少康雖滅寒浞，似亦並未遷回河北，所以湯滅桀時，夏之都在陽城了。

① 五行的次序，《書經・洪範正義》説："水最微為一，火漸著為二，木形實為三，金體固為四，土質大為五。"

② 東方青帝靈威仰，主春生。南方赤帝赤熛怒，主夏長。西方白帝白招拒，主秋成。北方黑帝葉光紀，主冬藏。中央黃帝含樞紐，寄王四季。昊天上帝稱耀魄寶。見《禮記・郊特牲正義》。

③ 《論語・先進》。案行夏之時，即是説：一國的政令，應得照〈月令〉等書所定的辦理，並非但爭以建寅之月為歲首，然歲首必須建寅，仍因注重農業之故。

第五章 商代的政教

商代是興於西方的。其始祖名契，封於商，即今陝西的商縣。傳十四世而至成湯。《史記》説：自契至於成湯，八遷。湯始居亳，從先王居。八遷的事實和地點現在不大明瞭。其比較可靠的：《世本》説契居於蕃；其子昭明，居於砥石，遷於商。《左氏》襄公九年，説昭明子相土，居於商丘。蕃在今陝西華縣附近。砥石不可考。商丘，即春秋時的衛國，係今河南濮陽縣。殷人禘嚳而郊冥，祖契而宗湯。帝嚳冢在濮陽，都邑亦當相去不遠。惟冥居地無考。湯所從的先王，如其是嚳或契，則其所居之亳，該在商或商丘附近了。

這是湯初居之亳，至於後來，其都邑容有遷徙。湯征伐的次序，據《史記》、《詩經》、《孟子》，是首伐葛，次伐韋、顧，次伐昆吾，遂伐桀。《孟子》謂湯居亳，與葛為鄰。後儒釋葛，謂即漢寧陵縣的葛鄉，地屬今河南寧陵縣。因謂湯居亳之亳，必即漢代的薄縣，為今河南商丘、夏邑、永城三縣之地。葛究在寧陵與否，殊無確據。韋是今河南的滑縣，顧是今山東的范縣，亦不過因其地有韋城、顧城而言之，未敢決其信否。惟昆吾初居濮陽，後遷舊許，見於《左氏》昭公十二年和哀公十七年，較為可信。桀都陽城，見於《世本》，其説亦當不誣。舊許，即今河南的許昌。陽城，在今河南登封縣。《史記》説：桀敗於有娀之虛，奔於鳴條。有娀之虛不可考。鳴條則當在南巢附近。南巢，即今安徽的巢縣，桀放於此而死。然則湯當是興於陝西或豫北，向豫南及山東、安徽發展的。

商代傳三十一世，王天下六百餘年。其制度特異的，為其王位繼承之法。商代的繼承法，似乎是長兄死後，以次傳其同母弟；同母弟既盡，則還立其長兄之子。所以《春秋繁露》説：主天者法商而王，立嗣與子，篤母弟。主地者法夏而王，立嗣與孫，篤世子[①]。我們觀此，知商代的習慣，與夏不同，而周朝則與夏相近。又商代之法，"君薨，百官總己，以聽於冢宰，三年"。所以古書説"高宗諒闇，三年不言"。觀此，則商代的君權，似不十分完全，而受有相當的限制。

此外，商代事蹟可考見的，只有其都邑的屢遷。至其治亂興衰，《史記》雖語焉不詳，亦說得一個大概。今節錄如下：

【太甲】修德，諸侯咸歸殷，百姓以寧。

【雍己】殷道衰，諸侯或不至。

【太戊】殷復興，諸侯歸之。

【仲丁】遷於隞。

【河亶甲】居相。殷復衰。

【祖乙】遷於邢。殷復興。

【陽甲】自仲丁以來，廢適而更立諸弟子，弟子或爭，相代立，比九世亂，諸侯莫朝。

【盤庚】涉河南，治亳。殷道復興，諸侯來朝。

【小辛】殷復衰。

【武丁】修政行德，天下咸歡，殷道復興。

【帝甲】淫亂，殷復衰。

【武乙】去亳，居河北。

【帝乙】殷益衰。

帝乙的兒子，就是紂了。

公元一八九八、一八九九年間，河南安陽縣北的小屯，曾發見龜甲獸骨。有的刻有文字。考古的人，謂其地即《史記·項羽本紀》所謂殷墟，或者是武乙所都。據以研究商代史事和制度的頗多，著書立說的亦不少。但骨甲中雜有偽品②，研究亦未充分，所以其所得之說，尚未能據為定論。殷代政教，見於書傳，確然可信的，則古書中屢說殷質而周文。可見其時的風氣尚較周代為質樸；一切物質文明的發達，亦尚不及周朝。又商人治地之法，名為助法。是把田分別公私。公田所入歸公；私田所入，則全歸私人所有。但藉人民之力，以助耕公田，而不復稅其私田，故名為助，這確較夏代的貢法，進步多了。

註解

① 《三代改制質文篇》。《史記・殷本紀》載湯的太子太丁早卒，立其弟外丙、仲壬。仲壬死，還立太丁之子太甲。又祖辛死，立其弟沃甲。沃甲死，還立祖辛之子祖丁。

② 見中央研究院歷史語言研究所報告。案前此説骨甲中有偽品的，亦頗有其人，但未得確實證據。至中央研究院派員調查，則作偽者確有其人，且有姓名。然則現在研究的人，所根據的材料，都未必確實。將來非將此項骨甲，重做一番分別真偽的工作不可。故本書於近人據骨甲研究所得之説，都未敢採用。

第六章　周初的政治

周代，因其國都的遷徙，而分為西周和東周。東周時代的歷史和西周時代判然不同。在西周，還同夏、殷一樣，所可考的，只有當時所謂天子之國的史事。到東周時代，則各方面的大國事蹟都有可考，而天子之國反若在無足重輕之列。這是世運變遷，各地方均逐漸發達之故。現在且先説西周。

周代是興於現在的陝西的。其始祖后稷，封於邰。傳若干世至不窋，失官，竄於戎狄之間。再傳至公劉，復修后稷之業，居於豳。九傳至古公亶父，復為戎狄所逼，徙岐山下。《史記》説："古公貶戎狄之俗，營築城郭宮室，而邑別居之。"又"作五官有司"。可見周朝崎嶇戎狄之間，不為所同化，而反能開化戎狄了。周代的王業，實起於亶父，所以後來追尊為太王。太王有三子：長泰伯，次仲雍，因太王欲立季子季歷，逃之荊蠻。太王遂立季歷，傳國至其子昌，是為周文王。文王之時，周益強盛。西伐犬戎、密須。東敗耆，又伐邘、伐崇侯虎。作豐邑，自岐下徙都之。時荊、梁、雍、豫、徐、揚六州，都歸文王。文王崩，子武王立。觀兵至孟津。復歸。後二年，乃滅紂。武王滅紂時，周朝對東方的權力，似乎還不甚完全。所以仍以紂地封其子武庚而三分其畿內之地，使自己的兄弟管叔、蔡叔、霍叔監之。武王崩，成王幼，武王弟周公攝政。三監和武庚俱叛。淮夷、徐戎，並起應之。周公東征，定武庚和三叔。又使子魯公伯禽平淮夷徐戎。營洛邑為東都。周朝在東方的勢力，就逐漸鞏固了。

成王之後，傳子康王，史稱"成、康之際，天下安寧，刑措四十餘年不用"。這所謂天下，大約實僅指周畿內的地方。孟子說："文王之治岐也，耕者九一，仕者世祿，關市譏而不徵，澤梁無禁，罪人不孥。老而無妻曰鰥，老而無夫曰寡，老而無子曰獨，幼而無父曰孤，文王發政施仁，必先斯四者。"第二章說大同時代的制度，到小康時代多少還能保存。依孟子所說，則文王的治岐：實能（一）維持井田制度；（二）山澤之地，還作為公有；（三）商人並不收稅；（四）而其分配，也還有論需要而不專論報酬的意思。成、康時代，果能保守這個規模，自然能刑罰清簡，稱為治世了。然而時移世易，社會的組織暗中改變，此等制度遂暗中逐漸破壞；而在上的政治，亦不能長保其清明；社會的情形，遂覺其每況愈下了。所以孔子論小康之治，至成王、周公而告終；而《史記》亦說昭王以後，王道微缺。

《史記》說："昭王南巡守，不返，卒於江上。其卒不赴告，諱之也。"案春秋時，齊桓公伐楚，管仲曾以"昭王南征而不復"責問楚人。《左氏》杜註說：此時漢非楚境，所以楚不受罪。然據宋翔鳳所考，則楚之初封，實在丹、淅二水之間。是役蓋伐楚而敗。周初化行江、漢的威風，至此就倒了。昭王崩，子穆王立。史稱王室復寧。然又稱穆王征犬戎，得四白狼、四白鹿以歸，自是荒服者不至，則其對於西戎的威風亦漸倒。穆王之後，再傳而至懿王。懿王之時，史稱"王室遂衰，詩人作刺"。懿王三傳而至厲王，以暴虐侈傲為國人所謗。王得衛巫，使之監謗，"以告則殺之"。國人不能堪。三年，遂相與畔，襲王。王奔於彘，卿士周、召二公當國行政，謂之共和。凡十四年。厲王死，乃立其子宣王。宣王立，側身修行，號為中興。然傳子幽王，又以寵愛褒姒故，廢申后及太子宜臼。申侯和犬戎伐周，弒王於驪山下。諸侯共立宜臼，是為平王，東遷於洛。案周室之興，本因和戎狄競爭而致。自穆王以後，似乎且以陵夷。再加以西南的中國與之合力，兩路夾攻，就不免於滅亡了。平王藉前此所營的東都而僅存，然而號令不復能行於列國；而列國中強盛的亦漸多，遂成為"政由方伯"的局面。

第七章 古代的封建制度

東周時代，政治的重心，既然不在天子而在列國，則欲知其時的政治，非兼知其時列國的情形不可。而欲知列國的情形，又非先知古代的封建制度不可。

封建制度，當分兩層說：古代交通不便，一水一山之隔，其人即不相往來。當此之時，即有強大的部落，亦不過能征服他部落，使之服從於我，來朝或進貢而已。這可稱為封建制度的前期。後來強大之國更強大了，交通亦漸方便，征服他國後，可以廢其酋長，而改封我的子弟、親戚、功臣、故舊。則所謂共主的權力更強；而各國之間，關係亦日密。這可稱為封建制度的後期。從前期到後期，亦是政治的一個進化。"眾建親戚，以為屏藩"的制度，莫盛於周代。要明白周代的封建制度，又不可不先明白其宗法。

社會的組織，本是起於女系的。所以在文字上，女生兩字，合成一個姓字。後來女權漸次墜落，男權日益伸張。權力財產，都以男子為主體，有表明其系統的必要。於是乎姓之外又有所謂氏。所以姓是起於女系，氏是起於男系的。再後來，婚姻的關係，亦論男系而不論女系，於是姓亦改而從男。一族的始祖的姓，即為其子孫的姓，百世而不改。如后稷姓姬，凡后稷的子孫都姓姬之類。是之謂正姓。氏則可隨時改變，如魯桓公係魯國之君，即以魯為氏，而其三個兒子，則為孟孫氏、叔孫氏、季孫氏之類。是之謂庶姓。正姓所以表示系統，庶姓則表示這系統內的分支。宗法與封建，是相輔而行的。凡受封的人，除其嫡長子世襲其位外，其次子以下，都別為大宗，大宗的嫡長子為大宗宗子。其次子以下，則別為小宗。小宗宗子直接受大宗宗子的統轄。小宗宗人，則直接受小宗宗子的統轄，間接受大宗宗子的統轄。凡受統轄的人，同時亦得蒙其收恤。小宗宗人，受小宗宗子的統轄和收恤，都以五世為限。大宗宗子則不然。凡同出一祖之後，無不當受其統轄，可蒙其收恤。所以有一大宗宗子，即同出一祖的人，都能團結而不渙散。故其組織極為堅強而悠久。此制為甚麼必與封建並行呢？

因為必如此，然後大宗宗子都是有土之君，才有力量以收恤其族人；而一族中人都與宗子共生息於此封土之上，自必同心翼衛其宗子。而各受封之人之間，亦藉此以保存其聯絡。因為受封的人，在其所封之地固為大宗，若回到其本國，則仍為小宗。如季氏在其封地為大宗，對於魯國的君，則為小宗；周公在魯為大宗，對周朝則為小宗是。所以《詩經》說："君之宗之。"而公山不狃稱魯國為宗國。這可見君臣之間，仍有宗族的關係。

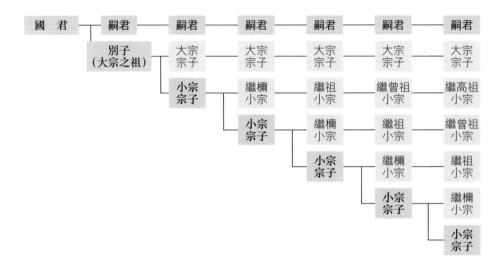

不論宗或族的組織①，都由古代親親之情，限於血統相同或血統上有關係的人之故。而封建制度，則是一族征服他族之後，分據其地，而食其賦入，而治理其人的辦法。一族的人分據各處，則可以互相藩衛，而別族的人不易將他推翻。這種精神，要算周代發揮得最為充足。武王克商，封兄弟之國十五，同姓之國四十。還有齊楚等國，或是親戚，或是功臣故舊。當初原是一族的人，分據各方，以對抗異族，以壓制被征服之人。然而數傳之後，各國之君，相互之間的關係，已漸疏遠；更數傳，即同於路人了。而各國的權利，又不能無衝突。於是爭鬥遂起於國與國之間。這還是說始封之君，彼此本有關係的，若其並無關係，則其爭鬥的劇烈，自更無待於言了。所以封建制度不廢，兵爭終無由而息。但是封建制度之廢，亦必要待到一定的機運的。

區別諸侯尊卑的是爵，而封地之大小，即因爵而異。《白虎通義》説：周爵五等，殷爵二等，而地則同為二等。地的大小，今文説：公侯皆方百里，伯七十里，子男五十里；不能五十里者，不達於天子，附於諸侯，曰附庸。古文説：公方五百里、侯四百里、伯三百里、子二百里、男一百里。大約今文家所説，是西周以前的舊制。古文家所説，則東周以後，列國都擴大了，立説者乃斟酌其時勢以立言。但無論立説定制如何，實行之時，總未必能如此整齊劃一；即使能夠，後來的開拓和削弱也是不能一定的。所以列國的大小強弱就不一致了。就大概言之，則沿邊之國強，而內地之國弱；沿邊之國大，而內地之國小。大約由沿邊諸國，與戎狄為鄰，有競爭磨厲；而又地多荒僻，易於佔領開拓之故。

列國的互相併兼，非一朝一夕之故。向來説夏之時萬國，殷之時三千，周初千八百，春秋時百四十。這固然是"設法"或"約計"之辭，未必是實數。然而國之由多而少，則是不誣的。以一強遇眾弱，可以恣意併吞。若兩強相遇，或以一強遇次強，則併吞非旦夕間事，於是互爭雄長，而有所謂霸主。小國都被併吞，或僅保存其名號，而實際則等於屬地。次國聽命於大國，大國則爭為霸主。春秋時代的情形，便是如此。到戰國時，則次國亦無以自立，大國各以存亡相搏，遂漸趨於統一了。

註解

① 族有兩種：一是兼論女系的，是漢代今文家所説的九族。父族四：（一）父之姓。（二）父女昆弟適人者及其子。（三）身女昆弟適人者及其子。（四）身女子適人者及其子。母族三：（一）母之父母。（二）母之昆弟。（三）母之女昆弟。妻族二：（一）妻之父。（二）妻之母。古文家以上自高祖，下至玄孫為九族，則專論男系了。見《詩經・王風・葛藟正義》引《五經異義》。大約今文家之説，乃較早時代之事；古文家所説，則為時較晚。

第八章 我國民族的滋大

封建時代的戰爭看似非常殘酷，然而和我國民族的發展很有關係。

古代交通不便，一水一山之隔，其人即不相往來。一個中央政府，鞭長莫及。所以非將同族的人，一起一起的，分佈到各處，令其人自為戰，無從收拓殖之功。這許多分封出去的人，可以説是我國民族的拓殖使，亦可以説是我國文化的宣傳隊。只要看東周之世，各方面封建的國，都逐漸強盛起來，就可以見得我國民族滋大的情形了。

【齊】是太公望之後。周初封於營丘，在今山東昌樂縣。後來遷徙到臨淄，就是現在的臨淄縣。《史記·貨殖列傳》說：齊初封之時，"地潟鹵，人民寡。太公乃勸女工，通魚鹽，極技巧"。於是"齊冠帶衣履天下"、"海岱之間，斂袂而往朝焉"。這是東方的大國。

【晉】晉是成王母弟叔虞之後，初封於太原，即唐堯的舊都。後來遷徙到新舊絳。舊絳是今山西省的翼城，新絳則今山西省的聞喜縣，現在山西省的大部分是晉國所開拓的。兼有河南北的一部分。

【秦】秦嬴姓，初封於秦，地在今甘肅天水縣。不過是個附庸之國，因和西戎競爭，漸次強大。平王東遷後，西都畿內之地，不能顧及。秦襄公力戰破戎。周人始命為諸侯。至秦文公，遂盡復周朝的舊地。把岐以東獻之周。周朝仍不能有。穆公之世，秦遂東境至河。

【楚】楚國是羋姓，受封的喚做鬻熊。居丹陽。已見前。鬻融之後，數傳至熊繹，遷居荊山。在今湖北的南漳縣。五傳至熊渠，甚得江、漢間民和。熊渠立其三子：一為句亶王，居今江陵。一為鄂王，在今武昌。一為越章王，就是後來的豫章，在今安徽的當塗縣。長江中流，全為其所征服了。又十一傳至文王，遷都江陵，謂之郢。據江域的沃土，轉和北方爭衡。今河南省的南部，亦為其所懾服。

齊、晉、秦、楚，是春秋時最大之國。其強盛較晚，而其命運亦較短的，則有吳、越二國。吳是泰伯之後，周得天下，因而封之。越則夏少康之後。

因為禹南巡守，崩於會稽，少康封庶子無余於此，以奉禹祀。吳居今江蘇的吳縣；越居今浙江的紹興縣。其初，都是和斷髮文身的越族雜居的。久之，乃漸次強盛。吳的地方，到今安徽的中部。越則併有現在江西的大部。

以上諸國，都可稱為一等國。此外還有：

【魯】周公之後，封於曲阜，已見前。

【衛】武王弟康叔，封於朝歌。地在今河南的淇縣。春秋時，為狄所破，遷於楚丘。在今河南的滑縣。

【曹】武王弟叔振鐸，封於陶丘。現今山東的定陶縣。

【宋】微子啟，紂庶兄，武庚亡後，封於商丘。現在河南的商丘縣。

【鄭】周宣王之弟友，封於鄭。本在今陝西的華縣。後來東遷今河南鄭縣之地，謂之新鄭。

【陳】陳胡公，舜之後。封於宛丘。現在河南的淮陽縣。

【蔡】蔡叔度之子胡，封於蔡。如今河南的上蔡縣。後來曾遷徙到新蔡。最後又遷於州來，則在今安徽的壽縣了。

【許】姜姓，舜臣伯夷之後。封於許，今河南許昌縣。後來遷於葉，今河南葉縣。又遷於夷，今安徽亳縣。又遷於析，今河南內鄉縣。

此諸國雖不能和齊、晉、秦、楚等國比較，然而地方亦數百里。大的有後世一兩府，小的亦有數縣之地。和初封時的百里、七十里、五十里，極大不過後世一縣的，大不相同了。這便是逐漸開拓的成蹟。《春秋》之法，"諸侯用夷禮則夷之，進於中國則中國之"。可見當時列國，亦間有雜用夷禮的。然而從大體上論起來，如魯衛等國，本居當時所謂中國之地者勿論。即如秦、楚、吳、越等本與異族雜居，在春秋初期還不免視為夷狄的，到後來，也都彬彬然進於冠裳之列了。這又可見我國文化的擴張。所謂民族，本以文化的相同為最要的條件。我國文化的擴張，便是我國民族的滋大。

第九章 春秋的霸業

從公元前七二二年起至四八一年止，凡二百四十二年。這其間，孔子因魯史修《春秋》，後人遂稱為春秋時代。

春秋時代，王室已不能號令天下。列國內部有甚麼問題以及相互之間有甚麼爭端，都由霸主出來聲罪致討或調停其事。霸主為會盟征伐之主。往往能申明約束，使諸侯遵守。列國對於霸主，也有朝貢等禮節；霸主雖有此威力，仍未能"更姓改物"。所以對於周天子，表面上仍甚尊重。王室有難，霸主往往能出來"勤王"。文化程度較低的民族，為文明諸國之患，霸主也要出來設法。所以"尊王攘夷"為霸主的重要事業。所謂霸主，在表面上，亦受天子的錫命。論實際，則由其兵力強盛為諸侯所畏；又有相當的信義為諸侯所服而然。

首出的霸主為齊桓公。其創霸，在前六七九年。這時候，河北省裏的山戎，為北燕之患。河南北間的狄人，又連滅邢、衛兩國。齊桓公都興兵救之。其時楚漸強盛，陳、蔡等國都受其威脅，即鄭亦生動搖。齊桓公乃合諸侯以伐楚，與楚盟於召陵。孔子說："桓公九合諸侯，不以兵車。"可見其確有相當的信義，為諸侯所歸向了。

齊桓公死後，宋襄公出來主持會盟。然國小，力不足。前六三八年，和楚人戰於泓，為楚所敗，傷股而卒。雖亦列為五霸之一，實在是有名無實的。

宋襄公死後，楚人的勢力大張。適會晉文公出亡返國。用急激的手段訓練其民，驟臻強盛。前六三二年，敗楚於城濮，稱霸。

同時秦穆公，初本與晉和好。晉文公的返國多得其力。後來與晉圍鄭，聽鄭人的遊說，不但撤兵而退，反還留兵代鄭戍守。晉文公死後，穆公又聽戍將的話，遣孟明等潛師襲鄭，為鄭人所覺，無功而還。晉襄公又邀擊之於崤，"匹馬只輪無返者。"秦穆公仍用孟明，興師報怨，又為晉人所敗。穆公猶用孟明，增修德政。到底把晉國打敗。遂霸西戎，闢地千里。亦列為五霸之一。

　　然而秦國的威權只限於今陝、甘境內。其在東方，還是晉、楚兩國爭為雄長。晉襄公死後，了靈公無道，勢漸陷於不振。而楚國的莊工口強。前五九七年，敗晉師於鄴，稱霸。莊王死後，子共王與晉厲公戰於鄢陵，為晉所敗。然厲公旋亦被弒。當時的形勢，魯、衛、曹、宋等國，多服於晉；陳、蔡及許，則服於楚；而鄭為二國爭點。厲王死後，共王仍與晉爭鄭。直至前五六二年，而鄭乃服於晉。晉悼公稱為後霸。前五四六年，宋大夫向戌為弭兵之盟，請"晉、楚之從交相見"。於是晉、楚的兵爭作一結束，而吳、越繼起。

　　吳本僻處蠻夷，服從於楚的。後來楚國的大夫巫臣，因事奔晉，為晉謀通吳以橈楚。於是巫臣於前五八四年適吳，教以射御戰陳之法。吳遂驟強，時時與楚爭鬥。自今江蘇的鎮江，上至安徽的巢縣，水陸時有戰事，楚人不利時多。弭兵盟後，楚靈王因此大會北方的諸侯。向來服從於晉之國都去奔走朝會於楚，表面上看似極盛。然而靈王實是暴虐奢侈的，遂致釀成內亂，被弒。平王定亂自立，又因信讒之故，國勢不振。前五〇六年，楚相囊瓦因求賄之故，辱唐、蔡二國之君。蔡侯求援於晉，無效，遂轉而求援於吳。吳王闔廬乘之，攻楚，入其都城。楚昭王逃到隨國。幸賴其臣申包胥，求救於秦，殺敗吳兵，昭王乃得復國。闔廬雖破楚，伐越卻不利。敗於檇李，受傷而死。子夫差立，興兵伐越，敗之於夫椒。越王句踐，棲於會稽之山以請成，夫差許之。句踐歸，臥薪嘗膽，以謀報復。而夫差遽驕侈，北伐齊、魯，與晉爭長於黃池。前四七三年，遂為越所滅。句踐北會齊、晉於徐州，稱為霸王。然越雖滅吳，不能征江淮之土，其地皆入於楚，所以仍和北方的大局無關。其被滅於楚，在前三三四年，雖已是入戰國後一百四十七年，然而其國，則久在無足重輕之列了。宇內的強國，仍是晉、楚、齊、秦。而晉分為韓、趙、魏三國，河北的燕亦日強。天下遂分為戰國七，史稱為戰國時代。

第十章 戰國的七雄

　　戰國七雄，誰都知道以秦為最強。然而當其初年，實以秦為最弱。秦處關中，本雜戎狄之俗，其文化和生活程度，都較東方諸國為低。而戰國初年，秦又時有內亂，魏人因之，攻奪其河西之地；而且北有上郡。現在陝西南部的漢中，則本屬於楚。對於江、河兩流域，秦人都並無出路。前三六〇年，已是入戰國後一百十八年了。秦孝公即位，用商鞅，定變法之令，一其民於農戰，秦遂驟強。前三四〇年，秦人出兵攻魏，取河西。魏棄安邑，徙都大梁。秦人又取上郡。於是關中之地，始全為秦人所有。

　　秦國的民風，本較六國為強悍，而其風氣亦較質樸。秦國的政令，又較六國為嚴肅。所以秦兵一出，而六國都不能敵。於是蘇秦說六國之君，合縱以擯秦。然六國心力不齊，縱約不久即解散。張儀又說六國連衡以事秦。然秦人併吞之心，未必以六國服從為滿足，而六國亦不能一致到底，六國相互之間，更不能無爭戰，所以橫約的不能持久，亦與縱約同。

　　秦人滅六國，其出兵的路共有三條：一出函谷關，劫韓包周，即今日自陝西出潼關到洛陽，而亦即周武王觀兵孟津的路；一渡蒲津，北定太原，南攻上黨，此即文王戡黎之路；一出武關，取南陽，又出漢中，取巴蜀，沿江漢而下，三道併會於湖北以攻楚。文王當日化行江、漢，亦就是這一條路。

　　秦既破魏，取河西，後又滅蜀。蜀是天府之國，其人民雖稍弱，而地方則極富饒，於秦人的經濟大有裨益。於是秦人的東方經略開始。前三一三年，秦人敗楚，取漢中。前三一一年，攻韓，拔宜陽。前二八〇年，秦又伐楚取黔中。於是江、漢兩流域，秦人皆據上游之勢。前二七五年，白起遂伐楚。取鄢、鄧、西陵。明年，又伐楚。拔郢，燒夷陵。楚東北徙都陳。後又徙都壽春。前二六〇年，秦伐韓，拔野王。上黨路絕，降趙，秦敗趙軍於長平，坑降卒四十萬。遂拔上黨，北定太原。於是韓、趙、魏三國，都在秦人控制之下。前二五七年，秦遂圍趙都邯鄲。當這六國岌岌待亡之時，列國雖發兵以救趙，然多畏秦兵之強，不敢進。幸得魏公子無忌，竊其君之兵符，奪魏將晉鄙之軍以救趙，擊敗秦兵於邯鄲下。趙國乃得苟延殘喘。

　　然而六國的命運，終於不能久持。前二五六年，久已無聲無臭的周朝，其末主赧王，忽而謀合諸侯攻秦。秦人出兵攻周，周人不能抵抗。赧王只得跑到秦國，盡獻其地，周室於是滅亡①。前二三一年，秦人滅韓。前二二八年，滅趙。這時候，趙人已拓境至代。於是趙公子嘉自立為代王，與燕合兵軍上谷。燕太子丹使荊軻入秦，謀刺秦王，不克。秦大發兵圍燕。燕王奔遼東。前二二五年，秦滅魏。前二二三年，滅楚。明年，大發兵攻遼東，滅燕，還滅代。又明年，自燕南襲齊，滅之。於是六國盡亡。其春秋時代較小的國，則許先滅於鄭。鄭亡於韓。曹滅於宋。宋在戰國時，其王偃曾一強盛，然不久即滅於齊。陳、蔡及魯，則均亡於楚。惟衛國最後亡。直到秦二世元年，即前二〇九年，才遷其君而絕其祀。然而偌大一個中國，區區一衛算得甚麼？所以當民國紀元前二一三二年，即公元前二二一年，秦始皇滅齊之歲，史家就算他是中國一統。

註解

① 洛陽，有兩城：西為王城，東為成周。周敬王自王城徙居成周。考王封弟揭於王城，謂之西周君。揭孫惠公，復自封其少子班於鞏（今河南鞏縣），謂之東周君。赧王入秦之時，西周君隨亡。東周君又七年，才為秦所滅。

第十一章　中原文化的廣播和疆域的拓展

　　中國為甚麼會成為東方的大國？這個與其說是兵力的盛強，還不如說是文化的優越。

　　神州大陸之上，古代雜居的異族多着呢！為甚麼我國民族終成為神州大陸的主人翁？原來初民的開化，受地理的影響最大。古代文明的中心是黃河流域。黃河流域之北便是蒙古高原，地味較瘠薄，氣候亦較寒冷。其民久滯於遊牧的境界，不能發生高度的文明。黃河流域之南便是長江流域，其地味過於腴沃，氣候亦太溫暖，其人受天惠太覺優厚，於人事未免有所不盡。而且平原較小，在古代，沿澤沮洳之地又特多，交通亦不十分便利。只有黃河流域，氣候寒暖適中，地味不過腴，亦不過瘠。懶惰便不能生存，而只要你肯勤勞，亦不怕自然界對你沒有酬報，而且平原廣大，易於指揮統馭。所以較高的文明、較大的國家都發生於此，而成為古代文化的中心。

從以前各章所述，伏羲、神農是在今山東的西部、河南的東部的。黃帝、堯、舜，則在今河北、山西的中部。夏朝是從山西遷徙到河南的西部的。商、周兩朝都起於陝西的中部。商朝沿着黃河東進。周朝亦自長安跨據洛陽。所以從泰岱以西，太原、涿鹿以南，豐、鎬以東，陽城以北，這黃河流域的中游，便是古代所謂中原之地。我國文化，即以此為中心而廣播於四方，而疆域亦即隨之而拓展。今以漢族以外各種民族做綱領，述其開化的次第，便可見得中原文化的廣播和疆域拓展的情形。

古代漢族以外的民族，最強悍的要算獫狁，亦稱玁狁，就是後世的匈奴，與漢族雜居於黃河流域。自黃帝以至周朝，歷代都和他有交涉。因其地居北方，所以古書上多稱為狄。到春秋時，狄人還很強盛。後又分為赤狄、白狄，大抵為秦、晉二國所征服。戰國時，秦、趙、燕三國，各築長城以防之。魏有河西、上郡，趙有雲中、雁門、代郡，秦有隴西、北地，以與戎界邊。此諸郡以內，就都成為中國之地了。

次之則是山戎和濊貊。其居地，大約在今河北、遼寧、熱河三省之交。從燕開五郡而我國的文化廣播於東北。遼寧和熱河大體都入中國的版圖。

再次之則是氐、羌。這兩族很為接近。大約羌中最進化的一支為氐，居今嘉陵江流域，就是古所謂巴。其餘，則蔓延於四川和甘肅一帶。秦人開拓今甘肅之地，直到渭水上源。在甘肅境內的羌人，就大都逃到湟水流域。

南方的種族，大別為三：一是後世的苗族，古人稱之為黎。古代的三苗，便是君臨此族的。此族的根據地是洞庭流系。戰國時，楚國開闢到湖南，這一族也漸次開化。一是現在的馬來人，古人稱之為越，亦作粵。此族的居地在亞洲沿海及地理上稱為亞洲大陸真沿邊的南洋群島。此族在古代，有斷髮文身和食人的風俗。在歷史上，我國古代沿海一帶，大抵都有此俗的，所以知其為同族。其在江蘇、浙江的，因吳、越的興起而開化。在福建、兩廣的，則直到秦併天下後才開闢。山東半島的萊夷和淮水流域的淮夷、徐戎，大約亦屬此族①。萊夷滅於齊。淮夷至秦有天下後，才悉散為人戶。一為濮，就是現在的猓玀。此族古代分佈之地，亦到今楚、豫之交。所以韋昭《國語註》說：濮是南陽之國。杜預《左氏釋例》則謂其在建寧郡之南。自楚國強後，大抵都為所征服。戰國時，楚國的莊蹻，又循牂牁江而上，直到滇國，都以兵威略屬楚。因巴、黔中為秦所奪，歸路斷絕。即以其眾王滇。

　　我國古代文化的廣播和疆域的拓展，大略如此。古代交通多乘車，即戰陣，亦以車戰為主力。戰國以後，則騎馬的漸多，戰陣上，亦漸用騎兵和步兵。這因古代交通只及於平地，而戰國時開拓漸及於山地之故。當時漢族多居平地，所謂夷、蠻、戎、狄，則多居山地。開拓漸及於山地，即是雜居的異族和我國民族同化的證據。

註解

① 《左氏》僖公十九年說：宋襄公使邾文公用鄫子於次睢之社，欲以屬東夷，可見當時的東夷，亦有食人之俗。

第十二章 春秋戰國的學術思想

　　我國的學術思想，起源是很早的。然其大為發達，則在春秋戰國之世。因為西周以前，貴族平民的階級較為森嚴。平民都胼手胝足，從事於生產，沒有餘閒去講求學問。即有少數天才高的人，偶有發明，而沒有徒黨為之授受傳播，一再傳後，也就湮沒不彰了。所以學術為貴族所專有。貴族之中，尤其是居官任職的，各有其特別的經驗，所以能各成為一家之學。東周以後，封建政體漸次破壞。居官任職的貴族，多有失其官守，降為平民的。於是在官之學，一變而為私家之學。亦因時勢艱難，仁人君子都想有所建明，以救時之弊，而其時社會階級，漸次動搖，人民能從事於學問的亦漸多，於是一個大師往往聚徒至於千百，而學術之興遂如風起雲湧了①。

先秦學術，司馬遷《史記・太史公自序》載其父談之論，分為陰陽、儒、墨、名、法、道德六家②。《漢書・藝文誌》，益以縱橫家、雜家、農家、小說家，是為諸子十家。其中除去小說家，謂之九流。《漢誌》推原其始，以為都出於王官。此外兵書分權謀、形勢、陰陽、技巧四家；數術分天文、曆譜、五行、蓍龜、雜占、形法六家；以及方技略之醫經、經方二家，推原其始，亦都是王官之一守③，為古代專門之學。其與諸子各別為略，大約因校書者異其人之故。

諸家的學術，當分兩方面觀之：其 (一) 古代本有一種和宗教混合的哲學。其宇宙觀和人生觀，為各家所同本。如陰陽五行以及萬物之原質為氣等思想。其 (二) 則在社會及政治方面，自大同時代，降至小康，再降而入於亂世，都有很大的變遷。所以仁人君子，各思出其所學以救世。其中最有關係的，要推儒、墨、道、法四家。大抵儒家是想先恢復小康之治的，所以以堯、舜、三代為法。道家則主張徑復大同之治，所以要歸真反樸。法家可分法術兩方面：法所以整齊其民，術則所以監督當時的政治家，使其不能以私廢公的。墨家捨周而法夏。夏代生活程度較低，迷信亦較甚。其時代去古未遠，人與人間的競爭，不如後世之烈。所以墨子主張貴儉、兼愛；而以天志、明鬼為聳動社會的手段。此外，名家是專談名理的。雖然去實用較遠，然必先正名，乃能綜核名實，所以名法二字往往連稱。農家，《漢誌》謂其“欲使君臣並耕，悖上下之序”，所指乃《孟子》書所載的許行。大約是欲以古代農業共產的小社會為法的，其宗旨與道家頗為相近。縱橫家只談外交，則與兵家同為一節之用了。

陰陽家者流，似乎脫不了迷信的色彩。然而此派是出於古代司天之官的。

所以《漢誌》說"敬授民時"是其所長。古代《明堂月令》之書，規定一年行政的順序和禁忌，和國計民生很有關係，不能因其理論牽涉迷信，就一筆抹殺的。諸子中的陰陽家和數術略諸家關係極密。數術略諸家，似亦不離迷信。然《漢誌》說形法家的內容，是"形人及六畜骨法之度數，器物之形容，以求其聲氣貴賤吉凶。猶律有長短，而各徵於聲，非有鬼神，數自然也"。其思想，可謂近乎唯物論。設使此派而興盛，中國的物質之學，必且漸次昌明。惜乎其應聲很少，這一派思想就漸漸的銷沉了。

古代的學問，都是所謂專門之學。凡專門之學，對於某一方面必然研究得很深。對於別一方面，即不免有輕視或忽略之弊。此由當時各種學問初興，傳播未廣之故。只有雜家，《漢誌》稱其"兼名、法，合儒、墨"，卻頗近於後世的通學。

諸家的學問，都出於官守。只有小說家，《漢誌》稱為"街談巷語，道聽途說者所造"，似乎是民間流傳之說。今其書已盡亡。惟據《太平御覽》引《風俗通》，四則"城門失火，殃及池魚"之說，實出於小說家中的《百家》。則其性質，亦可想見了。

註解

① 先秦諸子之學，《漢書・藝文誌》以為其原出於王官，《淮南子・要略》則以為起於救時之弊。鄙意以為必兼二說，而後其義乃全。可參看拙撰《先秦學術概論》編第四章。

② 道德，《漢誌》但稱道家。

③ 儒家出於司徒之官。道家出於史官。陰陽家出於羲和之官。法家出於理官。名家出於禮官。墨家出於清廟之官。縱橫家出於行人之官。雜家出於議官。農家出於農稷之官。兵家出於司馬。數術出於明堂羲和、史卜之職。方技略又有房中、神仙兩家。《漢誌》云：皆生生之具，王官之一守。

第十三章 春秋戰國的政制改革

春秋戰國時代，政治制度亦有很大的變遷。

古代説天子是感天而生的，迷信的色彩很重。到春秋戰國時，儒家就有立君所以為民、民貴君輕諸説。怕舊説的勢力一時不能打倒，則又創"天視自我民視，天聽自我民聽"等説，以與之調和。實在替平民革命大張其目。使漢以後起平民而為天子的，得一個理論上的根據。而亦替現代的共和政體，種了一種遠因。

因世運的漸趨統一，而郡縣的制度，漸次萌芽。古代的郡縣，是不相統屬的。大約在腹裏繁華之地的，則稱為縣；在邊遠之地的，則稱為郡。所以郡，大概是轄境廣，而且有兵備的。後來因圖控制的方便，就以郡統縣了。從春秋以來，小國被滅的，大都成為大國的一縣。鄉大夫采地發達的，亦成為縣。古代官制，內諸侯與外諸侯，在爵祿兩點，全然相同；所異的，只是一世襲，一不世襲①。改封建為郡縣，其初不過是將外諸侯改為內諸侯而已。所以能將外諸侯改為內諸侯，則因交通便利；各地方的風氣，漸次相同；一個中央政府，可以指揮統率之故。所以封建郡縣的遞嬗，純是世運的變遷，並非可以強為的。

內官則今文家説：三公、九卿、二十七大夫、八十一元士。三公之職，為司馬、司徒、司空。九卿以下都無説。古文家則以太師、太傅、太保為三公，少師、少傅、少保為三孤，皆坐而論道，無職事。冢宰、司徒、宗伯、司馬、司寇、司空為六卿，分管全國的政事。其地方區畫，則《周禮》以五家為比，比有長。五比為閭，閭有胥。四閭為族，族有師。五族為黨，黨有正。五黨為州，州有長。五州為鄉，鄉有大夫。其編制以五起數，和軍制相應。《尚書大傳》説："古八家而為鄰，三鄰而為朋，三朋而為里，五里而為邑，十邑而為都，十都而為師，州十有二師。"其編制以八起數，和井田之制相合。大約前者是行於鄉，而後者是行於野的。參看兵制自明。

古代的兵制：今古文説都以五人為伍，五伍為兩，四兩為卒，五卒為旅，五旅為師。惟今文説以師為一軍，天子六師，方伯二師，諸侯一師。古文家則以五師為軍，王六軍，人國三軍，次國二軍，小國一軍。其出賦：則今文家謂十井出兵車一乘。公侯封方百里，凡千乘。伯四百九十乘。子男二百五十乘。古文家據《司馬法》，而《司馬法》又有兩説：一説以井十為通，通為匹馬，三十家。士一人，徒二人。通十為成，成十為終，終十為同，遞加十倍。又一説，以四井為邑，四邑為邱，有戎馬一匹，牛三頭，四邱為甸，有戎馬四匹，兵車一乘，牛十二頭，甲士三人，步卒七十二人。一同百里，提封萬井，除山川、沈斥、城郭、邑居、園囿、術路，定出賦的六千四百井，有戎馬四百匹，兵車百乘。這是鄉大夫采地大的。諸侯大的一封，三百六十里；天子畿方千里，亦遞加十倍。古文之説，兵數遠較今文之説為多，大約其出較晚。然六軍之數，還不過七萬五千人。到戰國時，則坑降、斬級，動至數萬，甚且至數十萬，固然也有虛數，然戰爭規模之大，遠過春秋以前，則必是事實，不能否認的。這驟增的兵數，果何自而來？原來古代的人民，並不是通國皆兵的。所以齊有士鄉和工商之鄉；而楚國的兵制，也説"荊尸而舉，商農工賈，不敗其業"。正式的軍隊，只是國都附近的人。其餘的人，雖非不能當兵，不過保衛本地方，如後世的鄉兵而止。戰國時代，大約此等人都加入正式軍隊之中，所以其數驟增了。戰爭固然殘酷，然而這卻是我國真正實行舉國皆兵的時代。

古代階級森嚴，大夫以上，都是世官。《王制》説：命鄉論秀士，升諸司徒，曰選士。司徒論選士之秀者，而升諸學，曰俊士。既升於學，則稱造士。大樂正論造士之秀者，而升諸司馬，曰進士。司馬辨別其才能之所長，以告於王而授之官。周官則六鄉六遂之官，都有教民以德行道藝之責。三年大比則興其賢者、能者於王。此即所謂"鄉舉里選"。鄉人的進用，大概不是沒有的事；然其用之，不過至士而止。立賢無方之事，實際是很少的。到戰國時代，貴族階級，日益腐敗。競爭劇烈，需才孔亟。而其時學術發達，民間有才能的人亦日多。封建制度既破，士之無以為生，從事於遊談的亦日眾。於是名公卿爭以養士為務，而士亦多有於立談之間取卿相的，遂開漢初布衣將相之局。

我國的有成文法，亦由來頗早。其見於古書的，如夏之《禹刑》，商之《湯刑》，周之《九刑》都是。西周以前，刑法率取秘密主義。至春秋時，則鄭鑄《刑書》，晉作《刑鼎》，漸開公佈刑法之端了。戰國時，李悝為魏文侯相，撰次諸國法，為《法經》六篇。商君取之以相秦。漢朝亦沿用它。從此以後，我國的法律，就連綿不斷了。

①《王制》："天子之縣內諸侯，祿也。外諸侯，嗣也。"

第十四章 上古的社會

從上古以至春秋戰國，社會組織的變遷尤其巨大。

孔子所説的大同時代，大約是極其平等、毫無階級的。至各部落相遇，而有戰爭，於是生出征服者和被征服者的階級。其最顯著的，就是國人和野人的區別。古代有許多權利，如詢國危、詢國遷、詢立君等，都是國人享的。而厲王監謗，道路以目，出來反抗的，也是國人。至於野人，則"逝將去汝，適彼樂土"，不過有仁政則歌功頌德，遇虐政則散之四方而已。觀此，便知其一為征服之族，一為被征服之族。古代的田制，是國以內行畦田之制，國以外行井田之制的①。可見國在山險之地。而兵亦都在國都附近。此可想見隆古之時，國人征服野人，就山險之處擇要屯駐，而使被征服之族居於四面平夷之地，從事耕農。這是最早發生的一個階級。

歲月漸深，武力把持的局面漸成過去，政治的勢力漸漸抬頭，而階級的關係一變。原來征服者和被征服者之間，雖有階級，而同一征服者之中，亦仍有階級。這是接近政權與否的關係。古代國人和野人的區別，大約如契丹時代的部族和漢人。同一征服者之中，執掌政權和不執掌政權者的關係，則如部族之民之於耶律、蕭氏等。歲月漸深，政治上的貴族平民，區別日漸顯著，從前征服者和被征服者的畛域，轉覺漸次化除。這一因政權的擴大，而執掌政權的人，威力亦漸次增加。一則年深月久，征服者和被征服者的仇恨，日漸淡忘，而經濟上平和的聯繫，日益密接。又人口增殖，國人必有移居於野的，而畛域漸化，野人亦必有移居於國的，居處既相接近，婚姻可以互通，久而久之，兩者的區別就馴致不能認識了。這是階級制度的一個轉變。然而其關係，總還不及經濟上的關係、力量來得更大。

古代各個獨立的小社會，其經濟都是自給自足的。此時的生產，都是為着消費而生產，不是為着交易而生產。此等社會，其事務的分配，必有極嚴密的組織。然而歷時既久，交通日便，商業日興，則社會的組織，亦就因之而改變。因為人總是想得利的，總是想以最小的勞費獲得最大的報酬的。各個小社會，各個獨立生產以供給自己的消費，這在獲利的分量上言，原是不經濟的事。所以從交易漸興，人就自然覺得：有許多向來自造的東西，可以不造而求之於外；造得很少的東西，可以多造而用作交易的手段。至此，則此等小社會從前事務的分配，不復合理。若要堅持他，便足為這時代得到更大的利益的障礙。於是舊時的組織，遂逐漸破壞於無形之中。於是人的勞動，非復為社會而勞動；其生活，亦不受社會的保障。而人是不能各個獨立而生活的，"一人之身，而百工之所為備"，離居不相待則窮。於是以交易為合作，而商業遂日益興盛。然此等合作，係在各個人自謀私利之下，以利己之條件行之的。實際雖兼利他人，目的是只為自己。有可損人以自利之處，當然非所顧慮。而在此等不自覺的條件之下合作，人人所得的利益，當然不會一致的。而人是沒有資本，不會勞動的，在分配的過程中，有資本的人，自然獲得較有利的條件。於是商業資本日漸抬頭。人既不能回到武力劫奪的世界，而總要維持一種和平的關係，則在此關係之下，能佔有多量財富的，在社會上自然佔有較大的勢力。於是貴賤階級之外，又生出一種貧富的階級。而其實際的勢力，且陵駕乎貴賤階級之上。這是階級制度的又一轉變。

我們試看：古代的工業，都是國家設立專官，擇人民所不能自造的器具，造之以供民用。商業則大者皆行於國外②。其在國內，則不過"求壟斷而登之"的賤丈夫，並不能謀大利。而到晚周時代，則有"用貧求富，農不如工，工不如商"之諺。前此"市廛而不稅，關譏而不徵。"可見其對於商人，盡力招徠。至此，則必"凶荒札喪，市乃無徵而作布。"便可見此時的工商事業，和前此大不相同了。

同時因在上者的日益淫侈，剝削人民益甚，於是有孟子所說"慢其經界"的"暴君污吏"。亦因人口增殖，耕地漸感不足，不得不將田間的水道陸道，填沒開墾，這就是所謂開阡陌。於是井田制度破壞，而分地不均。古代作為公有的山澤，至此亦被私人所佔。經營種樹、畜牧、開礦、煮鹽等業，而地權之不平均更甚。

地權不平均了，資本跋扈了。一方面，有舊貴族的暴虐；一方面，有新興富者階級的豪奢。貧民則"常衣牛馬之衣，食犬彘之食"。遂成為一懸而不決的社會問題。

貨幣的發達，是大有助於商業資本，而亦是大有影響於社會經濟的。於此亦得說其大略。我國最早用作交易中之物，大約是貝，次之則是皮。這是漁獵和畜牧時代所用。至農耕時代，則最貴重的是金屬的耕具或刀，而布帛米穀等亦用為交易之具。後來用社會上所最貴的銅，依貝的形式鑄造起來，而以一種農器之名名之，則為錢。至於珠、玉、金、銀等，則因其為上流社會的人所貴重，間亦用以交易。大概是行於遠處，用以與豪富的人交換的。《史記‧平準書》說："大公為周立圜法。黃金方寸而重一斤。錢圜函方，輕重以銖。布帛廣二尺二寸為幅，長四丈為匹。"可見黃金、銅錢、布帛三者是社會上最通行的貨幣。然而別種東西，亦未嘗不用。秦併天下，黃金的重量，改以鎰計。銅錢的形式，仍同周朝，而改其重為半兩。珠、玉、龜、貝、銀、錫等，國家都不認為貨幣，然亦"隨時而輕重無常"。三代以前，貨幣制度的轉變，大略如此。

註解

① 《孟子‧滕文公上》：孟子對滕文公欲行井田之問，"請野，九一而助。國中，什一使自賦。卿以下，必有圭田，圭田五十畝"。案圭田就是畦田。畦田是地形既不方正，而又高低不等的。古代算法中，算此等不平正的面積的法子，就謂之畦田法。

② 所以古代的商人，才智獨高，如鄭弦高等，至能矯君命以紓國難，即因其周歷四方，聞見廣博之故。《左氏》昭公十六年：鄭子產對晉國的韓宣子説："昔我先君桓公，與商人皆出自周，庸次比耦，以艾殺此地，斬之蓬蒿藜藋而共處之。"遷國之初，要帶着一個商人走，就因為新造之邦，必需之品，或有缺乏，要藉商人以求之於外之故。

第三編

中古史

第一章 秦之統一及其政策

誰都知道，統一是始於秦的。其實統一是逐漸進行的，看前編第七章所述，就可知道了。然而統一的完成，確在前二二一年，即秦王政的二十六年。積世渴望的統一，到此告成，措置上自然該有一番新氣象。

秦王政統一之後，他所行的第一事，便是改定有天下者之號，稱為皇帝。命為制，令為詔。而且說古代的諡，是："子議父，臣議君也，甚無謂，朕弗取焉。"於是除去諡法，自稱為始皇帝。後世則以數計，如二世、三世等。

郡縣之制，早推行於春秋戰國之世，已見前編。始皇併天下後，索性加以整齊，定為以郡統縣之制。分天下為三十六郡。每郡都置守、尉、監三種官①。

始皇又收天下之兵器，都聚之於咸陽。把他銷掉，鑄作鐘鐻和十二個金人②。

當時有個僕射周青臣，恭維始皇的功德。又有個博士淳于越，說他是面諛。說郡縣制度，不及封建制度。始皇下其議。丞相李斯因此說："諸生不師今而學古，以非當世，惑亂黔首。"又說："人聞令下，則各以其學議之。""如此弗禁，則主勢降乎上，黨與成乎下。"於是擬定一個燒書的辦法，是：

（一）史官非秦記皆燒之。

（二）非博士官所職，天下有敢藏詩、書、百家語者，悉詣守尉雜燒之。

（三）有敢偶語詩書棄市。以古非今者族。吏見知不舉者與同罪。令下三十日不燒，黥為城旦。

（四）所不去者，醫藥、卜筮、種樹之書。若有欲學——法令——以吏為師。

焚書的理由，早見《管子・法禁》和《韓非子・問辯》兩篇。這是法家向來的主張。始皇、李斯，不過實行他罷了。法家此等主張，在後世看來，自然是極愚笨。然而在古代，本來是"政教合一，官師不分"的。"尊私學而相與非法教"，不過是東周以後的事。始皇、李斯此舉，也不過想回復古代的狀況罷了。

至於坑儒，則純然另是　回事。此事的起因，出於始皇相信神仙，招致了一班方士，替他煉奇藥，帶着童男女入海求神仙。後來有個方士盧生和甚麼侯生，私議始皇，因而逃去。始皇大怒，說："吾收天下書不中用者盡去之。悉召文學、方術士，欲以致太平，求奇藥。如今毫無效驗，反而誹謗我。"於是派御史去按問。諸生互相告引。因而被坑的，遂有四百六十餘人。這件事雖然暴虐，卻和學術思想是了無干係的。

還有一件事，則和學術界關係略大。我國文字的起源，已見前編第二章。漢代許慎作《說文解字序》，把漢以前的文字，分做五種：(一) 古文。(二) 大篆。(三) 小篆。(四) 隸書。(五) 草書。他把周宣王以前的文字，總稱為古文。說周宣王時，太史籀作大篆十五篇，與古文或異。又說："七國之世，言語異聲，文字異形。秦併天下，丞相李斯，乃奏同之，罷其不與秦文合者。李斯作《倉頡篇》，中車府令趙高作《爰歷篇》，太史令胡毋敬作《博學篇》。皆取史籀大篆，或頗省改。"這是小篆。又說：此時"官獄職務繁，初有隸書，以趨約易，而古文由此絕矣"。案七國之世，所謂言語異聲，大約是各處方言音讀之不同。至於文字異形，則 (一) 者是字形的變遷。(二) 者，此時事務日繁，學術發達，舊有之字，不足於用，自然要另造新字。所造的字，自然彼此不相關會了。秦朝的同文字，是大體以史籀的大篆為標準，而廢六國新造的字。這件事，恐亦未必能辦到十分。然而六國的文字，多少總受些影響。所謂"古文由此絕"，這古文兩字，實在是連六國文字不與秦文合的部分，都包括在內的。漢興以後，通用隸書。秦朝所存留的字，因為史籀、李斯、趙高、胡毋敬等所作字書還在，所以還可考查。此等已廢的文字，卻無人再去留意。所以至漢時，所謂古文，便非盡人所能通曉了。

當始皇之世，是統一之初，六國的遺民，本來不服。而此時也無治統一之世的經驗。不知天下安定，在於多數人有以自樂其生，以為只要一味高壓，就可以為所欲為了。於是專用嚴刑峻法。而又南併南越，北攘匈奴，築長城。還要大營宮室，歲歲巡遊。人民既困於賦役，又迫於威刑，亂源早已潛伏。不過畏懼始皇的威嚴，莫敢先發罷了。前二一〇年，始皇東遊，還至平原津而病。崩於沙丘。始皇長子扶蘇，因諫坑儒生，被謫，監蒙恬軍於上郡。少子胡亥和始皇叫他教胡亥決獄的趙高從行。於是趙高為胡亥遊說李斯矯詔，殺扶蘇和蒙恬。秘喪，還至咸陽，即位。是為二世皇帝。而揭竿斬木之禍，便隨之而起了。

註解

① 守，便是漢時的太守，尉，便是漢時的都尉，都是漢景帝改名的。見《漢書・百官公卿表》。守是一郡的長官，尉是佐守與武職甲卒的，亦見《百官公卿表》。雖然如此，調兵統率之權，仍在於守。漢世也是如此。監是皇帝派出去監察郡守的御史。其制度，大約原於古代的三監。《禮記・王制》："天子使其大夫為三監，監於方伯之國，國三人。"武王克殷，封紂子武庚，而使其弟管叔、蔡叔、霍叔為三監，所行的便是此制。此時乃以之施於郡守。可見郡縣封建兩制，逐漸蛻變之跡。大夫之爵，本低於列國之君。所以漢時刺史之秩，還低於太守。參看第六章。

② 古以銅為兵器，這金人就是銅人。漢以前單言金的，大概都指銅。今之所謂金，則稱黃金。

第二章 秦漢之際

秦二世的元年，便是公元前二〇九年，戌卒陳勝、吳廣，因為遣戌漁陽，自度失期當死，起兵於蘄。北取陳。勝自立為楚王。於是六國之後，聞風俱起。

魏人張耳、陳餘，立趙後歇為趙王。

周市立魏公子咎為魏王。

燕人韓廣，自立為楚王。

齊王族田儋，自立為齊王。

時二世葬始皇於驪山，工程極其浩大。工作的有七十萬人。二世聽了趙高的話，把李斯殺掉。以為山東盜是無能為的。後來陳勝的先鋒兵打到戲。

才大驚，赦驪山徒，命少府章邯，帶着出去征討。這時候，秦朝政事雖亂，兵力還強。山東烏合之眾，自然不能抵敵。於是陳勝、吳廣先後敗死。章邯北擊魏。魏王咎自殺。齊王儋救魏，亦敗死。

先是楚將項燕之子梁和其兄子籍，起兵於吳。沛人劉邦，亦起兵於沛。項梁渡江後，因居鄛人范增的遊說，立楚懷王之後心於盱眙，仍稱為楚懷王。項梁引兵而北，其初連勝兩仗。後來亦為章邯所襲殺。於是章邯以為楚地兵不足憂，北圍趙王於鉅鹿。

楚懷王派宋義、項籍、范增北救趙，劉邦西入關。宋義至安陽，逗留四十六日不進。項籍矯懷王命殺之。引兵北渡河，大破秦兵於鉅鹿下。章邯因趙高的猜疑，就投降了項籍。先是韓人張良，因其先五世相韓，嘗散家財，募死士，狙擊秦始皇於博浪沙中，想為韓報仇。及項梁起兵，張良遊說他，勸他立韓國的公子成為韓王。劉邦因張良以略韓地，遂入武關。趙高弒二世，立公子嬰，想和諸侯講和，保守關中，仍回復其列國時代之舊。子嬰又刺殺趙高。而劉邦的兵，已到霸上了。子嬰只得投降。秦朝就此滅亡。時為公元前二〇六年。

項籍既降章邯，引兵入關。劉邦業已先入，遣兵將關把守了。項籍大怒，把他打破。這時候，項籍兵四十萬，在鴻門。劉邦兵十萬，在霸上。項籍要打劉邦。其族人項伯和張良要好，到劉邦軍中，勸良同走。劉邦因此請項伯向項籍解釋，自己又親去謝罪。一場風波，才算消弭。

這時候，封建思想還未破除。亡秦之後，自然沒有推一個人做皇帝之理。於是便要分封。當封的，自然是（一）前此六國之後；（二）亡秦有功之人。而分封之權，自然是出於眾諸侯的會議，能操縱這會議的，自然是當時實力最強的人。於是項籍便和諸侯王議定分封的人，如下：

項籍	西楚霸王	王梁、楚地九郡。都彭城（今江蘇銅山縣）。	
劉邦	漢王	王巴、蜀、漢中，都南鄭（今陝西南鄭縣）。	
章邯	雍王	王咸陽以西。都廢丘（今陝西興平縣）。	以下三人，為秦降將。項籍未入關即封之，當時稱為三秦。
司馬欣	塞王	王咸陽以東，至河。都櫟陽（今陝西臨潼縣）。	
董翳	翟王	王上郡，都高奴（今陝西膚施縣）。	
魏王豹	西魏王	王河東，都平陽（今山西臨汾縣）。	魏王咎的兄弟。咎死後，奔楚，楚立為魏王。此時徙西魏。漢王出關，豹降漢，漢復立為魏王。豹叛漢與楚，為韓信所虜。
韓王成	韓王	都陽翟（今河南禹縣）。	旋為楚所殺，立故吳令鄭昌為韓王。
申陽	河南王	都洛陽。	張耳嬖人。
司馬邛	殷王	殷王故墟，都朝歌（今河南淇縣）。	趙將。
趙王歇	代王	都代（今河北蔚縣）。	秦兵圍鉅鹿時，張耳在城內，陳餘在城外。圍解後，張耳怨陳餘不救，責讓他。陳餘發怒，將印交張耳，自去漁獵。因此未從諸侯入關，不得為王，因所居南皮（今河北南皮縣），封之三縣。餘怒。會田榮叛楚。餘請兵於榮，擊破張耳。耳奔漢。餘迎趙王歇還趙。歇封餘為代王，留為趙相。後張耳與韓信破趙。趙王歇被擒，餘被殺。
張耳	常山王	王趙。都襄國（今河北邢台縣）。	
英布	九江王	都六（今安徽六安縣）。	楚將。後叛楚降漢。
吳芮	衡山王	都邾（今湖北黃岡縣）。	秦鄱陽令起兵，從諸侯入關。
共敖	臨江王	都江陵（今湖北江陵縣）。	義帝柱國。子尉，為漢所虜。

燕王廣	遼東王	都無終（今河北薊縣）。	為臧荼所殺。
臧荼	燕王	都薊（今河北北平縣）。	燕將。漢高祖得天下後，謀反，被殺。
齊王市	膠東王	都即墨（今山東即墨縣）。	田儋的兒子。儋死後，其兄弟榮，立他做齊王。至是，徙膠東。榮發兵距殺田都，留市於齊。市逃往膠東。田榮怒，發兵追殺市。時彭越有眾萬餘人，在巨野（今山東巨野），無所屬。榮與以將軍印，使擊殺濟北王安。榮遂並王三齊（齊、膠東、濟北）。後為項羽所殺。田榮的兄弟橫，又立田榮的兒子廣。為漢韓信所虜。橫逃入海島。漢高祖定天下後，召之，未至洛陽，自殺。
田都	齊王	都臨淄（今山東臨淄縣）。	齊將。
田安	濟北王	都博陽（今山東泰安縣）。	齊王建（戰國時最後的齊王）孫。

當楚懷王遣將時，曾說：先入關中者王之。照這句話，此時當王關中者為劉邦。然而項籍受章邯之降時，已將秦地分王邯等三人了。這大約是所以撫慰降將之心，減少其抵抗力的。其時劉邦的能先入關，原是意想不到的事。這時候不便反悔。於是說：（一）懷王不能主約；（二）巴、蜀、漢中，亦是關中之地，就把劉邦封為漢王。這也不能說不是一種解釋。然而龍爭虎鬥之際，只要有辭可藉，便要藉口的，哪管得合理不合理？

項籍尊楚懷王為義帝，而自稱霸王。照春秋戰國的習慣，天子原是不管事的，管理諸侯之權，在於霸主。這時候，天下有變，自然責在項籍。於是因田榮的反叛，出兵征討。漢王乘機便說：項籍分封不平。以韓信為大將，北定三秦又破韓、河南、西魏、殷四國。並塞、翟、韓、殷、魏之兵五十六萬人東伐楚。居然攻入楚國的都城，項籍聞之，以精兵三萬人，從胡陵還擊。大破漢兵。漢王脫身逃走。然而漢王有蕭何，守關中以給軍食。堅守滎陽、成皋以拒楚。而使韓信北定趙、代，轉而東南破齊。而項籍的後方，為彭越所擾亂，兵少食盡。相持數年，楚兵勢漸絀。乃與漢約，以鴻溝為界，中分天下。漢王背約追楚。圍項籍於垓下。項籍突圍而走。至烏江，自刎死，於是天下又統一了。時為公元前二〇二年。

第三章 前漢的政治

前漢凡二百十年，在政治上，可以分做四期：

第一期：高祖初定天下。這時候，還沿着封建思想，有功之臣，與高祖同定天下的，其勢不得不封。而心上又猜忌他。於是高祖聽婁敬的話，徙都關中，想藉形勝以自固。又大封同姓之國，以為屏藩。這時候，異姓王者八國，除長沙外，多旋就滅亡。同姓王者九國，都跨郡三四，連城數十，遂成為異日的亂源。高祖開國之後，是外任宗室，內任外戚的。所以呂后在其時，很有威權。高祖死後，惠帝柔弱，政權遂入於呂后之手。先是高祖刑白馬與諸侯盟説：“非劉氏而王者，天下共擊之。”惠帝死後，呂后臨朝，就分封諸呂。又使呂祿、呂產統帶守衛京城和宮城的南北軍。呂后死後，齊哀王起兵於外。諸呂使灌嬰擊之。灌嬰陰與齊王連和，頓兵不進。漢朝的大臣因此勸諸呂罷兵就國，諸呂猶豫不決。而太尉周勃乘隙突入北軍，和齊王的兄弟朱虛侯章等，攻殺諸呂。殺掉太后所立的少帝和常山王弘，而迎立文帝。於是漢初握權的外戚打倒，而晨星寥落的功臣，自此以後也逐漸凋零。特殊勢力只有因私天下之心所封建的宗室了。

當漢初，承春秋戰國以來五百餘年的長期戰爭，加以秦代的暴虐，秦、漢之際的擾亂，天下所渴望的是休養生息。而休養生息之治，只有清靜不擾的政策最為相宜。漢初已有這個趨勢。文、景二代的政治，尤能應這要求，所以社會上頓呈富庶之象。這時候，內而諸侯之尾大不掉，外而匈奴之時來侵犯，都是個亟待解決的問題。文帝也一味姑息，明知吳王濞有反謀，卻賜之几杖以安之。匈奴屢次入寇，也只是發兵防之而已。到後來，封建的問題，到底因吳楚七國之亂而解決①。而對外的問題，則直留待武帝時。至於制民之產和振興文化，則文、景二代，更其謙讓未遑了。要而言之：這一期，是以休養生息為主。可稱西漢政治的第二期。

第三期是武帝。武帝是個雄才大略之主，很想內興文治，外耀武功。於是立五經博士，表章六藝，罷黜百家。又北伐匈奴，西通西域，南平閩越、南越，東北並朝鮮，西南開西南夷。一時武功文治，赫然可觀。然而武帝也和秦始皇一樣，信方士，營宮室，又時出巡倖。財用不足，乃用孔僅、桑弘羊等言利之臣，又用張湯等酷吏，遂致民愁盜起，幾乎釀成大亂。末年雖然追悔，天下元氣業已大受其傷了。武帝的太子據，因"巫蠱之禍"而死。晚年，婕妤趙氏生昭帝，武帝恐身後嗣君年少，母后專權，殺婕妤，然後立昭帝為太子。

武帝崩，昭帝立。霍光、上官桀等同受遺詔輔政。武帝長子燕王旦和上官桀、桑弘羊等謀反，為霍光所殺。昭帝崩，無子。霍光迎立武帝孫昌邑王賀。百日，廢之。迎立戾太子孫病已，是為宣帝。當霍光秉政時，頗務輕徭薄賦，與民休息。宣帝少居民間，知民疾苦。即位後，留心於刑獄及吏治，亦稱治安。自武帝末年至此，憔悴的人民，又算稍獲休息。這是西漢政治的第三期。自元帝以後，則君主逐漸愚懦，更兼之短祚，外戚的威權日張，遂入於第四期了。

漢代去古未遠，宗法社會的思想，深入人心。人所視為可靠的，非宗室則外戚。漢初宗室，勢力太大，致釀成吳、楚七國之亂。亂後，宗室的勢力遂被打倒，而外戚則勢焰大張。元帝本是個柔仁好儒的人，然而暗於聽受，宦官弘恭、石顯專權，威權漸陷於不振。成帝很荒淫，委政於外家王氏。王鳳、王音、王商、王根，相繼為相，遂肇篡竊之勢。哀帝奪王氏之權，然所任的，亦不過外家丁氏和其祖母之族傅氏。哀帝死後，成帝的母親召用王莽。王莽本是抱負大志，想得位以行其所抱負的。於是弒平帝，立孺子嬰，莽居攝踐阼。旋又稱假皇帝。而西漢之天下，遂移於新室了。時為公元八年。

① 漢初諸侯，封地太大，又其體制甚崇。國中有內史以治民，中尉以掌武職，丞相以統眾官。一切設官，都同漢朝一樣。漢朝只替他置一個丞相，其餘悉由他自己用人。七國亂後，乃令諸侯不得治民補吏。改其丞相為相。餘官亦多所減省。後來又省內史，令相治民，和郡太守一樣，中尉和郡尉一樣。於是郡與國名異而實同。當文帝時，賈誼即建"眾建諸侯而少其力"之策，文帝未能行。武帝時，主父偃請令諸侯得以國土，分封其子弟。於是賈誼之說實現。漢代的封建，就名存實亡了。

第四章 新莽的改制

當秦漢之世，實有一從東周以降，懸而未決的社會問題。制民之產，在古代的政治家，本視為第一要事。"先富後教"，"有恆產而後有恆心"，民生問題不解決，政治和教化，都是無從說起的。漢代的政治家，還深知此義。"治天下不如安天下，安天下不如與天下安"，乃後世經驗多了，知道"天下大器"，不可輕動，才有此等姑息的話。漢代的人，是無此思想的。多數的人，對於社會現狀，都覺得痛心疾首。那麼，改革之成否，雖不可知，而改革之事，則終不可免，那是勢所必然了。然則漢代的社會，究竟是何情狀呢？

當時的富者階級，大略有二：（一）是大地主。董仲舒說他"田連阡陌；又顓川澤之利，管山林之饒"，而貧者則"無立錐之地"。（二）是大工商家①。晁錯說他"男不耕耘，女不蠶織，衣必文采，食必粱肉"，"因其富厚，交通王侯，力過吏勢"。因以兼併農人。封建勢力，未曾剷除，商業資本，又已興起。胼手胝足的小民，自然只好"衣牛馬之衣，食犬彘之食"了。

漢世救正之法，是減輕農民的租稅，至於三十而取一。然而私家的田租，卻十取其五。所以荀悅說："公家之惠，優於三代，豪強之暴，酷於亡秦。"武帝時，董仲舒嘗提出"限民名田"之法，即是替佔田的人，立一個最大的限制，不許超過。武帝未能行。哀帝時，師丹輔政。一切規制，業已擬定，又為貴戚所阻。至於法律上，賤視商人，"如賈人不得衣絲乘車"、"市井之子孫不得為宦吏"等，於其經濟勢力，不能絲毫有所減削。武帝時，桑弘羊建鹽鐵官賣和均輸之法，名以困富商大賈，然實不過羅掘之策，反以害民。其於社會政策，自更去之逾遠了②。

到新莽時，才起一個晴天霹靂。新莽的政策，是：

更名天下田曰王田，奴婢曰私屬。皆不得賣買。男口不盈八，而田過一井的，分餘田與九族鄉黨。

立五均司市泉府。百姓以採礦、漁獵、畜牧、紡織、補縫為業和工匠、巫醫、卜祝、商賈等，都自佔所為，除其本，計其利，以十一分之一為貢。司市以四時仲月，定物平價。周於民用而不售的東西，均宜照本價買進。物價騰貴，超過平價一錢時，即照平價賣出。百姓喪祭之費無所出的，泉府把工商之貢借給他，不取利息。如藉以治產業的，則計其贏利，取息一分。

立六管之制。把鹽、酒、鐵、山澤、賒貸、錢布銅冶六種事業，收歸官辦。

新莽的制度：（一）平均地權。（二）把事業之大者都收歸國營。（三）雖然未能變交易為分配，然而於生產者，販賣者，消費者三方面，亦思有以劑其平，使其都不吃虧，亦都無所牟大利。果能辦到，豈非極好的事？然而國家有多大的資本，可以操縱市場？有多細密嚴肅的行政，可以辦這些事，而不至於有弊？這卻是很大的疑問。而新莽是迷信立法的。他以為"制定則天下自平"。於是但"銳思於製作"，而不省目前之務。如此大改革，即使十分嚴密監督，還不能保其無弊，何況不甚措意呢？於是吏緣為奸，所辦的事，目的都沒有達到，而弊竇反因之而百出。新莽後來，也知道行不通了。有幾種辦法，只得自己取消。然而事已無及了。

新莽尤其失計的，是破壞貨幣制度。原來漢代錢法屢變，其最後民信用的，便是五銖錢。錢法金、銀、龜、貝雜用，原是經濟幼稚時代的事，秦時，業已進它到專用金屬。漢世雖云黃金和銅錢並用，然而金價太貴，和平民不發生關係，為全社會流通之主的，自然還是銅錢。所以，銅錢便是當時經濟社會的命脈。而新莽卻把五銖錢廢掉，更作金、銀、龜、貝、錢、布，共有五物，六名，二十八品行之③。於是"農桑失業，食貨俱廢"。大亂之勢，就無可遏止了。

　　新莽的大毛病，在於迂闊。其用兵也是如此。新室的末年，所在盜起。其初原不過迫於苛政，苟圖救死。然而新政府的改革，既已不諒於人民，則轉而思念舊政府，亦是群眾應有的心理。於是劉氏的子孫，特別可以做號召之具。當時新市、平林之兵，有漢宗室劉玄在內，號為更始將軍。而後漢光武帝，亦起兵春陵，與之合。諸將共立更始為帝，北據宛。新莽發四十萬大兵去打他。軍無紀律，又無良將，大敗於昆陽。威聲一挫，響應漢兵者蜂起，新室遂不能鎮壓。更始派兵兩支：（一）北攻洛陽，（二）西攻武關。長安中兵亦起。新莽遂為所殺。時為公元二三年。更始先已移都洛陽，至是又移都長安。此時人心思治，對於新興的政府，屬望很深。而新市、平林諸將，始終不脫強盜行徑，更始則為所挾制，不能有為。光武帝別為一軍，出定河北。以河內為根據地，即帝位於鄗。這時候，擁兵劫掠的人，到處都是。而山東赤眉之眾最盛。公元二五年，赤眉以食盡入關。更始為其所殺，洛陽降光武，光武移都之。光武遣將擊破赤眉，赤眉東走。光武自勒大兵，降之宜陽，於是最大的流寇戡定。然而紛紛割據的尚多，其中較大的：如漢中的延岑，黎邱的秦豐，夷陵的田戎，睢陽的劉永，亦都遣兵或親身打定。只有隴西的隗囂，頗得士心。成都的公孫述，習於吏事，二人稍有規模。光武久在兵間，厭苦戰事，頗想暫時置之度外，而二人復互相連結，意圖搖動中原。於是三四、三六兩年，先後遣兵把他滅掉。河西的竇融，則不煩兵力而自歸，天下又算平定了。

註解

① 漢時通稱為商人，然實有工業家在內。因為其時製造和販賣不分，所以通稱為商人。如煮鹽、製鐵的人便是。

② 桑弘羊不是不學無術的人，其行鹽鐵、均輸等法，在理論上亦很有根據。所根據的，便是管子等一派學說。看《鹽鐵論》便知。

③ 錢貨六品，銀貨二品，龜貨四品，貝貨五品，布貨十品，其黃金另為一品，在此之外。

第五章 後漢的政治

　　莽末之亂，其經過約二十年。雖然不算很久，然而蔓延的範圍很廣，擾亂的情形，也十分厲害。所以民生的凋敝，更甚於秦漢之間。光武帝平定天下後，亦是以安靜為治。內之則減官省事，外之則拒絕西域的朝貢，免得敝中國，以事四夷。而又退功臣，進文吏，留心於政治。所以海內日漸康寧。明、章兩代，也能繼承他的治法。這三朝，稱為後漢的治世。

　　後漢的政治，壞於外戚宦官的專權，而外戚的專權，起於和帝之世。先是章帝皇后竇氏無子，貴人宋氏生子慶，立為太子。梁氏生子肇，竇后養為己子，後誣殺二貴人，廢慶為清和王，而肇立為太子。章帝崩，肇立，是為和帝，太后臨朝。后兄憲為大將軍，專權驕恣。和帝既長，和宦官鄭眾謀殺之。是為後漢皇帝與宦官謀誅外戚之始。和帝崩，殤帝立，生才百餘日，明年，又崩。太后鄧氏，迎立安帝，臨朝凡十五年。鄧太后崩後，安帝自用其皇后之兄閻顯。又寵信諸中常侍和乳母王聖等。閻皇后無子，後宮李氏生順帝，立為太子，閻皇后譖廢之。安帝崩，閻后迎立北鄉侯，未逾年薨。宦者孫程等迎立順帝，殺閻顯，遷閻后於離宮。順帝用后父梁商為大將軍。商死後，子冀繼之，專恣較前此之外戚為更甚。順帝崩後，子沖帝立，一年而崩。冀與太后定策禁中，迎立質帝。質帝雖年少，而知

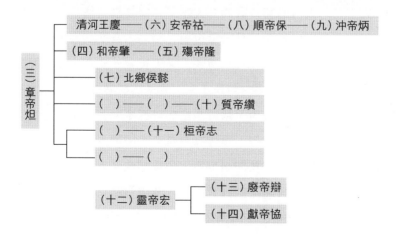

目冀為"跋扈將軍"，遂為冀所弒，迎立桓帝。桓帝和宦官單超等合謀，把梁冀殺掉，於是後漢外戚專權之局終，而宦官轉橫。

外戚宦官，更迭把持，朝政自然很腐敗。因此而引起羌亂，因此而激成黨禍。

羌人本住在湟水流域，後來棄湟水，西依鮮水、鹽池。莽末，乘亂內侵。光武、明、章、和四代，屢次發兵，把他打破。然而降羌散處內地的很多，郡縣豪右，都要侵陵役使他。安帝時，羌遂反叛。降羌本是個小寇，造反時，連兵器都沒有。然而當時帶兵的人，都觀望不戰。涼州一方面的長官，則爭着遷徙到內地，置百姓於不顧，或則強迫遷徙，於是羌寇轉盛。至於東寇三輔①，南略益州，漢兵僅能保守洛陽附近而已。而兵費的侵漁，又極利害。安帝時，用兵十餘年，兵費至二百四十億，才算勉強平定。順帝時，羌亂又起，兵費又至八十餘億。直到桓帝，任用段熲，盡情誅剿，又經過好幾年，才算平定。然而漢朝的元氣，則自此而大傷了。

黨禍起於後漢的士好立名，初則造作名目，互相標榜，進而誹議公卿，裁量執政。這時候，遊學極盛，太學諸生，至三萬餘人，恰好做了橫議的大本營。當時宦官兄弟姻親，佈滿州郡，盡情懲治，自然是人情之所欲，而亦是立名的一個機會。於是宦官與名士，勢成水火。桓帝也是相信宦官的，宦官遂誣他們結連黨與，誹議朝政，一概加以逮治。後因后父竇武替他們解釋，才放歸田里，然而還禁錮終身。桓帝崩，無子，竇后和竇武定策禁中，迎立靈帝。年方十二，太后臨朝。竇武為大將軍，陳蕃為太傅，謀誅宦官賈節、王甫等，不克，反為所殺。於是黨獄復興，諸名士身受其害，和因其逃亡追捕，而人民因之受禍的更多。善類遭殃，天下喪氣。靈帝年長，尤其相信宦官。又喜歡"私稿"賣官、厚斂，無所不為。於是民窮財盡，而黃巾之禍又起。

黃巾的首領，是鉅鹿張角，藉符水治病以惑眾。其徒黨，遍於青、徐、幽、冀、荊、揚、兗、豫八州。角遂謀為亂。暗中署置其眾，為三十六方。約以公元一八四年舉事，未及期而事洩，角遂馳敕諸方，一時俱起。雖然烏合之眾，旋即打平。然自此盜賊群起，都以黃巾為號，郡縣莫能捕治。於是聽劉焉的話，改刺史為州牧，外官的威權漸重，又伏下一個亂源。

而中央又適有變故，以授之隙。靈帝皇后何氏，生廢帝。美人王氏，生獻帝。靈帝意欲廢嫡立庶，未及行而病篤，把這事，屬託宦官蹇碩。時何皇后之兄進為大將軍。靈帝崩後蹇碩意欲誘殺何進而立獻帝。何進知之，擁兵不朝。蹇碩無如之何。於是廢帝立，而蹇碩亦被殺。何進因欲盡誅宦官，太后不肯。進乃謀召外兵，以迫脅太后，宦官知事急，誘進入宮，把他殺掉。進官屬袁紹等，遂舉兵攻殺宦官，正當大亂之際，而涼州將董卓適至，京城中大權，遂落其手。董卓既握大權，廢廢帝而立獻帝。袁紹奔山東，號召州郡，起兵討卓，推紹為盟主。董卓劫獻帝奔長安。山東州郡，並無討賊的決心，各據地盤，互相吞併。而董卓暴虐過甚，為司徒王允和其部將呂布所殺。卓將李傕、郭汜，起兵為卓報仇，攻破長安，王允被殺。呂布奔東方。後來傕、汜二人，又自相攻擊。獻帝崎嶇逃到洛陽，空虛不能自立。其時曹操據兗州，頗有兵力。乃召操入洛陽以自衛。操既至，遷帝都許。於是大權盡歸曹氏，獻帝僅擁虛名而已。而紛紛割據的人多，曹操亦一時不能平定，遂終成為三國鼎立之局。

註解

① 漢初，本以內史治京師。後分為左右。武帝改右內史為京兆尹，左為左馮翊，又改主爵都尉為右扶風。使治內史右地，謂之三輔。後漢雖都洛陽，以其為陵廟所在，不改其號。

第六章　兩漢的制度

“漢治”是後世所號為近古的。這因其時代早，在政治制度和社會風俗上，都有沿襲古人之處。

在官制上，漢代的宰相權力頗大，體制亦尊，這是和後世不同的。宰相初稱丞相，或稱相國。從來今文經說盛行，乃將丞相改為司徒，又把掌武事的大尉，改為司馬，為丞相副貳的御史大夫，改為司空，並稱相職。其中央政府分掌眾務的九卿，則分屬於三公①。外官，仍沿秦郡縣之制。但不置監御史。由丞相遣史分察州，謂之刺史。刺史不是地方官，但奉詔六條察州。其人位卑而權重，故多能自奮，而亦無專擅之患，這實是一種善制。漢代去古未遠，人民自治的規制，尚未盡廢。其民以百家為一里，里有魁。十里為一亭，亭有長。十亭為一鄉，鄉有三老，掌教化；嗇夫，職聽訟，收賦稅；遊徼，主徼循，禁賊盜。此等名目，後世固亦多有。然多成為具文。漢世則視之甚尊。高帝時，嘗擇鄉三老一人，置以為縣三老。與縣令、丞、尉，可以以事相教。而嗇夫等亦很有德化流行，為人民所畏服的。這亦與後世顯然不同。

漢代的學校，起源於武帝時。其時未立校舍，亦未設教官。但為太常的屬官博士，置弟子員五十人。後來遞有增加。到平帝時，王莽輔政，才大建校舍。然未久即亂，故其成績無聞。

後漢則天下甫定，即營建太學，明、章二代，尤極崇儒重道。雖以順帝的陵夷，還能增修黌舍。所以其時遊學者極盛。然"章句漸疏，專以浮華相尚"，遂至釀成黨錮之禍。大約其時學校中，研究學問的人少，藉此通聲氣的人多。所以董昭也說"國士不以孝弟清修為首，乃以趨勢遊利為先。"於是學術的授受，轉在私家。學校以外的大師，著錄動至千萬，遠非前漢所及了。

選舉則其途頗多。博士和博士弟子而外，又有任子，有吏道，有辟舉。其天子特詔，標明科目，令公卿郡國薦舉的，是後世制科的先聲。又州察秀才，郡舉孝廉，則是後世科目的先聲。又有所謂資選的。漢初限資十算以上乃得官，此尚出於求吏廉之意，和現在的保證金相像。晁錯說文帝令民入粟拜爵，其益亦止於買複。不及買複者，並不過一虛名。到武帝時，民得入財為郎，吏得入穀補官，這就同後世的捐納無以異了。

漢朝的賦稅，可分為三種：一是田租，就是古時的稅，是取得很輕的。漢初十五而稅一。文帝時，因行晁錯入粟拜爵之令，到處都有積蓄，於是全免百姓的田租。到景帝二年，才令百姓出定額的一半。於是變為三十而稅一了。後漢初，因天下未定，曾行什一之稅，後來仍回復到老樣子。一是算賦，亦稱口賦，又稱口錢。這是古時的賦。人民從十五歲到五十六歲，每人每年，出錢一百二十個，以治庫兵車馬。從七歲到十四歲，每人出錢二十個，以食天子。武帝又加三個錢，以補車騎馬。這一筆稅，在現在看起來似乎很輕，然而漢代錢價貴，人民的負擔實在很重。所以武帝令人民提早，生子三歲，即出口錢，人民就有生子不舉的。一是力役。照漢朝法律，年紀到二十三歲，就要傅之"疇官"。景帝又提早三年，令人民二十始傅。此外山川、園池、市肆、租稅的收入，自天子以至封君湯沐邑，都把他算做私奉養。這是古者與民共之之山澤、和廛而不稅的商業，到此都變做人君的私收入了。這大約自戰國時代相沿下來的。又武帝因用度不足，嘗官賣鹽鐵，又榷酒酤，算緡錢，行均輸之法。後來酒酤到昭帝時豁免。鹽鐵官賣，則元帝時一罷即復。後漢無鹽鐵之稅。章帝曾一行之，因不洽輿論，和帝即位，即以先帝遺意罷免。

兵制：西漢所行的，仍是戰國時代通國皆兵的遺制。人民到二十三歲，就要服兵役，到五十六歲才免。郡國看其地形，有輕車、騎士、材官、樓船等兵。由尉佐郡守於秋後講肄都試。其戍邊之責，亦由全國人民公任之。在法律上，人人有戍邊三日之責，是為"卒更"。武帝以後，用兵多了，因為免得騷動平民，於是多用"謫發"。而國土既大，人人戍邊三日，亦事不可行。於是有出錢三百入官，由官給已去的人，叫他留戍一年的謂之"過更"。其窮人願意得僱錢，依次當去的人，出錢給他，使他留戍，每月二千個錢，則謂之"踐更"。後漢光武，罷郡國都尉，並職太守。都試之事，自此而廢。雖然一時有清靜之效，然而歷代相傳的民兵制度，就自此而廢了。

刑法，漢代沿自秦朝，很為嚴酷。文帝時，因太倉令淳于意，犯罪當刑。其女緹縈，隨至長安，上書願沒入為官婢，以贖父刑罪。文帝憐悲其意，乃下詔為除肉刑。然而漢代司法界的黑暗，實不但刑罰的嚴酷，而是法律的混亂。秦代的法律，本即李悝所定的《法經》六篇。漢高帝入關，把他廢掉，只留三章。天下平定之後，又把他回復過來。然而這本是陳舊之物，不足於用。於是漢代遞有增益，其數目，共至六十篇。而又有所謂"令"及"比"，以至於後人所為的"章句"，斷罪都可"由用"。文繁而無條理系統，奸吏遂因緣為市，“所欲活則傅生議，所欲陷則與死比”。宣帝留心刑獄，涿郡太守鄭昌曾勸他刪定律令。後來也屢有此議，亦曾下詔實行，然而迄未能收效。

註解

① 太常（掌宗廟禮儀），光祿勳（掌宮殿掖門戶），衛尉（掌官門衛屯兵），司馬所部。太僕（掌輿馬），廷尉（掌刑辟），大鴻臚（掌歸義蠻夷），司徒所部。宗正（掌親屬），大司農（掌穀貨），少府（掌山海池澤之稅，以給供養），司空所部。

第七章 秦漢的武功

秦漢之世，是我國對內統一的時代，亦是我國向外拓展的時代。中國本部的統一，完成於此時，歷代開拓的規模，亦自此時定下。所以秦漢的武功，是一個亟須研究的問題。

中國的北方，緊接蒙古高原。蒙古高原是一個大草原，最適於遊牧民族居住。而遊牧民族性好侵略，所以歷代都以防禦北族為要務。三代以前，匈奴和漢族雜居黃河流域。蒙古高原大約無甚大民族。至秦朝初年，而匈奴以河南為根據地。秦始皇命蒙恬把他趕掉，把河南收進來。築長城，自臨洮至遼東，延袤萬餘里。這長城，大約是因山川自然之勢，將從前秦、趙、燕諸國所築的長城連接起來的。其路線全與現今的長城不同①。就形勢推測，大約現在的熱、察、綏、遼寧等省都當包括在內。秦末大亂，戍邊的都自行離開。於是匈奴復入居河南。這時候，匈奴出了個人傑，便是冒頓單于。北方遊牧種族，東有東胡，西有月氏，都給匈奴所擊破。匈奴又北服丁令等國。其疆域，直達今西伯利亞南部。而因月氏的遁走，漢文帝時，匈奴又征服西域。於是長城以北，引弓之民，都歸匈奴所制馭，儼然和中國南北對立了。漢高帝征伐匈奴，被圍於平城，七日乃解。後來用婁敬的計策，以宗室女為單于閼氏，和他和親。這是中國歷代，以結婚姻為和親政策之始。呂后及文、景二代，都守着和親政策。匈奴入寇，不過發兵防之而已。到武帝，才任用衛青、霍去病等，出兵征討。先收河南之地，置朔方郡。後來又屢次出兵，渡過沙漠去攻擊。匈奴自此遂弱，然而還未肯稱臣。到宣帝時，匈奴內亂，五單于爭立，其呼韓邪單于才入朝於漢。和呼韓邪爭鬥的郅支單于，逃到康居，為漢西域副校尉陳湯矯制發諸國兵所攻殺。時為公元前三六年。前漢和匈奴的競爭，到此算告一段落。呼韓邪降漢後，其初對漢很恭順。王莽時，因外交政策失宜，匈奴復叛。其時中國正值內亂，無人能去抵禦，北邊遂大受其害。後漢光武時，匈奴又內亂，分為南北。其南單于降漢，入居西河美稷。和帝時，大將軍竇憲，出兵大破北匈奴於金微山。自此匈奴西走，輾轉入於歐洲，為歐洲人種大遷移的引線。而南匈奴則成為晉時五胡之一。

歷史上所用"西域"二字，其範圍廣狹，時有不同。其最初，則係指今天山南路。所謂"南北有大山；中央有河；東則接漢，扼以玉門、陽關，西則限以蔥嶺"也。漢時，分為小國三十六，其種有塞，有氐羌。大抵塞種多居國，氐羌多行國。從河西四郡開後②，而漢與西域交通之孔道始開。其當南北兩道的樓蘭、車師，先給中國所征服。後來漢武帝又出兵，遠征大宛，於是西域諸國，皆震恐願臣。前六〇年，漢遂置西域都護，並護南北兩道。後來又置戊己校尉，屯田車師。莽末，西域反叛。匈奴乘機威服北道。而莎車王賢，亦稱霸南道。諸小國都叩玉門關，請遣子入侍，仰求中國保護。光武帝恐勞費中國，不許。明帝時，班超以三十六人，往使西域。因諸國之兵，定諸國之亂，到底克服西域，復屬於漢。直至後漢末年才絕。

羌人的居地，遍於今隴、蜀、西康、青海之境，而其居河、湟之間的，最為強悍。漢武帝時，把他打破，置護羌校尉統領他。王莽時，以其地置西海郡。莽末，乘隙內侵。後漢時，屢次發兵討破他。至和帝時，遂復置西海郡，並夾河開列屯田，以絕其患。此後降羌散居內地的，雖然復起為患，然而河、湟之域，則已入中國的版圖了。

東胡，大約是古代的山戎。漢初居地，在滿、蒙之間。自為匈奴所破，乃遁保烏桓、鮮卑二山。漢武帝招致烏桓，令處上谷、右北平、漁陽、遼西、遼東五郡塞外，助漢捍禦匈奴。雖亦時有小寇，大體上總是臣服中國的。鮮卑居烏桓之北，後漢時，北匈奴西徙後，其地及餘眾均為鮮卑所有，因此其勢大張。其大人檀石槐，轄境之廣，竟與匈奴盛時相彷彿。然檀石槐死後，闕乏統一的共主，聲勢復衰。烏桓的部落，亦頗有強盛的。後漢末年，都和袁紹相連結。袁氏敗後，曹操大破之於柳城。自此烏桓之名，不復見於史，而鮮卑至晉時，亦為五胡之一。

朝鮮是殷時箕子之後。其初封地難考，大約自燕開遼東西後，遂居今朝鮮境內。和中國以溴水為界。秦時，侵奪其地，國界在溴水以東。漢初復還舊境。其時燕人衛滿走出塞，請居秦所侵溴水以東之地。朝鮮王許之。滿遂發兵襲滅朝鮮。傳子至孫右渠，以公元前一○八年，為漢武帝所滅。以其地為四郡。其南之馬韓、弁韓、辰韓，總稱為三韓，亦都臣服於漢。朝鮮雖係箕子之後，然其人民則多係貊族。貊族尚有居遼東之北的。漢武帝時，其君南閭等來降，曾以其地置蒼海郡，數年而罷。後漢時，今農安地方，有扶餘國來通貢。大約就是南閭之族。扶餘至西晉時，才為鮮卑慕容氏所滅。而其眾在半島內的，卻建立高句麗、百濟兩國。扶餘之東，又有肅慎，地在今松花江流域。這就是滿族之祖。大約亦是燕開五郡時，逼逐到此的。後漢時稱為挹婁。因為臣服扶餘，和中國無大交涉。

南方一帶，秦時所開的桂林、南海、象郡，秦亡時，龍川令趙佗據之自立，是為南越。而句踐之後無諸及猺，亦以率兵助諸侯滅秦故，漢初封無諸為閩猺王，猺為東甌王。武帝時，閩越和東甌相攻擊，武帝發兵滅閩越，徙東甌於江、淮間，乘勢遂滅南越。所謂西南夷，則當分為兩派：夜郎、滇及邛都等，為今之保儸。椎結，耕田，有邑聚。其嶲、昆明及徙、筰都、冉駹、白馬等，則均係氐羌。武帝亦皆闢其地為郡縣。

註解

① 今之長城，大抵是明代所築，見《明史・兵誌》。

② 本匈奴地。其渾邪王殺休屠王降漢。漢乃闢為酒泉（今甘肅高台縣）、武威（今甘肅武威縣）、張掖（今甘肅張掖縣）、敦煌（今甘肅敦煌縣）四郡。

第八章　兩漢對外的交通

　　中國人是以閉關自守著聞的。世界打成一片，是近代西洋人的事業。然則中國人的能力，不及西人了。然而閉關自守，是從政治言之。至於國民，初未嘗有此傾向。其未能將世界打成一片，則因前此未嘗有近代的利器，又其社會組織，與今不同，所以彼此交通不能像現代的密接。至於中國人活動的能力，則是非常之強的。如其不信，請看中國對外的交通。

　　中國對外的交通，由來很早。但古代，書缺有間，所以只得從兩漢時代說起。兩漢時代的對外交通，又當分為海陸兩道。

　　亞洲中央的帕米爾高原是東西洋歷史的界線。自此以東，為東方人種活動的範圍。自此以西，為西方人種活動的範圍。而天山和印度固斯山以北，地平形坦，實為兩種人接觸之地。當漢時，西方人種蹤跡最東的，為烏孫，與月氏俱居祁連山北。自此以西，今伊犁河流域為塞種。又其西為大宛。其西北為康居。大宛之西，嬀水流域為大夏。又其西為安息。更西為條支。在亞洲之西北部的為奄蔡。自此以西，便是歐洲的羅馬，當時所謂大秦了。漢通西域，是因月氏人引起的。漢初，月氏為匈奴所破，西走奪居塞種之地。後來烏孫又藉兵匈奴，攻破月氏。於是月氏西南走擊服大夏。漢武帝想和月氏共攻匈奴，於公元前一二二年，遣張騫往使。是時河西未闢，騫取道匈奴，為其所留。久之，才逃到大宛。大宛為發譯傳導，經康居以至大月氏。大月氏已得沃土，殊無報仇之心。張騫因此不得要領而歸。然而中國和西域的交通，卻自此開始了。當張騫在大夏時，曾見邛竹杖和蜀布，問他從哪裏來的，大夏人說：是本國賈人，往市之身毒①。於是張騫説：“大夏在中國的西南一萬二千里，而身毒在大夏的東南數千里，該去蜀不遠了。”乃遣使從蜀去尋覓身毒。北出的為氐、筰，南出的為巂、昆明所阻，目的沒有達到。然而傳聞巂、昆明之西千餘里，有乘象之國，名曰滇越。“蜀賈奸出物者或至焉。”這滇越，該是今緬甸之地。然則中印間陸路的交通，在漢代雖然阻塞，而商人和後印度半島，則早有往還了。自漢通西域以後，亞洲諸國，都有直接的交往。惟歐洲的大秦，則尚係得諸傳聞。後漢時，班超既定西域，遣部將甘英往使。甘英到條支，臨大海欲渡。安息西界船人對他説：“海水大，往來逢善風，三月乃得渡。若遇遲風，亦有二歲者。入海人皆齎三歲糧。海中善使人思土戀慕，數有死亡者。”英乃不渡而還②。公元一六六年，大秦王安敦遣使自日南徼外獻象牙、犀角、玳瑁。《後漢書》説：這是大秦通中國之始。二二六年，又有大秦賈人，來到交趾。交趾太守吳邈，遣使送詣孫權。事見《梁書·諸夷傳》。中、歐陸路相接，而其初通，卻走海道。“水性使人通，山性使人塞”，也可見一斑了。

海道的貿易，則盛於交、廣一帶。西洋史上，説在漢代日南、交趾之地，是東西洋貿易中樞。案《史記·貨殖列傳》説：“番禺為珠璣、玳瑁、果、布之湊。”番禺，便是現在廣東的首府。這些，都是後來通商的商品。然在廣州的貿易，也很發達了。《漢書·地理誌》説：“自日南障塞、徐聞、合浦船行，可五月，有都元國。又船行，可四月，有邑盧沒國。又船行，可二十餘日，有諶離國。步行，可十餘日，有夫甘都盧國。自夫甘都盧國船行，可二月餘，有黃支國。自武帝以來，皆獻見，有譯長，屬黃門。與應募者俱入海，市明珠、璧流離、奇石、異物黃支之南，有已程不國。漢之譯使，自此還矣。”徐聞、合浦，都是現在廣東的縣。其餘國名，不可悉考。而黃支，或云即西印度的建志補羅。若然，則中、印的交通，在陸路雖然阻塞，而在海道，又久有使譯往還了。又《山海經》一書，昔人視為荒唐之言。據近來的研究，則其中實含有古代的外國地理。此書所載山川之名，皆及其所祀之神，大約是方士之書。其兼載海外諸國，則因當時方士，都喜入海求神仙，所以有此記錄。雖所記不甚真確，然實非子虛烏有之談。據近來的研究，《山海經》所載的扶桑，便是現在的庫頁島。三神山指日本。君子國指朝鮮。白民係在朝鮮境內的蝦夷。黑齒則黑龍江以南的魚皮韃子。又有背明國，則在今堪察加半島至白令海峽之間。果然則古代對東北，航線所至，也不可謂之近了。

交通既啟，彼此的文明，自然有互相灌輸的。《漢書・西域傳》說：當時的西域人，本來不大會製鐵，鐵器的製造，都是中國人教他們的。這件事，於西域的開發，當大有關係。在中國一方面，則葡萄、苜蓿、安石榴等，都自外國輸入。又木棉來自南洋，後世稱為吉貝或古貝，在古時則稱為橦。《蜀都賦》"布有橦華"，就是此物。《史記・貨殖列傳》所謂"珠璣、玳瑁、果、布"之布，也想必就是棉織品了。又《說文》："琊，石之有光者璧琊也，出西胡中。"此即《漢書》的"璧流離"。初係礦物，後來才變為製造品。四此等物，於中國的工業，也頗有關係。至於佛教的輸入，則其關係之大，更無待於言了。

註解

① 即印度。
② 所擬取的，為渡紅海入歐洲的路，亦見《元史譯文證補》。

第九章 兩漢的學術

不論甚麼事情，都有創業和守成的時代。創業時代，諸家並起，競向前途，開闢新路徑；到守成時代，就只是咀嚼，消化前人所已發明的東西了。兩漢時代的學術，正是如此。

當戰國時代，百家並起，而秦是用商鞅而強國，用李斯而得天下的。秦始皇又力主任法為治，這時候，法家之學，自然盛行。楚、漢紛爭之時，縱橫家頗為活躍。然而天下已定，其技即無所用之。不久，也就漸即消沉了。在漢初，最急切的要求，便是休養生息，黃老清淨無為之學，當然要見重於時。所以雖有一個叔孫通，制朝儀，定法律，然而只是個廟堂上的事，至於政治主義，則自蕭何、曹參，以至於文帝、景帝，都是一貫的。

但是在漢初，還有一個振興教化、改良風俗的要求。這種要求，也是君臣上下同感其必要的。漢人教化的手段，一種是設立庠序，改善民間的風俗。一種便是改正朔、易服色等。前者始終未能實行。後者則未免迂而不切於務，而且行起來多所勞費。所以漢文帝等都謙讓未遑。武帝是個好大喜功之主，甚麼興辟雍、行巡守、封禪等，在他都是不憚勞費的。於是儒家之學，就於此時興起了①。

自秦人焚書以來，博士一官，在朝廷上，始終是學問家的根據地。武帝既聽董仲舒的話，表章六藝，罷黜百家。又聽公孫弘的話專為通五經的博士置弟子。於是在教育、選舉兩途，儒家都佔了優勝的位置。天下總是為學問而學問的人少，為利祿而學問的人多。於是"一經說至百萬言，大師眾至千餘人"，儒家之學遂臻於極盛了。

漢代儒家之學，後來又分為兩派：便是所謂今古文，為學術界上聚訟的一個問題。所謂今古文者？今文便是秦以後通行的隸書，古文則指前此的篆書。古人學問，多由口耳相傳，不必皆有書本。漢初經師，亦係如此。及其著之竹帛，自然即用當時通行的文字。這本是自然之理，無待於言，也不必別立名目的。然而後來，又有一派人，說前此經師所傳的書有闕誤。問其何以知之？他說：別有古書為據。古書自然是用古字寫的。人家稱這一派為古文家，就稱前此的經師為今文家。所以今文之名，是古文既興之後才有的。話雖如此說，然而古文家自稱多得到的書，現在都沒有了。其所傳的經，文字和今文家所傳，相異者極少，且多與意義無關。所以今古文的異同，實不在文字上而在經說上。所謂經說，則今文家大略相一致；而古文則諸家之中，自有違異的。大約今文家所守的是先師相傳之說；古文家則由逐漸研究所得，所以如此。

西漢最早的經師，便是《史記‧儒林傳》所列八家，這都是今文。東漢分為十四博士。其中《春秋》的《穀梁》是古文。《易經》的京氏，也有古文的嫌

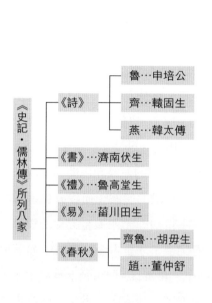

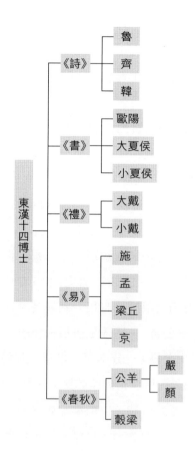

疑。其餘亦都是今文。古文家說《書》有逸十六篇，但絕無師說，所以馬融、鄭玄等註《書經》，亦只以伏生所傳二十八篇為限。而逸十六篇，今亦已亡。禮有《逸禮》三十九篇，今亦無存。《春秋》有《左氏》，未得立。今古文之學，本來各守師傳，不相攪雜。到後漢末年，鄭玄出來，遍註群經。雖大體偏於古學，而於今古文無所專主，都是本於己意，擇善而從。適會漢末之亂，學校廢絕，經學衰歇。前此專門之家多亡。鄭說幾於獨行。三國時，出了一個與鄭玄爭名的王肅。其學糅雜今古，亦與鄭同。而又喜造偽書。造作《偽古文尚書》和《偽孔安國傳》、《孔子家語》、《孔叢子》等，託於孔子之言以自重。於是今古文之別混淆。後人欲藉其分別，以考見古代學術真相的，不得不重勞考證，而分別真偽，也成為一個問題。

　　學術之興替，總是因於時勢的。在漢代，儒學雖然獨盛，然而在後漢時，貴戚專權，政治腐敗，實有講"督責之術"的必要。所以像王符、仲長統、崔實等一班人，其思想頗近於法家。後來魏武帝、諸葛亮，也都是用法家之學致治的。在思想上，則有王充，著《論衡》一書，極能破除迷信和駁斥世俗的議論卻不專談政治。這是其所研究的對象有異。至其論事的精神，則仍是法家綜核名實的方法，不過推而廣之，及於政治以外罷了。

在漢代，史學亦頗稱發達。古代史官所記，可分為記事、記言兩體。現今所傳的《尚書》是記言體，《春秋》是記事體。又有一種《帝系》及《世本》，專記天子、諸侯、卿大夫的世系的，這大約是《周官·小史》所職。《左氏》、《國語》，大約是《尚書》的支流餘裔。此外便是私家的記錄和民間的傳說了。在當時，是只有國別史，而沒有世界史；只有片段的記載，而沒有貫串古今的通史的。孔子因《魯史》修《春秋》，兼及各國的事，似乎有世界史的規模，然而仍只限於一時代。到漢時，司馬談、遷父子，才合古今的史料，而著成《太史公書》。這才是包括古今的、全國的歷史。在當日，即可稱為世界史了。《太史公書》，分本紀、世家、列傳、書、表五體。後人去其世家，而改書之名為誌，所以稱此體的歷史，為"表誌紀傳體"。班固便是用此體以修《漢書》的。但其所載，以前漢一朝為限，於是"通史體"變為"斷代體"了。兼詳制度和一人的始末，自以表誌紀傳體為佳；而通覽一時代的大勢，則實以編年體為便。所以後漢末年，又有荀悅因班固之書而作《漢紀》。從此以後，編年和表誌紀傳兩體，頗有並稱正史的趨勢。

文學：在古代本是韻文先發達的。春秋戰國時，可稱為散文發達的時代。秦及漢初，還繼續着這個趨勢。其時如賈、晁、董、司馬、匡、劉等，都以散文見長。司馬相如、東方朔、枚皋等，則別擅長於詞賦。西漢末年，做文章的，漸求句調的整齊，詞類的美麗，遂開東漢以後駢文的先聲。詩則古代三百篇，本可入樂。漢代雅樂漸亡，而吟誦的聲調亦變。於是四言改為五言。而武帝立新聲樂府，採趙、代、秦、楚之謳，命李延年協其律，司馬相如等為之辭。其後文學家亦有按其音調，製成作品的，於是又開出樂府一體。

註解

① 近人謂歷代君主的崇重儒學，是取其尊君抑臣，為便於專制起見，此説實係誤繆的。漢代的崇儒，自因當時要振興教化，而教化之事，惟有儒家最為擅長之故。可參看拙撰《白話本國史》第二編第八章第六節，和近人錢穆的《國學概論》。

第十章 佛教和道教

在中國社會上，向來儒、釋、道並稱為三教。儒本是一種學術，因在上者竭力提倡，信從者眾，才略帶宗教的權威。道則是方士的變相。後來雖摹仿佛教，實非其本來面目。二者都可説是中國所固有，只有佛教是外來的。

佛教的輸入，據《魏書・釋老誌》，可分為三期：（一）匈奴渾邪王之降，中國得其金人，為佛教流通之漸。（二）哀帝元壽元年，即公元之二年，博士弟子秦景憲，受大月氏使伊存口授浮屠經。（三）後漢明帝，夢見金人，以問群臣。傅毅以佛對。於是遣郎中蔡愔和秦景憲使西域，帶着兩個和尚和佛教的經典東來。乃建寺於洛陽，名之為白馬。案金人乃西域人所奉祀的天神，不必定是佛像。博士弟子，從一外國使者口受經典，也是無甚關係的。帝王遣使迎奉，歸而建寺，其關係卻重大了。所以向來都説漢明帝時，佛法始入中國。然而楚王英乃明帝之兄。《後漢書》已説其為浮屠齋戒祭祀。明帝永平八年，即公元六五年，詔天下死罪，皆入縑贖，英亦遣使奉縑詣國相。詔報曰："楚王誦黃老之微言，尚浮屠之仁慈，潔齋三日，與神為誓，何嫌何疑，當有悔吝。其還贖，以助伊蒲塞，桑門之盛饌① 。"當明帝時，楚王業已如此信奉，其輸入，必遠在明帝以前。梁啟超《佛教之初輸入》，考得明帝夢見金人之説，出於王浮的《老子化胡經》，浮乃一妖妄道士，其説殊不足信。然則佛教之輸入，恐尚較耶穌紀元時為早。大約中國和西域有交通之後，佛教隨時有輸入的可能。但在現在，還沒有正確的史實可考罷了。這時候，輸入的佛教，大約連小乘都夠不上。所以和當時所謂黃老者，關係很密。黃老，本亦是一種學術之稱。指黃帝、老子而言，即九流中道家之學。但此時的黃老，則並非如此。《後漢書‧陳愍王寵傳》說國相師遷，追奏前相魏愔，與寵共祭天神，希冀非幸，罪至不道。而魏愔則奏“與王共祭黃老君，求長生福而已，無他冀幸”。此所謂黃老君，正是楚王英所奉的黃老。又〈桓帝紀〉：延熹九年②，祠黃老於濯龍宮。而〈襄楷傳〉載楷上書桓帝，說“聞宮中立黃老、浮屠之祠”，則桓帝亦是二者並奉的。再看〈皇甫嵩傳〉，說張角奉祠黃老道。《三國誌‧張魯傳註》引《典略》，說張修之法，略與張角同。又說張修使人為奸令祭酒，主以《老子》五千文使都習，則此時所謂黃老，其內容如何，就可想而知了。

黃老為甚麼會變成一種迷信，而且和浮屠發生關係呢？原來張角、張修之徒，本是方士的流亞。所謂方士，起源甚早。當戰國時，齊威、宣，燕昭王，已經迷信他。後來秦始皇、漢武帝，迷信更甚。方士的宗旨，在求長生，而其說則託之黃帝。這個讀《史記‧封禪書》、《漢書‧郊祀誌》可見。不死本是人之所欲，所以“世主皆甘心焉”。然而天下事真只是真，假只是假。求三神山、煉奇藥，安有效驗可睹？到後來，漢武帝也明白了，喟然而歎曰：“世安有神仙。”至此，《史記》所謂“怪迂之士”、“阿諛苟合”之技，就無所用之了。乃一轉而蠱惑愚民。這是後來張角、張修等一派。其餘波，則蔓衍於諸侯王之間，楚王和陳王所信奉的，大約就是他了。秦皇、漢武的求神仙，勞費很大，斷不是諸侯之國所能供給得起的；人民更不必論了。於是將尋三神山、築宮館、煉奇藥等事，一概置諸不提。而專致力於祠祭。在民間，則並此而不必，而所求者，不過五斗米。神仙家，《漢誌》本和醫經經方，同列於方技。不死之藥，雖是騙人，醫學大概是有些懂得的。於是更加上一個符水治病。當社會騷擾，人心不安定之時，其誘惑之力，自然“匪夷所思”了。

佛教初輸入時，或只輸入其儀式，而未曾輸入其教義；或更與西域別種宗教夾雜，迷信的色彩很深。所以兩者的混合，甚為容易。

然則為甚麼要拉着一個老子呢？這大約是因黃帝而波及的。黃帝這個人，在歷史上，是個很大的偶像。不論甚麼事，都依託他。然而黃帝是沒有書的。依託之既久，或者因宗教的儀式上，須有辭以資諷誦；或者在教義上，須有古人之言，以資附會。因黃老兩字，向來連稱；而黃老之學，向來算作一家言的，勸迷信黃帝的人，誦習《老子》，他一定易於領受。這是張修所以使人誦習《五千文》的理由。楚王英誦黃老之微言，所誦者，恐亦不外乎此。"久假而不歸，惡知其非有？"當初因黃帝而及老子，意雖但在於利用其辭，以資諷誦，但習之久，難保自己亦要受其感化。況且至魏晉之際，玄學盛行，《老子》變為社會上的流行品。所謂方士，雖然有一派像葛洪等，依然專心於修煉、符咒、服食，不講哲理；又有一派如孫恩等，專事煽惑愚民，不談學問。然而總有一派和士大夫接近，要想略藉哲理，以自文飾的。其所依附，自然仍以《老子》為最便。於是所謂老子，遂漸漸的取得兩種資格：一是九流中道家之學的巨子。一是所謂儒、釋、道三教中道教的教主。然而其在南方，總還不過是一個古代的哲學家，教主的資格，總還不十分完滿。直到公元四世紀中，魏太武帝因崔浩之言，把寇謙之迎接到洛陽，請他升壇作法，替他佈告天下，然後所謂道教，真個成為一種宗教，而與儒、釋鼎足而三了。這怕是秦漢時的方士，始願不及此的。

註解

① 伊蒲塞，即優婆塞、桑門，即沙門的異譯。
② 公元一六六年。

第十一章 兩漢的社會

　　漢承秦之後，秦代則是緊接着戰國的。戰國時代，封建的勢力，破壞未盡，而商業資本，又已抬頭，在前編第十四章中，業已說過了。在漢時，還是繼續着這個趨勢。

《史記·平準書》上，説漢武帝時的富庶，是：

非遇水旱之災，民則家給人足，都鄙廩庾皆滿，而府庫餘貨財。京師之錢累巨萬，貫朽而不可校。大倉之粟，陳陳相因，充溢露積於外，至腐敗而不可食。眾庶街巷有馬，阡陌之間成群。乘字牝者，儐而不得聚會。守閭閻者食粱肉；為吏者長子孫；居官者以為姓號。故人人自愛而重犯法，先行誼而絀恥辱焉。

富庶如此，宜乎人人自樂其生了。然而又説："網疏而民富，役財驕溢，或至兼併。"果真家給人足，誰能兼併人？又誰願受人的兼併？可見當時的富庶，只是財富總量有所增加，而其分配的不平均如故。所以漢代的人，提起當時的民生來，都是疾首蹙額。

這樣嚴重的社會問題，懸而待決，卒至釀成新莽時的變亂，已見前第四章。莽末亂後，地權或可暫時平均。因為有許多大地主，業已喪失其土地了①。然而經濟的組織不改，總是不轉瞬便要回復故態的。所以仲長統的《昌言》上又説：

井田之變，豪人貨殖，館舍佈於州郡，田畝連於方國。

豪人之室，連棟數百。膏田滿野。奴婢千群，徒附萬計。船車賈販，周於四方。廢居積貯，滿於都城。

可見土地和資本，都為少數人所佔有了。我們觀此，才知道後漢末年的大亂，政治而外，別有其深刻的原因。

漢去封建之世近，加以經濟上的不平等，所以奴婢之數極多，奴婢有官有私。官奴婢是犯罪沒入的。私奴婢則因貧而賣買。當時兩者之數皆甚多。卓王孫、程鄭，都是以此起家的。所以《史記·貨殖列傳》説："童手指千"，則比千乘之家。甚而政府亦因以為利。如晁錯勸文帝募民入丁奴婢贖罪，及輸奴婢以拜爵。武帝募民入奴，得以終身複，為郎者增秩。又遣官治郡國算緡之獄，得民奴婢以千萬數。前後漢之間，天下大亂，人民窮困，奴婢之數，更因之而增多。光武帝一朝，用極嚴的命令去免除他。然而奴婢的原因不除去，究能收效幾何，也是很可疑惑的。

因去封建之世近，所以宗法和階級的思想，很為濃厚。大概漢代家庭中，父權很重。在倫理上，則很有以一孝字，包括一切的觀念。漢儒說孔子"志在《春秋》，行在《孝經》"，在諸經之傳中，對於《孝經》和《論語》②，特別看重，就是這個道理。在政治上，則對於地方官吏，還沿襲封建時代對於諸侯的觀念。服官州郡的，稱其官署為本朝。長官死，僚屬都為之持服。曹操、張超的爭執，在我們看來，不過是軍閥的相爭；而臧洪因袁紹不肯救張超，至於舉兵相抗，終以身殉，當時的人，都同聲稱為義士。然而漢朝人也有漢朝人的好處。因其去古近，所以有封建時代之士，一種慷慨之風。和後世的人，惟利是視，全都化成漢人所謂商賈者不同。漢代之士，讓爵讓產的極多，這便是封建時代，輕財仗義的美德。其人大抵重名而輕利，好為奇節高行。後漢時代的黨錮，便是因此釀成的。至於武士，尤有慷慨殉國之風。司馬相如說：當時北邊的武士，"聞烽舉燧燔"，都"攝弓而馳，荷戈而走，流汗相屬，惟恐居後"。這或許是激勵巴蜀人，過當的話，然而當時的武士，奮不顧身的氣概，確是有的。我們只要看前漢的李廣，恂恂得士，終身無他嗜好，只以較射赴敵為樂，到垂老，還慷慨，願身當單于。其孫李陵，更能"事親孝，與士信，臨財廉，取與義。分別有讓，恭儉下人。常思奮不顧身，以徇國家之急"。司馬遷說他有"國士之風"，真個不愧。他手下的士卒五千，能以步行絕漠，亦是從古所無之事。這都由於這些"荊楚勇士，奇材劍客"，素質佳良而然。可見當時不論南北人民，都有尚武的風氣，所以後漢時，班超能以三十六人，立功絕域。一個英雄的顯名，總藉無數無名英雄的襯託。我們觀於漢代的往事，真不能不神往了。

　　因武士的風氣還在，所以遊俠也特盛。遊俠，大約是封建時代的"士"。封建制度破壞後，士之性質近乎文的則為儒，近乎武的則為俠。孔子設教，大約是就儒之社會，加以感化，墨子設教，則就俠的徒黨，加以改良。所以古人以儒墨並稱，亦以儒俠對舉。墨者的教義，是捨身救世，以自苦為極的。這種教義，固然很好，然而決非大多數人所能行。所以距墨子稍遠，而其風即衰息。〈遊俠列傳〉所謂俠者，則"已諾必誠；不愛其軀，以赴士之厄困；既已存亡死生矣，而不矜其能，羞伐其德"，仍回復其武士的氣概。

然而生活總是最緊要的問題。此等武士，在生產上，總是落伍的，既已連群結黨，成為一種勢力，自不免要藉此以謀生活。於是就有司馬遷所謂"盜跖之居民間者"。仁俠之風漸衰，政治上就不免要加以懲艾；人民對他，亦不免有惡感。而後起的俠者，就不免漸漸的軟化了。

第十二章 三國的鼎立

柳宗元說漢代"有叛國而無叛郡"，這是因為郡的區域太小了，其勢不足以反抗中央。到後漢末年，把刺史改成州牧，所據的地方，大過現在的一省，其情形就大不相同了。

當曹操主持中央政府，把漢獻帝遷到許都時，天下正是紛紛割據。舉其最大的，便有：

袁紹　據幽、并、青、冀四州。

袁術　據壽春。

劉表　據荊州。

劉焉　據益州。

劉備　據徐州。

張魯　據漢中。

馬騰、韓遂　據涼州。

公孫度　據遼東。

當時還有個本無根據地的呂布，從長安逃向東方去，投奔劉備。劉備收容了他。呂布卻乘劉備與袁術兵爭之時，襲其後力，而取徐州。劉備投奔曹操，操表備為豫州牧。和他合兵，攻殺呂布。袁術在壽春，站不住了，謀走河北，曹操使劉備邀擊之於山陽，袁術兵敗還走，未幾而死。劉備和外戚董承密謀，推翻曹操，曹操又把他打敗。

這時候，曹操的大敵，實在是袁紹。雄據河北，其聲勢和實力，都在曹操之上。公元二〇〇年，袁、曹之兵，遇於官渡。相持許久，曹操畢竟把袁紹打敗。袁紹因此慚憤而死。其子譚、尚，互相攻擊，都為曹操所滅。二〇八年，操遂南征荊州。

這時候，在北方屢次失敗的劉備，亦在荊州，依託劉表。而長江下流，則為孫權所據。孫權的父親名堅，是漢朝的長沙太守。當山東州郡起兵討董卓時，孫堅也發兵北上。後來受袁術的指使，去攻劉表，為表軍所射殺。其子孫策，依託袁術，長大之後，袁術把孫堅的部曲還他，他就渡江而南，把漢朝的揚州打定。孫策死後，傳位於孫權。

曹操的兵，還未到荊州，劉表已先死了。劉表的長子劉琦，因避後母之忌，出守江夏。其少子劉琮，以襄陽降操。劉備南走江陵。曹操發輕騎追之，一日一夜行三百里，及之於當陽長坂。劉備敗走江夏。於是諸葛亮建策，求救於孫權。孫權手下，周瑜、魯肅等也主張結合劉備，以拒曹操。於是孫、劉合兵，大破操兵於赤壁。曹操引兵北還，而南方之形勢始強。

然而當時的劉備，還是並無根據之地。荊州地方，依當時的諸侯法，則當屬於劉琦①。而琦不能有，事實上，劉備和孫權，都屯兵其間。孫權一方面，身當前敵的周瑜，要"徙備置吳"，挾着關羽、張飛等去攻戰。劉備一方面，未始不想全吞荊州，而又不敢和孫權翻臉。於是先攻下荊州的南部，就是現在的湖南地方。不久，周瑜死了，繼其任者為魯肅。魯肅是主張以歡好結劉備的。孫、劉兩家的猜忌，暫時和緩。

當諸葛亮未出草廬時，劉備去訪問他，他便主張兼取荊、益二州，以為圖天下之本。這時候，荊州還未能完全到手，而且"荊土荒殘，人物凋敝"，雖是用兵形勝之地，而實苦於餉源之無所出。於是益州天府之國，劉備就不能不生心了。公元二一四年，劉備乘劉璋的暗弱，取了益州。其明年，曹操亦平定漢中。二一八年，劉備攻漢中，又取之。一時形勢，頗為順利。當劉備西入益州時，孫權便想同他爭荊州。結果，兩家和解，把荊州平分。劉備既定漢中，命關羽出兵攻拔襄陽，又圍樊城，敗于禁等兵，威聲大振。而孫權使呂蒙襲取江陵。關羽還走，為權所殺。吳、蜀因此失和。這事在二一九年。

其明年，曹操死了。子丕，廢漢獻帝自立，是為魏文帝。又明年，劉備稱帝於蜀，是為蜀漢昭烈帝。二二九年，孫權亦稱帝，自武昌遷都建業，是為吳大帝。

昭烈帝稱帝之後，即自將伐吳。吳將陸遜大敗之於猇亭。昭烈帝走至永安，慚憤而死。子後主禪立，諸葛亮輔政。諸葛亮是個絕世的奇才，內修政治，用法治的精神，把個益州治得事事妥帖。所以能以一州之地，先平南方之亂，次出師北伐，和中國相抗衡。諸葛亮死後，蔣琬、費褘繼之，還能夠蒙業而安。費褘死後，姜維繼之，屢出兵伐魏，無甚成績，而民心頗怨。後主昏愚，寵信宦官黃皓，政治亦漸壞，其勢就難於支持了。

魏文帝貌似明白，而其實不免於猜忌輕率。當曹操為魏王時，文帝與其弟陳思王植，爭為世子，嫌隙甚深。所以即位之後，薄待諸王。把他們限制國中，有同拘禁。文帝死後，子明帝立。性極奢侈，魏事益壞。時諸葛亮連年北伐，明帝嘗使司馬懿去拒敵他。又使懿討平遼東。於是司馬氏的權勢，漸次養成。明帝死後，養子齊王芳立。司馬懿和曹爽同受遺詔輔政。曹爽獨攬大權。司馬懿稱疾不出。後來乘曹爽奉齊王去謁陵，司馬懿突然而起，關閉城門。到底把曹爽廢殺了，獨攬大權。司馬懿死後，子司馬師繼之。把齊王芳廢掉，而立高貴鄉公髦。司馬師死後，其弟司馬昭又繼之。這時候，司馬氏篡魏之勢已成。魏因抵禦吳、蜀，東南、西北兩方面，都駐有兵馬。西北的兵，本來是司馬懿所統。東南方面，則別是一系。於是王淩、毋丘儉、諸葛誕，三次起兵討司馬氏，都不克。公元二六三年，司馬昭遣鍾會、鄧艾，兩道伐蜀，滅之。二六五年，司馬昭死，子炎立，就篡魏而自立了。

吳大帝在位頗久，然而其末年，政治已頗紊亂。大帝死後，廢帝亮立。

諸葛恪輔政，頗有意北圖中原。一出無功，旋為孫峻所殺。孫峻死後，其弟孫綝繼之。廢廢帝，立其弟景帝。景帝把孫綝殺掉。然亦無甚作為。景帝死後，太子皓立。荒淫無道。是時只靠一個陸抗，守着荊州，以抵禦北方。陸抗死後，吳國的形勢就大非。晉武帝命羊祜鎮襄陽，王濬鎮益州以圖吳。羊祜死後，代以杜預。公元二八〇年，荊益之兵，兩道並進，勢如破竹，而吳遂滅亡。

註解

① 俗有借荊州之說，謂荊州是孫權借給劉備的，這句話毫無根據。《廿二史劄記》有論此事的一條，可看。諸侯法，謂當時割據的人，大家所以承認的習慣。

第十三章　晉的統一和內亂

從董卓進長安起，到晉武帝平吳止，共經過九十二年的戰亂，真是渴望太平的時候了。當時致亂之源，由於州郡握兵。所以晉武帝既定天下，便命去州郡的兵，刺史專於督察，回復漢朝的樣子。

然而這時候，致亂之源，乃別有所在。其（一）兩漢之世，歸化中國的異族很多，都住在塞內。當時所謂五胡者，便是：

【匈奴】遍於并州境內，即今之山西省。

【羯】匈奴的別種，居於上黨武鄉羯室，因以為名。

【鮮卑】遍佈遼東西和今熱、察、綏之境。

【氐】本居武都。魏武帝徙之關中。這時候，遍於扶風、始平、京兆之境。

【羌】這是段熲誅夷之餘。在馮翊、北地、新平、安定一帶。

當時郭欽、江統等，都請徙之塞外。塞外的異族，固亦未嘗不足為患，然而究竟有個隔限，和"掩不備之人，收散野之積"者不同，而武帝不能同。

其（二）晉代鑒於魏朝的薄待宗室，以致為自己所篡，於是大封同姓。

漢代的諸王，是不再干預政治的。晉朝則可以"入秉機衡，出作嶽牧"，在政治上的勢力尤大。

晉武帝平吳之後，耽於宴安，凡事都不作久長之計。其子惠帝，近於低能。即位之初，武帝后父楊駿輔政。惠帝后賈氏和楚王瑋合謀，把楊駿殺掉，而使汝南王亮和太保衛瓘同聽政。後來又和楚王合謀，把汝南王殺掉。後又殺掉楚王。旋弒楊太后。太子遹，非賈后所生，后亦廢而殺之。總宿衛的趙王倫，因人心不服，勒兵弒后，廢惠帝而自立。於是齊王冏、成都王穎、河間王顒，舉兵討亂①。右衛將軍王輿，把趙王殺掉，迎接惠帝復位。齊王入洛專政。河間王和長沙王又合謀，使又攻殺齊王。又和成都王合兵，把長沙王攻殺。

如此，京師大亂，而勝利卒歸於外兵。州郡握兵，從漢以來，已成習慣。晉武雖有去州郡兵權之命，而人心尚未丕變。一旦天下有亂，舊路自然是易於重走的。於是東海王越合幽、并二州之兵，把成都、河間兩王都打敗。遂弒惠帝，而立其弟懷帝。

同族相爭，勝利又卒歸於異族。五胡之中，本以匈奴為最強，其所處，又是腹心之地，亦最有民族自負之心。於是前趙劉淵，先自立於平陽。時東方大亂，許多盜賊，都去歸附他。其勢遂大盛。東方群盜之中，羯人石勒，尤為強悍。東海王自率大兵去打他。兵到現在的項城，死了。其兵為石勒追擊所敗，洛陽遂成坐困之勢。公元三一〇年，劉淵的族子劉曜，打破洛陽，懷帝被虜。三一二年，弒之。惠帝弟愍帝，立於長安。三一六年，又為劉曜所攻破，明年，被弒。而西晉亡。

於是琅邪王睿，從下邳徙治建康，即皇帝位，是為東晉元帝。這時候，北方只有幽州都督王浚，并州刺史劉琨，崎嶇和胡羯相持，也終於不能自立。北方遂全入混亂的狀態。

然而南方亦非遂太平無事。當時中央解紐，各地方都靠州郡的兵來保境安民，自然外權復重。新興的建康政府，自然不易令行禁止。元帝的首務，便在收上流的實權。元帝的立國江東，是很靠江東的世家名士，所謂"人望"者，幫他的忙的。而王導和其從兄王敦，尤為出力。於是王導內典機要，王敦出督荊州。敦有才略，居然把荊州的權力，收歸一人。然而中央就和王敦起了猜忌。其結果，王敦舉兵東下。元帝所預先佈置防他的兵，無一路不敗，被王敦掃入京城。元帝憂憤而崩。幸而王敦不久也死了。明帝才把他的黨與討平。明帝頗為英武，可惜在位只有三年。明帝死後，子成帝年幼，太后庾氏臨朝。后兄庾亮執政。歷陽內史蘇峻和庾亮不平，舉兵造反，打進京城。庾亮出奔。幸得鎮尋陽的溫嶠，深明大義，協同荊州的陶侃，把他打平。陶侃死後，庾亮和庾冰，相繼出鎮荊州。庾翼在內為宰相。這時候，內外之權，都在庾氏手裏，暫無問題。康帝時，庾翼移鎮襄陽，庾冰代之鎮夏口。庾冰死後，庾翼又還鎮夏口，而使其子方之鎮襄陽。庾翼不久就死了。臨終之際，表請以自己的兒子爰之繼任。宰相何充不聽，而以桓溫代之。於是上流之權，又入於桓溫之手。

註解

① 楚王瑋，武帝第五子。汝南王亮，宣帝（司馬懿）第四子。趙王倫，宣帝第九子，齊王冏，景帝（師）子攸之子，時鎮許昌。成都王穎，武帝第十六子，時鎮鄴。河間王顒，宣帝弟安平王孚之孫，時鎮關中。

第十四章　邊徼民族和漢族的同化

凡事總有相當的代價。兩漢時代，異民族入居中國的多了，把許多種族和文化不同的人民，融合為一，自非旦夕間事，且總不免有若干的衝突。五胡之亂，就是我民族融合異族的代價。

晉時，北方割據之國，共有十六之多。然而其中有關大勢的，也不過地處中原的幾國。我們現在，簡單些，把他分做五個時代。

第（一）前、後趙對立時代。

第 (二) 後趙獨盛時代。

第 (三) 前燕、前秦對立時代。

第 (四) 前秦獨盛時代。

第 (五) 後燕、後秦對立時代。

第五個時代之後，漢族曾經恢復黃河之南，且曾一度佔領關中，而惜乎其不能久。未幾，北方遂全入於拓跋魏，變成南北兩朝了。這是後話，現在且從前後趙對立時說起。

劉淵自立後，石勒表面上是他的臣子。可是東方的事，劉淵並顧不到。所以五胡擾亂之初，便徑稱為前後趙對立時代。劉淵的兒子劉和懦弱，劉聰荒淫。族子劉曜，較有本領。劉聰被弒後，曜遂立國長安。公元三二九年之戰，曜為石勒所擒，前趙就此滅亡。

石勒從子虎，淫暴無人理。在位時，雖西攻前涼，東攻前燕，兵力頗稱強盛。然而死後，內亂即作。虎養子冉閔，本是漢人。盡殺虎諸子，而且大誅胡羯，自稱皇帝。然而不久，便為前燕所攻殺。

前燕以遼東西和熱河為根據，其勢頗盛。然當其侵入中原之際，即其開始衰頹之時。其兵力，只到鄴都附近。於是河南和關中，都成為空虛之地。氐酋苻健，西據關中，羌酋姚襄，則藉降晉為名，陰圖自立。晉朝這時候，中央和上流，仍相猜忌。時桓溫滅前蜀，威名日盛。中央乃引用名士殷浩以敵之。公元三五三年，浩出兵北伐，以姚襄為先鋒，反為其邀擊，大敗。桓溫因此奏請廢浩。中央不得已，從之。溫出兵擊斬姚襄，而伐秦、伐燕都不利。於是先行廢立之事以立威[1]。意圖篡位，為謝安、王坦之所持，不果。桓溫死後，其兄弟桓沖把荊州讓出，南方又算暫安。然已無暇北伐，而前秦遂獨盛了。

前秦主苻堅，用王猛為相，修明政治，國富兵強。公元三七一年，滅前燕，又滅前涼，破拓跋氏。三八三年，大發兵伐晉。謝玄、謝石等大敗之於淝水。苻堅知道當時北方，民族錯雜，不能專任自己人的。所以對於歸降各民族，表面上都一視同仁。把他的酋長，留在都城之中；而使氐人分鎮四方，以實行其監視和駐防的政策。然而民族間的界限，終非旦夕所可破除。苻堅敗後，諸族復紛紛自立。而後燕後秦二國最大，仍回復到前燕、前秦對立的樣子。

南方自桓溫死後，上下流相持的形勢，暫時緩和。而孝武帝委政於其弟琅邪王道子，旋又相猜忌，使王恭鎮京口，殷仲堪鎮江陵以防之。這時候，京口的北府兵強了，然而其實權都在劉牢之手裏。仲堪亦不會帶兵的，一切事都委任南郡相楊佺期。道子則嗜酒昏愚，事都決於其世子元顯。孝武帝死後，子安帝立。王恭、殷仲堪連兵而反。元顯使人遊説劉牢之，倒戈襲殺王恭。而上流之兵已逼，劉牢之不肯再替他出力抵禦。於是無可如何，以楊佺期為雍州刺史，桓玄為江州刺史。桓玄是桓溫的小兒子。因為桓溫在荊州久了，其僚屬將士，都歸向他。他雖閒住在荊州，其勢力反出於現任官吏之上。所以殷仲堪不得不用他。這時候，既有地盤，殷仲堪、楊佺期自然非其敵手。先後為其所併。於是上流的權勢，又集於桓玄一身。公元四〇二年，荊州大飢。元顯乘機出兵，想把桓玄解決。然而所靠的不過一個劉牢之，而劉牢之又倒戈，元顯就失敗，和其父道子，都被殺。桓玄入建康。明年，竟廢安帝而自立。

這時候，荊州之兵力，實已非北府之敵。所以桓玄得志之後，便奪去劉牢之的兵權。牢之謀反抗，不成，自殺。而北府兵的勢力，實在並未消滅。公元四〇四年，北府兵中舊人，劉裕、劉毅、孟昶、何無忌、諸葛長民等起兵討桓玄。桓玄的兵，到處皆敗。逃至江陵，被殺。安帝復位。劉裕入中央政府，主持大權。於是積年以來，朝廷為荊州所挾持的形勢一變。然而軍人到底是要互相吞併的。於是相互間之問題，不在北府兵和荊州系，而在北府兵裏同時並起的幾個人。

這時候，後燕因為後魏所破，分為南北，形勢已弱。後秦也因受夏國的攻擊，日以不振。前四〇九年，劉裕出兵，把南燕滅掉。先是妖人孫恩，為亂於江、浙沿海，為劉裕所討破。赴水死。其餘黨盧循、徐道復，於桓玄時據有廣州和始興。至是，乘機出湘、贛北伐。直下長江，兵勢甚盛。何無忌為其所殺。劉毅亦為所敗。劉裕撤兵還救，又把他打平。於是剪除異己者劉毅、諸葛長民和晉宗室司馬休之等。公元四一七年，大發兵滅後秦。此時正值後魏道武帝中衰之際，坐視而不能救。涼州諸國都惴惴待晉兵之至。而裕以急於圖篡，南還，長安遂為夏所陷。裕登城北望，流涕而已。公元四一九年，裕受晉禪，是為宋武帝。後三年而卒。自劉裕南還後，不復能經略北方。而北魏自太武帝即位後，復強盛。北方諸國，盡為所併。天下遂分為南北朝。

五胡十六國的事情，是很繁雜的。以上只提挈得一個大綱，現在補列一張簡表於下，請諸位參看。

國名	民族	都邑	始末大略（與正文參看，正文已有的不復述）
前趙（初稱漢，劉曜改稱趙），公元三〇四至三二九年。	匈奴	劉淵自立於左國城（今山西離石縣東北），後遷平陽。劉曜居長安。	南匈奴呼廚泉單于，因先世係漢甥，改姓劉氏。曹操以呼廚泉部眾強盛，留之於鄴（今河南臨漳縣），而分其部眾為五。其中左部最強。晉時，劉淵為其部帥。乘八王之亂，還并州自立。劉淵子和，為其弟聰所弒。聰荒淫。傳子粲，為其臣靳准所弒。石勒自襄國（今河北邢台縣），劉曜自長安，俱勒兵討准。准奔劉曜，為曜所殺。曜自立於長安。曜為石勒所擒。子熙奔上邽（今甘肅天水），為石虎所追殺。前趙亡。
後趙，公元三一九至三五一年。	羯	石勒初居襄國，後徙鄴。	石勒初為群盜，歸降劉淵，然實非淵所能制。後盡併東方，仍稱臣於前趙。劉曜時，勒始自立。勒子弘，為勒從孫虎所弒。虎諸子均為虎養子冉閔所殺。冉閔復姓，自稱魏帝，為慕容儁所滅。事在三五一年。

前燕，公元三三七至三七〇年。	鮮卑		鮮卑慕容氏，本居棘城（今熱河朝陽縣），後遷於遼東。至慕容廆又遷居徒河的青山（在今遼寧錦縣境）。又遷居大棘城（在今遼寧義縣），慕容皝遷居龍城（今朝陽縣），滅冉閔後，居鄴。	慕容廆，本晉國的平州刺史。傳子皝，始稱燕王。皝傳子儁，滅冉閔。是年，儁亦卒。子暐年幼，慕容恪輔政。恪死後，慕容評繼之。時燕宗室慕容垂最有威名，評忌之。垂奔前秦。前燕遂衰。為前秦所滅。
前秦，公元三五一至三九四年。	氐	長安	苻洪，本略陽氐酋。初降劉曜，後降後趙。後趙徙之於東方。後趙亡後，洪居枋頭城（在今河南濬縣）。擊擒趙將麻秋。旋為秋所鴆殺。子健，殺秋，西入關。健子生，為苻堅所弒（堅父名雄，也是苻洪的兒子）。淝水敗後，堅奔五將山（在今陝西岐山縣），為後秦姚萇所擒殺。堅子丕，自立晉陽，為慕容永所敗而死（慕容永，亦前燕同族。時自立於長子，即今山西長子縣。後為後燕所滅。不在十六國之列）。堅族子登，又自立於南安（今甘肅平涼縣）。三九四年，為姚興所殺。子崇，奔湟中，為西秦乞伏乾歸所殺，前秦亡。
後秦，公元三九四至四一七年。	羌	長安	後秦本南安赤亭羌（在今甘肅隴西縣）。其酋姚弋仲，亦降後趙。遷於東方。後趙亡時，弋仲亦死。子襄南降晉。實懷二心，為桓溫所敗，奔關中，為前秦所殺。弟萇以眾降秦，淝水敗後，萇自立。傳子興，滅前秦。興傳子泓，為劉裕所滅。時在公元四一七年。

後燕，公元三八四至四〇九年。	鮮卑	慕容垂居中山（今河北定縣）。子寶奔龍城。	慕容垂，淝水戰後自立。傳子寶。三九六年，魏人南伐，大敗，奔龍城。被弒。少子盛，定亂自立。因刑罰嚴峻，又被弒。弟熙立。淫暴。四〇九年，為其將馮跋所篡。
南燕，公元三九八至四一〇年。	鮮卑	廣固（今山東益都縣西）	慕容德，是慕容皝的小兒子，魏人南伐時，脫離後燕自立。傳子超，為劉裕所滅。
北燕，公元四〇九至四三六年。	漢族	龍城	馮跋篡後燕自立。傳子宏，為後魏所滅。時在四三六年。
夏，公元四〇七至四三一年。	匈奴	統萬（今陝西怀遠縣）	匈奴鐵弗氏，本居新興。其酋長劉虎，和拓跋氏相攻。虎孫衛辰，引前秦兵滅拓跋氏，後魏道武帝強，衛辰為其所滅。子勃勃，奔後秦。姚興使守北方。勃勃以四〇七年自立，改姓赫連，後取長安，勃勃死後，子昌立，為魏太武帝所破，奔上邽死。弟定，自立於平涼。四三一年，吐谷渾人執之送魏，夏亡。
西秦，公元三八四至四三一年。	鮮卑	乞伏國仁，居勇土川（在今甘肅金縣）。乾歸徙苑川（在今甘肅靖遠縣）。	本隴西鮮卑，屬前秦。淝水戰後，其酋乞伏國仁自立，傳弟乾歸。降後秦，後復逃歸。乾歸傳子熾磐，熾磐傳子暮末，為赫連定所殺，時在四三一年。
成（李壽時改稱漢。史家亦稱為蜀），公元三〇四至三四七年。	氐	成都	本清江流域的廩君蠻，漢末，徙漢中，曹操平張魯，遷於略陽。晉初，關中氐齊萬年反。其酋長李特將流民入蜀，三〇六年，特子雄據成都，又併漢中，三傳至特孫壽，荒淫。壽子勢，三四七年，為桓溫所滅。

前涼，公元三一七至三七六年。	漢族		張軌，晉涼州刺史。晉亂，遂保據涼州。軌及子寔，皆事晉，守臣節。寔傳弟茂，劉曜來攻，始力屈稱藩。六傳至天錫，三七六年，為前秦所滅。
後涼，公元三八六至四〇三年。	氐		呂光，亦略陽氐人。苻堅時，為龍驤將軍。為堅平西域，兵還，值前秦分裂，遂自立。四〇三年，其子隆，降於後秦。
北涼，公元四〇七至四三九年。	匈奴	張掖	沮渠蒙遜，以三九七年叛後涼。初推太守段業為主，後殺之，自立。傳子牧犍，四三九年，為後魏所滅。
西涼，公元四〇〇至四二七年。	漢族	初據敦煌，後遷酒泉。	李暠本段業所署沙州刺史。業死後，據敦煌自立，傳子歆，四二七年，為北涼所滅。
南涼，公元三九七至四一四年。	鮮卑	本居樂郡（今甘肅碾伯縣），後徙姑臧。	姓禿髮氏，與後魏同出。其酋禿髮烏孤，以三九七年自立。傳弟利鹿孤及傉檀，四一四年為西秦所滅。

註解

① 廢簡文帝，立廢帝。

第十五章　南北朝的對峙

　　從公元三〇四年前趙自立起，到四三九年北涼滅亡止，共經過一百三十六年。擾亂中國的五胡，快多和漢族同化了。只有拓跋氏，其起最晚，其入中原也最後，所以又和漢族相持了一百四十年。

　　此時的南方，雖經宋武帝一度削平異己，然而分爭之際，外兵不能遽去，人心的積習未除。而宋武帝以後，為君主的，又沒像武帝一般強有力的人物。所以仍是內外相持，坐視北方有機會而不能乘，甚至反給北方以機會。恢復中原，遂爾終成虛語。

當劉宋開國之時，南朝的疆域還包括今山東、河南之境。宋武帝死後，魏人乘喪南伐。取青、兗、司、豫四州。其時正值徐羨之、傅亮、謝晦等廢少帝而立文帝。文帝立後，和檀道濟合謀，討除羨之等。後又並殺道濟。忙於內亂，無暇對外。而自檀道濟死後，功臣宿將亦垂盡。於是四三〇、四五〇年兩次北伐都失敗。魏太武帝反自將南伐，至於瓜步。所過郡邑，赤地無餘。南北朝時，北強南弱的情勢，實始於此。

宋文帝後，孝武帝和明帝都猜忌宗室，大加屠戮。明帝嗣子幼弱，召鎮淮陰的蕭道成入衛，朝權遂為所竊。內而中書令袁粲，外而荊州都督沈攸之，起兵討他，都不克。公元四七九年，道成篡宋自立，是為齊高帝。齊高帝和子武帝，在位都不久。武帝子郁林王荒淫，為高帝兄子明帝所篡。明帝亦猜忌，盡殺高、武二帝子孫。傳子東昏侯，荒淫更甚於郁林王，而好殺亦同於明帝。公元五〇二年，而齊為梁武帝所篡①。梁武帝總算是個文武全才。雖其晚年迷信佛法，刑政廢弛，致釀成侯景之亂，然而其早年，政治總算是清明的。於是南方暫見康寧，而北方又起擾亂。

北魏當太武帝時，南侵宋，北伐柔然、高車，國勢最盛。孝文帝以四九三年遷都洛陽，大革舊俗。這在鮮卑人，要算一個進化而和漢族同化的好機會。然而國勢反自此衰頹。（一）因鮮卑一時不能學得漢族的好處，而反流於奢侈。（二）則魏都平城，本靠武力立國，於其附近設置六鎮。簡拔親賢，為其統帥。而將士選拔，亦極優異。南遷以後，不能如舊。六鎮舊人，因此憤怒逃亡。魏人又恐兵力衰頹，加以制止。於是盡皆怨叛。倚以立國的武力，反做了擾亂秩序的東西。不戰自焚，後魏就不能支持了。

公元四七四年，後魏孝明帝立，太后胡氏執政。侈無度。府庫累世之積，不數年而掃地無餘。於是苛政大興。中原之民，亦群起為亂。明帝年漸長，不直其母所為。而為其所制，無可如何。這時候，北方有個部落酋長，喚做爾朱榮，起兵討平六鎮之亂。明帝遂召他入清君側。後又傳詔止住他。太后大懼，把明帝殺掉。爾朱榮藉此為名，舉兵入洛，殺掉胡太后，而立孝莊帝，自居晉陽，遙制朝權。爾朱榮極善用兵。中原反亂的人，都給他打平。篡謀日急。孝莊帝誘他入朝，手刃把他殺掉。爾朱榮的姪兒子兆，舉兵弒帝。自此朝權仍為爾朱氏所握，而各方鎮，也都是爾朱氏的人，其勢如日中天。然而爾朱氏暴虐不得人心。公元五三二年，高歡起兵信都。韓陵一戰，爾朱氏心力不齊，大敗。遂為高歡所撲滅。高歡所立的孝武帝，又和高歡不睦。高歡仍襲爾朱氏的故智，身居晉陽，孝武帝陰結賀拔岳圖他。以岳為關中大行台。高歡使秦州刺史侯莫陳悅，把賀拔岳殺掉。夏州刺史宇文泰起兵誅悅，孝武帝即以泰繼岳之任。公元五三四年，孝武帝發兵討高歡。高歡亦自晉陽發兵南下。兩軍夾河而陳。孝武帝不敢戰，逃到關中。旋為宇文泰所弒。自此高歡、宇文泰，各立一君，而魏遂分為東西。

　　東西魏分裂後，高歡、宇文泰爭戰十餘年，各不得逞，而其禍乃中於梁。這時候，梁武帝在位歲久，政治廢弛。諸子諸孫，各剚大郡，都有據地自雄之心。而兵力亦不足用。南朝當宋明帝時，盡失徐、兗、青、冀四州及淮北之地。齊明帝時，又失沔北五郡。東昏侯時，又失淮南。梁武帝時，雖恢復合肥、壽春，而又失義陽三關。用兵迄不得利。北方亂時，梁遣陳慶之送魏宗室北海王顥歸國。慶之兵鋒甚銳，直抵洛陽。然而孤軍無援，元顥仍為爾朱榮所破。公元五四七年，高歡死。其專制河南之將侯景，舉地來降。梁武帝遣子淵明前往救援，不克。淵明為魏所虜。侯景亦兵潰來奔。襲壽陽而據之。梁人不能制。五四九年，侯景反。渡江，圍台城。救兵雖多，都心力不齊，不能進。台城遂為所陷。梁武帝憂憤而崩。子簡文帝立，為侯景所制。這時候，梁武帝的子孫，如湘東王繹、河東王譽、岳陽王詧等，都擁兵相爭，坐視台城之危而不救。而其形勢，以湘東王為最強。侯景西上，至巴陵，為湘東王將王僧辯所敗。勇將多死。遂弒簡文帝而自立。湘東王乃即位於江陵，是為元帝。遣王僧辯和陳霸先討平侯景。而成都的武陵王紀稱帝，攻元帝。元帝求救於西魏。西魏襲陷成都。紀遂兵敗而死。元帝和西魏，又有違言。公元五五四年，西魏兵攻江陵。王僧辯、陳霸先的兵，都在東方，不及救援。江陵遂陷。元帝為魏兵所殺。西魏立岳陽王詧於江陵，使之稱帝，而對魏則稱臣，是為西梁。王僧辯、陳霸先立元帝的少子於建康，是為敬帝。是時，東魏已為北齊所篡。又發兵送淵明南歸。王僧辯迎戰，不勝。就迎接他來，廢敬帝而立之。南朝險些兒全做北朝的附庸。幸而陳霸先襲殺王僧辯，復立敬帝。北齊舉兵來攻，給他苦戰打敗。南朝才算勉強自立。公元五五七年，陳霸先廢敬帝自立，是為陳武帝。三年而崩。兄子文帝立。這時候，南方承喪亂之後，國力凋弊。國內尚有許多反側的人，要一一討定。再也無暇顧及北方。而北方的東西魏，亦先後於五五〇、五五七年，為齊、周所篡。

北齊文宣、武成二帝，均極荒淫。末主緯，奢縱更甚。而北周武帝，頗能勵精圖治。公元五七七年，齊遂為周所滅。滅齊的明年，周武帝死，子宣帝立。亦極荒淫。在位二年，傳位於子靜帝。宣帝死後，后父楊堅輔政。大權盡入其手。起兵攻他的都不勝，五八一年，堅廢靜帝自立。是為隋文帝。時南方為陳後主叔寶，亦極荒淫，五八九年，為隋所滅。西梁已於前兩年被廢。自晉元帝立國江東至此，凡二百七十三年，而天下復歸於統一。

註解

① 時梁武帝的哥哥蕭懿鎮歷陽。梁武帝刺雍州。東昏侯的兄弟寶融刺荊州。東昏侯先殺掉蕭懿，又下命給荊州，叫他殺掉梁武帝。寶融本是個小孩，其長史蕭穎冑和武帝合謀起兵。立寶融為皇帝（和帝）。武帝為先鋒東下。東昏侯為其下所弒。和帝遂禪位於梁。

第十六章 魏晉南北朝的制度

制度是隨事實而變遷的。思想是事實的產物，而亦是事實之母。在某種環境之下，一定要生出某種思想。既有這種思想，一時雖未必實現，而積之久，總是要現於實的。此等情形，看魏、晉、南北朝的制度，很可明白。

秦、漢時代的宰相，並非天子私人。所以其位甚尊，其權亦重。君權日見發達，則相權必漸見侵削。所以自東漢以後，實權漸移於尚書。曹魏以後，中書又較尚書為親近。宋文帝以後，門下亦成為親近之職。兩漢時代的宰相，則不過人臣篡弒時所歷的階級而已。平時不復設立。這是內官的變遷。其外官，則自後漢末年以後，州郡握兵之習，迄未能除。東晉以後，疆域日蹙，而喜歡僑置州郡。於是州的疆域，日漸縮小，浸至與郡無異。而掌握兵權的人，所指揮的區域，不容不大，於是有以一人而都督數州或十數州軍事的。其實際，仍與以前的州牧無異，或且過之。自東晉至南朝之末，中央的權力總不能十分完整，就由於此。

選舉制度，亦起了一個極大的變遷。我國古來，本行鄉舉里選之制。士之德行、才能，都以鄉評為準。風氣誠樸之世，自然議論能一秉至公。兩漢時，實已不能如此了。然而人之觀念上，總還以為士之賢否，須取決於鄉評。後漢末，"士流播遷，詳覆無所"。於是曹魏的吏部尚書陳群，就於各州置大中正，各郡置中正，令其品評本地的人物，分為九等，而尚書據以選用。品評人物，本是件難事。德已不免於偽為，才則更非臨事不能見。而況中正亦未必定有衡鑒之才。甚至有（一）趨勢，（二）畏禍，（三）私報恩仇等事。其結果，遂至"惟能論其閥閱，非復辨其賢愚"。於是"上品無寒門，下品無貴族"。以上所論的，是舉士之事。至於銓選，則漢世本來權在相府。後來因其弊頗多，而實權漸移於尚書。魏、晉以後，大抵吏曹尚書操選用之權。這時候，仍以全權委之。有衡鑒之才的人，很可以量才委任。然而天下總是徇私和幸進的人多，秉公和廉退的人少。所以到後來，不得不漸趨重於資格。資格用人，起於後魏的崔亮。亮創停年格，選用的先後，專以停解月日為斷。這本因為當時軍人競選所以如此的。北齊文襄帝操選權時，已經把他廢掉。然而自唐以後，又漸趨重於這一途，就是為此。

兵制則自東晉以後，恃以禦敵的，都是州郡之兵。固亦有時收折衝禦侮之效。然而總不免有外重內輕之弊。甚而至於禦侮則不足，作亂則有餘。北方五胡割據，大抵用其本族之民為兵，而使漢人從事生產。到周、齊之時，五胡的本族，漸趨凋落，又其戰爭劇烈，而財政竭蹶，還有所謂府兵之制。籍民為兵，蠲其租調，令刺史以農隙教練。每府一郎將主之。分屬二十四軍，領軍的謂之開府。一大將軍統兩開府，一柱國統兩大將，共為六軍。隋、唐兵制，都是沿襲他的。

魏晉時代的制度，最可紀念的，便是刑法。漢時法律之紊亂，已見第六章。從前漢宣帝時起，至後漢末年止，屢説修改，迄未有成。至魏時，才命陳群、劉邵等刪定，共為十八篇。晉武帝還嫌其科網大密，再命賈充等刪定，共為二十篇。於公元二六八年①，大赦天下行之。這便是有名的《晉律》。宋、齊、梁、陳四朝，雖略有損益，大體都沿用他。就北朝的法律，亦是以此為依據，不過略雜以鮮卑之法而已②。自唐至清，大體上亦無甚改變。總而言之，自採用西洋法律以前，我國的法律，迄無大改變。我國的法律，淵源固然很古，而其成為條理系統的編纂，則實自《晉律》始。所以説這是我國法制史上最可紀念的事。

至於租稅，則當時頗有雜稅。如北朝的酒坊、鹽井、關市邸店，南朝之賣買田宅牛馬及津市等。然而這些都不甚重要。其最有關係的，還是田稅和戶稅。而這時候的田稅和戶稅，與民生是很有關係的。所以留待第十八章中講述。

註解

① 泰始三年。
② 如《晉律》，部民殺長官，父母殺子，都同凡論。魏以後，律便不然。見章炳麟《太炎文錄・五朝法律索隱》。

第十七章 魏晉南北朝的文化

從兩漢到魏、晉，是中國文化的一個轉關。其要點，在破除古代的迷信，而從事於哲理的研究。

兩漢時代的迷信，並非下等社會才然，即上流社會，也是如此。試看當時政治上，遇天災而修省，或省策免之公等，都略有幾分誠意，和後世視為虛文的不同。在學術上，則陰陽五行之說，盛極一時。以致有所謂讖緯者出。東漢之世，竟以緯為內學，經為外學。便可知其時古代遺傳的思想，還遍滿於社會上了。乃到魏朝的正始年間，而哲理研究之風漸盛①。至於晉初，風流彌盛。此時知名之士，始王弼、何晏、王衍、樂廣等，或以談論見長，或以著述見稱。所研究的，大抵是哲理上的問題。其所宗之書，則為《易經》和《老子》、《莊子》等。這固然，由於當時的時勢，有以激成人的頹廢思想，而使之趨於玄虛。然而在大體上，亦可說是兩漢人拘守前人成說的反動。漢代的今文家言，雖多存微言大義，亦不過搬演孔門的成說，並不能獨出心裁。古文家好談名物、訓詁，更不免流於瑣碎。而自讖緯之說既興，兩派之士，又都不免受其影響，有入於妖妄之勢。又其時之人，拘守禮法太甚。禮是古代規範人之行為的。時異勢殊，行為之軌範，就當有異，而還強執着古代具體的條件，自不免激起人心的反感。所以激烈的人，就有"禮豈為我輩設"等議論了。雖然這一班人，蔑棄禮法，不免有過甚的地方。而終日清談，遺棄世務，亦是社會衰頹的一個朕兆。然而以學術思想論，畢竟不能不謂為高尚的。魏晉時代的玄學，在我國學術思想界中，終當佔一重要的位置。

這時候的人最重要的思想，是貴"道"而賤"蹟"。蹟便是事實，而道則是原理，拘守事實，不能算得古人之意。必能明於其原理而應用之，才可謂之善學古人。這正是泥古太過的反響。

其時的儒學，雖還保守相當的領域，而亦為此派思想所侵入。當魏晉之世，今文之學，漸已失傳，盛行的是古文之學。古文之學，雖亦有其師

93

法，然而其原始，本是不重師說，而注重自由研究的。自由研究之風既開，其後必至變本而加厲。所以自鄭玄、王肅，糅雜今古文後，又有杜預、范寧等，不守成說，自出心裁的學派。至於王弼的《易註》、何晏的《論語集解》等，兼採玄言，則為魏晉時之哲學思想，侵入經學領域的。南北朝時，南方的經學，這兩派都盛行。北方還守着漢人之說，然至隋併天下後，而北方的經學，反為南方所征服。鄭玄的《易註》廢，而王弼的《易註》行。馬、鄭的《尚書》廢，而偽古文《尚書》行，服虔的《左氏》廢，而杜預註的《左氏》大行了。

頹廢的人生觀，是這時代人的一個大病。如王羲之作《蘭亭集序》，說："修短隨化，終期於盡。古人云：死生亦大矣，豈不痛哉？"這一類灰心絕望，貪生怖死的話，到處都是。此時國勢的所以不振，社會的所以無活氣，這實在是一個大原因。而這時代的人，所以崇尚文辭，則亦由於此。隋朝的李諤說："自魏之三祖②，崇尚文辭。競騁浮華，遂成風俗。江左齊、梁，其弊彌甚。"可見崇尚文辭的風氣，是起於魏、晉之世的。魏、晉之世，為甚麼要崇尚文辭呢？我們看魏文帝說："年壽有時而盡，榮樂止乎其身。二者必至之期，未若文章之無窮。"就可以知其所由來了。人之年壽有盡，神仙等求長生之術，又不可恃，則不免僥倖於"沒世不可知之名"。而文辭原是美術之一，愛好文辭，也不免有些"及時行樂"的意思。所以這時候的文學，多帶頹廢的色彩。從東漢以後，駢文漸興，不過是（一）句調漸趨整齊；（二）用字務求美麗，尚未大離其本。至齊梁以後，則"隸事"日益繁富，字句愈趨雕琢。始而辭勝其意，寖至不能達意了。於是有文筆之分。然筆不過參用俗語。其語調仍是整齊嘽緩，和自然的語言相去很遠的，仍不能十分適用。又古人文字，不甚講調平仄。齊、梁以後，則漸重四聲。於是詩和文都生出律體③。雖然音調諧和，而雄壯樸實之氣，則遠遜古人了。此亦是其時的人，注意於修飾的一證。

文字本所以代語言。我國的文字，則因其構造的特殊，而亦成為美術之一。古代文字，意近圖畫，本有美的意味。秦時，官、獄務繁，改用隸書，這是專為應用起見。然而後來又漸求其美觀。於是又有"挑法"的隸書，謂之八分。漢之末世，章程書興，即今所謂正書，而草書亦分章草和狂草兩種。

前者字字分離。後者則一筆不斷。草書離正書太遠了，乃又有行書，以供藥草之用。凡此種種，無一不求其美化。其風氣起於後漢，而極盛於晉代。東晉的右軍將軍王羲之，即是擅名當世，而後人稱其"善隸書，為古今之冠"的。然南朝的帖，雖為後人所寶貴，而北朝的碑，樸茂遒逸，至近世，亦很為書家所推重。

註解

① 正始是魏廢帝的年號。從公元二四〇至二四八年。清談的風氣，實起於此時。玄學之興，亦以此時為嚆矢。可看《日知錄・正始》條。

② 武帝、文帝、明帝。

③ 凡調平仄的，都可謂之律體，不限於詩賦等有韻之文。如以唐、宋之四六，較六朝之駢文，則六朝之駢文，為駢文中之古體；唐、宋之四六，即為駢文中之律體。

第十八章 魏晉南北朝的社會

魏、晉、南北朝，是一個長期戰亂的世界。其時的民生，自然是很為困苦的。然而其中，也有幾件可以特別注意的事情。

其（一）是兩漢人均田的思想，至此而實行。漢代的人，本都有個恢復井田或限名田的思想，然終未能實行。及王莽行之，而反以致弊。於是當時的人，又有一種議論：以為井田之制，當於大亂之後，人民稀少，土田無主之時行之。天下事，大家無此思想則已。如其有之，而又為多數人所公認，成為一種有力的輿論，則終必有一次試行的機會。晉武帝的戶調式，便是實行此種理想的，其制：男女年十六至六十為正丁。十三至十五，六十一至六十五為次丁。男子一人，佔地七十畝，女子三十畝。其外：丁男課田五十畝，丁女三十畝。次丁男半之，女則不課。丁男之戶，歲輸絹三匹，綿三斤。女及次丁男為戶者半輸。令天下的人，依年齡屬性之別，而各有同等之田，因之而輸同等之稅。其於平均地權之意，可謂能極意規畫了。然而井田制之難行，不難在授人以田，而難在奪人之田。無論如何大亂，土田總不會完全無主的。奪有主之田，而畀之他人，必為人情所不願，而其法遂難推行。所以北魏孝文帝的均田令，又有桑田、露田之別。桑田為世業，露田則受之於官，而亦還之於官。案《孟子》說「五畝之宅，樹之以桑」，則此所謂桑田，疑即是宅田；或者是久經墾熟，世代相傳的田，人情必不肯輕棄，所以聽其私有。而其餘則歸之於公。這亦可謂善於調和了。晉武定戶調式後，天下不久即亂，究竟曾否實行，很成疑問。便是魏孝文的均田令，曾實行至如何程度，亦很難說。然而以制度論，則確為平均地權的一種良法了。

其（二）是自古相沿的階級，這時代，因環境的適宜，又有發達之勢。社會有所謂士庶，其根源，大約是古代的貴族和平民。古代的貴族，其世系都有史官替他記錄①。所以家世不至於無考，而士庶亦不至於混淆。自封建制度破壞，國破家亡之際，此等記錄，未必更能保存。加以秦人滅學，諸侯史記，被他一把火燒盡②。於是秦、漢以來，公侯子孫，就都「失其本系」了。漢朝是興於平民的。其用人，亦不論門第。自古相沿的階級，到此本可剷除。然而政治上一時的設施，拗不過社會上自古相傳的觀念。向來稱為貴族的，還是受人尊敬，稱為平民的，還不免受人輕蔑，這又是勢所必然。兩漢時代的社會，大約便係如此，此乃當時習為固然，而又極普遍的現象，所以沒人提起。漢末喪亂，士流播遷。離其本土者漸多。其在本土，人人知其為貴族，用不着特別提起。到播遷之後，就不然了。這時代的人，所以於氏族之外，尤重郡望，職此之由。而五胡之族，頗多冒用漢姓的。中國士大夫，恥血統與異族相混淆，而要自行標舉，自然也是一個理由。再加以九品中正的制度，為之輔助。士庶的階級，自然要畫若鴻溝了。

區別士庶，當以魏、晉、南北朝為最嚴。不但「婚姻不相通，臚仕不相假」，甚至「一起居動作之微，而亦不相偕偶」。看《陔餘叢考·六朝重氏族》一條可知。但是當時的士族，已有利庶族之富，和他們結婚、通譜的③。隋、唐以後，此風彌甚。如此，則血統淆混、士庶之別，根本動搖。所以在隋、唐之世，門閥制度，雖尚保存，其惰力性。一到五代之世，就崩潰無餘了。

魏晉南北朝，正是門閥制度如日中天的時代。此時的貴族，大抵安坐無所事事。立功立事，都出於庶族中人，而貴族中亦很少砥礪名節，與國同休戚的。富貴我所固有，朝代更易，而其高官厚祿，依然不改。社會不以為非，其人亦不自以為恥。這真是階級制度的極弊。

這時候，是個異族得勢的時代。漢族為所壓服，自然不免有種種不平等的事。而社會上的媚外，亦遂成為風氣。這真是聞之而痛心的。《顏氏家訓》說："齊朝一士夫，嘗謂吾曰：我有一兒，年已十七，頗曉書疏。教其鮮卑語及彈琵琶，稍欲通解。以此伏事公卿，無不寵愛。"我們看《隋書・經籍誌》，所載學鮮卑語的書籍很多，便知這樣的，決不是一兩個人。這是士大夫。至於小民，則史稱高歡善調和漢人和鮮卑。他對鮮卑說："漢人是汝奴。夫為汝耕，婦為汝織，輸汝粟帛，令汝溫飽。汝何為陵之？"又對漢人說："鮮卑是汝作客。得汝一斛粟、一匹絹，為汝擊賊，令汝安寧。汝何為疾之？"一為武士，一為農奴，此時北方漢人所處的地位，就可想而知了。但是兩漢以前，北方的文化，本高於南方，富力亦然。自孫吳至陳，金陵為帝王都者三百六十年。五胡亂後，北方衣冠之族，紛紛南渡。南方的文化，遂日以增高。浸至駕北方而上之，而富力亦然。試看隋唐以後，江淮成為全國財富之區。自隋至清，帝都所在，恒藉江淮的轉漕以自給，就可明白了。這也是中國社會的一大轉變。

註解

① 《周官》小史之職。

② 《史記・六國年表序》："秦既得意，燒天下詩書。諸侯史記尤甚。詩書所以復見者，多藏人家，而史記獨藏周室，以故滅。"人家的人字，疑當作民，乃唐人避太宗諱所改。周室二字，乃舉偏概全，兼包當時各侯國言，並非專指周室，當時史籍係官書，民間沒有副本，所以一燒即盡。

③ 《通誌・氏族略》說：五代"取士不問家世，婚姻不問閥閱"。

第十九章 隋之統一與政治

從南北朝至隋，可以算我國歷史上一個由亂入治之世。但是其為治不久。

論起隋文帝的為人來，也可以算一個英明的君主。他的勤於政治，和其持身的節儉，尤其是數一數二。所以承南北朝喪亂之後，取民未嘗有所增加，對於雜稅等，反還有所減免。而其時府庫極為充實。重要的去處，倉儲亦極豐盈。其國富，古今少可比擬的。

但是隋文帝有個毛病，便是他的性質，失之於嚴酷和猜忌。所以他的對付臣下，是要運用手腕的。而其馭民，則偏於任法。因此其所任用的人，如楊素、蘇威等，非才知之士，則苟免之徒，並無立朝侃侃，與國同休戚的。而人民也沒有感恩的觀念。他又偏信皇后獨孤氏，廢太子勇而立煬帝。荒淫暴虐，兼而有之。而隋遂不免於二世而亡，與嬴秦同其運命了。

南北朝以後，荒淫暴虐的君主頗多。其性質，有近乎文的，如南朝的陳後主是。亦有近乎武的，則如北朝的齊文宣是。這大約和當時異族的得勢，不無關係，而南朝的君主，多出身微賤，也是其中的一個原因。當隋及初唐之世，此等風氣還未盡除。如隋煬帝，便是屬於前一種的。如唐太宗的太子承乾，則是屬於後一種的。

煬帝即位之後，即以洛陽為東都。他先開通濟渠，引穀、洛二水，通於黃河，又自河入汴，自汴入淮，以接淮南的邗溝。又開江南河，從京口到餘杭，長八百里。他坐了龍舟，往來於洛陽、江都之間。又開永濟渠，引沁水，南達黃河，北通涿郡。又開馳道，從大行到并州，由榆林以達於薊。開運河，治馳道，看似便利交通之事。然而其動機非以利民，而由於縱慾，而其工程，又非由顧募，而出於役使。如此，人民就未蒙其利，而先受其害了。

當南北朝末年，突厥強盛。周、齊二國，恐其為敵人之援，都和他結婚姻，而且還厚加贈遺，以買其歡心。然而突厥益驕，邊患仍不能絕。隋文帝勞師動眾，又運用外交手腕，才把他克服下來。突厥的啟民可汗，算是稱臣於隋。又從慕容氏侵入中原之後，遼東空虛，為高句麗所據。至隋時不能恢復。這確是中國的一個大損失。為煬帝計，對於突厥，仍應當恩威並用，防其叛亂之萌。對於高句麗，則應先充實國力，軍事上也要有縝密的計劃，方可謀恢復國土。至於西域諸胡，則本和中國無大關係。他們大抵為通商而來。在兩利的條件下，不失懷柔遠人之意就好了。而煬帝動於侈心。任用裴矩，招致西域諸胡，沿途盛行供帳。甚至有意使人在路旁設了飲食之肆，邀請胡人飲食，不取其錢，說中國物力豐富，向來如此的。胡人中愚笨的，都驚歎，以為中國真是天上。其狡黠的，見中國也有窮人，便指問店主人道：你這白吃的飲食，為甚麼不請請他們？店中人無以為答。如此，花了許多錢，反給人家笑話。他又引誘西突厥，叫他獻地數千里。設立西海、河源、鄯善、且末四郡①。謫罪人以戍之。這些都是荒涼之地，要內地轉輸物品去供給他。於是西方先困。他又發大兵去征伐高句麗。第一次在六一一年，大敗於薩水。六一三、六一四年，又兩次興兵，高句麗僅貌為請降。而這三次，徵兵運餉，卻騷動天下。當他全盛時，曾巡行北方。倖突厥始畢可汗衙帳，始畢可汗極其恭順。到六一五年再往，始畢可汗便瞧他不起。把他圍在雁門。靠內地的救兵來了，才算解圍。明年，煬帝又坐着龍船到江都。這時候，天下已亂，他遂無心北歸。後來又想移都江南，而從行的都是關中人，心上很不願意。宇文化及等乘機煽惑。煬帝遂於六一八年為化及等所弒。

隋末，首起創亂的，是楊素的兒子玄感。煬帝再征高句麗時，他在黎陽督運，就舉兵造反。當時李密勸他直邀煬帝的歸路，次之則先取關中，以立自己的根基。玄感都不能聽，而頓兵於東都之下，遂至失敗。後來群盜蜂起，李密和河南的強盜翟讓合夥，旋把他殺掉，自成一軍。據興洛、回洛諸倉，招致飢民，至者數十萬，聲勢很盛。在河北，則群盜之中，竇建德最有雄略。而隋煬帝所遣的將王世充，則據東都，和李密相持。唐高祖李淵，本是隋朝的太原留守。以其次子世民——即後來的唐太宗——的計策，於六一七年，起兵先取長安，次平河西、隴右，劉武周據馬邑，以宋金剛為將，南陷并州，亦給唐兵打敗。李密為王世充所敗，降唐，旋又藉招撫為名，出關想圖再舉，為唐人伏兵所殺。秦王世民攻王世充，竇建德來救，世民留兵圍城，引兵迎擊於虎牢，大破之。擒建德，世充亦降。建德將劉黑闥，兩次反叛，亦給唐兵打平。長江中流，梁朝之後蕭銑，稱帝於江陵，地盤頗大。唐朝亦派兵把他滅掉。其下流：陳稜、李子通、沈法興等，紛紛割據。後皆併於杜伏威。而伏威降唐。割據北邊的，有高開道、苑君璋、梁師都等。大都靠突厥為聲援。然天下定後，突厥亦不能擁護他。遂次第為唐所平定。這時候，已在太宗的初年了②。

註解
① 西海郡在青海附近。河源當在青海西南。鄯善、且末，皆漢西域國名，這兩郡，該在今敦煌之西。
② 梁師都被殺，在公元六二八年，為太宗貞觀二年。

第二十章 唐的開國及其盛世

漢與唐，同稱中國的盛世，漢之治稱文、景，唐之治，則稱貞觀與開元。

唐高祖的得國，本是靠秦王世民之力。太子建成和齊王元吉忌他，彼此結黨互爭。而高祖晚年，頗惑於嬖妾近習。這競爭儻使擴大了，也許可以演成干戈，人民重受其禍。幸而唐高祖封世民於東方之説，未曾實行。玄武門之變，解決迅速，建成、元吉都為世民所殺。高祖亦傳位於太宗。於是歷史上遂見到所謂貞觀之治。

太宗是三代下令主。他長於用兵，又勤於聽政，明於知人，勇於從諫。在位時，任房玄齡、杜如晦為相，魏徵為諫官，都是著名的賢臣。所以其武功、文治，都有可觀。參看二十一、二十三兩章自明。

太宗死後，高宗即位，初年任用舊臣，遵守太宗治法，所以永徽之治，史稱其媲美貞觀。中年後，寵信武才人，廢王皇后，立為皇后。國戚舊臣，如長孫無忌、褚遂良等，都遭貶斥。高宗因苦風眩，委政武后，後遂為其所制，唐朝的衰頹，就自此開始了。高宗死後，武后廢中宗而立豫王旦——就是後來的睿宗——公元六九〇年，又把他廢掉，自稱則天皇帝，改國號為周。中宗初廢時，幽禁於房陵。後來因狄仁傑的諫勸，才還之於洛陽，代睿宗為皇嗣。七〇五年，宰相張柬之等，乘武后病臥，陰結宿衛將士，迎接中宗復位。

武后以一女主，而易姓革命，這是曠古未有之事，自然要疑心人家暗算她。於是：

（一）大殺唐宗室，又大開告密之門，任用酷吏周興、來俊臣、索元禮等，用嚴刑峻法，以劫制天下。

（二）一方面又濫施爵祿，以收拾人心。雖然其用人頗有不測的恩威，進用速而黜退亦速，然而幸進之門既開，仕途遂不免於淆雜。

（三）武后雖有過人之才，然而並無意於為治，所用多屬佞媚之臣。其嬖寵，如薛懷義、張昌宗、張易之等，無不驕奢淫逸。武后亦造明堂，作天樞，所費無藝，民不堪命。

（四）一面驕奢淫逸，一面又要盡心防制國內，自然無暇對外。於是突厥、契丹蹂躪河北。發數十萬大兵而不能禦。吐蕃強盛，西邊也時告緊急。

這都是武后革命，及於政治上的惡影響。中宗是身受武后幽廢的，論理當一反其所為，而將武后時之惡勢力，剗除淨盡。而以武后之才，把持天下二十餘年，亦終於失敗，則即有野心的人，亦當引以為鑒。然而天下事，每有出於情理之外的。中宗復位之後，即惟皇后韋氏之言是聽，任其妄作妄為，不加禁止。而韋后，亦忘卻自己是和中宗同受武后幽禁，幾遭不測的，反與上官婕妤俱通於武后之侄武三思。於是武氏的勢力復盛。張柬之等反都遭貶謫而死，韋后、上官婕妤、韋后的女兒安樂公主等，都驕奢淫逸，賣官鬻爵。政治的濁亂，更甚武后之時。公元七一〇年，中宗竟為韋后所弒。玄宗起兵定亂。奉其父睿宗為皇帝。睿宗立玄宗為太子。時韋后及安樂公主已死，惟武后女太平公主仍在。公主當武后時，即多與秘謀，後來中宗復辟，及玄宗討韋后之亂，又皆參預其事。屬尊而勢力大，在朝的人，都有些怕她，附和她的亦很多。公主憚玄宗英明，竭力謀危儲位，睿宗又不能英斷。其時情勢甚險。幸而玄宗亦有輔翼的人，到底把她除去。而睿宗亦遂傳位於玄宗。這是公元七一二年的事。當睿宗在位時，貴戚大臣的奢侈，二氏營造的興盛，還是同武、韋時一樣。而從中宗時，韋后和上官婕妤、太平、安樂公主等，都可以斜封墨敕授官。仕途的混雜，尤其不可思議。直到玄宗即位，任姚崇為宰相，才把他澄除掉。玄宗初相姚崇，後相宋璟。崇有救時之才，璟則品性方剛，凡事持正。宋璟之後，又相張九齡，亦是以風骨著聞的。武、韋以後的弊政，到此大都剷除。自高宗中葉以後，失墜的國威，到此也算再振。這個於下一章中敍述。從貞觀到開元，雖然中經武韋之亂，然而又有開元的中興，總算是唐之盛世。自天寶以後，則又另是一番局面了。

第二十一章　隋唐的武功

隋、唐兩代的武功，是互相繼續的。隋朝的武功，雖不如唐朝之盛，然而是唐朝開拓的先聲。其規模，較漢代尤為廣遠。這也是世運進步，交通日益發達的緣故。

中國歷代的大敵是北狄。隋、唐時代，自然也是如此。後漢時，匈奴敗亡，鮮卑繼續據其地，已見第七章。兩晉時，鮮卑紛紛侵入中國，於是丁令人居漠北。丁令便是今日的回族①。異譯稱敕勒，亦作鐵勒，中國人稱為高車。當拓跋魏在塞外時，今熱、察、綏境諸部落，殆悉為所併。只有熱河境內的奚、契丹，未全隨之入中國②。又有一個部落，稱為柔然的，則始終與之為敵。從魏孝文遷都以前，北魏根本之地，實在平城。所以其防禦北族，較侵略中國，更為重要。太武帝之世，曾屢出兵擊破柔然。柔然敗後，逃至漠北，收服鐵勒之眾，其勢復盛。太武帝又出兵征討，把他打敗。這時候，鐵勒之眾，降者甚多。太武帝都把他遷徙到漠南。柔然遂不能與魏抗。這是公元四百二三十年間的事。東西魏分立後，柔然復強。然其勢不能久。至公元五五二年，遂為突厥所破。突厥也是回族，興於金山的。既破柔然之後，又西破嚈噠，盡服西域諸國。其最西的可薩部，直抵亞洲西界，與羅馬為鄰，東方則盡服漠南北諸族。其疆域之廣，遠過漢時的匈奴。

　　然而突厥聲勢雖盛，其組織卻不甚堅凝。各小可汗的勢力，都和大可汗相彷彿。隋文帝於是運用外交手腕，先構其西方的達頭可汗，和其大可汗沙缽略構兵。突厥由是分為東西。後又誘其東方的突利可汗，妻以宗女。其大可汗都藍怒，攻突利。突利逃到中國。隋處之於夏、勝二州之間，賜號曰啟民可汗。都藍死後，啟民因隋援，盡有其眾。於是突厥一時臣服於隋。隋末大亂，華人多往依突厥。突厥復盛。控弦之士至百萬。北邊的群雄，無不稱臣奉貢。便唐高祖初起時，也是如此③。天下定後，還很敷衍他。而突厥貪得無厭，仍歲侵邊，甚至一歲三四入。太宗仍運用外交手腕，離間其突利可汗④。而是時突厥的大可汗頡利政衰，北邊諸部多叛。又連遭荒歉。公元六三〇年，頡利遂為太宗所擒。突厥或走西域，或降薛延陀，而來降的尚十餘萬。太宗初用溫彥博之言，處之河南。後來又徙之河北。這時候，薛延陀繼據漠北。公元六四四年，又為太宗所滅。回紇繼居其地。率先鐵勒諸部，尊中國的天子為天可汗。突厥的遺眾，也曾屢次反叛，然都不成大患。到六八二年，骨咄祿自稱可汗，中國就不能平定。骨咄祿死後，弟默啜繼之。盡復頡利以前舊地，大舉入攻河北，破州縣數十。武后興大兵數十萬禦之而不勝。直到公元七四四年，玄宗才乘其內亂，出兵直抵其庭，把他滅掉。至於西突厥，則是公元六五七年，高宗乘內亂，把他滅掉的。西突厥在當時，本是亞洲西方惟一的大國。西突厥滅亡後，諸國皆震恐來朝，中國所設的都督府州，遂西至波斯。

　　蔥嶺以東，漢時十六國之地，後來互相吞併，其興亡不盡可考。唐時，高昌、焉耆、龜茲、于闐、疏勒較大，太宗於高昌、焉耆、龜茲三國，都用過兵。其餘小國，則皆不煩兵力而服。

　　青海本羌地。晉時，為鮮卑吐谷渾所據。至後藏，則為今藏族興起之地。其族之北據于闐，臣服蔥嶺以西，和波斯兵爭的為嚈噠，為突厥所滅。

而印度阿利安人，又有一支入藏，居於雅魯藏布江流域，是為吐蕃王室之祖。吐蕃至唐時始強。太宗時，因求尚主不得，入寇松州。太宗遣將擊破之。然仍妻以宗女文成公主。公主好佛，是為吐蕃人受佛教感化之始。至今還尊為聖母。棄宗弄贊尚主後，對中國極其恭順。死後，其大臣欽陵、贊婆等專國，才猾起夏來。東滅吐谷渾，西破西域四鎮。高宗、武后時，與之戰爭，屢次失敗。武后時，王孝傑恢復四鎮之地，吐蕃對西域一方面，稍受牽制，而中宗時，又畀以河西九曲之地。由是河洮之間，受禍尤烈。直到玄宗時，才把他恢復過來。

印度和中國，雖久有宗教和商業上的關係，至於國交上的關係，則很少的。唐時，有個和尚，法名喚做玄奘，即是後來被尊為三藏法師的，因求法至印度。這時候，印度烏萇國的尸羅逸多二世在位。遣使入貢。太宗又遣王玄策報使。玄策至其國，適值尸羅逸多薨逝，其臣阿羅那順篡立。發兵拒擊玄策。玄策走吐蕃西鄙，發吐蕃、泥婆羅兩國的兵，把他打敗，擒阿羅那順送闕下。這要算中國對西南，兵威所至最遠的一次了。

東北一帶，雄據遼東的是高句麗。在今熱河境內的是奚、契丹。在松花江流域的，則是靺鞨，中國對東北，國威的漲縮，要看遼東西的充實與否。自漢至晉初，遼東西比較充實。所以高句麗等不能跋扈。慕容氏侵入中國後，遼東空虛，遂至為其所據。遼西亦受侵掠。熱河境內的契丹且不能免，吉林境內的靺鞨，其折而入之，自更不必說了。隋朝東征的失敗，固由煬帝不善用兵，亦由東北空虛，軍行數千里，大敵不能猝克，而中國又不能頓兵與之久持的原故。唐太宗亦蹈其覆轍。六四四年之役，自將而往，未能大克，而損失頗巨。直到高宗時，因其內亂，才子六六三、六六八兩年，先後把百濟和高句麗滅掉。於是分其地置都督府州，而設安東都護府於平壤以統之。中國的疆域，才恢復兩漢時代之舊。然新羅人既陰嗾麗、濟餘眾叛唐，而因之以略唐地。而武后時，契丹反叛，因此牽動了入居營州境內的靺鞨。其酋長大祚榮，逃至吉林境內。武后遣兵追擊，不勝。大氏遂自立為國。盡併今吉、黑兩省，及俄領阿穆爾、東海濱省，暨朝鮮半島北部之地⑤。是為渤海。於是安東都護，內徙遼東，唐朝對東北的威靈，就失墜了。但是新羅、渤海，對中國都尚恭順。其文化，也都是摹仿中國的。而日本，亦於是時，年年遣使通唐，其一切制度，亦皆學自中國。中國對東北的政治勢力，雖不十分充分，其聲教所及，則不可謂之不遠了。

註解

① 此族現在中國人統稱為回，歐洲人則通稱為突厥。見《元史譯文證補》卷二十七中，其實突厥、回紇，都是分部之名，不是全族的總稱。
② 其分支入中國的為宇文氏。
③ 高祖亦嘗稱臣，《唐書》他處皆諱之。惟《突厥傳》載太宗滅頡利時，有"往國家初定，太上皇以百姓故，奉突厥，詭而臣之"之語，微露其消息。
④ 突厥統東方的，均稱突利可汗。
⑤ 渤海五京：上京龍泉府，在今吉林敦化縣附近。中京顯德府，在吉林東南。東京龍原府，在海參崴附近。南京南海府，在朝鮮咸興。西京鴨綠府，在遼寧輯安縣。其都城忽汗城，臨忽汗海，即今吉林鏡泊。

第二十二章 隋唐的對外交通

交通是隨世運而進步的，而世運亦隨交通而進步，二者是互為因果的。兩漢對外的交通，已見第八章。隋、唐時代，國威之盛，不減漢時，而世運又經三百餘年的進步，交通的發達，自更無待於言了。

語云："水性使人通，山性使人塞。"觀於中、歐陸路相接，而其交通之始，反自海道而來，已可知之。魏晉而後，海道的交通，更形發達。據阿剌伯人《古旅行記》，則公元一世紀後半，西亞細亞海船，始達交趾。其時實在後漢的初葉。及中葉，大秦的使節和商人，大概都是由此而來的。至第三世紀中葉，則中國商船，漸次西向，由廣州而達檳榔嶼。第四世紀至錫蘭，第五世紀至亞丁。終至在波斯及美索不達迷亞，獨佔商權。至第七世紀之末，阿剌伯人才代之而興。然則自東晉中葉，至唐武后之時，我國的商權，在亞洲可稱獨步了。

　　還有一驚人之事，則中國在當時，似已與西半球有交通。古書上說東方有個扶桑國，其道里及位置，很難徵實。而《南史・四夷傳》，載公元四九九年，其國有沙門慧深，來至荊州。述其風俗制度，多與中國相似。而貴人稱對盧，與高句麗，同婚姻之先，婿往女家門外作屋，晨夕灑掃，頗似新羅人風俗。然則扶桑似是朝鮮半島的民族，浮海而東的。慧深說其國在大漢東二萬里，而大漢國在文身國東五千餘里，文身國在倭東北七千餘里，核其道里，其當在美洲無疑。所以有人說：扶桑就是現在墨西哥之地。但亦有人說：古書所載道里，多不足據，從種種方面看來，扶桑實是現今的庫頁島。這兩說，我們姑且懸而不斷。但亦還有一個證據，足證中國人之曾至西半球。法顯《佛國記》載其到印度求法之後，自錫蘭東歸，行三日而遇大風，十三日到一島。又九十餘日而至耶婆提。自耶婆提東北行，一月餘，遇黑風暴雨。凡七十餘日，折西北行，十二日而抵長廣郡。近人章炳麟《法顯發見西半球說》，說耶婆提就是南美洲的耶科陀爾，法顯實在是初陷入太平洋中而至此。至此之後，不知地體渾圓，仍向東方求經，又被黑風吹入大西洋中。超過了山東海岸，再折回來的。其計算方向日程，似乎很合。法顯的東歸，在東晉義熙十二年，即公元四一六年。其到美洲，較哥侖布要早一千零七十七年，其環遊地球較麥哲倫要早一千一百零三年了。

　　唐中葉後，阿剌伯海運既興，中國沿海，往來仍極繁盛。據唐李肇《國史補》，則安南、廣州，每年皆有海舶前來，《國史補》所記，多係開元、長慶百餘年間之事。然則八九世紀間，外國海舶，必已來交、廣無疑。所以當八世紀之初，我國在廣州業已設有市舶司。而據《唐書・田神功傳》，則七六〇年，神功兵在揚州大掠，大食、波斯賈胡，死者數千。又八三四年，文宗詔書，曾命嶺南、福建、揚州，存問蕃客，不得加重稅率。則今江蘇、福建之境，也有外國商人蹤跡了。

　　陸路的交通，歷代亦迄未嘗絕。試看南北朝時，幣制紊亂，內地多以穀帛代用，獨嶺南以金銀為市，而河西亦用西域金銀錢，便可知當時對西域貿易之盛。所以隋世設官，陸路有互市監。煬帝招致諸國，來者頗多。當時裴矩曾撰有《西域圖記》，惜乎今已不傳。而史官記錄，亦多無存，以致《隋書》的〈西域傳〉，語焉不詳罷了。隋時通西域的路有三：北道出伊吾，過鐵勒、突厥之地，而至拂菻。中道出蔥嶺，經昭武九姓諸國①而至波斯。南道度蔥嶺至北印度。唐時，陸路交通，益形恢廓，《唐書・地理誌》載賈耽所記入四夷之路，最要者有七：其中第一、第三、第四、第五、第六都是陸路。除第三夏州塞外通大同、雲中道，全在今日邦域之內；第五自安西入西域道，與隋時入西域之路略同外。又有：第（一），營州入安東道。自今熱河境，東經遼東至平壤，南至鴨綠江，北至渤海。第（四），中受降城入回鶻道。自今綏遠境內黃河北岸的中受降城起，渡沙漠，至色楞格河流域。再北逾蒙古和西伯利亞的界山，而至貝加爾湖。東北經呼倫湖，而通興安嶺兩側的室韋。第（六），安南通天竺道。自安南經現今的雲南至永昌。分為南北兩道。均經緬甸境入印度。而安南又別有一路，過佔城真臘而至海口，與第七廣州通海之道接。其第（二）自登州海行入高麗、渤海道，至鴨綠江口，亦分歧為兩：由陸路通渤海、新羅。第（一）道自平壤南至鴨綠江，也是與此道接的。

　　陸路的交通，道路的修治既難，資糧的供給又不易。所以大陸交通的發達，轉在海洋交通之後。唐時，國威遐暢，於這兩點，亦頗費經營。《唐書・回鶻傳》說：太宗時，鐵勒諸部來降，請於回紇、突厥部治大塗，號參天至尊道，於是詔磧南鵬鵜泉之陽，置過郵六十八所，具群馬、湩、肉，以待使客。《吐蕃傳》亦說：當時輪台、伊吾屯田，禾菽相望。雖然為物力所限，此等局面不能持久，然而一時則往來之便，確有可觀。中外文化的能互相接觸，也無怪其然了。

註解

① 昭武九姓，為康、安、曹、石、米、何、史、火尋、戊地九國，皆在蔥嶺以西，今俄屬中亞之地。

第二十三章 隋唐的制度

隋唐的制度，大略是將魏、晉、南北朝的制度，加以整理而成的。但自唐中葉以後，因事實的變遷，而制度亦有改變。

自魏、晉以後，平時不設宰相，而尚書、中書和門下，迭起而操宰相之權。隋改中書為內史。唐初復舊。以三省長官為宰相①。中書取旨，門下封駁，尚書承而行之。其後多不除人，但就他官加一個同平章事，或同中書門下三品的名目。而中書門下之事，實亦合議於政事堂，並非真截然分立的。尚書，歷代都分曹治事。至隋才設六部②，以總諸曹。自唐以後，都沿其制。御史一官，至唐而威權漸重③。所屬有三院：台院，侍御史屬焉。殿院，殿中御史屬焉。監院，監察御史屬焉。御史彈劾，本來只據風聞。唐貞觀中，才於台中置東西二獄。自此御史台漸受辭訟，侵及司法的權限。專制之世，君主威權無限。和君主接近的人，便為權之所在。而君主又每好於正式機關之外，另行委任接近之人。唐朝的學士，本只是個文學侍從之官，翰林尤其是雜流待詔之所④，並不是學士。但是後來，漸有以學士而居翰林中的。初代中書舍人掌文誥。後來就竟代宰相，參與密謀。這也和魏晉以後的中書門下如出一轍。外官則因東晉以來，州的區域縮小，至隋世，遂併州郡為一級。唐代因之，而於其上更置"監司之官"。這頗能回復漢代的舊規。但中葉以後，節度握權，諸使名目盡為所兼，而支郡亦受其壓制，盡失其職，不復能與朝廷直接。名為兩級，實在仍是三級制了。

兩漢行今文經說，只有一大學。晉武帝時，古文經之說既行，才別設國子學。自此歷代或國子、大學並置，或但設國子學。至隋，國子始自為一監，不隸太常。唐有國子學、太學、四門學、律學、書學、算學六學，都隸國子監。但其學生，多以皇親、皇太后親、皇后親和大臣子弟，分佔其額，不盡是平民進的⑤。從東漢以後，學校已不是學問的重心，只是進取之階，選舉上之一途而已。

選舉制度，隋唐時有一大變遷。隋煬帝始設進士科，而其制不詳。唐時則設科甚多，其常行的為明經、進士兩科。明經試帖經、墨義⑥，進士試詩賦。一則但責記誦，失之固陋。一又專務辭藻，失之浮華。然所考試的東西，雖不足取，而以考試之法論，則確是選舉制度的一大進步。原來隋唐時的科舉，原即兩漢以來的郡國選舉。前此無正式考試之法，則舉者不免徇私。士有才德而官不之舉，亦屬無可如何。唐制，則士可投牒自列，州縣就加考試，送至京師，而試之於禮部。則舉否之權，不全操於州縣長官，而毫無應試本領的人，也就不敢濫竽充數了。此外唐朝還有一種標明科目，令臣下薦舉的，謂之制科。是所以待非常之才的。

其選官，則文選屬於吏部，武選屬於兵部。吏部於六品以下的官，都始集而“試”，觀其書判。已試而“銓”，察其身言。已銓而“註”，乃詢其便利而“擬”。唐初銓選，仍有衡鑒人才之意。裴光庭始創循資格，以限年躡級為事，又專以資格用人了。漢世郡縣之佐，都由其長官自辟。所辟的大都是本地人。歷代都沿其制。隋文帝才盡廢之，別置品官，悉由吏部除授。這兩事，都是防弊之意多，求才之意少。然而仕宦既成為利祿之途，其勢亦不得不如此。

兵制：隋、唐兩朝，都是沿襲後周的。而唐朝的府兵，制度尤為詳備。其制：全國設折衝府六百三十四，而在關內的二百六十一。每府各置折衝都尉，而以左右果毅都尉為之副。上府千二百人，中府千人，下府八百。諸府皆分隸於衛。平時耕以自養。戰時召集。臨時命將統率。師還，則將上所佩印，兵各歸其府。頗得兵農合一之意。但是練兵是所以對外的。承平無事之時，當然不免廢弛。所以高宗、武后之世，其法業已漸壞，至於不能給宿衛。宰相張說，乃請代以募兵，謂之彍騎。如此，邊庭上的兵，自然也不能仰給於府兵，而不免別有所謂藩鎮之兵了。唐初戍邊的兵，大者稱軍，小者或稱守提，或稱城，或稱鎮，都有使而總之以道。道有大總管。後來改稱大都督。高宗以後，都督帶使持節的，則謂之節度使。玄宗時，於沿邊設十節度經略使。其兵多強。而內地守備空虛，遂釀成安史之亂。安史亂後，則藩鎮遍於內地。到底不可收拾，而釀成五代的分裂了。

隋、唐的法律，大體也不過沿襲前朝。而刑罰種類等級，則至隋時又一進步。自漢文帝除肉刑而代以髡笞。髡法過輕,而略無懲創。笞法過重,而至於死亡。後乃去笞而獨用髡。減死罪一等,即止於髡鉗,進髡鉗一等,即入於死罪。輕重失宜,莫此為甚。從隋唐以後,才制笞、杖、徒、流、死五刑。其中又各分等級⑦。自此以後,刑罰輕重得宜,前此復肉刑的議論,就無人提起了。又隋以前的法律,只有刑法,到唐朝,則又有所謂《六典》。此書是仿照《周禮》,以六部為大綱而編纂的。一切國家大政,都具其中,儼然是一部完備的行政法典。後來明清的《會典》,都是淵源於此的⑧。

註解

① 中書令,侍中,尚書令。太宗曾做過尚書令。後來臣下莫敢當,乃廢之,而以左右僕射為長官。
② 吏、戶、禮、兵、刑、工。
③ 以大夫為長官。
④ 如醫卜、繪畫、奕棋等技術之上。
⑤ 國子學和太學裏,都沒有平民。
⑥ 帖經、墨義的格式,見《文獻通考》卷二十九卷三十。其意,則帖經乃責人熟誦經文,墨義則責人熟誦疏註。
⑦ 笞刑五等:自十至五十。杖刑五等:自六十至一百。徒刑五等:自一年至三年,每等加半年,流刑三等:二十里,二千五百里,三千里。死刑二等:絞、斬。
⑧ 行政法典,各國都沒有完整的,只有中國,《周官經》一書,便有此意,至唐《六典》而規模大具。見日本織田萬《清國行政法》第一編第一章第二節。

第二十四章 隋唐的學術和文藝

隋、唐承南北朝之後,在思想界、佛學的發達,可謂臻於極盛。這個留待下章再講。而儒家的辟佛,亦起於此時。首創其說者為韓愈。宋人辟佛的,頗樂道其說。經學:自魏、晉以後,兩漢專門的授受,漸次失傳,於是有義疏之學。在南北朝時，頗為發達。然其說甚繁雜，於是又有官纂的動機，其事至唐代而告成。便是太宗敕修，至高宗時再加訂定而頒行的《五經正義》。唐人經學本不盛，治經的大多數是為應明經舉起見。既有官頒之本，其他遂置諸不問了，於是義疏之學亦衰。惟啖助、趙匡的治《春秋》，於《三傳》都不相信，而自以其意求之於經文，則實為宋人經學的先聲。

自漢以後，作史的最重表誌紀傳和編年兩體，已見第九章。而表誌紀傳一體，尤為側重。又新朝對於舊朝，往往搜集其史料，勒成一書，亦若成為通例。唐朝自亦不能外此。惟前此作史的，大抵是私家之業，即或奉詔編撰，亦必其人是素來有志於此，或從事於此的。唐時所修晉、宋、齊、梁、陳、魏、周、齊之史，都係合眾撰成。自此以後，"集眾纂修"，遂沿為成例。舊時論史學的，都說眾纂之書，不如獨撰。在精神方面，固然如此，然後世史料日繁，搜集編排，都非私人之力所及，亦是不得不然的。又眾纂之書，亦自有其好處。因為從前的正史，包蘊宏富，一人於各種學問，不能兼通，非合眾力不可。《晉書》的紀傳，雖無足觀，而其誌則甚為史學家所稱許，即其明證。唐代的史學，還有可特別紀述的。其（一）專講典章經制的①，前此沒有，至唐而有杜佑的《通典》。其（二）前此注意於史法的很少，至唐而有劉知幾的《史通》。

與其說隋、唐是學術思想發達的時代，不如說隋、唐是文藝發達的時代。散文和韻文，在其時都有很大的變化。從齊梁以後，文字日趨於綺靡，以致不能達意，已見第十七章。在此種情勢之下，欲謀改革，有三條路可走：其（一）是廢棄文言，專用白話。唐代禪家的語錄，以及民間通行的通俗小說，就是從此路進行的。此法在從前尚文之世，不免嫌其鄙陋。而且同舊日的文章，驟然相隔太遠，其勢亦覺不便。所以不能專行。其（二）則以古文之不浮靡者為法。如後周時代，詔令奏議，都摹擬三代是。此法專模仿古人的形式，實亦不能達意，而優孟衣冠，更覺可笑。所以亦不可行。第（三）條路，則是用古人作文的義法，來運用今人的語言。如此，既不病其鄙陋，而又便於達意。文學的改革，到此就可算成功了。唐時，韓愈、柳宗元等人所走的，就是這一條路。此項運動，可說起於南北朝的末年，經過隋代，至唐而告成功的。此項新文體雖興，但舊時通行的文體，仍不能廢。中國文字，自此就顯分駢散兩途了。後人以此等文體，與魏晉以來對舉，則謂之散文。做這一派文字的人，自謂取法於古，則又自稱為古文。

韻文之體，總是隨音樂而變化的。漢代的樂府，從東晉以後，音節又漸漸失傳了。隋唐音樂，分為三種：一為雅樂，就是所謂古樂。僅用之於朝廟典禮。一為清樂，就是漢代的樂府，和長江流域的歌詞，存於南朝的，隋平陳之後，立清商署以總之。其中在唐代仍可歌唱的，只有絕句。只有外國輸入的燕樂，流行極盛。依其調而製作，則為詞，遂於韻文中別闢新體。但是唐代最發達的，不是詞而是詩。詩是漢朝以來，久已成為吟誦之物。大抵韻文的起源，必由於口中自然的歌調——歌謠。而其體制的恢廓，辭藻的富麗，則必待文人為之，而後能發揮盡致。在唐代，正是這個時候了。其時除五言古詩，沿襲前人體制外，自漢以來的樂府，則又變化而成歌行。自齊、梁以來，漸漸發生的律體，亦至此而告大成②。這是體制的變化，其內容：則前此的詩，都是注重於比興。唐人則兼長敘事。其中最有力的人物，就是杜甫。他所做的詩，能把當時政治上的事實和社會上的情形，一一寫出，所以後人稱為詩史。其後韓愈、元稹、白居易等，也是很長於敘事的。唐詩，舊說有初、盛、中、晚之分，雖沒有截然的區別，也可代表其變化的大概。大抵初唐渾融，盛唐博大，中唐清俊，晚唐稍流於纖巧，然亦是各有特色的。宋朝人的詩，非不清新，然而比之唐人，就覺其傖父氣了。

書法，唐人擅長的也很多。大抵承兩晉、南北朝之流，而在畫學上，則唐代頗有新開創。古代繪畫，最重人物。別的東西，都不過人物的佈景。後來分歧發達，才各自成為一科。而山水一科，尤為畫家才力所萃。唐時王維和李思訓，號稱南北兩派之祖。南派神韻高超，北派鈎勒深顯。宋元明清的畫家，都不能出其範圍。其擅長人物的，如吳道子等，亦盛為後世所推重。又有楊惠之，善於塑像。最近，在江蘇吳縣、昆山間的甪直鎮，曾發現其作品。現已由當地鄭重保存了。

註解

① 馬端臨《文獻通考序》說："《詩》、《書》、《春秋》之後，惟太史公號稱良史，作為紀、傳、書、表。紀傳，以述理亂興衰，八書以述典章經制。"這兩種現象，是中國史學家所最注重的。

② 唐有五言律詩、七言律詩及五七排律各體。

第二十五章　佛教的分宗和新教的輸入

中國的文明，在各方面都頗充實的，惟在宗教方面，則頗為空虛。此由中國人注重於實際的問題，而不甚措意於玄想之故。信教既不甚篤，則凡無害於秩序和善良風俗的，都可以聽其流行。所以在政治上、社會上，都沒有排斥異教的傾向。而各種宗教，在中國都有推行的機會。

其中最發達的，自然要推佛教。佛教初輸入時，大約都是小乘。公元四〇一年，鳩摩羅什入長安，大乘經論才次第流傳，佛教遂放萬丈的光焰。

佛教中典籍甚多。大概分之，則佛所說為經；其所定僧、尼、居士等當守的戒條為律；菩薩所說為論。佛教中亦分派別，是之謂宗。各宗各有其所主的經、論。雖然殊途同歸，而亦各有其獨到之處。自晉至唐，佛教的分宗，凡得十餘，其中發揮哲理最透澈的，要推華嚴、法相、天台三宗，是為教下三家。禪宗不立文字，直指心源，謂之教外別傳。淨土一宗，弘揚唸佛，普接利鈍，在社會上流行最廣。

中國的佛教，有一特色，便是大乘的發達。大乘是佛滅後六百年，才興於印度的。其時已在漢世。至唐中葉，而婆羅門教復興。佛教在印度，日漸衰頹，所以大乘在印度的盛行，不過六七百年之譜。其餘諸國，不能接受大乘教義，更不必論了。獨在中國，則隋唐之間，小乘幾於絕跡，而且諸宗遠祖，雖在印度，其發揮精透，則實在我國，華嚴和禪宗皆然。天台宗則本為智者大師所獨創，這又可見我國民採取融化他國文化的能力了。

佛教而外，外國宗教輸入的，還有幾種：

一為祆教（Mezdeisme）。即火教，亦稱胡天。此教為波斯的國教。係蘇魯支（Zoroaster）所創。立善惡二元，以光明代表淨和善，黑暗代表穢和惡。所以崇拜火和太陽。南北朝時，其教漸傳至葱嶺以東。因而流入中國。北朝的君主，頗有崇信他的。唐時，大食盛強。波斯和中亞細亞都為所佔。祆教徒頗遭虐待，多移徙而東，其流行中國亦漸盛。

二為摩尼教（Manicheisme）。此教原出火教。為巴比倫人摩尼（Mani）所創。事在公元二二四年，亦為波斯所尊信。六九四年，波斯拂多誕，始持經典來朝。七一九年，吐火羅國又獻解天文人大慕闍。據近來的考究，都是摩尼教中人。七三二年，玄宗詔加禁斷。然回紇人信奉其教。安史亂後，回紇人在中國得勢。摩尼教復隨之而入，傳佈及於江淮。文宗時，回紇為黠戛斯所破。武宗乃於八四五年，更加禁止。武宗這一次所禁，是並及於佛教的。但是佛教在中國，根柢深厚，所以宣宗即位之後，禁令旋即取消。摩尼教卻不能復舊了。然南宋時，其教仍未盡絕。其人自稱為明教。教外之人，則謂之吃菜事魔。其教徒不肉食，崇尚節儉，又必互相輔助，所以致富的頗多。

三為景教。是基督教中乃司脫利安（Nestorius）一派。因為創立新說，為同教所不容，謫居於小亞細亞。波斯人頗信從他。漸次流行於中亞細亞。公元六三八年，波斯阿羅本（Olopen）齎其經典來長安。太宗許其建立波斯寺。七四五年，玄宗因波斯已為伊斯蘭教徒所據，而景教原出大秦，乃改波斯寺為大秦寺。七八一年，寺僧景淨，建立《大秦景教流行中國碑》，於明末出土。於基督教初入中國的情形，頗足以資考證。

四為伊斯蘭教（Islam）。此教今日通稱為回教，乃因回紇人信奉之而然，其實非其本名。此教當唐末，才流行到天山南路。其時適回紇為黠戛斯所破，遁逃至此，漸次信從其教。至元時，西域和天山南路的回族，多入中國，其教遂隨之而流行。然其初來，則實從海道。何喬遠《閩書》卷七，述其歷史，謂嗎喊叭德①門徒，有大賢四人。唐武德中來朝，遂傳教中國。一在廣州，一在揚州，其二在泉州云云。其說雖不盡足據。然回教的初至，當隨大食人從海道而來，則似無疑義了。

第二十六章 中外文化的接觸

　　文化兩字，尋常人對於他，往往有一種誤解，以為是甚麼崇高美妙的東西。其實文化只是生活的方式。各國民所處的境界不同，其生活方式，自然不同，文化也因之有異了。人類是富於模仿性的，見他人的事物和自己不同，自會從而仿效。而彼此的文化，遂可以互相灌輸。

　　中國是文明古國，尤其在東洋，是獨一無二的文明之國，其文化能夠裨益他人的自然很多，然而他人能裨益我的地方，亦復不少。

　　在東方，朝鮮半島的北部，本來是中國的郡縣，後來雖離我而獨立，可是其民族，久經我國的教導啟發。所以高句麗、百濟，在四夷之中，要算和我最為相像，簡直可說是我國文化的分支。而此文化，復經半島而輸入日本。日本初知中國文字，由百濟博士王仁所傳，其知有蠶織，則由歸化人弓月君所傳。這兩人，據說都是中國人之後①，這大約是東晉時代的事。至南北朝時，日本也自通中國，求縫工、織工。隋時，其使小野妹子，始帶着留學生來。唐時，其國歷朝都遣使通唐，帶來的留學生尤多。歸國後，大革政治，一切都取法於我。從此以後，日本遂亦進為文明之國。朝鮮是我的高第弟子，日本都是我的再傳弟子了。

　　其在南方，則後印度半島的一部分，自唐以前，亦是我國的郡縣。所以華化亦以此為根據，而輸入南洋一帶。其中如瀾滄江下流的扶南，其知着衣服，實由我國使者的教導。又如馬來半島的盤盤、投和，其設官的制度，頗和中國相像。大約是效法交州諸郡縣的②。後印度半島，其文化以得諸印度者為多，然而傳諸我國者，亦不是沒有了。

西南方及西方，有自古開化的印度和西亞及歐洲諸國，和東南兩方榛榛狉狉的不同。所以在文化方面，頗能彼此互有裨益。其裨益於我最大的，自然要推印度。佛教不必說了。我國人知有字母之法，亦是梵僧傳來的。此外建築，則因佛教的輸入，而有寺塔。南北朝、隋、唐，崇宏壯麗的建築不少。繪畫則因佛教的輸入，而有佛畫。雕刻之藝，亦因之而進步。其中最偉大的，如北魏文成帝時的武州石窟，及宣武帝時的伊闕佛像，當時雖稍勞費，至今仍為偉觀。在日常生活上，則木棉的種植和棉布的織造，雖不知道究竟從哪一方面輸入，然而世界各國的植棉，印度要算很早。我國即非直接從印度輸入，亦必間接從印度輸入的。而蔗糖的製法，亦係唐太宗時，取之於印度的摩揭陀國。西域文化，影響於我最大的，要算音樂。自南北朝時開始流行，至隋時分樂為雅、俗二部。俗部中又分九部，其中除清樂、文康，為中國舊樂，及高麗之樂，來自東方外，其餘六部，都出自西域③。唐太宗平高昌，又益之以高昌樂，共為十部。自古相傳的百戲，亦雜有西域的成分。其中最著稱的，如胡旋女、潑寒胡等都是④。西域各國輸入的異物，大抵僅足以廣見聞，無裨實用。惟琉璃一物，於我國的工業，頗有關係。此物夙為我國所珍貴。北魏太武帝時⑤，大月氏商人，來到中國，自言能造。於是採礦山中，令其製造。《北史》說：“自此琉璃價賤，中土不復珍之。”可見所造不少。其後不知如何，其法又失傳，隋時，又嘗招致其人於廣東，意圖仿造，結果未能成功。然因此採取其法而施之於陶器，而唐以後的磁器，遂大放其光焰。這可稱所求在此，其效在彼了。西方人得之於我的，則最大的為蠶織。此物在西方，本來最為貴重。羅馬時代，謂與黃金同重同價，安息所以要阻礙中國、羅馬，不便交通，就在獨佔絲市之利，而羅馬所以拼命要通中國，也是如此。直至公元五五〇年，才由波斯人將蠶種攜歸君士坦丁。歐洲人自此，始漸知蠶織之事。

北俗最稱獷悍，而其生活程度亦最低，似無能裨益於我。然而我國的日常生活，亦有因之而改變的。我國古代的衣服，本是上衣而下裳。深衣則連衣裳而一之。腳上所着的，則是革或麻、絲所製的履或草屨。坐則都是席地。魏晉以後，禮服改用袍衫，便服則尚裙襦。要沒有短衣而着袴的。靴則更無其物。雖亦漸坐於牀，然仍是跪坐。而隋唐以後，袴褶之服，通行漸廣。着靴的亦日多。這實是從胡服而漸變。坐則多據胡牀，亦和前此的牀榻不同了。這是說北族的文化，被我來取的。至於我國的文化，影響於北族，那更指不勝屈。凡歷史所謂去腥羶之習、襲上國之法，無一不是棄其舊俗而自同於我的。如渤海便是一個最好的例證。其事既多，自無從一一列舉了。

註解

① 據彼國史籍，謂王仁為漢高祖之後，弓月君為秦始皇長子扶蘇之後。
② 《唐書‧南蠻傳》。盤盤在外的官稱都延，猶中國刺史也。投和，官有朝請、將軍、功曹、主簿、贊理、贊府，分州郡縣三等。州有參軍，郡有金威將軍，縣有城，有局，長官得選僚屬自助。
③ 西涼、龜茲、天竺、康國、疏勒、安國。
④ 胡旋女，白居易《新樂府》中有一首詠之。潑寒胡，見《唐書‧武平一傳》。
⑤ 公元四二四至四五一年。

第二十七章 唐中葉以後的政局

　　軍人跋扈，是紊亂政治的根本，而亦是引起外患的原因。唐中葉後，卻內外俱坐此弊。

　　其原因，起於武力的偏重。唐自府兵制壞，而玄宗置十節度、經略使以備邊。於是邊兵重而內地的守備空虛，遂成尾大不掉之勢。其時，東北和西北兩邊，兵力尤重。而安祿山又以一胡人而兼范陽、平盧兩鎮，遂有潛謀不軌之心。玄宗在位歲久，倦於政事。初用李林甫為相，任其蔽聰塞明。繼又因寵楊貴妃之故，而用楊國忠。國忠是和祿山不合的，又以事激之使反。公元七五五年，祿山遂反於范陽。祿山既反，不一月而河北皆陷。

進陷河南，遂入潼關。玄宗奔蜀。至馬嵬，兵變，迫玄宗殺貴妃和國忠。而父老都請留太子討賊。玄宗許之。太子即位於靈武，是為肅宗。祿山本一軍人，並無大略。其部下尤多粗才。既入長安，日惟置酒高會，貪求子女玉帛，更無進取之意。所以玄宗得以從容入蜀，而肅宗西北行，亦無追迫之患。祿山旋又為其子慶緒所殺，賊將多不聽命令，其勢益衰。於是朔方節度使郭子儀，以兵至行在。先出兵平河東，次借用回紇和西域的兵，收復兩京。遂合九節度的兵，圍安慶緒於鄴。其時官軍不置統帥，號令不一，軍心懈怠。而賊將史思明，既降復叛。自范陽發兵南下。官軍大敗。思明殺安慶緒，復陷東京。旋進陷河陽、懷州。唐命李光弼統兵，與之相持。思明旋亦為其子朝義所殺。七六二年，肅宗崩，代宗立。朝義誘回紇入寇。代宗命蕃將僕固懷恩，往見其可汗，與之約和。即借其兵以討朝義。才算把他打平。然而唐室自此就不能復振了。其原因：

（一）回紇自此大為驕橫。又吐蕃乘隙，盡陷河西、隴右。自玄宗時，南詔併六詔為一，後亦叛中國，與吐蕃合。邊患日棘。

（二）史朝義敗亡時，僕固懷恩實為大將。懷恩意欲養寇自重，賊將投降的，都不肯徹底解決，而就授以官。於是昭義、成德、天雄、盧龍、平盧諸鎮，各據土地，擅賦稅，擁兵自固。唐朝一方面，亦藩鎮遍於內地，跋扈不聽命令的很多，甚至有與安、史遺孽互相影響的。

然而根本的大患，還不在此。從來遭值艱難之會，最緊要的是中樞。中樞果能振作，不論如何難局，總可設法收拾的。而唐自中葉以後，其君又溺於宦侍。肅宗既信任李輔國、代宗又信任程元振。遂至吐蕃的兵，打入京城。代宗逃到陝州。洮西的神策軍，自安史亂後，駐紮於此。吐蕃兵退後，宦官魚朝恩，即以這一枝兵，護衛代宗回京城。於是神策軍漸與禁軍齒①，變成天子的親兵了。

代宗死後，德宗繼立。頗思振作。其時昭義已為天雄所併，盧龍對朝廷亦恭順，而成德、天雄、平盧，聯兵拒命，山南東道亦叛。德宗命神策及河東兵與盧龍合攻三鎮，淮西兵討平山南。而盧龍及淮西復叛，發涇原兵東討。過京師，以不得賞賜，作亂。奉朱泚為主。德宗奔奉天。為泚所圍攻。賴渾城力戰，又得河中節度使李懷光入援，圍乃解。懷光惡宰相盧杞，欲面陳其奸，為杞所阻，又反。德宗再奔梁州。於時叛者四起，而朝廷的兵力、財力，都很薄弱。不得已，乃聽陸贄的話，赦其餘諸人的罪，專討朱泚。幸賴李晟忠勇，得以收復京城。又得馬燧，打平河中。然而其餘諸鎮，就只好置諸不問了。而德宗回鑾以後，鑒於人心的反覆，遂至文武朝臣，一概不信，而專信宦官。命其主管神策軍。而神策軍的餉賜，又最優厚，諸軍多自願隸屬。其數遂驟增至十五萬。宦官得此憑藉，遂起而干涉朝政。唐朝的中央政府，就更無振作之望了。

德宗崩後，子順宗立。順宗為太子時，即深惡宦官。及即位，用東宮舊臣王叔文等，要想除去宦官。而所謀不成，順宗以疾傳位於憲宗，叔文等多貶謫而死。憲宗任用裴度，討平淮西、河北三鎮，亦都聽命，實為唐事一大轉機。憲宗被弒。穆宗即位。因宰相措置失宜，三鎮復叛。用兵不克。只得赦其罪而罷兵。自此河北三鎮，終唐之世，不能復取了。穆宗之後，傳敬宗以至文宗。初用宋申錫為相，繼又不次擢用李訓、鄭注，謀誅宦官，都不克。甘露之變以後②，帝遂為宦官所制，抑鬱而崩。武宗立，頗英武，能任用李德裕，討平劉稹之叛。宣宗立，政治亦頗清明，人稱為小太宗。當德宗時，西川節度使韋皋，招徠南詔，與之共破吐蕃。文宗時，回紇為黠戛斯所破。宣宗時，吐蕃內亂，中國遂乘機收復河湟之地。天寶以後的外患，至此亦算解除。然而自憲宗以後，無一君非宦官所立，中央的政治，因此總不能清明；而外重之勢，亦無術挽回，總不過苟安罷了。宣宗之後，懿宗、僖宗兩代，又均荒淫。僖宗年幼，尤敬信宦官田令孜。一切都聽他主持。流寇之禍又起，到底藉外力打平，唐室就不能支持了。

沙陀是西突厥別部③。西突厥亡後，依北庭都護府以居。後引吐蕃陷北庭。又為吐蕃所疑，乃舉部歸中國。中國人處之河東。簡其精銳的為沙陀軍。懿宗時，徐、泗兵戌桂州的作亂，北還。靠着沙陀兵打平。於是其酋長朱邪赤心，賜姓名為李國昌，用為大同節度使。後又移鎮振武。國昌的兒子克用，叛據大同。為幽州兵所破。父子俱奔韃靼。八七五年，黃巢作亂。自河南經山南，沿江東下，入浙東，經福建，至嶺南，再北出，渡江，陷東都，入潼關。田令孜挾僖宗走蜀。諸方鎮多坐視不肯出兵。討賊的兵，亦不肯力戰。不得已，赦李克用的罪，召他回來。李克用帶着沙陀、韃靼萬餘人而南。居然把黃巢打平。然而沙陀之勢，就不可復制了。

　　黃巢亂後，唐室的威靈，全然失墜。沙陀雄據河東。黃巢的降將朱全忠據宣武。韓建、王行瑜、李茂貞等，又跋扈關內。僖宗崩後，昭宗繼立。百計以圖挽回，終於無效。朝廷每受關內諸鎮的脅迫，多藉河東以解圍。自黃巢亡後，其黨秦宗權復熾。橫行河南。此時朱全忠的情勢，甚為危險。而全忠居圍城之中，勇氣彌厲。到底乘宗權兵勢之衰，把他滅掉。又吞併山東和淮北，服河北三鎮，併河中，降義武。取澤、潞及邢、洺、磁。連年攻逼太原，於是河東兵勢亦弱，惟全忠獨強。昭宗和宰相崔胤謀誅宦官。宦官挾李茂貞以自重。崔胤召朱全忠的兵。宦官遂劫帝如鳳翔。全忠進兵圍之。茂貞不能抗，奉昭宗如全忠營。於是大誅宦官。而昭宗亦被全忠劫遷於洛陽。旋弒之而立昭宣帝。九〇七年，唐遂為梁所篡。

　　這時候，除河東以外，又有吳、吳越、楚、閩、南漢、前蜀六國，遂入於五代十國之世。

① 唐初從征之兵，事定之後，無家可歸者，給以渭北閑田，仍充天子禁衛，子孫世襲其業。
② 時鴆殺宦官王守澄。鄭注先出守鳳翔，謀選精兵入京，送王守澄葬，乘勢誅滅宦官。未及期，李訓等先發。詐稱左金吾殿後有甘露降，派宦官去看，想趁此把他們殺掉。誰知事機洩漏，中尉仇士良、魚弘志就劫文宗入宮，以神策軍作亂。殺李訓及宰相王涯、賈餗。鄭注亦為鳳翔監軍所殺。
③ 其部落本名處月。其酋長姓朱邪，即處月異譯。處月依北庭都護府以居。其地在金安山（今名金山）之陽，蒲類海（今巴里坤湖）之陰，有大磧名沙陀，中國人稱為沙陀突厥，又簡稱沙陀。

第二十八章　隋唐的社會

從南北朝到隋唐，是由戰亂而入於昇平的。隋文帝本是個恭儉之主。在位時，國富之盛，甲於古今。雖然中經煬帝的擾亂，然而不久，天下即復見清平。唐太宗尤為三代以下令主。貞觀、永徽之治，連續至三十年。亦和漢代的文、景，相差不遠①。以理度之，天下該復見昇平的氣象了。果然，《唐書·食貨誌》說太宗之治，"行千里者不齎糧，斷死刑歲僅三十九人。"這話雖或言之過甚，然而當時，海內有富庶安樂的氣象，大約不是虛誣的。然而這亦不過總計一國的財富有所增加，無衣無食的人或者減少些，至於貧富的不均，有資本的人，對於窮人的剝削，則還是依然如故。所以一方號為富庶，一方面，自晉以來，一貫的平均地權的政策，不但不能因承平日久而推行盡利，反因其有名無實而並其法亦不能維持了。

晉朝的戶調式、北魏的均田令、唐朝的租庸調法，三者是相一貫的，而唐制尤為完備。其制：丁男年十八以上，授田一頃。老及篤、廢疾四十畝。寡妻妾三十畝——當戶的加二十畝——都以二十畝為世業，餘為口分。田多可以足其人的為寬鄉，不足的為狹鄉。狹鄉授田，減寬鄉之半。鄉有餘田，是要以給比鄉的。州縣亦然。庶人徙鄉和貧無以葬的，得賣世業田。其自狹鄉徙寬鄉的，得並賣口分田。這大約是獎勵其遷徙，即以賣田所得，作為遷徙的補助費的意思。其取之之法：則歲輸粟二石為租。用人之力，歲二十日，閏加二日，不役的每日折輸絹三尺，為庸。隨鄉所出，輸絲、綿、麻或其織品為調。此等制度果能盡力推行，亦足使農人都有田可種，而且無甚貧甚富之差。然而政治上有名無實的措施，敵不過社會上自古相沿的習慣。所以民間的兼併如故。而史稱開元之世，其兼併，且過於漢代成、哀之時。授田之法，既已有名無實，卻因此又生一弊。漢代的田租，所稅的是田、口賦，所稅的是人，二者本釐然各別。自戶調法行，各戶既有相等之田，自然該出相等之稅，兩者遂合為戶賦。授田之法既廢，田之有無多寡，仍不相等，而仍按其丁中，責以輸相同之賦，就不免有田者無稅，無田者有稅，田多者稅少，田少者稅多了。於是人民不逃之宦、學、釋、老，即自託於客戶。版籍混淆，而國家的收入，亦因之而大減。唐玄宗時，宇文融曾請括籍外羨田，以給逃戶，行之未有成效。七八〇年，德宗的宰相楊炎，才定兩稅之法。不再分別主客戶，但就其現居之地為簿，按其產業的多少以定稅。於是負擔的重輕和貧富相合；而逃稅的人，亦多變而要輸稅。財政上的收入，自然可以增加。然而制民之產之意，則蕩焉以盡了。從晉武平吳創戶調式至此，為時恰五百年。

要解決民生問題，平均地權和節制資本，二者必須並行。節制資本，一則宜將事業之大者，收歸官營。一則要有良好的稅法。官營事業，在從前疏闊的政治之下，不易實行。至於稅法，則從前的人，泥於古制，以為只有田租口賦是正當的收入②。於是各種雜稅，非到不得已時，不肯收取。一遇承平，就仍舊把他罷免。隋文帝得位之後，即將鹽池、鹽井、酒坊、入市之稅，概行罷免，即其一例。唐中葉以後，雖亦有鹽茶等稅，然皆因財政竭蹶而然，節制資本之意，絲毫無有，所以資本反而更形跋扈。即如兩稅以資產為宗，不以身丁為本，似得平均負擔之意。然而估計資產，其事甚難。所以當時陸贄就說：有"藏於襟懷囊篋物，貴而人莫窺"的；有"場圃困倉，值輕而眾以為富"的；有"流通蓄息之貨，數寡而日收其贏"的；有"廬舍器用，價高而終歲寡利"的。"計估算緡，失平長偽。"須知社會的情形複雜了，賦稅便應從多方面徵收，尤應捨直接而取間接。而當時的人，只知道以人為主，而估計其家貲，自然難於得實了。而從此以後，役法亦計算丁貲兩者而定，貽害尤烈，詳見三十一和三十六章。

要社會百業安定，必須物價常保其平衡。《管子‧輕重》諸篇，所說的就是這個道理③。後世市場廣大，而國家的資力有限，要想控制百物的價格，自然是辦不到的。只有食糧，因其與民生關係最大，所以歷代政府，總還想控制其價格。其辦法，便是漢朝耿壽昌所倡的常平倉。穀賤時增價而糶，穀貴時減價而糶。既可以平市價，而其本身仍有微贏，則其事業可以持久。這原是個好法子。但亦因市場廣而資本微之故，不能左右物價。即使當糧食騰貴之時，能將他稍稍壓平，其惠亦僅及於城市中人，大多數的農民，實在得不到救濟。所以隋朝的長孫平又創義倉之法。以社為範圍，收穫之日，勸課人民，量出粟麥，即在當社，設倉貯蓄。遇有歉歲，則以充賑濟。此法令人民以互助為自助，亦是很好的法子。惜乎其法僅限於凶荒時的賑濟，則用之有所不盡。後來並有移之於州縣的，那更全失其本意了。

社會的階級制度，當隋、唐之世，亦是一個轉變的時代。六朝時門閥之盛，已見第十八章。隋、唐時，表面上雖尚保持其盛況，然而暗中已潛起遷移。原來所謂門閥，雖不以當時的官位為條件。然而高官厚祿，究是維持其地位的重要條件。魏晉以後，門閥之家，所以能常居高位，實緣九品中正之制，為之維持之故。隋時，把此制廢了，又盡廢鄉官。於是要做官的人，在本鄉便無甚根據，而不得不求之於外。門閥之家，在選舉上佔優勢，原因其在鄉里有勢力之故。離開了鄉里，就和"白屋之子"無甚不同。而科舉之制，又使白屋之子，可以平步而至公卿。於是所謂閥閱之家，除掉因相沿的習慣而受社會的尊敬外，其他便一無所有。此種情勢終難持久，是不待言而可知的。所以一到五代，就要"取士不問家世，婚姻不問閥閱"了。這固然有階級平夷之美，然而舉士本於鄉里，多少要顧到一點清議。清議固然不能改變人的心術，卻多少能檢束其行為。所以無恥之事，即在好利干進之徒，亦有所憚而不敢出。至於離開了鄉里，就未免肆無忌憚。就有蹇驢破帽，奔走於王公大人之門的。所謂氣節，遂蕩焉以盡。藩鎮擅土，士亦爭樂為之用。其結果，自然有像馮道般的長樂老出來了。宋代士大夫的提倡氣節，就是晚唐、五代的一個反動。

註解

① 六二七至六五五。漢文、景二帝在位的年代，是前一七七至前一四一。
② "縣官當衣食租稅而已"，漢汲黯語，所以反對桑弘羊所興各種雜稅的。見《漢書・食貨誌》。晉初定律，凡非常行之事，而一時未能罷免者，都別定為令，不屬入律文之中，以便將來廢止時，法律可以不受影響。當時酒酤亦定為令，亦是此等思想的表現。
③ 漢桑弘羊的行均輸，亦以平均物價為藉口，即係根據這一派學說的。看《鹽鐵論》可知。

第二十九章 五代的混亂

五代時的國，原不過唐朝藩鎮的變形。這許多武人，雖然據土自專，其實並無經營天下的大志，不過驕奢淫佚而已。所以除中原之地戰爭較烈外，其餘列國之間兵事頗少。

本族紛爭不已，必然要引起外患，這是最可痛心的事。當唐之末年，梁之形勢，本已獨強，所以能篡唐而自立。然而梁太祖死後，末帝懦弱。而晉則李克用死後，子存勗繼立，年少勇於攻戰。於是形勢驟變。河北三鎮和義武都入於晉。梁人屢次攻戰，都不得利，只得決河以自守。李存勗自稱皇帝，建國號為唐。是為後唐莊宗。九二三年，莊宗破梁兵於鄆州。乘梁重兵都在河外，進兵直襲大梁。末帝自殺。梁亡，後唐遷都洛陽。

後唐莊宗，本是個驕淫的異族。雖然略有獷悍之氣，卻並不懂得甚麼叫政治的。所以滅梁之後，立刻驕侈起來。寵信伶人宦官，政治大壞。九二五年，命宰相郭崇韜，傅其幼子魏王繼岌伐蜀，把前蜀滅掉。而皇后劉氏，聽信宦官的話，自為教與繼岌，令其把郭崇韜殺掉。於是中外震駭，訛言四起。魏博的兵，乘機據鄴都作亂。莊宗命李克用的養子李嗣源去打他。嗣源手下的兵也變了，劫嗣源以入於鄴。嗣源以計誑叛人得出。又聽其女婿石敬瑭的話，回兵造反。莊宗為伶人所弒。嗣源即位，是為明宗。明宗在五代諸君中，要算比較安靜的。在位八年，以九三三年死。養子從厚立，是為閔帝。時明宗養子從珂鎮鳳翔，石敬瑭鎮河東，閔帝想把他兩調動，從珂便舉兵反。閔帝派出去的兵，都倒戈投降。閔帝出奔，被殺。從珂立，是為廢帝。又要調動石敬瑭。敬瑭又造反。就把契丹的兵引進來了。

廢帝鑒於閔帝的兵的倒戈，所以豫儲着一個不倒戈的將，那便是張敬達。於是發兵，把晉陽困起來。石敬瑭急了，乃以割讓燕雲十六州為條件，求救於契丹。劉知遠勸他：「契丹只須餌以金帛，便肯入援，不必要這麼優厚的條件。」而石敬瑭急何能擇，不聽。於是契丹太宗發大兵入援。打破張敬達的兵，挾着石敬瑭南下。廢帝自焚死。敬瑭受冊於契丹，國號為晉，是為晉高祖。稱臣於契丹。沙陀雖是異族，業已歸化中國。他自己並無根據地，遲早要同化於中國的。李克用等雖是異族的酋長，一方面亦可算作中國的軍人。梁、唐的興亡，也可算是中國軍人的自相陵挃，其性質還不十分嚴重。至於契丹，則係以另一國家的資格侵入的，其性質，就非沙陀之比了。以地理形勢論：中國的北部，本該守陰山和黃河。守現在的長城，已非上策。自燕、雲割後，不但宣、大全失，山西方面，只有雁門內險可守；河北方面，則舉居庸等險而棄之，遂至專恃塘濼之類，以限戎馬。宋朝所以不敢和契丹開釁，最大的原因，實緣河北方面，地利全失之故。燕、雲不能恢復，女真之禍，自然接踵而來了。所以十六州的割棄，實在是中國最大的創傷。然而外有強敵，而內爭不已，其勢必至於此而後止。

晉高祖的稱臣於遼，臣下心多不服。高祖知國力不足與遼敵，唱高調的人，平時唱着高調，臨事未必肯負責任，甚且有口唱高調，實懷通敵之心的。所以始終不肯上當。對遼總是小心翼翼，不失臣禮。九四二年，高祖死了。兄子重貴立，是為出帝。聽信侍衛景延廣的話，罷對遼稱臣之禮。遼人來詰問，景延廣又把話得罪他。兩國的兵端遂啟。國與國的競爭，不但在兵力，而亦在綱紀。綱紀整飭，即使兵力不足，總還可以支持。綱紀蕩然，那就無從說起了。晉遼啟釁之後，遼兵連年入寇，晉兵從事防禦，勝負亦還相當。然而國力疲敝，調兵運餉，弄得騷然不寧，本已有岌岌可危之勢。加以假藉外力，晉祖既開其端，安能禁人之效尤。於是有替契丹力戰的趙延壽，又有舉兵以降敵的杜重威。九四六年，遼人遂入大梁，執出帝而去。明年，遼太宗入大梁。

遼太宗是個粗才，不懂得治理中國的——假使這時，來的是太祖，汴梁的能否恢復，就成為問題了——於是遣打草穀軍，四出鈔掠。又遣使諸道，搜括財帛。多用其子弟親信為刺史。一班漢奸，因而依附着他，擾害平民，弄得群盜四起。太宗無可如何，反說：「我不料中國人難治如此。」乃棄大梁北歸。行至灤城而死。劉知遠先已自立於太原，及是，發兵入大梁，是為後漢高祖。

後漢高祖，也是沙陀人，入汴後兩年而死。子隱帝立。三年而為郭威所篡，中原之地，自後唐人據以來，至此始復脫沙陀的羈軛，而戴漢人為主。後漢高祖之弟旻，稱帝於太原，稱侄於遼，受其封冊，是為北漢。

後周高祖篡漢後，三年而殂。養子世宗立。世宗性英武，即位之初，北漢乘喪，合遼兵來伐，世宗自將，大敗之於高平。當時天子的衛兵，實即唐朝藩鎮之兵的變相，自唐中葉以後，地擅於將，將擅於兵，已成習慣。小不如意或有野心之家餌以重利，便可殺其將而另戴一人。此時的藩鎮，看似生殺自由，實則不勝其苦。五代時的君主，所以事勢一有動搖，立刻勢成孤立，亦由於此。而且累朝不加簡閱，全是老弱充數，所以賣主則有餘，禦敵則不足，這要算是五代時最根本的大患了。世宗自高平回來，深知其弊。於是大加裁汰，又命諸州招募壯勇，送至闕下。擇其尤者，為殿前諸軍。又裁冗費，修政事，於是國富兵強。這時候，南唐、後蜀，都想勾結契丹，以圖中原。世宗乃先出兵伐後蜀，取其階、成、秦三州。次伐南唐，盡取江北之地，南唐稱臣奉貢。九五九年，世宗遂自將伐遼。時值遼穆宗在位，沉湎於酒，國勢中衰。世宗恢復瀛、莫、易三州，直趨幽州，恢復亦在旦夕。惜乎天不假年，世宗因患病回軍，不久就死了。子恭帝立，還只七歲。當時兵力，最強的是殿前軍，而趙匡胤是殿前軍的都點檢。當主少國疑之日，自不免有人生心，於是訛言契丹入寇，匡胤帶兵去防他。至陳橋驛，兵變，擁匡胤回汴京，廢恭帝而自立，是為宋太祖。當時偏方諸國，本都微弱不振，而中原經周世宗的整頓，業已富強，加以宋太祖的英明，因而用之，而統一的機運就到了。

第三十章　宋的統一及其初年的政治

於此，得將十國的情形，略一敘述。當唐末，割據的有兩種人。其一是藩鎮。如：

【吳】楊行密，本是唐朝的廬州刺史。八八六年，乘淮南的擾亂，進據廣陵。後來秦宗權的將孫儒來攻，行密被他打敗，逃回廬州，又逃到宣州，仍被孫儒圍起，後乘儒軍大疫，把他滅掉。還據廣陵，盡併淮南之地。

【吳越】錢鏐，是唐朝的杭州刺史。平越州董昌之亂，保據兩浙。時在八九六年。

【南漢】劉隱，以九〇五年，做唐朝的嶺南節度使。死後，其弟岩繼之。保據嶺南。

【前蜀】王建，是神策軍將。田令孜的養子。隨令孜入蜀，為利州刺史。時令孜以其弟陳敬瑄為西川節度使。王建和他翻臉。八九三年，把成都攻破。八九七年，又攻併東川。

其二是流寇。

【楚】孫儒死後，其將劉建鋒、馬殷等，逃據湖南。八九五年，建鋒為其下所殺，推殷為主。

【閩】王潮，河南固始人。壽州人王緒造反，攻破固始，用潮為軍正。緒因避秦宗權，渡江而南，直流入福建。後為其下所殺，推潮為主，八九三年。佔據福州，潮死後，弟審知繼之。

諸國之中，吳的地勢和中原最為接近。行密子渥，又盡併江西，地亦最大①。九三七年，吳為李昇所篡，改國號為唐，是為南唐。傳子璟，乘閩、楚的內亂，把他滅掉②。遂有覬覦中原之意。前蜀亡後，後唐以孟知祥為西川節度使。知祥攻併東川。於九三三年自立。傳子昶，昏愚狂妄，亦想結契丹以圖中原。所以周世宗對於這兩國，要加以膺懲。湖南自楚亡後，南唐在實際上並未能有其地。其明年，即為辰州刺史劉言所據。自此王逵、周行逢，相繼有其地。都居朗州。受署於後周。荊、歸、峽三州之地，九〇五年，梁太祖以其將高保融為節度使。從後唐以來，自立為一國，是為南平。宋初諸國皆僅自守，惟北漢倚恃遼援與周本係世仇。至宋初，關係亦未能改善。其情勢如此。

宋太祖的政策和周世宗不同。周世宗是想先恢復燕雲的，宋太祖則主張先平定中國。這不但避免與遼啟釁，亦且西北一帶，自五代以來，中國對他的實力，不甚充足。存一北漢，雖然是個敵國，卻可替中國屏蔽兩面，所以姑置為緩圖。九六二年，周行逢卒，子保權幼。潭州將張文表意圖吞併朗州。保權來求救，宋太祖出兵，先因假道，襲滅南平。文表已為朗州兵所擊破，宋兵卻前進不已。到底將朗州打破，執保權以歸。諸國最昏亂的是後蜀，最淫虐的是南漢。宋於九六五、九七一兩年，先後把他滅掉。南唐是事中國最謹的，亦以征其入朝不至為名，於九七五年，把他滅掉。如此，吳越知道不能自立了。滅南唐之歲，太祖崩，太宗立。九七八年，吳越遂納土歸降。其明年，太宗自將伐北漢。先是宋亦屢次伐他，其意只在示威，使之不敢南犯，這一次，則決意要滅掉他。於是先分兵絕遼援兵。北漢遂出降。自朱全忠篡唐自立至此，凡七十三年。

五代時偏方諸國，既不大，又不強，撲滅他們，原不算得甚麼事。但是從唐中葉以來，所以召亂而致分裂之源，則不可不把他除掉。所以召亂而致分裂之源是甚麼呢？一是禁軍的驕橫，一是藩鎮的跋扈。禁軍雖經周世宗的整頓，究竟結習未除。宋太祖便是因此而得大位的。此弊不除，肘腋之間，就不能保其無變，還說得上甚麼長治久安之計？所以宋太祖先於杯酒之間，諷示典宿衛之將石守信等，令其自請解去兵權。至於藩鎮，唐時業已跋扈不堪，五代時更不必說了。宋太祖乃用漸進的手段。凡藩鎮出闕的，逐漸代以文臣。屬於節度使的支郡，都令直達中央。各州官出闕，都令京朝官出知，以重其體，又特設通判，以分其權。

中央的大權旁落，總是由於兵權和財權的旁落。宋太祖有鑒於此，所以特設轉運使於各路，以收財賦之權。諸州的兵，強的都升為禁軍，直隸三衙③。弱的才留在本州，謂之廂軍。不甚教閱，名為兵，其實不過給役而已。如此一來，前此兵驕和外重之患，就都除掉了。然而天下事有利必有弊。宋朝的政策，是聚天下強悍不軌之人以為兵，而聚天下之財於中央以養之。到後來，養兵未得其用，而財政卻因之而竭蹶，就成為積弱之勢了。又歷代的宰相，於事都無所不統。宋朝則中書治民，三司理財，樞密主兵，各不相知，而言路之權又特重。這原是因大權都集於中央，以此防內重之弊的。立法之初，亦可謂具有深意。然而宰相既無大權，而舉動又多掣肘，欲圖改革，其事就甚難了。這就是後來王安石等所以不能有所成就，而反致釀成黨爭的原因。

註解

① 楊渥時，兵權為牙將張顥、徐溫所奪。溫又殺顥，白居升州（今首都），留子知訓在江都輔政。為他將所殺。養子知誥，討定其亂。代知訓輔政。徐溫死後，大權盡歸於知誥。遂篡吳自立。復姓李，更名昇。

② 閩亡於九四五年。楚亡於九五一年。

③ 殿前司及侍衛馬步軍司。

第三十一章 變法和黨爭

　　宋遼的競爭，開始於九七九年。太宗既滅北漢，即舉兵以攻幽州。大敗於高梁河。九八五年，太宗聽邊將的話，命曹彬、田重進、潘美等分道伐遼，又不利。自此以後，宋就常立於防禦的地位。一〇〇四年，遼聖宗自將入寇，至澶州。是時太宗已崩，真宗在位。宰相寇準，力勸帝親征。真宗車駕渡河，乃以歲幣銀十萬兩，絹二十萬匹成和議。遼主以兄禮事帝。一〇四二年，遼興宗又遣使來求關南之地①。宋仁宗使富弼報之。又增歲幣銀、絹各十萬兩、匹。當仁宗時，夏元昊造反。宋人屯大兵於陝西，屢戰不勝。一〇四三年，亦以銀、絹共二十五萬五千成和議，謂之歲賜。

　　對外的不競如此，內之則養兵之多，至一百十六萬，財政為之困敝，而仍不可以一戰。宋代的財政和前代不同。前代開國之時，大抵取於民者甚輕，所以後來還有搜括的餘地。宋朝則因養兵之故，唐中葉後所興鹽茶等稅，都沒有除掉。就是藩鎮的苛稅，雖說是削平之時，都經停罷，實亦去之未盡。所以人民的負擔，在承平之時，業已不勝其重了。

　　內治則從澶淵和議成後，宋真宗忽而託言有天書下降。於是封泰山，祀汾陰，齋醮宮觀之事紛起，財用始患不足。而政治亦日益因循。真宗之後，仁宗繼之。在位最久，號為仁君，然而姑息彌甚。仁宗之後，英宗繼之，則在位不過四年而已，未能有所作為。當仁宗時，范仲淹為相，曾有意於改革。然未久，即不安其位而去。至一〇六八年，神宗即位，用王安石為宰相，力行新法，而政治的情勢始一變。

王安石的新法，範圍所涉甚廣。然舉其最重要的，亦不過下列三端：

其 (一) 青苗、免役之法，是所以救濟農民的。宋承唐、五代之後，版籍之法既壞，又武人擅土，暴政亟行，其時的農民，很為困苦。而自兩稅法行之後，估計丁、貲之數，以定戶等，而簽差以充役。役事重難，有破產不能給的。人民因此，至於不敢多種田，父子兄弟，不敢同居，甚至有自殺以免子孫之役的，其慘苦不可勝言。王安石乃立青苗之法，將各處常平、廣惠倉的畜積，當農時借與人民，及秋，隨賦稅交納。取息二分，謂之青苗錢。又立免役之法，令本來應役之戶出免役錢，不役之戶出助役錢，以其錢僱人充役，免卻簽差。

其 (二) 裁兵、置將及保甲，是所以整頓軍政的。宋朝既集兵權於中央，沿邊須戍守之處，都由中央派兵前往，按時更調，謂之番戍。其意原欲令士卒習勞，不至於驕惰。然而不悉地形，又和當地的百姓不習熟，不能得其助力，往往至於敗北。卻因此多添出一筆“衣糧”之費，財政更受其弊。安石先將兵額大行裁減。置將統兵，分駐各地，以革番戍之弊。安石之意，以為根本之計，是要行民兵的。於是立保甲之法。令人民以五家為一保，五十家為一大保，五百家為一都保。保有保長，大保有大保長，都保有都保正、副。戶有二丁的，以其一為保丁。初令保丁每日輪派五人，警備盜賊。後來教保長以武藝，令其轉教保丁。募兵闕，則收其餉，以充民兵教閱之費。

其 (三) 改革學校、貢舉之法，是所以培養人才的。自魏、晉以後，學校久已有名無實，不過是進取之一途而已。科舉則進士、明經，所學都失之無用。王安石是主張行學校養士之法的。於是於太學立三舍。初入學的居外舍，以次升入內舍、上舍。上舍生得免禮部試，授之以官。又立律學、武學及醫學。於科舉，則因自唐以來，俗重進士而輕諸科。乃罷諸科，獨存進士。改試經義、論、策。其所謂經義，則改墨義為大義。又立新科明法，以待士之不能改業的。

王安石所行的新法，以這幾件為最有關係。此外尚有農田水利、方田均税等②。變法之初，特設制置三司條例司，以規劃財政。安石對於理財，最為注意。當其時，一歲的用度，都編有定式。經其整頓之後，中央和各州的財政，都有贏餘。宋初官制，最為特別。治事都以差遣，官不過用以定祿、秩而已。神宗才革新官制。一切以唐代為法。遂罷三司，還其職於戶部。樞密僅主兵謀，所管兵政，亦還之兵部。新設的機關，亦都廢罷。

　　王安石的新法，範圍既廣，流弊自然不能沒有的。特如青苗，以多散為功，遂不免於抑配。抑配之後，有不能償還的，又不免於追呼，甚或勒令鄰保均賠。保甲則教閱徒有其名，而教閱的人，反因此而索詐。都是顯而易見的。然而宋朝當日，既處於不能不改革之勢，則應大家平心靜氣，求其是而去其弊。而宋朝人的風氣，喜持苟論，又好為名高。又因諫官權重，朋黨之風，由來已久。至此，反對新法的人，遂紛紛而起。反對無效，則相率引去。安石為相，前後凡七年。終神宗之世，守其法不變。一○八五年，神宗崩，哲宗立。年幼，太皇太后高氏臨朝。以司馬光、呂公著為宰相。新法遂盡廢。安石之黨，多遭斥逐。當時朝臣都奉太皇太后為主，於哲宗的意思，不甚承順。哲宗懷恨在心。太皇太后崩後，遂相章惇，復行新法，謂之"紹述"。舊黨亦多遭斥逐。一一○○年，哲宗崩，徽宗立。太后向氏權同聽政。頗進用舊黨，欲以消弭黨見，而卒無成效。徽宗親政後，亦傾向新黨，復行新法。然用一反復無常的蔡京。徽宗性本奢侈，蔡京則從各方面，搜括錢財，去供給他。於是政治大壞，北宋就迫於末運了。

註解

① 瓦橋關，在雄州，周世宗復瀛、莫二州，與契丹以此關為界。

② 方田為一種丈量法。以東西南北各千步之地為一方。方之角，立木為標幟。丈量之後，面積既定，參以地味，以定賦稅。此法在神宗時行之未廣。後來徽宗時復推行之，然都有名無實。

第三十二章 遼夏金的興起

文化是逐漸擴大的。中國近塞諸民族，往往其初極為野蠻，經過若干年之後，忽嶄然露頭角。其政治兵力和社會的開化，都有可觀。這並非其部落中一二偉人所能為，而實在是其部落逐漸進化的結果。遼、夏、金的興起，都是此例。

現在的熱河，自秦、漢至唐，本係中國的郡縣。不過地處邊陲，多有異族雜居罷了。雜居在這區域中的異族，主要的是鮮卑。當兩晉時，鮮卑部落紛紛侵入內地，獨有所謂奚、契丹的，仍居住於西遼河上游流域，沒有移動①。南北朝時，契丹曾為柔然及高句麗所破。隋時，休養生息，漸復其舊。唐武后時，其酋長李盡忠造反，又遭破壞。於是其酋長大賀氏亡，遙輦氏起而代之。然亦積弱不振。到唐末，而其部落中有一偉人出，是為契丹太祖耶律阿保機。契丹舊分八部，部各有一大人。嘗公推一大人司旗鼓。"及其歲久，或國有疾疫而畜牧衰"，則公議，更立其次。太祖始併八部為一。遂於九一六年，代遙輦氏，為契丹的君長②。這時候，北方適無強部。於是太祖東征西討，東北滅渤海，服室韋。西北服黠戛斯。西征回鶻，至於河西。其疆域，東至海，西接流河，北至臚朐河，南與中國接壤，儼然北方一大國了。

太祖初與李克用約為兄弟，後又背之，通好於梁，所以李克用很恨他。後唐之世，契丹和中國交兵。其時後唐兵力尚強，契丹不得逞。然而後唐的幽州守將周德威恃勇，棄渝關不守，平州遂為契丹所陷。至於營州，則唐朝設立都督府，本所以管理奚、契丹的。此時契丹盛強，唐室的威靈，久已失墜，其為所佔據，更不待言了。太祖死於九二六年，次子太宗立。越十年，而石晉來求援，安坐而得燕雲十六州。兩河之地，遂為契丹所控制。

太宗是個粗才，所以入中國而不能有。先是太祖的長子名倍，通詩書，善繪畫，又工醫藥等雜技，是個濡染中國文化極深的人。而太祖的皇后述律氏，不喜歡他。平渤海之後，封為東丹王，命其鎮守東垂，東丹王浮海奔後唐。廢帝敗亡時，先殺之而後死。太宗死後，述律后又要立其第三子李胡。李胡暴虐，國人不附。於是契丹人就軍中擁立東丹王的兒子，是為世宗。李胡發兵拒敵，給世宗打敗。世宗在位僅四年。死後，太宗的兒子穆宗繼立。沉湎於酒，不恤國事。中國當此時，很有恢復燕、雲的機會，惜乎周世宗早死，以致大功不成。九六九年，穆宗被弒，世宗之子景宗立。在位十四年。子聖宗繼之。聖宗年幼，太后蕭氏同聽政。聖宗時，為遼的全盛時代。澶淵之盟，即成於此時。一〇三一年，聖宗死，子興宗立。年少氣盛，於是有派人到中國來求割關南之舉。中國遣富弼報使，反覆爭辯，才算把求地之議打銷。此次所增歲幣，中國和契丹，爭論納、貢兩個字。《宋史》上說係用納字，《遼史》上則說用貢字的，未知孰是。然而即使用納字，也體面得有限了。興宗時，算是契丹蒙業而安的時代。一〇五五年，興宗死，子道宗立。任用佞臣耶律乙辛，政治始壞。一一〇一年，道宗死，孫天祚帝立。荒於遊畋，於國事簡直置諸不管。而東北方的女真，適於此時興起，遼人就大禍臨頭了。

　　西夏是党項部落。唐太宗時，歸化中國。其酋長姓拓跋氏③。後裔思敬，以討黃巢功，賜姓李。為定難節度使。世有夏、銀、綏、宥、靜五州。傳八世，至繼捧，以宋太宗時來降。盡獻其地。而其族弟繼遷叛去。九八五年，繼遷襲據銀州。明年，降於遼。一〇〇二年，又襲據靈州。明年，為蕃族潘羅支所殺。子德明立。三十年未曾窺邊。然以其間西征回鶻，取河西，地益大，一〇三二年，德明子元昊立。立二年，遂反。至一〇四三年才成和。元昊定官制；造文字；設立蕃、漢兩學；區劃郡縣；分配屯兵。其立國的規模，亦頗有可觀。

　　金室之先，是隋、唐時的黑水靺鞨④。渤海盛時，靺鞨都役屬於他。渤海亡後，改稱女真。在混同江以南的，繫遼籍，謂之熟女真。以北的不繫籍，謂之生女真。金朝王室的始祖，是高麗人。名函普。入居生女真的完顏部。勸解部人和他部的爭鬥。娶其六十未嫁之女。遂為完顏部人。生女真程度本來很低，函普以高麗的文化教導之，才漸次開化。函普的曾孫獻祖，徙居安出虎水，始築室，知樹藝。其子昭祖，漸以條教，統轄諸部。

昭祖耀武，至於青嶺、白山，入於蘇濱、耶懶之地。至其子景祖，則統門、五國諸部，亦來聽命。女真民族，漸有統一之望了。景祖始受遼命，為生女真部族節度使。其三子世祖、肅宗、穆宗，相繼襲職。以至於世祖之子太祖，遂有叛遼之舉。

女真人雖甚野蠻，然自渤海立國以來，業已一度的開化。更加以高麗人的啟發，遂漸起其民族自負之心。當這時候，女真人的強悍，非遼人所能敵，女真人亦自知之。特苦於部族眾多，勢分而弱，不足以與遼敵。從景祖以來，諸部漸次統一，而金朝人的慾望，亦漸次加大。剛又遇着天祚帝的荒淫，年年遣使到海上去求海東青，騷擾無所不至，為諸部族所同怨。金太祖遂利用之以叛遼。金太祖的叛遼，事在一一一四年。兵一舉而咸州、寧江州、黃龍府，次第陷落。天祚帝本是個不懂事的，得女真叛信，立刻自將大兵去征討。兵未全到，聞後方有人叛亂，又忽遽西還。其兵遂為金人所襲敗。東京亦陷落。天祚帝忽又把金事置諸度外，恣意遊畋。而遣使與金議和。遷延不就。至一一二一年，金太祖再進兵，遂陷遼上京。旋遼將耶律余睹來降。金人用為嚮導，中京、西京，又次第陷落。南京擁立秦晉國王淳⑤，亦不能自立。而宋人夾攻之兵又起。

註解

① 奚在土護真河流域，就是現在的英金河。契丹在潢河、土河流域。潢河是現在的西剌木倫。土河是現在的老哈河。
②《五代史》只說契丹八部，共推一大人為主。《遼史》則大賀氏、遙輦氏相承為酋長，並非由八部公推。《唐書》亦同。大約契丹自有酋長，而實權則在八部大人。
③ 大約是鮮卑人，在黨項中做酋長的。
④ 黑水，今松花江。此江上源稱粟末水，會嫩江東折後稱黑水。
⑤ 興宗次子耶魯斡之子。

第三十三章 宋和遼夏的關係

宋自仁宗以前和遼、夏的關係，已見第三十一章。神宗時，對遼還保守和平，對夏則又開兵釁。夏元昊死於一〇五一年，子諒祚立。十六年而死。子秉常立，年方三歲。是年，宋鄜州將种諤襲取綏州。明年，為神宗元年，夏人請還前此所取塞門、安遠兩寨。以換取綏州。神宗許了他。而夏人並無誠意。於是改築綏州，賜名綏德。又進築了許多寨。夏人遂舉兵來犯。神宗用韓絳、种諤，以經營西邊，迄不得利。而開熙河之議起。熙河是現在甘肅南部之地。唐中葉後，為吐蕃所陷。後來雖經收回，而蕃族留居其地的很多。大的數千家，小的數十百家為一族。其初頗能助中國以禦西夏，後來亦不免有折而入之的。神宗時，王韶上平戎之策。說欲取西夏，必先復河湟。王安石主其議，用為洮河安撫使。王韶就把熙、河等州，先後恢復，建為一路。時在一〇七三年。其後八年，有人說秉常為其母所囚。神宗乃發兵五路，直趨靈州。未能達到。明年，給事中徐禧城永樂，又為夏人所敗。這兩役，中國喪失頗多。一〇八六年，為哲宗的元年。是歲，秉常死，子乾順立。來歸永樂之俘。當時執政的人，不主張用兵，就還以神宗時所得的四個寨。而夏人侵寇仍不絕。於是諸路同時拓地進築。夏人國小，不能支持，乃介遼人以乞和。一〇九九年，和議成。自此終北宋之世，無甚兵釁。

天下事最壞的是想僥倖。宋朝累代，武功雖無足稱，以兵力論，並不算薄。然而對遼終未敢輕於啟釁。實以遼為大國，自揣兵雖多而戰鬥力實不足恃之故。徽宗時，民窮財盡，海內騷然。當時東南有方臘之亂。雖幸而打平，然而民心的思亂，兵備的廢弛，則已可概見了。乃不知警惕，反想藉金人的力量，以恢復燕雲，這真可謂之"多見其不知量"了。宋朝的交通金人，起於一一一八年。所求的，為石晉時陷入契丹故地。金太祖答以兩國夾攻，所得之地即有之。一一二二年，童貫進兵攻遼，大敗。是歲，遼秦晉國王淳死。遼人立天祚帝次子秦王定。尊淳母蕭氏為太后，同聽政。

遼將郭藥師來降。童貫乘機再遣兵進攻，又敗。貫大懼，遣使求助於金。於是金太祖從居庸關而入，攻破燕京。遼太后和秦王都逃掉。明年，而金太祖死，弟太宗立。是時，遼天祚帝尚展轉西北。傳言夏人將遣兵迎致。金人分兵經略。夏人亦稱藩於金。至一一二五年，而天祚帝卒為金人所獲。遼朝就此滅亡。宋朝去了一個和好百餘年的契丹，而換了一個銳氣方新的女真做鄰國了。

以契丹的泱泱大風，而其滅亡如此之速，讀史的人，都覺得有點奇怪。然而這亦並無足異。原來契丹的建國，係合三種分子而成：即（一）部族，（二）屬國，（三）漢人州縣。（二）、（三）的關係，本不密切。便（一）也是易於土崩瓦解的。國民沒有甚麼堅凝的團結力，僅恃一個中心人物，為之統馭；這個中心人物而一旦喪失，就失其結合之具；一遇外力，立即分崩離析，向來的北族，本是如此的，契丹也不過其中之一罷了。

當金人初起兵時，其意至多想脫離遼人的羈絆，而自立一國。說這時候，就有滅遼的思想，是決無此理的。遼人的滅亡，全是自己的崩潰。在金人，只可謂遭值天倖。然而雖有如此幸運，而滅遼之後，全遼的土地，都要經營，也覺力小而任重，有些消化不掉了。所以燕雲的攻克，都出金人之力，而仍肯以之還宋。但是金人此時，亦已有些漢人和契丹人，代他謀劃了。所以其交涉，亦不十分易與，當時金人提出的條件是：燕京之得，全出金人之力，所以應將租稅還給金人。營、平、灤三州，都非石晉所割，所以不能還宋。交涉久之，乃以宋歲輸金銀、絹各二十萬兩、匹，別輸燕京代稅錢一百萬緡的條件成和。於是燕雲之地，金人都次第來歸。平心而論，以這區區的代價，而收回燕雲十六州，如何不算是得計？然而營、平、灤三州的不復，卻不但金甌有缺，而且是種下一個禍根。這不得不怪交涉的人的粗心，初提條件時，連這一點都不曾想到了。於是金人以平州為南京，命遼降將張覺守之。金人這時候，所有餘的是土地，所不足的是人民。尤其是文明國民，若把他遷徙得去，既可免土滿之患，又可得師資之益，真是一舉兩得。於是還宋燕京之時，把人民都遷徙而去，只剩得一個空城。宋人固然無可如何。而被遷徙的人民，顛沛流離，不勝其苦。路過平州，乃勸張覺據城降宋。張覺本是個反復無常的人，就聽了他們的話。而宋朝人亦就受了他。等到金人來攻，張覺不能守，逃到燕山①。金人來質問，宋人又把張覺殺掉，函首以畀金。徒然使降將離心，而仍無補於金人的不滿。一一二五年，金人遂分兩道入寇。

註解

① 宋得幽州之後，建為燕山府。

第三十四章 宋和金的關係

當時的宋朝，萬無能抵敵金人之理。於是宗望自平州，宗翰自雲州，兩道俱下。宗翰之兵，為太原張存純所扼。而宗望陷燕山，渡黃河，直迫汴京。徽宗聞信，先已傳位於欽宗，逃到揚州。金兵既至，李綱主張堅守。宋人又不能始終信用。宋朝的民兵，本來有名無實。募兵當王安石時，業已裁減。蔡京為相，又利用其闕額，封樁其餉，以備上供。這時候，不但有兵而不可用，亦幾於無可用的兵。到底陝西是多兵之地，种師道、姚古，又算那方面的世代將家，先後舉兵入援。然亦不能抵抗。不得已，乃以割太原、中山、河間三鎮；宋主尊金主為伯父；宋輸金金五百萬、銀五千萬兩，牛馬萬頭，表緞百萬匹；以親王宰相為質的條件成和。旋括京城內金二十萬兩，銀四十萬兩，交給金兵。金兵才退去。這是一一二六年的事。此時宗翰還頓兵太原，聽得這個消息，也差人來求賂。宋人說既已講和，如何又來需索？不給。宗翰大怒。分兵攻破威勝軍、隆德府。宋人以為背盟，遂詔三鎮固守。又把金朝派來的使臣蕭仲恭捉起來。這蕭仲恭，是遼之國戚。急了，要想脫身之計。乃假說自己亦故國之思，能替宋朝招降耶律余睹。宋朝人信了他，給以蠟書。仲恭到燕山，便把蠟書獻給宗望。於是宗望、宗翰，再分兵南下。此時太原已陷，兩路兵都會於汴京。京城不守，一一二七年，徽、欽二宗及后妃、太子、宗室諸王等，遂一齊北狩。金人立張邦昌為楚帝。

此時只有哲宗的廢后孟氏，因在母家，未被擄去。兵退之後，張邦昌乃讓位，請他出來垂簾，立高宗為皇帝。即位於歸德。

高宗初即位時，用李綱為相，命宗澤留守汴京。二人都是主張恢復的。然而當時北方的情勢，實在不易支持。於是罷李綱，而用汪伯彥、黃潛善。高宗南走揚州。這時候，宋使王師正請和於金，又暗中招諭漢人和契丹人，為金人所發覺。於是宗望、宗翰，會師濮州。遣兵南下。高宗逃到杭州。金人焚揚州而去。這是一一二九年的事。未幾，金宗弼又率兵渡江。陷建康，自獨松關入，陷杭州，高宗先已逃到明州。金兵進逼，又逃入海。金人以舟師入海追之三百里，不及，乃還。宗弼聚其擄掠所得，自平江北還。韓世忠邀擊之於江中。相持凡四十八日，宗弼乃得渡。自此以後，金人以"士馬疲敝，糧儲未豐"，不再渡江，宋人乃得偏安江南。然而東南雖可偷安，西北又告緊急。當宗翰與宗望會師時，曾遣婁室分兵入陝西。宋人則以張俊為京湖川陝宣撫使。俊以金兵聚於淮上，出兵以圖牽制。而宗弼渡江之後，亦到陝西參戰。兩軍會戰於富平，宋兵大敗。陝西之地多陷。幸而張俊能任趙開以理財，又有吳玠、吳璘、劉子羽等名將，主持軍事，總算把四川保全。

這時候，宋人群盜滿山。自一一二九年之後，金人不復南侵，乃得以其時平定內亂。而金人亦疲敝已極。於是立宋朝的叛臣劉豫於汴京，國號為齊，畀以河南、陝西之地。想藉為緩衝，略得休息。而劉豫又起了野心，想要吞併江南。屢次借兵於金以入寇。又多敗衄。至一一三七年，遂為金人所廢。先兩年，金太宗死了，熙宗繼立。撻懶專權用事。當金人立張邦昌時，秦檜為御史大夫，上狀於金人，請立趙氏之後。為金人所執。金太宗以賜撻懶。後來乘機逃歸。倡言要"南人歸南，北人歸北"，天下才得太平。高宗用為宰相。至此，遣使於金，請將河南陝西之地相還。撻懶答應了。一一三八年，遂以其地來歸。明年，撻懶以謀反伏誅。宗弼入政府。金朝的政局一變。和議遂廢。宗弼和婁室，再分攻河南、陝西。此時宋朝的兵力，已較前此略強。而宗弼頗有輕敵之意。前鋒至順昌，為劉錡所敗。岳飛亦自荊襄出兵，敗金人於郾城。吳璘亦出兵收復陝西州郡。而秦檜主和議，召諸師班師。一一六〇年，以下列的條件成和：東以淮水，西以大散關為界。宋稱臣於金，宋歲輸金銀、絹各二十五萬兩、匹。

宋南渡以後之兵，以韓、岳、張、劉為大。四人在歷史上，都號稱名將，而且都是我國民族的英雄。可惜劉光世死後，其兵忽然叛降偽齊，留下韓世忠、岳飛、張俊之兵，號為三宣撫司。秦檜與金言和，乃召三人論功，名義上雖各授以樞府，而實際上則罷其兵柄。未幾，岳飛被害，韓世忠騎驢湖上，亦做了個閑散的軍官了。於是諸軍雖仍駐紮於外，而改號為某州駐紮御前諸軍，直隸中央，各設總領，以司其餉項。

和議成後八年，金熙宗被弒，海陵庶人立。先遷都於燕，後又遷都於汴。一一六〇年，發大兵六十萬入寇。才到采石，東京業已擁立世宗。海陵想盡驅其兵渡江，然後北還。倉猝間，為虞允文所敗。改趨揚州，為其下所弒。金兵遂自行撤退。一一六二年，高宗傳位於孝宗。孝宗是有志於恢復的。任張浚為兩淮宣撫使。張浚使李顯忠等北伐，大潰於符離。一一六五年，和議復成。宋主稱金主為伯父。歲幣銀、絹各減五萬。地界則如前。

金世宗時，是金朝的全盛時代。當海陵時，因其大營宮室，專事征伐，弄得境內群盜蜂起，世宗為圖鎮壓起見，乃將猛安、謀克戶①移入中原，奪民地以給之。於是女真人的村落，到處散佈，中國人要圖反抗更加不容易了。然而金朝的衰弱，亦起於此時，諸猛安、謀克人，都惟酒是務，"有一家百口，壠無一苗"的。既失其強悍之風，而又不能從事於生產，女真人就日趨沒落了，然而還非宋人所能侮。

宋孝宗亦以生時傳位於光宗，光宗后李氏，與孝宗不睦；光宗又有疾，因此定省之禮多闕。群臣以為好題目，群起諫諍。人心因之頗為恐慌。一一九四年，孝宗崩。光宗因病不能出。丞相趙汝愚，乃因閤門使韓侂冑，請命於高宗的皇后吳氏，請其出來主持內禪之事，光宗遂傳位於寧宗。寧宗立後，韓侂冑亦想專權，而為趙汝愚所壓。乃將汝愚擠去。朱熹在經筵，論其不當。侂冑遂將朱熹一併排斥。此時道學的聲勢正盛，侂冑因此大為清議所不與。要想立大功以恢復名譽。當光宗御宇之日，亦即金章宗即位之年。章宗初年，北邊仍歲叛亂，河南、山東，又頗有荒歉。附會韓侂冑的人，就張大其辭，說金勢有可乘。韓侂冑信了他。暗中豫備。至一二〇六年，遂下詔伐金。開戰未幾，到處皆敗。襄陽、淮東西，失陷之處甚多。侂冑復陰持和議。金人復書，要斬侂冑之首。侂冑大怒，和議復絕。而寧宗的皇后楊氏，和侂冑有隙，使其兄次山和禮部侍郎史彌遠密謀，誘殺侂冑，函首以畀金，和議乃成。歲幣增為三十萬兩匹。時為一二〇八年。明年，金章宗死，衛紹王立，而蒙古兵亦到塞外了。

註解

① 金朝的制度，部長在平時稱孛堇，戰時稱猛安、謀克。猛安，譯言千夫長。謀克，譯言百夫長。大約所統的人，近乎千人的，則稱猛安；近乎百人的，則稱謀克。

第三十五章 宋的學術思想和文藝

宋朝是一個有創闢的時代。其學術思想和文藝，都有和前人不同之處。

天下事物極必反，有漢儒的泥古，就有魏晉人的講玄學。有佛學的偏於出世，就有宋學的反之而為入世。

宋學的巨子，當推周、程、張、朱。周子名敦頤，道州人。著有《太極圖說》和《通書》。其大意，以為無極而太極①。太極動而生陽，靜而生陰。因其一動一靜，而生五種物質，是為五行，再以此為原質，組成萬物。人亦是萬物之一，所以其性五端皆具②。但其所受之質，不能無所偏勝，所以人之性，亦不能無所偏。當定之以仁、義、中正而主靜。張子名載，陝西郿縣橫渠鎮人。他把宇宙萬物，看成一匯。物的成毀，就是氣的聚散。由聚而散，為氣的消極作用，是為鬼。由散而聚，為氣的積極作用，是為神。所以鬼神就在萬物的本身，而幽明只是一理。氣是一種物質。各種物質相互之間，本有其好惡迎拒的。人亦氣所組成，所以對於他物，亦有其好惡迎拒，此為物慾的根源。此等好惡，不必都能合理。所以張子分性為氣質之性和義理之性，而說人當變化其氣質。周、張二子所發明的，都是很精妙的一元論。二程所發明，則較近於實行方面。二程是弟兄。洛陽人，大程名顥，小程名頤，大程主"識得此理，以誠敬存之"。小程則又提出格物，說"涵養須用敬，進學在致知"。朱子名熹。他原籍婺源，而居於閩，所以周、程、張、朱之學，亦稱為濂、洛、關、閩。朱子之學，是承小程之緒的。他讀書極博，制行極謹嚴。對於宋代諸家之說，都有所批評，而能折衷去取，所以稱為宋學的集大成。但同時有金溪陸九淵，以朱子即物窮理之說為支離。他說心為物慾所蔽，則物理無從格起，所以主張先發人本心之明。大抵陸子之說，是為天分高，能直探本源的人說法的。朱子之說，則為天分平常，須積漸而致的人說法的。然正惟天分高，然後逐事檢點不慮其忘卻本源；亦惟天分平常，必先使他心有所主。所以清代的章學誠說朱陸是千古不能無的同異，亦是千古不可無的同異。以上所說，是宋學中最重要的幾個人。此外在北宋時，還有邵雍，則其學主於術數。南宋時，張栻、呂祖謙和朱熹，同稱乾淳三先生。祖謙喜講史學。永嘉的陳傅良、葉適，永康的陳亮，都受其影響。其說較近於事功。講宋學的人，不認為正宗。然實亦互相出入。宋學家反對釋氏。他們說"釋氏本心，吾徒本天"。而他們所謂天，就是理，所以其學稱為理學，尊信其說的人，以為其說直接孔、孟；而孔、孟之道，則是從堯、舜、禹、湯、文、武、周公，相傳下來的，所以又稱為道學。後來的考據家，則謂宋學的根源，是《先天》、《太極》兩圖；而此兩圖，都是出於宋初華山道士陳摶的，所以說宋學實出道家。又有因宋儒好談心性，以為實是釋氏變相的。然後一時代的學問，對於前一時代的學問，雖加反對，勢不能不攝取其精華；而學問的淵源，和其後來的發展、成就，也並無多大的關係，往往有其源是一，其流則判然為兩的。所以此等說，都無足計較。宋學總不失為一種獨立而有特色的學術。

清代的漢學家，對於宋學，排斥頗力。其實考據之學的根源，亦是從宋代來的。宋儒中如著《困學紀聞》的王應麟，著《日鈔》的黃震，都是對於考據很有工夫的。所以宋朝人對於史學，亦很有成績。自唐以後，正史必出於合眾纂修，已成通例。只有宋代，《新五代史》是歐陽修所獨撰，《新唐書》為修及宋祁所合撰。雖出兩人之手，亦去獨撰的不遠。司馬光修《資治通鑑》，自戰國迄於五代，為編年史中的巨著。朱子因之而作綱目，雖其編纂不如《通鑑》的完善，而其體例，則確較《通鑑》為優。袁樞又因《通鑑》而作《紀事本末》，為史書開一新體。馬端臨因《通典》而作《文獻通考》。其事實的搜輯，實較《通典》為備，而門類的分析，亦較詳。鄭樵包括歷代的史書而作《通誌》，雖其編纂未善，然論其體例，確亦能囊括古今，刪除重複的。而二十略中，尤多前人未及注意之點。此外宋朝人對於當代的史料，搜輯之富，亦為他時代所不及。而史事的考證和金石之學，亦始自宋人。

唐朝雖為古文創作時代，其實當時通行的仍是駢文。至於宋朝，則古文大盛。如歐陽修、王安石、三蘇父子、曾鞏等，都為極有名的作家。宋朝人的駢文，亦生動流利，和唐以前人所作，雖凝重而不免失之板滯的不同。詩亦於唐人之外別開新徑。唐人善寫景，宋人則善言情。比較起來，自然是唐詩含蓄而有餘味。然而宋人亦可謂能開拓詩的境界，有許多在唐代不入詩的事物，至此都做入詩中了。詞則宋代尤推獨絕，南北宋都有名家。宋學家是講究道理，不注重詞華的。所以禪家的語錄，宋學家亦盛行使用。又其時平民文學，甚為發達。說話之業甚盛。後來筆之於書，就是所謂平話體的小說了。

印刷術的發達，是推動宋代文化的巨輪。古代的文字，書之於簡牘。要特別保存得長久的，則刻之於金石。不論金石和簡牘，總是供人觀覽，而非以為摹拓之用的。漢魏的《石經》，還是如此。但是後來漸有摹拓之事。摹拓既興，則刻之於木，自較刻之於石，為簡易而省費。據明代陸深所著的《河汾燕間錄》，說隋文帝開皇十年——公元五九○年——敕天下廢像遺經，悉令雕板。這是我國印刷術見於記載之始。然當隋、唐之世，印刷之事，還不盛行。所以其時的書，還多是鈔本，得書尚覺艱難。至公元九○八，即後唐明宗長興三年，宰相馮道、李愚，才請令國子監校正《九經》，刻板印賣。是為官家刻書之始。此後官刻和私人為流傳而刻，書賈為牟利而刻的就日多。宋以後的書籍，傳於世的，遠非唐以前所能比，就是受印刷術發達之賜。活字板是宋代畢昇所創，事在仁宗慶曆中——公元一〇四一至一〇四八——其時字以泥製。到明代，無錫華氏才改用銅製。

註解

① 無極而太極，就是說太極無從追溯其由來的意思。即太極亦是合陰陽兩種現象而立名，陰陽亦不過歸納各種現象的兩個觀念，並非實有其物。陰陽且非實體，無極太極，更不必說了。

② 五端，謂仁、義、禮、智、信。漢儒五行之說，以仁配木，禮配火，信配土，義配金，智配水。

第三十六章　宋的制度和社會

宋代的兵制和北宋以前學校選舉之制，已見第三十一和三十四章。今再補述其餘的制度如下：

宋代的制度，都是沿襲唐代的。其取之於民的，共分五項：（一）為公田之賦。（二）為民田之賦，這都是田稅。（三）為丁口之賦，是身稅。（四）為城郭之賦，是宅稅和地稅。（五）為雜變之賦，亦謂之沿納，是唐行兩稅之後，復於兩稅之外，折取他物，而後遂變為常賦的。凡此種種，其取之都用兩稅之法，於夏、秋分兩次交納。宋代病民的，不在於稅而在於役。自王安石行青苗法後，元祐復行科差，紹聖再變為僱役。自後差僱兩法並行。因欲行簽差之法，必須調查人民的資產。其中責令人民自行填報的，謂之"手實"。由官派人查軋的，則謂之"推排"。賣買田產時，將物力簿同時改正的，則謂之"推割"。諸法都難得公平，又難於得實，總是屬民之政。在中國法律上，官和人民交易，亦同人民和人民交易一樣，謂之"和"。

所以和糴及和買，本應確守私法上的原則。然而其後，都有短給和遲給的，甚或竟不給錢，而所糴所買，遂變為賦稅。這亦是厲民之政。

　　兩稅以外的賦稅，都起於唐中葉以後。因其時藩鎮擅土，中央的收入減少，不得不求之於此。宋代養兵太多，遂沿而未改。其中最重要的是鹽稅。其法起於唐之劉晏。藉民製鹽，而免其徭役，謂之灶戶，亦稱亭戶。在劉晏時，還是行就場徵稅之法。一稅之後，任其所之。後來漸變為官賣。又或招商承買，則謂之通商。茶法，亦起於唐中葉之後。製茶的人，謂之園戶。歲輸定額的茶，以代賦稅。其餘悉數由官收買。官買茶的價錢，都是先給的，謂之“本錢”。於江陵、真州、海州、漢陽軍、無為軍、蘄州的蘄口①，設立榷貨務六處。除淮南十三場外，其餘的茶，都運到這六榷貨務，由官發賣。酒：州郡都置務官釀。縣、鎮、鄉、閭，則聽民釀而收其稅。坑冶：官辦的置監、冶、場、務等機關，民辦的，則按一定分數，“中賣”於官。商稅，起於唐代的藩鎮，而宋因之。州縣各置收稅的機關，名之為務。稅分過稅和住稅兩種。過稅取百分之二，住稅取百分之三。所稅的物品和其稅額，各處並不一律。照例都應得榜示出來，然而實際能否一一榜示，榜示之後，能否確實遵守，就很難言之了。這實在也是厲民之政，和清代的釐金無異。宋代還有一種藉官賣以省漕運的辦法，是為“入邊”和“入中”。其法：令商人入芻粟於邊，或入現錢及金帛於京師榷貨務。官給以鈔，令其到指定的地方，支取貨物。其初只解池的鹽，用此辦法，為陝西沿邊之備。後來東南茶鹽和榷貨務的緡錢，都許商人指射，謂之三說②。更益以犀、象、香藥，則謂之四說。在實物經濟時代，運輸貨物，本是件最困難的事。如此，既省行政上的麻煩，又省轉運時的弊竇，本是個好法子。但官吏和商人，通同作弊，把商人所入的芻粟，高抬其價，謂之“虛估”，而官物遂不免虛耗。又且入芻粟的土人，並不會做鹽茶等賣買，得鈔都是賣給商人或京師的交引舖，他們都要抑勒鈔價，實際入芻粟的並無利益，群情遂不踴躍，邊備仍不充實。後來乃令商人專以現錢買茶，官亦以現錢買芻粟。於是茶不為邊備所需，而通商之議起。通商之議既起，乃停給茶戶本錢，但計向者所得的息錢，取之茶戶，而聽其與商人賣買。到蔡京出來，又變茶法。由官製長引、短引，賣給商人。商人有此引的，即許其向茶戶買茶。如此，便只是一種買茶的許可證了。後來淮浙之鹽，亦用此法，為後世所沿襲。南渡之後，地方削小，而費用增廣。鹽茶等利，較北宋都有所增加。又有所謂經總制錢、板帳錢等。係將各種雜稅，或某種賦稅上增取之數，以及其他不正當的收入，湊起來的。其屬民更甚。

　　宋代的人民是很為困苦的。因為唐中葉以後，武人擅土，苛稅繁興，又好用其親信做地方官或稅收官吏之故。宋興，此等苛稅，多所捐除，然而仍不能盡。至於豪強兼併，則自天寶以來，本未有抑強扶弱的政令；加以長期的擾亂，自然更為利害了。所以宋代的平民，其受剝削特甚。當時民間借貸，自春徂秋，出息逾倍③。而且各種東西，都可以取去抵債。折算之間，窮人自然格外吃虧了。當時司馬光上疏，訴說農民的疾苦，曾有這幾句話：

　　幸而收成，公私之債，交爭互奪。穀未離場，帛未下機，已非己有。所食者糠籺而不足，所衣者綈褐而不完。直以世服田畝，不知捨此更有何可生之路耳。

　　可謂哀切極了。王安石所以要推行青苗法，其主意，就是為防止民間的高利貸。然而以官吏辦借貸之事，總是無以善其後的。所以其法亦不能行。在宋代，得人民自助之意，可以補助行政的，有兩件事：其（一）是社倉。社倉之法，創於朱子。其以社為範圍，俾人民易受其益，而且易於感覺興味，便於管理監督，和義倉之法同。而在平時可兼營借貸，則又得青苗法之意。其（一）是義役。義役是南宋時起於處州的松陽縣的。因為役事不能分割，所以負擔不得平均。乃由眾出田穀，以助應役之家。此兩法若能推行盡利，確於人民很有益處，而惜乎其都未能。南渡之後，兩浙腴田，多落勢家之手，收租很重。末年，賈似道當國，乃把賤價強買為官田，即以私租為稅額。田主固然破家者眾，而私租額重而納輕，官租額重而納重，農民的受害更深。南宋亡後，雖其厲民之政，亦成過去。然而江南田租之重，則迄未嘗改。明太祖下平江。惡其民為張士誠守，又即以私租為官賦。江南田賦之重，就甲於天下。後來雖屢經減削，直到現在，重於他處，還是倍蓰不止。兼併之為禍，可以謂之烈了。

　　宋代士大夫的風氣，亦和前代不同。宋人是講究氣節的。這固然是晚唐、五代以來，嗜利全軀的一個反動，而亦和其學術有關係。宋朝人的議論，是喜歡徹底的，亦是偏於理論的。所以論事則好為高遠之談，論人則每作誅心之論。這固然也有好處，然而容易失之迂闊，亦容易流於過刻。而好名而激於意氣，則又容易流為黨爭。自遼人強盛以來，而金，而元，相繼興起，宋人迭受外力的壓迫，其心理亦易流於偏狹。所以當國事緊急之時，激烈的人，往往發為"只論是非，不論利害"、"寧為玉碎，毋為瓦全"的議論。這固然足以表示正義，而且也是民族性應有的表現。然而不察事勢，好為高論，有時亦足以僨事。而此等風氣既成之後，野心之家，又往往藉此以立名，而實置國家之利害於不顧，則其流弊更大。此亦不可以不知。

註解
① 京師亦有榷貨務，但只主給鈔而不積茶。
② 説即今兑換的兑字。
③ 太宗時嘗禁之。見《宋史·食貨誌》。

第三十七章 元的勃興和各汗國的創建

　　當公元十三世紀之初，有一軒然大波，起於亞洲的東北方，歐、亞兩洲，都受其震撼。這是甚麼事？這便是蒙古的興起。

　　蒙古，依中國的記載，是室韋的分部。唐時，其地在望建河南。但其人自稱為韃靼。韃靼是靺鞨別部，居於陰山的。據蒙古人自著的《元朝秘史》看起來：他始祖名孛兒帖赤那，十傳而至孛兒只吉歹。孛兒只吉歹的妻，喚做忙豁勒真豁阿。忙豁勒真豁阿，譯言蒙古部的美女。我們頗疑心孛兒只吉歹是轄靼人。因其娶蒙古部女，才和蒙古合併為一。和金朝王室的始祖，以高麗人而為生女真的完顏部人一樣。

　　蒙古部落，自孛兒只吉歹之後，又十一傳而至哈不勒，是為成吉思汗的曾祖，始有可汗之號。可以想見其部落的漸強。哈不勒死後，從弟俺巴孩，繼為可汗。為金人所殺。部人立哈不勒子忽都剌為可汗。向金人報仇，敗其兵。忽都剌死後，蒙古無共主，復衰。成吉思汗早年，備受塔塔兒、蔑兒乞及同族泰亦赤兀諸部的齮齕。後來得客列部長王罕、札答剌部長札木合為與部，乃把諸部次第打平。此時沙漠西北的部落，以乃蠻為最強。而金朝築長城，自河套斜向東北，直達女真舊地，使汪古部守其衝。乃蠻約汪古部同伐蒙古。汪古部長來告。成吉思汗先舉兵伐乃蠻，破之。公元一二○六年，漠南北諸部，遂大會於斡難木漣之源，公上成吉思汗的尊號①。

　　成吉思汗既即汗位，其目光所注，實在中原。於是於一二一○年，伐夏。夏人降。明年，成吉思汗遂伐金。此時金朝的兵力，業已腐敗。加以這一次，汪古與蒙古言和，放其入長城，出其不意。於是金兵四十萬，大敗於會河堡。蒙古兵遂入居庸關，薄燕京。明年，成吉思汗再伐金。留兵圍燕京。自將下山東。分兵攻河東和遼西。到處殘破，黃河以北，其勢就不可守了。此時金人已弒衛紹王，立宣宗。成吉思汗還兵，屯燕城北。金人妻以衛紹王之女請和。蒙古兵已退，金宣宗遷都於汴。成吉思汗說他既和而又遷都，有不信之心。再發兵陷燕京。此時金人的形勢，本已岌岌待亡，因成吉思汗有事於西域，乃又得苟延殘喘。

　　成吉思汗的西征，是花剌子模國的驕將所引起的。先是唐中葉以後，大食強盛，葱嶺以西諸國，悉為所併。然不及三百年，威權漸替。東方諸酋，多據地自擅，其間朝代的改變甚多。當遼朝滅亡時，雄視西亞的塞而柱克朝已衰，花剌子模漸盛。遼朝的宗室耶律大石，逃到唐朝的北庭都護府，會合十八部王眾，選其精銳而西。遂滅塞而柱克，服花剌子模。立國於吹河流域的虎思斡耳朵，是為西遼。乃蠻既亡，其酋長太陽罕的兒子古出魯克，逃到西遼。和花剌子模王阿拉哀丁・謨罕默德內外合謀，篡西遼王之位。於是乃蠻復立國於西方，而花剌子模亦乘機拓土，成為西方的大國。這時候，雄張於西域的，實在仍是回族。成吉思汗既定漠南北，在天山北路的畏吾兒和其西的哈剌魯②都來降。蒙古和西域交通的孔道遂開。花剌子模王有兵四十萬，都是康里人。王母亦康里部酋之女。將士恃王母而驕恣，王母亦因舉國的兵，都是其母族人，其權之大與王埒。所以國雖大而其本不固。成吉思汗既侵入中原，古出魯克和前此逃往西域的蔑兒乞酋長忽禿，都乘機謀復故地。成吉思汗怕漠北根本之地，或有搖動。乃於一二一六年北還。命速不台打平忽禿，哲別打平古出魯克。於是蒙古的疆域就和花剌子模直接。成吉思汗因商人以修好於花剌子模，花剌子模王也已應允了。未幾，蒙古人四百餘，隨西域商人西行。花剌子模訛打剌城的鎮將③，指為蒙古間諜，把他盡數殺掉。其中只有一個人，得逃歸報信。成吉思汗聞之，大怒，而西征的兵遂起。

　　成吉思汗的西征，事在一二一九年。先打破訛打剌和花剌子模的都城尋思干④，花剌子模王遁走。成吉思汗命哲別、速不台追擊。王輾轉逃入裏海中的小島而死。其子札剌哀丁逃到哥疾寧，成吉思汗自將追之。破其兵於印度河邊。乃東歸。時在一二二二年。哲、速二將的兵，別繞裏海，越高喀斯山⑤敗阿速、撒耳柯思和欽察的兵。欽察的酋長逃到阿羅思。二將追擊。阿羅思人舉兵拒敵，戰於孩兒桑。阿羅思大敗。亡其六王七十侯，兵士死掉十分之九。列城都沒有守備，只待蒙古兵到迎降。而二將不復深入，但平康里而還⑥。

　　成吉思汗東歸後，於一二二七年，再伐西夏，未克而殂，遺命秘不發喪。夏人乃降。一二二九年，太宗立，再伐金。金人從南遷後，盡把河北的猛安謀克戶，調到河南。又奪人民之地以給之。人民怨入骨髓，而這些猛安謀克戶，既不能耕，又不能戰，國勢益形衰弱。於是宋人乘機，罷其歲幣。金人想用兵力脅取，又和夏人因疆場細故失和，三方都開了兵釁。國力愈覺不支。到一二二五年，宣宗殂，哀宗立，才和夏人以兄弟之國成和，而對於宋朝的和議，則始終不能成就。當成吉思汗西征時，拜木華黎為太師國王，命其經略太行以南。這時候，蒙古兵力較薄，在金人，實在是個恢復的好機會。然而金人亦不能振作。僅聚精兵二十萬，從邳州到潼關，列成一道防線。太宗因此線不易突破，乃使拖雷假道於宋，宋人不允，拖雷遂強行通過。從漢中歷襄、鄧而北，與金兵戰於三峰山，金兵大敗。良將、銳卒都盡。太宗又自白坡渡河，命速不台將汴京圍起，攻擊十六晝夜，因金人守禦堅，不能破，乃退兵議和。而金朝的兵，又逞血氣之勇，把蒙古使者殺掉，和議復絕。汴京飢窘不能立。金哀宗乃自將出攻河北的衛州，想從死裏求生，又不克，乃南走蔡州。而宋人此時，又襲約金攻遼的故智，和蒙古人聯合以攻金，金人遂亡。時在一二三四年。

　　約元攻金，是襲約金攻遼的故智，而其輕於啟釁，亦是後先一轍的。金宣宗死的明年，宋寧宗也死了。寧宗無子，史彌遠援立理宗，因此專橫彌甚。彌遠死後，賈似道又繼之。賈似道的為人，看似才氣橫溢，實則虛浮不實，專好播弄小手段，朝政愈壞。滅金之後，武人趙葵、趙苑等，創議收復三京⑦，宰相鄭清之主之。遣兵北侵。入汴、洛而不能守，卻因此和蒙古啟了兵釁。川、楚、江淮，州郡失陷多處。這時候是蒙古太宗時代，還未專力於攻宋。一二四一年，太宗死了。到一二四六年，定宗才立。又因多病，不過三年而殂。所以此時，宋人還得偷安旦夕。一二五一年，蒙古憲宗立。命弟阿里不哥留守漠北，忽必烈專制漠南。一二五八年，憲宗大舉入蜀，圍合州。先是忽必烈總兵自河洮入吐蕃，平大理。留兀良合台經略南方而北還。及是，忽必烈亦自河南南下，圍鄂州。兀良合台又出廣西、湖南，和他會合。賈似道督兵援鄂，不敢戰，遣使於忽必烈，約稱臣，輸歲幣，劃江為界以請和。適會蒙古憲宗死於合州城下，忽必烈急於要爭奪汗位，乃許宋議和而還。賈似道卻諱其和議，以大捷聞於朝。

　　明年，忽必烈自立，是為元世祖。時世祖以各方面多故，頗想與宋言和，而賈似道因諱和為勝之故，凡元使來的，都把他拘囚起來。一二六四年，元世祖遷都於燕。明年，理宗崩，度宗立。此時元人尚未能專力攻宋，而宋將劉整，因與賈似道不合，叛降元，勸元人專力攻襄陽。一二六八年，元人就把襄陽圍起。圍經六年，宋人竟不能救。一二七三年，襄陽陷落，宋勢遂危如累卵。一二七四年，度宗崩，恭帝立。年幼，太后謝氏臨朝。元使伯顏總諸軍入寇。伯顏分兵平兩湖。自將大軍，長驅東下。陷建康。一二七六年，臨安陷。太后及恭帝皆北狩。宋故相陳宜中等立益王於福州。旋為元兵所逼，走惠州。後崩於碙洲。宋人又立其弟衛王，遷於厓山。一二七九年，元將張宏範來攻。宋宰相陸秀夫，負帝赴海而死。大將張世傑收兵到海陵山，亦舟覆而死⑧。中國至此，遂整個為蒙古所征服。漢族武力之不競，至此可謂達於極點了。

蒙古不但征服中國，當太宗時，又嘗繼續遣兵西征。再破欽察，入阿羅思。遂進規孛烈兒和馬札剌。入派特斯城。西抵威尼斯。歐洲全境震動，會太宗凶問至，乃班師。憲宗時，又遣兵下木剌夷，平報達。渡海收富浪島⑨。當金末，遼東和高麗之間，叛亂蜂起。蒙古因遣兵平定，和高麗的兵相遇，約為兄弟之國。後來蒙古使者，為盜所殺，蒙人疑為高麗人所為，兩國遂起兵釁。直至一二五九年，和議才成。高麗內政，自此常受元人的干涉。甚至廢其國王而立征東行省於其地。對於南方，則兀良合台嘗用兵於安南。其後世祖時，又嘗用兵於安南、佔城及緬，都不甚利。然諸國亦都通朝貢。對於南洋，曾一用兵於爪哇，其餘招致而來的國亦頗多。惟用兵於日本，最為不利。世祖先命高麗人往招日本，後又自遣使往招，日本都不應。一二七四年，遣忻都往征，拔對馬，陷壹歧，掠肥前沿海。以颶風起而還。一二八一年，再遣忻都、范文虎率兵二十萬東征。兵至鷹島，以"颶徵"見，文虎等擇堅艦先走。餘眾遂多為日人所殺。世祖大怒，更謀再舉，以正用兵安南，遂未果。以當日蒙古的兵力，實足以踏平日本而有餘，乃因隔海之故，致遭挫衄，在日本，亦可謂之遭值天幸了。

綜觀蒙古用兵，惟對於東南兩方，小有不利，其餘則可謂所向無前。這也是遭際時會，適逢其時各方面都無強國之故。蒙古是行封建之制的，而成吉思汗四子，分地尤大。因為蒙人有幼子襲產的習慣，所以把和林舊業，分與第四子拖雷。此外長子朮赤，則分得花剌子模、康里、欽察之地。三子窩闊台，即太宗，則分得乃蠻故地。二子察合台，則分得西遼故地。其後西域直到憲宗之世，才全行戡定。其定西北諸部，功出於朮赤之子拔都，而定西南諸部，則功出於拖雷之子旭烈兀。所以朮赤分地，拔都之後，為其共主。伊蘭高原，則旭烈兀之後君臨之。西史所謂窩闊台汗國，就是太宗之後。察合台汗國，是察合台之後。欽察汗國，是拔都之後。伊兒汗國，是旭烈兀之後。總而言之，世祖滅宋之日，就是元朝最盛之時。然而其分裂，也就於此時開始了。

註解

① 塔塔兒，即韃靼異譯。據《元朝秘史》，地在捕魚兒海附近，即今達里泊。蔑兒乞，在鄂爾坤、色楞格兩水流域。泰亦赤兀，係俺巴孩之後。客列部，在土刺河流域。札答刺，亦蒙古同族成吉黑河十一世祖孛端察兒，娶一有孕婦人，生子曰札只刺歹，其後為札答刺氏。乃蠻酋長太陽罕，地南近沙漠。其弟不亦魯黑，則北近金山。汪古之地，在今綏遠歸綏縣北。斡難木漣，即今敖嫩河。

② 畏吾兒，即回紇異譯。哈刺魯，即《唐書》的葛邏祿。

③ 城在錫爾河濱。鎮將係王母之弟。

④ 今撒馬兒干。

⑤ 今譯作高加索。此依《元史譯文證補》。

⑥ 阿速（Ases），在高喀斯山北。撒爾柯思（Circasses），在端河濱。欽察，亦作乞卜察兀（Kiptchacs），在烏拉嶺西，裏海、黑海之北。阿羅思，即俄羅斯。

⑦ 宋以大梁為東京，洛陽為西京，宋州為南京，大名為北京。

⑧ 福州，今福建閩侯縣。惠州，今廣東惠陽縣。硇洲，在今廣東吳川縣海中。厓山，在今廣東新會縣海中。海陵山，在今廣東海陽縣海中。

⑨ 孛烈兒，即今波蘭。馬札兒，今匈牙利。木刺夷，（Mulahida）為天方教中之一派，在今裏海南岸。

第三十八章　中西文化的交通

從近世西力東漸以前，有元一代，卻算得一個中西交通最盛的時代。因為前此中西交通，差不多只靠海路，至此時，則陸路也發達了。

在西半球尚未發現，繞行非洲南端之路，亦未通航。黑海、地中海、紅海、波斯灣，實在是東西兩洋交通的樞紐。而其關鍵，實握於大食人之手。所以在當時，東西交通，以大食人為最活躍。當北宋中葉，十字軍興，直至南宋之末，這二百年之中，雖然天方教國和景教國蹀血相爭，極宗教史、政治史上的慘苦，然而開發文明的利器，羅盤針、印刷術、火藥，中國人所發明的，都經大食人之手，而傳入歐洲。給近世的歐洲以一個大變化。至元代西征成功之後，其疆域跨據歐洲，而其形勢又一變了。

元太宗時，曾因奉使的人，都經民地，既費時又擾民，商諸察合台，擬令千戶各出夫馬，設立站赤。察合台也贊成了。他即於所轄境內設立。西接拔都，東接太宗轄境。如此，歐亞兩洲之間，就不啻開闢出一條官道了。

當時景教諸國，正因和天方教國兵爭，要想講遠交近攻之策。於是一二四五年，羅馬教皇派柏朗嘉賓（Plano Carpini），一二五三年，法王路易第九又派路卜洛克（Rubruk），先後來到和林。而當時的商人，更為活躍。他們或從中央亞西亞經天山南路，或從西伯利亞經天山北路，遠開販路於和林及大都。至於水路，則自唐宋以來，交通本極繁盛。在宋時，浙江的澉浦、杭州、秀州、明州、台州、溫州，福建的福州、泉州，廣東的廣州以及今江蘇境內的華亭和江陰，山東境內的板橋鎮，都曾開作通商港。輸入的犀、象、香藥等，很為社會所寶貴。政府至用以充羅本，稱提鈔價。而稅收或抽分所得，尤為歲入大宗。元時，還繼續着這般盛況。

蒙古是新興的野蠻民族，戒奢崇儉，不寶遠物等古訓，是非其所知的。所以對於遠方的珍品，極其愛好。尤優待商人和工人。其用兵西域時，凡曾經抗拒的城池，城破後都要屠洗，獨工人不在其列。太宗時，西商售物於皇室的，都許馳驛。太宗死後，皇后乃蠻氏稱制，信任西商奧魯剌合蠻，至於把御寶宮紙交給他，聽其要用時填發。又下令：凡奧魯剌合蠻要行的事，令史不肯書寫的，即斷其腕。此等行為，給久經進化的中國人看起來，真是笑話。然卻是色目人在元朝活動的惟一好條件。元代本是分人為三級，以蒙古為上，色目次之，漢人、南人為下的。所以當時，大食、波斯的學者、軍人，意大利、法蘭西的畫家、職工，都紛集於朝。特如意大利的馬哥博羅（Marco Polo），以一二三七年來到中國。仕至揚州達魯花赤。居中國凡三十年。歸而刊行遊記，為歐人知道東方情形之始。

　　和元朝關係最深的，自然還是大食的文化。蒙古本來是沒有文字的。成吉思汗滅乃蠻之後，獲塔塔統阿，才令其教太子、諸王"以畏兀字書國言"。後來世祖命八思巴造新字，於一二七〇年頒行。案成吉思汗的滅乃蠻，事在一二〇四年，則蒙古人專用畏兀字，實在有六十餘年。蒙古字頒行之後，雖説"璽書頒降，皆以蒙古字書之，而以其本國字為副。百官進上表章，則以漢字為副。有沿用畏兀字者罰之"，然而後來又説：亦思替非文字，便於計帳，依舊傳習。而終元之世，回回國子學，亦是和普通學及蒙古國子學並立的。

　　西方輸入中國的文化，除宗教而外，要推美術和工業兩端。《元史・阿爾尼格傳》，説他善於畫塑及鑄金為像。當時元朝，有王楫使宋所得明堂針灸銅像。年久壞掉了，沒有會修的人。世祖叫把給他看。他居然製成了一具新的。關鬲脈絡，無不完備。當時兩京寺觀的像，多出其手。元代諸帝的御容，織錦為之的，亦是阿爾尼格所製。當時的人，歎為圖畫弗及。其弟子劉元，則精於西天梵相。兩都名剎的塑像，出於其手的很多。又火藥的發明，雖起自中國，而火炮的製造，則中國人似乎反從歐洲學來。《明史・兵誌》説：古代的炮，多係以機發石。元初得西域火炮，攻蔡州始用之，而造法不傳。直到明成祖平交趾，得其槍炮，才設神機營肄習。至武宗末，白沙巡檢何儒，得佛郎機炮。一五二九年，中國才自行製造起來。有最初的發明，而後來不能推廣之以盡其用。這個，中國人就不能不抱愧了。

第三十九章 元的制度

凡異族入居中國的，其制度，可以分做兩方面來看：（其一）他自己本無所有，即使略有其固有的習慣，入中國以後，亦已不可復用，乃不得不改而從我。在這一點上，異族到中國來做皇帝，和中國人自己做差不多，總不過將前代的制度，作為藍本，略加修改罷了。（又其一）則彼既係異族，對於中國人，總不能無猜防之心。所以其所定的制度，和中國人自己所定的，多少總有些兩樣。元朝的制度，便該把這種眼光來看。

元朝中央的官制，是以中書省為相職，樞密院主兵謀，御史台司監察，而庶政則分寄之於六部的。這可說大體是沿襲宋朝。至於以宣政院列於中央，而管理吐蕃，則因元朝人迷信喇嘛教之故，這也不足為怪。其最特別的，乃係於路、府、州、縣之上，更設行省。在歷代，行省總是有事時設置，事定則廢的。獨至元朝而成為常設之官。這即是異族入居中國，不求行政的綿密，而但求便於統馭鎮壓的原故。這本不是行政區域，明朝乃廢其制而仍其區域，至清代，督撫又成為常設之官，就不免政治日荒，而且釀成外重之弊了。元代定制，各機關的長官，都要用蒙古人的。漢人、南人，只好做副貳，而且實際見用的還很少。這也是極不平等之制。

學校，元朝就制度上看，是很為注重的。雖在當時未必實行，卻可稱為明朝制度的藍本。我國歷代，學校之制，都重於中央而輕於地方。元制，除京師有普通的國子學和蒙古國子學、回回國子學外，一二九一年，世祖詔諸路、府、州、縣都立學。其儒先過化之地，名賢經行之所和好事之家，出錢粟以贍學的，都許立為書院。諸路亦有蒙古字學、回回學。各行省所在之地，都設儒學提舉司，以管理諸路、府、州、縣的學校。江浙、湖廣、江西三省，又有蒙古提舉學校官。其制度，總可算得詳備了。

其科舉，則直到一三一五年才舉行。那已是滅金之後八十一年，滅宋之後三十七年了。其制：分蒙古、色目和漢人、南人為二榜。第一場：漢人南人試經疑、經義，蒙古色目人則但試經問。第二場：蒙古、色目人試策，漢人、南人試古賦詔誥章表內科一道。第三場：漢人、南人試策，蒙古色目人則不試。案宋自王安石改科舉之制後，哲宗立，復行舊制。然上人已有習於經義，不能作詩賦的，後來乃分經義，詩賦為兩科。金朝在北方開科舉，亦是如此。至此則復合為一。此亦明制所本。而其出身，則蒙古人最高①，色目人和漢人南人，要遞降一級，這也是不平等的。

其猜防最甚的為兵制。元朝的兵，出於本族的，謂之蒙古軍。出於諸部族的，謂之探馬赤軍。入中原後，發中國人為兵，謂之漢軍。平宋所得，謂之新附軍。蒙古和諸部族，是人盡為兵的。男子年十五以上，七十以下，都入兵籍。調用漢人之法：其初或以戶論，或以丁論，或以貧富論。天下既定之後，則另立兵籍，向來當過兵的人都入之。其鎮戍之法：邊徼襟喉之地，命宗王帶兵駐紮。河洛、山東，戍以蒙古軍和探馬赤軍。江淮以南，則戍以漢兵和新附軍。都是世祖和其一二大臣所定。元朝的兵籍，是不許漢人閱看的。在樞密院中，亦只有長官一二人知道。所以有國百年，而漢人無知其兵數者。其民族的色彩，可謂很顯著了。

法律亦很不平等的。案遼當太祖時，治契丹及諸夷，均用舊法，漢人則斷以律令。太宗時，治渤海亦依漢法。到道宗時，才說國法不可異施，命更定律令，把不合的別存之，則遼已去亡不遠了。金朝到太宗時，才參用遼宋舊法。熙宗再取河南，才一依律文。這都是各適其俗的意思。元朝則本族人和漢人，宗教徒和非宗教徒，都顯分畛域。如蒙古人殺死漢人，不過"斷罰出征"和"全徵燒埋銀"。又如"僧、道、儒人有爭，止令三家所掌會問"，"僧人惟犯姦盜詐偽，至傷人命，及諸重罪，有司歸問。其僧侶相爭，則田土與有司會問"等都是②。

賦稅，行於內地的，分丁稅及地稅，仿唐的租庸調法。行於江南的，分夏稅及秋稅，仿唐朝的兩稅法。役法稱為科差。有絲料和包銀之分。絲料之中，又有二戶絲、五戶絲之別。二戶絲輸官，五戶絲則輸於本位③。包銀之法：漢人納銀四兩。二兩輸銀，二兩折收絲絹顏色。此外又有俸鈔一項。把諸項合起來，作一大門攤，分為三次徵收。賦役而外，仍以鹽、茶兩稅為大宗。其行鹽各有郡邑，是為"引地"之始。此外總稱為額外課。

就是徵收隨其多少，不立定額的意思，其名目頗為瑣碎。

宋、金、元、明四代，有一厲民之政，便是鈔法。鈔法是起於北宋時的。因宋於四川區域之內，行使鐵錢，人民苦於運輸的不便，乃自造一種紙幣，名為交子。一交一緡。三年一換，謂之一界。以富人十六戶主之。後來富人窮了，付不出錢來，漸起爭訟。真宗時，轉運使薛田，才請改為官辦。這本是便民的意思。然而後來，官方遂藉以籌款，而推行於他處。蔡京時謂之錢引。南宋則始稱交子，末造又造會子。成為國家所發行的紙幣了。交會本當兌換現錢的，然而後來，往往不能兌換，於是其價日跌。大約每一緡只值二三百文。然而這還算好的。金朝亦行其法於北方，名之為鈔，則其末造，一文不值，至於以八十四車充軍賞。金朝的行鈔，原因現錢闕乏，不得不然。後來屢謀鑄錢。然而所鑄無多，即鑄出來，亦為紙幣所驅逐。所以元定天下之後，仍不得不行鈔。乃定以鈔與絲及金、銀相權。絲、金、銀是三種東西，豈能一律維持其比價？這本是不通的法子。況且後來所造日多，其價日落，就連對於一物的比價，也維持不住了。至於末年，則其一文不值，亦與金代相同。明有天下，明知其弊，然因沒有現錢，仍無法不用鈔。而行用未幾，其價大落。至宣宗宣德初——一四二六——明朝開國不滿六十年，已跌得一貫只值一兩文了。於是無可如何，大增稅額；又創設許多新稅目，把鈔都收回，一把火燒掉。從此以後，鈔就廢而不用了。當金朝末年，民間交易，已大多數用銀。至此，國家亦承認了他。一切收入及支出，都銀錢並用。銀亦遂成為正式的貨幣。然而量物價的尺，是不能有二的。銀銅並用，而不於其間定出一個主輔的關係來，就成為後來幣制紊亂的根源了。

註解

① 蒙人科目出身的，授六品官。色目、漢人，遞降一級。

②《元史・刑法誌》職制上及殺傷。

③ 元諸王、后妃、公主、勳臣，各有采地。這五戶絲，是由地方官徵收，付給本人的。

第四十章 元帝國的瓦解

元朝從太祖稱汗，到世祖滅宋，其間不過七十四年，而造成一個空前的大帝國，其興起可謂驟了。然而其大帝國的瓦解，實起於世祖自立之時，上距太祖稱汗之歲，不過五十五年。而其在中國政府的顛覆，事在一三六八年，上距太祖稱汗之歲，亦不過一百七十一年；其距世祖滅宋，則不過九十年而已。為甚麼瓦解得這麼快？

原來元朝人既不懂得治中國之法，而其自身又有弱點。蒙古人的汗，本係由部眾公推的。忽圖剌之立，便係如此。太祖之稱成吉思汗，則是漠南北諸部的大汗，亦係由諸部公推。太祖以後，雖然奇渥溫氏一族，聲勢煊赫，推舉大汗，斷無捨太祖之後而他求之理。然而公舉之法，總是不能遽廢的。所以每當立君之際，必須開一“忽烈而台”。宗王、駙馬和諸管兵的官，都得與議。太宗之立，因有成吉思汗的遺言，所以未有異議。太宗死後，太宗的後人和拖雷的後人，已有競爭。定宗幸而得立。又因多病，三年而死。這競爭便更激烈起來。太宗後人，多不愜眾望；而拖雷之妃，很有交際的手腕，能和宗王中最有聲望的拔都相結。憲宗遂獲登大位。太宗之孫失烈門等謀叛，為憲宗所殺。並殺太宗用事大臣，奪太宗後王兵柄。蒙古本族的裂痕，實起於此。憲宗死後，世祖手下漢人和西域人多了，就竟不待忽烈而台的推戴，自立於現在的多倫。於是阿里不哥亦自立於漠北。拖雷後人之中，又起了紛爭。後來阿里不哥總算給世祖打敗。而太宗之孫海都，復自擅於遠。察合台、欽察兩汗國都附和他。蒙古大帝國，遂成瓦解之勢。

因海都的抗命，於是常須派親王宿將鎮守和林。世祖是用漢法立太子的，而又早死。其時成宗戍守北邊。世祖死後，伯顏以宿將重臣歸附成宗，所以未曾有亂。成宗既立，武宗繼防北邊。成宗死後，皇后伯岳吾氏，要立安西王阿難答。而右丞相哈剌哈孫，要立武宗。因為武宗在遠，先使人迎其弟仁宗於懷州，監國以待。武宗既至，殺安西王，弒伯岳吾后而自立。

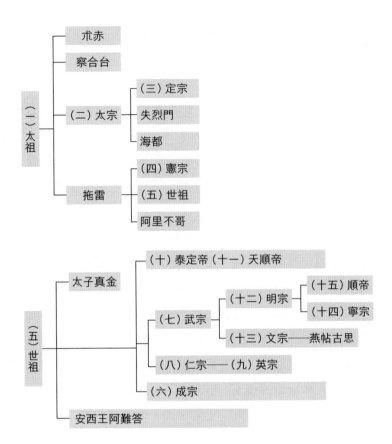

武宗以仁宗為太子。武宗死後，仁宗繼之。卻自立其子英宗為太子，而出武宗之子明宗於雲南。其臣奉之奔阿爾泰山，依察合台後王。仁宗死，英宗立。為奸臣鐵木迭兒所弒。無子。泰定帝立。死於上都。子天順帝立。簽密院燕帖木兒，迫脅大都百官，迎立武宗之子①。於是抄襲武宗的老文章，一面先使人迎文宗於江陵，先即皇位。發兵陷上都。天順帝不知所終。明宗至漠南，即位。文宗和燕帖木兒入見，明宗暴死。文宗再即位。然而心不自安。遺命必立明宗之子。文宗死後，燕帖木兒要立其子燕帖古思。文宗皇后翁吉剌氏不肯。於是先迎立寧宗。數月而死。燕帖木兒又要立燕帖古思。翁吉剌氏仍不肯。乃再迎順帝。順帝既至，燕帖木兒不讓他即位。遷延數月，恰好燕帖木兒死了，順帝乃得立。既立之後，追治明宗暴死故事。毀文宗廟主。流翁吉剌氏和燕帖古思於高麗，都死在路上。

如此，每當繼承之際，必有爭亂，奸臣因之擅政，政治自然不會清明的。況且蒙古人本也不知道治中國之法。他無非想朘削中國人以自利。試看他戶、工二部，設官最多，便可見其一斑。其用人，則宿衛勳臣之家，以及君主的嬖倖、諸王公主的私屬，都得以平流而進。真是所謂「仕進有多途，銓衡無定法」。再加以散居各處的蒙古、色目人對於漢人的陵侮，喇嘛教僧侶的騷擾，自然弄得不成個世界了。

元代之主，惟世祖最為聰明，頗能登用人才，改定制度，然亦好用言利之臣。後來則惟仁宗以李孟為相，政治稍見清明。此外大都仍是遊牧部落酋長的性質，全不了解中國文化的——元代諸主，大都不認得漢字的——而又都運祚短促。在位長久的，世祖而外，惟有順帝，而其荒淫又特甚。客帝的寶位，自然要坐不住了。

元朝當世祖時，江南還屢有叛亂，後來才逐漸鎮定。順帝初年，反者屢起。然尚未為大患。至一三四八年，方國珍起兵於台州，元朝就不能戡定。於是白蓮教徒劉福通，起兵安豐，奉教主之子韓林兒為主。李二起於徐州。徐壽輝起於湖北。郭子興起於濠州。張士誠起於高郵。長江流域，幾於非元所有。

順帝既荒淫無度，其臣脫脫、太平、韓嘉納等，因而結黨相爭。嬖臣哈麻、雪雪，初和脫脫相結，後又變而互排。南方亂起，脫脫的兄弟也先鐵木兒帶兵去征討，連年無功，反大潰於沙河，軍資器械，喪失殆盡。脫脫不得已，自出督師。已把李二打平，進圍張士誠。而二人把他排掉。於是大局愈壞。革命軍之中，氣勢最盛的，要算劉福通。居然於一三五八年，分兵三道北上。自挾韓林兒陷開封。但元朝的兵雖無用，而其時，有起兵河南，護衛元朝的察罕帖木兒和李思齊，則頗有能力。劉福通攻陝西的兵，給他打敗。回兵再救山東。劉福通的將，遣人把察罕刺死。其子庫庫帖木兒，代將其軍，到底把山東也打平。劉福通還有一枝兵，北出晉冀的，雖然打破上都，直攻到遼東，也終於破散了。福通在開封站不住，只得走回安豐。革命軍的勢力又一挫。然而駐紮大同的孛羅帖木兒，先已因圖據冀寧之故，和察罕相攻。至此，仍與庫庫構兵不止。順帝次后奇氏，生太子愛猷識里達臘。后及太子，都陰謀內禪。哈麻、雪雪，亦與其謀。事發，二人都杖死。然宰相搠思監，仍係因謟事奇后的閹人朴不花而得的。搠思監和御史大夫老的沙不協，因太子言於順帝，免其職。老的沙奔大同。搠思監遂誣孛羅謀反。孛羅舉兵犯闕，殺搠思監和朴不花。太子奔庫庫。庫庫奉以還京。此時孛羅已給順帝遣人刺死。而奇后又要使使庫庫以兵力脅順帝內禪。庫庫不可。順帝封庫庫為河南王。命其總統諸軍，進平南方。李思齊自以和察罕同起兵，恥受庫庫節制，和陝西參政張良弼連兵攻庫庫。庫庫之將貊高、關保，亦叛庫庫。於是下詔削庫庫官爵，命太子總統天下兵馬討之。未幾，明兵北上，又復庫庫官爵，叫他出兵抵抗，然而已來不及了。

明太祖朱元璋，初從郭子興起兵。後自為一軍，渡江，取集慶。時徐壽輝為其將陳友諒所殺，據江西、湖北，形勢最強。而張士誠徙治平江，亦在肘腋之下。太祖先後把他打定。又降方國珍。一三六八年，乘北方的擾亂，命徐達、常遇春分道北伐。達自河南，遇春自山東，兩道並進。會於德州。北扼直沽。順帝遂棄大都而去。於是命徐達下太原，乘勝定秦隴。庫庫逃奔和林。順帝匿居上都，太祖命常遇春追擊。順帝又逃到應昌，未幾而死。太祖再命李文忠出擊。愛猷識里達臘逃奔和林，未幾亦死。子脫古思帖木兒襲。時元臣納哈出，尚據遼東。一三八七年，太祖命藍玉等把他討平。乘勝襲破脫古思帖木兒於捕魚兒海。脫古思帖木兒北走，為其下所弒。其後五傳都遇弒。蒙古大汗的統緒，就此中絕了。元朝分封諸王，大都不能自振。惟梁王把匝剌瓦爾密，據雲南不降。太祖當出兵北伐之時，即已分兵平定閩、廣。徐壽輝死後，其將明玉珍，據四川自立，傳子升，亦為太祖打平。一三八一年，又遣兵平雲南，南方亦都平定。

註解

① 元世祖即位於今多倫，以其地為上都。定都今北平，稱為大都。

第四十一章 明初的政局

明朝雖然驅逐胡元，把中國恢復過來，然而論其一代的政治，清明的時候，卻是很少的。這個推原其始，亦可說是由於太祖詒謀之不臧。

太祖初定天下，即下詔禁止胡服胡語，把腥羶之俗掃除。所定制度，亦頗詳備。邊防的規模，亦是很遠的。然而專制的氣焰太盛，私天下之心又太重。只要看其廢除宰相，加重御史之權，及其所定的兵制，就可知道了。而其詒害尤巨的，則為封建之制。

太祖定都金陵，稱為應天府。以開封為北京。又擇名城大都，分封諸子，共計二十五人。雖定制不許干預政治，然而體制崇隆，又各設有衛兵，在地方政治上，總覺得不便。而燕王棣在北平，晉王橚在太原，均得節制諸將，威權尤重。太祖太子早死，立建文帝為太孫。太祖崩，建文帝立。用齊泰、黃子澄之謀，以法繩諸王。燕王就舉兵反。太祖時，功臣宿將，殺戮殆盡。這時候，更無能夠抵禦的人。燕兵遂陷京城。建文帝不知所終。燕王即位，是為成祖。改北平為北京，於一四二一年遷都。

成祖是個暴虐的人，當其破南京時，於建文諸臣，殺戮甚慘。後來想遷都北京，營建宮室，又極擾累。在位時，北征韃靼、瓦剌，南平安南，又遣鄭和下南洋，武功亦似乎很盛的。然而太祖時所定北邊的防線，到成祖時，規模反縮小了。原來明初北邊的第一道防線，是開平衛。這就是元朝的上都。據此，則可以俯臨漠南，宣、大都晏然無事了。後來元朝的大寧路來降，又設泰寧、朵顏、福餘三衛。其地直抵今吉林境。都隸北平行都司。使寧王權居大寧以節制之。明朝這時候，東北方的防線，實在超越遼河，而達到現在的松花江流域。所以對於女真人，威力所至，亦極遠。一四〇九年所設的奴兒幹都司，遠至黑龍江口，庫頁島亦來臣服。成祖起兵，怕寧王議其後，誘而執之，而徙北平行都司於保定。把三衛地方，給了兀良哈。開平衛的形勢就孤了。一四二四年，成祖崩，仁宗立。在位僅一年。宣宗繼立。就徙開平衛於獨石。於是宣、大的形勢赤露，而兀良哈為瓦剌所脅服，其勢愈張。遂有土木之變。

　　明太祖定制，內侍本不許讀書。成祖起兵，頗得閹人內應之力。即位後，就選官入內教習。又設京營提督，使之監軍。又命隨諸將出鎮。並有奉使外國的。當太祖時，以錦衣衛治詔獄，本已軼出正式司法機關之外。成祖又立東廠。以司偵緝，亦命宦官主其事。於是自平民以至官吏，無不在宦官伺察之中。終明之世，毒害所及，真乃不知凡幾。宣宗崩後，英宗即位。年幼，寵信司禮太監王振。此時瓦剌強盛，王振不度德、不量力，輕與挑釁。瓦剌酋長也先入寇，王振又勸帝親征。至大同，知不敵，急班師。又因振家在蔚州，想邀英宗臨倖，定計走紫荊關，後來又變計走居庸關。迴旋之間，遂為敵兵追及於土木堡。英宗北狩。振死於亂軍之中。警報達京師，議論蜂起。侍講徐有貞等主張遷都。侍郎于謙則主張堅守。到底于謙一派戰勝了。於是以太后之命，奉英宗的兄弟郕王監國。旋即位，是為景帝。尊英宗為太上皇。也先挾太上皇，自紫荊關入攻京城。于謙督總兵石亨等力戰，總算把他擊退。謙乃整頓邊備，以重兵守大同、宣府。也先屢入寇，總不得志，乃奉太上皇還。

　　這是明人一天之喜。君主被擄，仍能安穩歸來，和西晉、北宋，可謂大不相同了。然而政變即因此而起。徐有貞因于謙有功，自覺慚愧。石亨亦因恃功驕恣，為謙所裁抑，內懷怨望。乃和太監曹吉祥等結託，乘景帝臥病，以兵闖入宮中，迎接太上皇復位，是為“奪門”之變。于謙被殺。有貞旋為石亨所排擠，貶死。亨又以謀反伏誅。英宗復辟之後，亦無善政。死後，憲宗立。寵任太監汪直。於東廠之外，別立西廠，使直主其事。憲宗崩，孝宗立。任用劉健、謝遷、李東陽等，政治總算清明。孝宗之後，武宗繼之，則其荒淫，又較前此諸君為甚。初寵東宮舊豎劉瑾，日事遊戲。別立內廠，使瑾主其事，並東西廠亦在監察之中。武宗坐朝，有人投匿名書於路旁，數瑾罪惡。瑾便矯詔，詔百官三百餘人，跪在午門外，加以詰責。至於半日之久，然後把他送入獄中。其專橫如此，朝臣自然無從舉發他的罪惡了。後來安化王寘鐇，反於寧夏。都御史楊一清，前往征討，把他打平。凱旋之日，楊一清勸監軍太監張永，舉發劉瑾罪惡。武宗才算省悟，把他除掉。又有個大同遊擊江彬，交結內監家奴，以蹴鞠侍帝。導帝出遊宣、大、延、綏等處。於是人心惶惶。

寧王宸濠，又因此反於南昌。幸得南贛巡撫王守仁，起兵躡其後，總算一戰而平。武宗卻又藉親征為名，出遊江南而還。此時畿南、山東，盜賊橫行，連年不得平定。其不至於土崩瓦解，只算僥倖罷了。一五二一年，武宗崩。無子，世宗入繼大統。世宗頗知學問，性質亦近於嚴厲。駕御宦官頗嚴。明自中葉以後，宦官的斂跡，無過於世宗時的。然嚴而不明。中年以後，又溺於神仙，不問政事。嚴嵩因之，盜竊朝權，一味蒙蔽。內政既壞，外患又深，明朝遂幾成不可收拾之局了。

第四十二章　明和北族的關係

明朝是整個中國，被胡人陷沒之後，把他恢復過來的。論理，對於北方的邊防，應較歷代格外注重。然而終明之世，只有太祖一朝，規模稍遠。成祖時，雖兵出屢勝，而棄地實已甚多。從此以後，就更其不能振作了。

明代的北方，是韃靼、瓦剌，迭起稱雄的時代。瓦剌，元時稱為斡亦剌，亦係北方部族之一。明初，其部落分而為三。成祖時來降。都封其首領以王號。而順寧王馬哈木最強。元朝的大汗統緒絕後，有個喚做鬼力赤的，自稱韃靼可汗。後為知院阿魯台所殺。迎立元朝後裔本雅失里。成祖曾親征，把他們打破。又曾打破馬哈木。後來本雅失里，到底為馬哈木所殺。其子脫歡，併瓦剌三部為一。又襲殺阿魯台。要想自立為可汗，其部下的人不肯。乃迎立元裔脫脫不花。脫歡子也先，聲勢更甚，並兀良哈亦為所脅服。遂有土木之變。此為瓦剌極盛時代。土木變後，也先殺脫脫不花自立。一四五二年，為知院阿剌所殺。瓦剌復衰。

於是韃靼酋長，有名為孛來的，殺阿剌，立脫脫不花的兒子麻兒可兒，號為小王子。麻兒可兒死後，眾共立馬古可兒吉思，為孛來所殺。有喚做毛里孩的，又殺孛來，迎立他可汗。又有喚做斡魯出的，和毛里孩互相仇殺。先是韃靼的入寇，或在遼東，或在宣府、大同，或在寧夏、莊浪。往來無常，為患不久。英宗復辟後，斡羅出才入據河套，和別部長孛魯乃合。至憲宗時，則孛來、小王子、毛里孩，先後皆至，為患益深。孛來死後，又有喚做滿魯都的，繼之而至。這便是明朝所謂"套寇"。總而言之，自也先死後，瓦剌之患已衰；此時的韃靼，亦只是些零碎部落，並不足為大患。然而明朝措置無方，北邊遂迄無息肩之日。到一五〇四年，達延汗再即汗位，而其形勢又一變了。

為藍玉所襲破而遇弒的脫古思帖木兒，《明史》謂是愛猷識里達臘之子，《蒙古源流考》則謂係愛猷識里達臘之弟。其子曰額勒伯克汗，嘗殺其臣而娶其妻，是為洪郭斡拜濟。洪郭斡拜濟歸汗時，有了三個月的身孕。又四個月而生一子，名為阿寨。阿寨的兒子名阿噶巴爾濟，是個助衛拉特以攻蒙古的人。阿噶巴爾濟生子曰哈爾固楚克，為也先的女婿。生子，名巴圖蒙克。是為達延汗。達延汗為中興蒙古的偉人。他有四個兒子：長名圖魯特，早死。季子格埒森札賚爾，留守漠北，是為喀爾喀諸部之祖。達延汗以次子烏魯斯為右翼，三子巴爾蘇為左翼。烏魯斯為滿魯都所殺。達延汗怒，命巴爾蘇擊殺滿魯都。這時候，漠南北本無強部，滿魯都死後，蒙古遂復呈統一之觀。達延汗和圖魯特之卜赤，徙牧南近長城，稱為插漢兒部，就是現在的察哈爾。巴爾蘇二子：長名袞必里克圖，為鄂爾多斯部之祖。次為阿勒坦汗，即《明史》的俺答，為土默特部之祖。袞必里克圖早死，其眾皆歸於俺答，所以俺答獨強。世宗時，屢為北邊之患，一五五〇、一五五九、一五六三三年，曾三次進犯京畿。嚴嵩以輦轂之下，敗不可掩，戒諸軍不得與戰，因此寇益得志。後來俺答之孫把漢那吉，娶妻而美，為俺答所奪，發怒來降。把漢那吉是幼孤而育於俺答之妻的。俺答之妻，怕中國把他殺掉，日夜哭泣。俺答才遣使請和。於是，穆宗於一五七〇年，封俺答為順義王。此時俺答亦已受了喇嘛教的感化，自此不復犯邊。而東方的插漢兒部轉盛。其時高拱當國，用戚繼光守薊鎮，李成梁守遼東。繼光持重，善守禦，而成梁屢戰卻敵。神宗時，張居正當國，對於這兩個人，任用更專。所以十六七世紀之間，北邊頗獲安息。明朝末年，漠南諸部，仍以插漢兒為最盛。插漢兒的林丹汗，為達延汗的八世孫。其妻，為葉赫部女。而葉赫為清所滅，所以林丹汗與清為仇。明朝就重加歲賜，命其聯合諸部，以牽制滿洲。然林丹汗驕恣，為同族所惡。先是一五九三年，蒙古東方的科爾沁等部，曾聯合滿洲諸部以伐清，為清太祖所敗，科爾沁等遂附於清。至是，並西方的土默特等部，亦和清通聲氣。一六三八年，清太宗會合蒙古諸部，出其不意，襲擊林丹汗。林丹汗欲拒戰，而下不聽命，乃出走。死於青海的大草灘。明年，其子額哲降清。於是漠南蒙古，就全為清人所征服了。

有明一代，對於北方的邊防，不可謂不認真。現在的長城，就大都是明代造的。最初防線撤廢之後，後來又以遼東、薊州、宣府、大同、榆林、寧夏、甘肅、固原、太原為九邊，都成為節制調度的重心。沿邊的兵額，配置頗為充足。兵額亦常能維持。器械亦比較精利。論其實力，本可以掃蕩漠南北而有餘。然而將驕卒惰之弊，亦在所不免，玩敵而不恤士卒，尤為通常之弊。所以兵力雖厚，而士氣不盛，始終只立於防禦的地位。對於區區的套寇，尚且不能掃穴犁庭，更無論絕漠而北了。

第四十三章 明朝的殖民事業和外患

中國人移殖的能力，是很大的。照第八章和第二十二章所述，則在很古的時代，中國人在海外的航線，業已很遠；而第三世紀以後，已幾乎把歐、亞的航路打通了。在這很長的時期中，中國人一定有在海外經營拓殖之業的。惜乎年深月久，文獻多已無徵。現在可考見的，大都是明以來的事蹟罷了。

在大陸上，最易和海洋接觸的是半島。亞洲大陸，有三個最大的半島——前後印度、朝鮮——其中兩個，本來都有一部分屬於中國的。自唐、五代以來，才逐漸的喪失了。明成祖時，因安南陳、黎二氏的篡奪①，發兵戡定其地。於一四〇六年設立交趾布政司，和內地的制度一樣。因守土的官吏，不盡得人，奉使的中官，尤多暴橫，土人叛亂不絕。於是一四二七年，宣宗又把他棄掉。然當元、明兩代，西南的土司，還幾於包括伊洛瓦諦江流域。安南、暹羅，雖各列為國，亦都朝貢於我。南洋群島的交通，亦是歷代不絕的。所以航行很為便利。

元朝人是好勤遠略的。當世祖時，曾遣唆都、李庭璧，招致南洋諸國。當時南洋之國，以俱藍、馬八兒為綱維。馬八兒便是今印度的馬拉巴爾（Malabar）。俱藍為其後障，當在馬拉巴爾之北。當時先後來朝的，共有十國。都是今印度沿岸和南洋群島之地。明初，使節所至亦遠。成祖又命中官鄭和往使。和乃自造大船，長四十四丈，寬十八丈的。共有六十二隻，帶着士卒三萬七千人，從蘇州婁家港出海，遍歷南洋諸國。有不服的，則威之以兵。自一四〇五至一四三三，三十年之間，凡七奉使，三擒番長。後來奉使海外的，無不盛稱和以炫耀諸國。其事業，亦可謂之偉大了。《明史‧鄭和傳》，於和事蹟，記載不詳。近代梁啟超作《鄭和傳》，推考其航路：則當自南海入暹羅灣。沿馬來半島南下，至新嘉坡。繞蘇門答臘和爪哇兩島。入孟加拉灣。循行印度半島的兩岸。繞錫蘭島。又入波斯灣。沿東岸北航，至底格利斯河口。再循西岸南航，至亞丁，越亞丁灣，入紅海。北航至麥加。南航，出莫三鼻給海峽，掠馬達加斯加島的南端而東歸。其航線所至，亦可謂之極遠了。當時華人移殖海外的甚多。在小呂宋一帶，尤為繁盛。而作蠻夷大長的，亦大有其人。其見於《明史》的：則有呂宋的潘和五，婆羅的王，爪哇新邦的邦主，三佛齊的梁道明、陳祖義。其事在明開國至萬曆年間，約當十四世紀後半至十五世紀之末。梁啟超作《中國殖民八大偉人傳》，得諸口碑的，又有戴燕國王吳元盛，崑崙國王羅大，都是清朝乾嘉年間，戰勝土蠻的。又有葉來，則為英屬海峽殖民地的開闢者。其事在嘉道之間，則已在十八世紀中葉至十九世紀前半了。還有潮州鄭昭，隨父流寓暹羅，為其宰相。乾隆時，暹羅為緬甸所滅，鄭昭起兵恢復，事見第四編第六章。近代西人的東航，實在明中葉以後。哥侖波的發現美洲，事在一四九三年，葡萄牙人的發現印度新航路，則事在一四九八年，較鄭和的下西洋，實後八九十年。西人東航之初，中國人的足跡，早已遍佈南洋了。中國西北負陸，而東南面海。閩、廣之北，限以重山，其民不易向中原分佈，所以移徙到海外的很多。南洋群島，氣候和煦，物產豐饒，實在是中國的一片好殖民地。不但如此，中國人作事平和，凡事都以共存共榮為目的。假使開發南洋的責任，而由中國負之，南洋群島的土人，決沒像現在飽受壓迫，瀕於滅亡之慘。徒以昔時狃於"不勤遠略"之見，有此基礎，不能助以國力，向前發展，這真是一個大錯誤。不但如此，因海防的廢弛，通商政策的不得宜，反還因海洋交通，而深受其害，這便是所謂倭寇。

倭寇是起於元、明之間的，至明中葉而大盛。原來日本自與元構釁後，禁止其人民，不許和中國往來。於是冒禁出海的，都是無賴的邊民，久之遂流為海寇。當元中葉，日本分為南北朝。後來南朝為北朝所併。遺民亦有入海，與海寇合的。朝鮮沿海，受患最深，而中國亦所不免。所以明初，於沿海設衛甚多；而明代的市舶司，意亦不重於收稅，而重於管理制馭。世宗時，廢司不設。貿易之事，移主於達官勢家。多負倭值不償。倭人貧不能歸，遂都變為海盜，沿海的莠民，亦都附和他；或則冒其旗幟，以海島為根據地，飢則入掠，飽則遠揚。沿海七省，無一不受其患。甚至沿江深入，直抵南京。明朝竟無如之何。直至一五五六年，胡宗憲總督浙江軍務，誘誅奸民，絕其內應，倭寇勢才漸衰。又約十年，乃為戚繼光、俞大猷所剿平。然而沿海之地，已凋敝得不堪了。

倭寇平定未幾，復有朝鮮之役，則其事已在神宗時了。日本自開國以來，世與蝦夷為敵。八世紀之末，日本拓地益廣，乃於東北邊置征夷大將軍。源、平二氏，世守其地。後來中央政爭，多藉源、平二氏為助。平氏先以外戚執政，後為源氏所滅。乃遍置武職於諸州，以守護封土，而總其權於征夷大將軍。於是大權盡入幕府，皇室徒擁虛名而已——日本皇室，所以始終未曾易姓，就是為此。源氏之後，北條氏、足利氏，相繼以家臣覆滅幕府，格外大封將士；而其將士，又以其地分封其下，遂成全國分裂之勢。十六世紀之末，有個喚做豐臣秀吉的，起而平定全國。因念亂源終未盡絕，意欲把一班軍人趕到外國去，遂有一五九二年渡海攻朝鮮之舉。

朝鮮開國之主李成桂，本是以打倭寇出名的。當元朝時候，屢次干預高麗的內政。其國王，多數是元朝的女婿。舉國多剃髮易服，習為胡化。明興之後，高麗王氏的末主，還想扶翼元朝。李成桂則傾向中國。於是覆王氏而自立。革新內政，輸入中國的文化，氣象一新。然而承平日久，兵備亦不免於廢弛。日本兵一至，遂勢如破竹。其王先奔平壤，後走義州，遣使求援於中國。神宗命李如松前往。一戰而勝，盡復漢江以北之地。旋因輕進，敗於坡州的碧蹄館。於是撫議復起。遷延數年，終不能就。直至一五九八年，豐臣秀吉死，日本兵乃解而東歸。這一次，明朝運兵籌餉，騷動全國，而竟沒有善策，可見其政治軍備的廢弛了。

① 安南首脫離中國自立的為丁部領，事在九〇七年。越十年而為黎氏所篡。宋太宗討之，不克。因其來降而封之。自是安南的自立，遂得中國的承認。一〇一〇年，黎氏為李氏所篡。傳國至一二二七年，其末代女主佛金，讓位於其夫陳日照。至一三九九年，乃為外戚黎季犛所篡。季犛實姓胡，篡位後，即復姓，改國號為大虞，而傳位於其子漢蒼。旋為成祖所滅。

第四十四章 明末的政局

　　明朝當世宗之時，萬事廢弛，本已成不能復振之局。世宗崩後，穆宗立，在位六年而崩。神宗立。時為一五七二年。穆宗時，張居正、高拱，相繼為相。神宗立，年幼，拱復罷，居正輔政。居正有綜核之才。史稱其當國之時，一紙文書，"雖萬里之外，無敢不奉行維謹"的。當時吏治敗壞，又承累朝的奢侈，國計民生，均極困難，居正乃裁減用度，刷新庶政。"行官吏久任之法，嚴州縣諱盜之誅。"在相位十年，頗有"起衰振敝"之效。然神宗本性是昏惰的。所以自居正死後，綱紀便又廢弛了。而中年後的怠荒，尤為前此列朝所未有。

明朝的君主，視朝本不甚勤謹的。神宗則中年以後，不視朝者至二十餘年。專一聽信中官，派他們出去做稅使，並到各處開礦，藉端誣索，毒流天下。皇帝既不管事，群臣就結黨相攻。而言路一攻，其人即自去，於是言路之權反重。明朝人本來和宋朝人一樣，喜歡爭意氣的。當時顧憲成等講學於無錫的東林書院。往往諷議執政，裁量人物。即朝士亦有遙相附和的。於是黨禍復起。

清室之先，就是隋唐時的白山靺鞨。遼時，謂之長白山女真。清人自謂國號滿洲。據近人所考證，則滿洲二字，明人寫作滿住，乃大酋之稱，不徒非國名，並非部族之名。清室之先，實在是明朝的建州女真。明朝分女真為三衛：曰海西，在今吉林的西部，遼寧的西北部。曰野人，在今吉、黑兩省的極東。曰建州，初設於朝鮮會寧府的河谷。事在一四一二年。受職為指揮使的，名猛哥帖木兒，即清人所謂肇祖。後為七姓野人所殺。弟凡察嗣職，遷居佟佳江流域。後來猛哥帖木兒的兒子董山出來，和凡察爭印。明朝乃將建州分為左右二衛，以董山為左衛，凡察為右衛指揮使。董山漸漸桀驁。一四六六年，明朝檄調他到廣寧，把他殺掉。並出兵攻破其部落。部人擁戴其子脫羅擾邊，聲言復仇。久之，也就寂然了。於是左衛衰而右衛盛。右衛酋長王杲，其地在今寬甸附近。為李成梁所破。逃到扈倫四部中之哈達。據《清實錄》所載，當時的女真，分為滿洲、長白山、扈倫、東海四大部。滿洲、長白山，就是明朝的建州衛。東海為明朝的野人衛。扈倫則野人部落，南遷而據海西之地的。其中哈達、葉赫，明人稱為南北關，倚以捍邊，視之尤重。王杲逃到哈達後，哈達酋長把他執送李成梁。李成梁把他殺掉。王杲的兒子阿台，是清景祖的孫婿。景祖，《清實錄》名覺昌安，明人謂之叫場，即清太祖之祖。其第四子顯祖塔克世，明人謂之他失，為太祖之父。阿台既抱殺父之怨，助葉赫以攻哈達。滿洲的蘇克蘇滸部長尼堪外蘭，為李成梁嚮導，以攻阿台。阿台被殺。叫場、他失亦俱死。清太祖向明邊吏呼冤，明人乃將叫場、他失的屍體還給他。此時清太祖勢甚微弱。至一五八三年，乃起兵以攻尼堪外蘭。一五八六年，尼堪外蘭奔明邊。明人非但不加保護，反把他執付清太祖。並開撫順、清河、寬甸、璦陽四關，許他互市。從此滿洲，就漸漸強盛起來了。清人既漸強，滿洲五部，都為所征服。扈倫、長白山聯合蒙古的科爾沁等部來伐，亦為清太祖所敗。太祖又聯合葉赫，以滅哈達。至一六一六年，遂起兵叛明。

清兵既起，明以楊鎬為經略，發大兵二十萬，分四路東征。三路皆敗。清人遂陷鐵嶺，進滅葉赫。明以熊廷弼為經略。旋代以袁應泰。應泰有吏材，無將略，遼、瀋遂陷。清太祖自赫圖阿拉遷居遼陽。一六二五年，又遷居瀋陽。儼然和明朝對抗了。

邊事如此，而明朝方忙於三案之爭①。東林、非東林，互相攻擊。熹宗時，非東林黨人結中官魏忠賢，把東林黨人一網打盡。忠賢的驕橫，尤其前此宦官所未有。直到一六二七年，毅宗即位，才把他除掉。然而外患未平，流寇復起，終於不能支持了。

流寇是毅宗初年，起於陝西的。流入山西。又流入河北。渡河，犯湖廣、四川、襄鄖。明朝命陳奇瑜督剿。一六三四年，奇瑜蹙賊於車箱峽。賊勢業已窮蹙，而奇瑜信其偽降，受之，賊出峽即大掠。於是分為兩股：一為高迎祥、李自成，一為張獻忠。四處流竄。一六三六年，迎祥為孫傳庭所擒，自成逃向甘肅。獻忠亦給盧象昇打敗，詣湖北偽降。賊勢又已衰挫。而滿洲又於此時入犯，諸將都撤兵東援，賊勢遂復熾。

明自遼、瀋陷後，再起熊廷弼為經略。因為廣寧巡撫王化貞所掣肘，計不得行。遼西城堡多陷。明逮廷弼、化貞，俱論死。以王在晉為經略。在晉主守山海關。時袁崇煥以僉事監軍關外，主張守寧遠。大學士孫承宗是崇煥議。乃罷在晉，代以承宗。旋又代以高第。第性恇怯，盡撤守備入關。崇煥誓以死守寧遠。一六二六年，清太祖見明大兵已撤，以為機有可乘，自將攻寧遠。大敗，受傷而死。太宗立。先定朝鮮。還攻寧遠、錦州，又大敗。一六二九年，太宗乃避正面，自喜峰口入長城。崇煥亦兼程入援。兩軍大戰，勝負未分。先是崇煥以皮島守將毛文龍跋扈，藉閱兵為名，把他殺掉。毅宗雖加撫慰，實則不能無疑。至是，清人縱反間之計，毅宗遂將袁崇煥下獄殺掉。於是邊事愈壞。毛文龍死後，其部將孔有德、耿仲明等逃到登州。後來造反，給官軍打敗，浮海降清。引清兵攻陷廣鹿島。守將尚可喜降。皮島亦陷。明人前此，常藉海軍勢力，牽制遼東，至此亦消滅了。然而遼西兵力還厚。太宗乃仍繞道長城各口，於一六三六、一六三八、一六四〇等年，入犯京畿，蹂躪山東。明朝剿匪的兵事，因此大受牽制。一六四〇年，清兵大舉攻錦州。明薊遼總督洪承疇往援，戰於松山，大敗。明年，松山破，承疇降。錦州亦陷。於是關外重鎮，只有一個寧遠了。然而明兵塞住山海關，清人還不敢深入。

李自成、張獻忠再叛之後，獻忠竄入四川，自成則再攻河南。是時，河南大飢，民從之者如流水，勢遂大熾。一六四三年，自成陷西安。明年，稱帝。東陷太原。分兵出真定，而自率大兵陷大同。遂陷宣府，自居庸關陷京師。毅宗自縊死。毅宗死的前一年，清太宗也死了。子世祖立，年才六歲，鄭親王濟爾哈朗、睿親王多爾袞同攝政。明山海關守將吳三桂，聞京城被圍，發兵入援。至豐潤，京城已陷。李自成招他投降，三桂已經答應了。後聞愛妾陳沅被掠，大怒，走回降清。多爾袞方略地關外，聞之，大喜，疾馳受其降。合兵打破李自成。自成逃回陝西。清兵遂入北京，世祖即遷都關內。

註解

① 三案，就是梃擊、紅丸、移宮。神宗皇后無子，恭妃王氏，生子常洛，貴妃鄭氏，生子常洵。常洛長，而神宗寵鄭貴妃，欲立常洵，藉口待中宮有子，久不建儲。群臣屢以為言。一六〇一年，才立常洛為皇太子。一六一五年，忽有不知姓名男子，持梃闖入東宮，擊傷守門內侍。把他拘來審訊。他自說姓張，名差，是鄭貴妃宮中太監劉成、龐保主使他的。於是眾論嘩然，都攻擊鄭貴妃。後來把張差、劉成、龐保三個人殺掉算了結。神宗崩於一六二〇年。常洛立，是為光宗。不久即患病。鴻臚寺丞李可灼，進紅丸一粒。光宗服之，明日即崩。有人主張徹究李可灼，有人以為可灼無罪。後來亦未曾徹究。光宗崩後，熹宗即位。時年十六，光宗選侍李氏，亦住在乾清宮。御史左光斗力爭，乃移到噦鸞宮。此三案，大致東林黨人是主張徹究張差、李可灼，以移宮為然的。非東林黨則反是。事雖已過，仍彼此攻擊不已。魏忠賢得志之後，恨東林黨的人，和他交結。御史崔呈秀，乃將東林黨人的名字，都開給他，叫他一網打盡。於是魏忠賢提督東廠，把楊漣、左光斗等東林黨中極有名的人物都殺掉。又毀天下書院。而魏忠賢的生祠，反而遍於各處。黨禍之烈，閹宦之橫，真是從古所未有。

第四十五章 明的制度

有明一代，政治雖欠清明，制度則頗為詳密。其大部，都為清代所沿襲，有到現在還存在的。所以明代的制度，在近世的歷史上，頗有關係。

明太祖初仍元制，以中書省為相職。後因宰相胡惟庸謀反，遂廢省不設。並諭後世子孫，毋得議置丞相。遂成以天子直領六部的局面。這斷非嗣世的中主所能辦到的。於是殿、閣學士，遂漸起而握宰相的實權。前代的御史台，明時改稱都察院。設都御史、副都御史、僉都御史，都分左右。又有十三道監察御史。除糾彈常職外，提督學校、清軍、巡漕、巡鹽諸務，亦一以委之。而巡按御史，代天子巡守，其權尤重。給事中一官，歷代都隸門下省。明朝雖不設門下省，而仍存此官，以司封駁稽察。謂之科參。六部之官，沒有敢抗科參而自行的，所以其權亦頗重。外官則廢元朝的行省，而設布政、按察兩司，以理政事及刑事。但其區域，多仍元行省之舊。巡撫，本係臨時遣使。後來所遣寖廣，以其與巡按御史不相統屬，乃多以都御史為之。再後來，則以他官奉使，而加以都御史的銜。其兼軍務的，則加提督，轄多權重的稱總督。已有巡按，而又時時遣使，實亦不免於駢枝。但在明代，還未成為常設之官罷了。

明朝的學校選舉制度，是很有關係的。原來自魏、晉以後，國家所設立的學校，久已僅存其名，不復能為學校的重心；而且設立太少，亦不足以網羅天下之士。所以自唐以後，變為學問由人民自習，而國家以考試取之的制度，而科舉遂日盛。科舉有但憑一日之短長之弊。所以宋時，范仲淹執政，有令士人必須入學若干日，然後得以應試之議。王安石變法，則主張以學校養士。徽宗時，曾令禮部取士，必由學校升貢。其後都未能行。然應舉之士，仍宜由學校出身，則為自宋以來，論法制的人所共有的理想。到明朝，而此理想實現了。明制：京師有國子監。府、州、縣亦皆有學。府州縣學，初由巡按考試，後乃專設提舉學校之官。提學官在任三載，兩試諸生。一名歲試，是所以考其成績優劣的。一則開科之年，錄取若干人，俾應科舉。應科舉的，以學校生徒為原則。間或於此之外，取錄一二，謂之充場儒士，是極少的。國了監生及府州縣學生，應鄉試中試的，謂之舉人。舉人應禮部試中試，又加之以殿試，則為進士。分三甲。一甲三名，賜進士及第。第一人授職修撰，第二三人授職編修。二甲若干人，賜進士出身。三甲若干人，賜同進士出身。都得考選庶吉士。庶吉士是儲才之地，本不限於進士。而自中葉以後，非進士不入翰林，非翰林不入內閣。所以進士之重，為歷代所未有，其所試：則首場為四書五經義。次場則論、判及詔、誥、表、內科一道。三場試經、史、時務策。鄉會試皆同。此亦是將唐時的明經進士，及宋以後經義、詞賦兩科，合而為一。所試太難，實際上無人能應。於是後來都偏重首場的四書文，其他不過敷衍而已。其四書文的格式：（一）體用排偶，（二）須代聖賢立言，謂之八股。初時還能發揮經義，後來則另成為一種文字，就不懂得經義的人，也會做的。應試之士，遂多不免於固陋了。

　　明朝的兵制，名為摹仿唐朝，實在亦是沿襲元朝的。其制：以五千六百人為衛，一千一百十二人為千戶所，一百十二人為百戶所。每所設總旗二人，小旗十人。諸衛或分屬都司，或直屬中左右前後五軍都督府。都司則都屬都督府。衛所的兵，平時都從事於屯田。有事則命將充總兵官，調衛所之兵用之。師還，則將上所佩印，兵各歸其衛所。於此點最和唐朝的府兵相像。而衛指揮使和千戶、百戶，大都世襲；都督、同知、僉事等，多用勳戚子孫，則是摹仿元朝的。元朝以異族入居中國，這許多人，多半是他本族，所以要倚為腹心。明朝則事體不同，而還沿襲着他，實在很為無謂。凡勳戚，總是所謂世祿之家。驕奢淫佚慣了，哪裏有甚麼勇氣？明朝後來，軍政的腐敗，這實在是一個很大的原因。其取兵之途有三：一為從征，二為歸附，都是開國時的兵，後來定入軍籍的。這亦是摹仿元朝。而明朝最壞的是謫發，便是所謂充軍。有罪的人，罰他去當兵，這已經不盡適宜，卻還有理可說。而一人從軍，則其子孫永隸軍籍。身死之後，便要行文到其本鄉去，發其繼承人來充軍，謂之句補。繼承人沒了，並且推及其他諸親屬，這實在是無理可說。而事實上弊竇又多。要算明朝第一秕政。

　　法律：明初定《大明律》，大致以《唐律》為本。又有《會典》，亦是摹仿《唐六典》的。中葉以後，則律與例並行。其刑法，亦和前代相同，惟充軍則出於五刑之外。

明代最精詳的，要算賦役之制。其制：有黃冊，以戶為主，備載其丁、糧之數。有魚鱗冊，以土田為主，詳載其地形地味，及其屬於何人。按黃冊以定賦役。據魚鱗冊以質土田之訟，其制本極精詳。後來兩種冊子都失實，官吏別有一本，據以徵賦的冊子，謂之白冊。白冊亦是以田從戶的。其用意本和黃冊一樣。但自魚鱗冊壞後，田之所在不可知，就有有田而不出賦役，無田而反出賦役的，其弊無從質正，而賦役之法始壞。明代的役法：係以一百十戶為一里。分為十甲。推丁多之家十人為長。分戶為上中下三等以應役。役有“銀差”，有“力差”。中國財政，向來量入為出的，惟役法則量出為入。所以其輕重繁簡，並無一定。明朝中葉以後，用度繁多，都藉此取之於民。謂之加派。就弄得民不聊生。役法最壞的一點，還不在其所派的多少，而在一年中要派幾次，每次所派若干，都無從預知。後來乃有“一條鞭”之法。總計一年的賦役，按照丁糧之數，均攤之於人民。此外更有不足，人民不再與聞。力役亦由官召募。人民乃少獲蘇息。惟其末年，又有所謂三餉，共加至一千六百七十萬[1]，人民不堪負擔，卒至於亡國而後已。賦役而外，仍以鹽、茶為收入的大宗。明初，命商人納糧於邊，而給之以鹽，謂之開中鹽，而以茶易西番之馬。商人因運輸困難，就有自出資本，僱人到塞下屯墾的。不但糧儲豐滿，亦且邊地漸漸充實。國馬饒足，而西番的勢力，多少要減削幾分。真是個長駕遠馭之策。後來其法壞了，漸都改為徵銀，於是商屯撤廢，沿邊穀價漸貴，而馬群也漸耗減了。茶鹽之外，雜稅還很多。大抵以都稅所或宣課司榷商貨；抽分場局稅竹、木、柴薪；河泊所收魚稅，都不甚重要。惟鈔關之設，初所以收回紙幣，後遂相沿不廢，成為一種通過稅。在近代財政上，頗有關係。

註解

[1] 明朝的田賦：一五一四年，武宗因建乾清宮，始加徵一百萬。一五五一年，世宗因邊用。加江浙田賦百二十萬。清兵起後，神宗於一六一八、一六一九、一六二〇三年，共增賦

五百二十萬。毅宗於一六三〇年，加一百六十萬。兩共六百八十萬，謂之遼餉。後來又加練餉、剿餉，先後共加賦一千六百七十萬。

第四十六章 元明的學術思想和文藝

　　元明的學術思想，是承宋人之流的。在當時，佔思想界的重心的，自然還是理學。理學是起於北方的。然自南宋以後，轉盛行於南方，北方知道的很少。自元得趙復後，其說乃漸行於北。元時，許衡、姚樞等，都號為名儒，大抵是程朱一派。只有一個吳澄，是想調和朱陸的。明初，也還是如此。到公元十五六世紀之間，王守仁出，而風氣才一變。

　　王守仁之說，是承陸九淵之緒，而又將他發揮光大的。所以後來的人，亦把他和九淵並稱，謂之陸王，和程朱相對待。守仁之說，以心之靈明為知。為人人所同具。無論如何昏蔽，不能沒有存在的。此知是生來就有的，無待於學，所以謂之良知。人人皆有良知，故無不知是非之理。但這所謂知，並非如尋常人所謂知，專屬於知識方面。"如惡惡臭，如好好色"，知其惡，自然就惡，知其善，自然就好。決非先知其惡，再立一個心去惡；先知其好，再立一個心去好的。好之深，自然欲不做而不能自已。惡之甚，自然萬不肯去做。所以說"知而不行，只是未知"，所以說知行合一。既然知行就是一事，所以人只要在這知上用功夫，就一切問題，都解決了。時時提醒良知，遵照他的指示做：莫要由他昏蔽，這個便是致良知。如此，憑你在"事上磨煉"也好，"靜處體悟"也好。簡單直捷，一了百了。這真是理學中最後最透徹之說，幾經進化，然後悟出來的。

　　講理學的人，本來並沒有教人以空疏。但是人心不能無所偏重。重於內的，必輕於外。講理學的人，處處在自己身心上檢點，自然在學問和應事上，不免要拋荒些，就有迂闊和空疏之弊。程朱一派，注意於行為，雖然迂闊空疏，總還不失為謹愿之士。王學注重於一心——在理學之中，王學亦稱為心學——聰明的人，就不免有猖狂妄行之弊。本來猖狂的人，也有依附進去的。其末流流弊就大著。於是社會上漸漸有厭棄心學，並有厭棄理學的傾向。但這所謂厭棄，並不是一概排斥，不過取其長，棄其短罷了。在明末，顧炎武、黃宗羲、王夫之三先生，最可以為其代表。

這三位先生，顧、王兩先生，是講程朱之學的。黃先生則是講陸王之學的。他們讀書都極博，考證都極精，而且都留意於經世致用，制行又都極謹嚴，和向來空疏、迂闊、猖狂的人，剛剛一個相反。中國自秦漢以後，二千年來，一切事都是因任自然，並沒加以人為的改造。自然有許多積弊。平時不覺得，到內憂外患交迫之日，就一一暴露出來了。自五代以後，契丹、女真、蒙古，迭起而侵掠中國。明朝雖一度恢復，及其末造，則眼看着滿洲人又要打進來。返觀國內，則朝政日非，民生日困，風俗薄惡，寇盜縱橫，在在都覺得相沿的治法，有破產的傾向。稍一深思熟考，自知政治上、社會上都須加一個根本的改造。三先生的學問，都注意到這一方面的。黃先生的《明夷待訪錄》，對於君主專制政體，從根本上下攻擊。王先生的《黃書》，這種意見也很多。顧先生的《日知錄》，研究風俗升降、政治利弊，亦自信為有王者起，必來取法之書。這斷非小儒呫嗶，所能望其項背。後來清朝人的學問，只講得考據一方面，實不足以繼承三先生的學風。向來講學術的人，都把明末諸儒和清代的考證學家，列在一處，這實在不合事實，不但非諸先生之志而已。

講到文藝，元明人的詩文，亦不過承唐宋之流，無甚特色。其最發達的，要算戲曲。古代的優伶，多以打諢、取笑為事。間或意存諷諫，飾作古人，亦不可謂之扮演。扮演之事，惟百戲中有之。如《西京賦》敍述《平樂觀》角觝，説"女媧坐而清歌，洪崖立而指揮"之類。然而不兼歌舞。南北朝時，蘭陵王入陳曲、踏謠娘等，才於歌舞之中帶演故事。然還不是代言體。宋時的詞，始有敍事的，謂之傳踏。後來又有諸宮體。至於元代的曲，則多為代言體。演技者口中所歌，就作為其所飾的人所説的話，其動作，亦作為所飾的人的表情。就成為現在的戲劇了。戲劇初起時，北方用弦索，南方用簫笛。

明時，魏良輔再加改革，遂成為今日的昆曲。此外說話之業，雖盛於宋。然其筆之於書，而成為平話體小說，則亦以元明時代為多。總而言之，這一個時代，可以算得一個平民文學發達的時代。

第四十七章　元明的宗教和社會

元代是以蠻族入據中國，沒甚麼傳統的思想的。所以對於各種宗教，一視同仁。各教在社會上，遂得同等傳播的機會。其中最活躍的，則要算佛教中的喇嘛教。喇嘛教是佛教中的密宗。其輸入西藏，據《蒙古源流考》，事在七四七年。始祖名巴特瑪撒巴斡。密宗是講究顯神通的。和西藏人迷信的性質，頗為相近。所以輸入之後，流行甚盛。元世祖征服西藏後，其教遂流行於蒙古。西僧八思巴，受封為帝師。其後代有承襲。受別種封號的還很多。天下無論甚麼事情，不可受社會上過分的崇信。崇信得過分，其本身就要成為罪惡了。喇嘛教亦是如此。元世祖的崇信喇嘛教，據《元史》上說，是他懷柔西番的政策，未知信否。然即使如此，亦是想利用人家，而反給人家利用了去的。當時教徒的專橫，可說是歷代所無。內廷佛事，所費無藝，還要交通豪猾，請釋罪囚以祈福。其詒害於政治，不必說了。其在民間，亦擾害特甚。當時僧徒，都佩有金字圓符，往來得以乘驛。驛舍不夠，則住在民間。驅迫男子，姦淫婦女，無所不至。還要豪奪民田，侵佔財物。包庇百姓，不輸賦稅，種種罪惡，書不勝書。其中最盛的楊璉真伽，至於發掘宋朝錢塘、紹興的陵寢和大臣冢墓一百零一所，殺害平民四人，受人獻美女寶物無算。攘奪盜取財物，計金一千七百兩，銀六千八百兩，玉帶九條，玉器一百十一件，雜寶一百五十二件，大珠五十兩，鈔十一萬六千二百錠，田二萬三千畝，包庇不輸賦的人民二萬三千戶。真是中國歷史上，從來未有的事情。次於喇嘛教，流行最盛的，大約要算回教。因為元時，西域人來中國的很多，大多數是信回教的。至於基督教，則意大利教士若望高未諾（Monte Carvino），曾以一二九四年，奉教皇的命令來華。元世祖許其在大都建立教堂四所。信教的亦頗不乏，但都是蒙古人。所以到元朝滅亡，又行斷絕了。廣東一方面，亦有意大利教士奧代理谷（Odoric）來華，都是羅馬舊教。

元代社會的階級，也很嚴峻的。蒙古人、色目人和漢人、南人，在選舉和法律上，權利都不平等，已見第三十九章。此外最利害的，要算掠人為奴婢一事。元初的制度，大約俘掠所得，各人可以私為己有；至於降民，則應得歸入國家戶籍的。然而諸王將帥，都不能遵守。其中最甚的，如滅宋時平定兩湖的阿里海涯，至將降民三千八百戶，沒為家奴，自行置吏治之，收其租賦。雖然一二四○年，太宗曾籍諸大臣所俘男女為民。然一二八二年，御史臺言阿里海涯佔降民為奴，而以為征討所得。世祖令降民還之有司，征討所得，籍其數賜臣下，則仍認俘掠所得，可以為私奴。《廉希憲傳》說他行省荊南時，令凡俘獲之人，敢殺者，以故殺平民論。則當時被俘的人，連生命也沒有保障了。

北族是歷代都辮髮的。所以在《論語》上，已有被髮左衽的話。南北朝時，亦稱鮮卑為索虜，但是自遼以前，似乎沒有敢強行之於中國的。金太宗天會七年，才下削髮之令。但其施行的範圍，仍以官吏為限，蒙古則不然，不論公人私人，都要強迫剃髮。其時幾於舉國胡化，明有天下，才把他恢復過來。明太祖洪武元年的《實錄》說：

詔復衣冠如唐制。初，元世祖起自朔漠以有天下，悉以胡俗變易中國之制，士庶咸辮髮椎髻，深簷胡俗。衣服則為袴褶窄袖及辮線腰褶。婦女衣窄袖短衣，下服裙裳，無復中國衣冠之舊。甚者易其姓氏，為胡名，習胡語。俗化既久，恬不知怪。上久厭之。至是悉命復衣冠如唐制。士民皆束髮於頂。……其辮髮椎髻，胡服、胡語、胡姓，一切禁止。……於是百有餘年胡俗，悉復中國之舊矣。

這個真要算中國人揚眉吐氣的一天了。

然而明太祖雖能掃除衣冠辮髮的污點，至於社會上的階級，則初無如之何。太祖數藍玉的罪，說他家奴數百，可見明初諸將的奴僕，為數亦不在少。後來江南一帶，蓄奴的風氣更盛。顧亭林《日知錄》說："江南士大夫，一登仕籍，投靠多者，亦至千人，其用事之人，主人之起居食息，出處語默，無一不受其節制。有王者起，當悉免為良，而徙之以實遠方空虛之地。則豪橫一清，四鄉之民，得以安枕；士大夫亦不受制於人，可以勉而為善。政簡刑清，必自此始。"可以想見這一班人倚勢橫行，擾害平民的行徑。然亦明朝的士大夫，居鄉率多暴橫，所以此輩有所假藉。明朝士大夫，暴橫最甚的，如梁儲的兒子次攄，和富人楊端爭田，至於滅其家，殺害二百餘人。王應熊為宰相，其弟在鄉，被鄉人詣闕擊登聞鼓陳訴，列狀至四百八十餘條，贓至一百七十餘萬。溫體仁當國，唐世濟為都御史，都是烏程人。其鄉人為盜於太湖的，至於以其家為奧主，都是駭人聽聞的事。這大約仍是元代遺風。因為當時劫於異族的淫威，人民莫敢控訴。久之，就成為這個樣子了。清朝管束紳士極嚴，雖說是異族入據，猜忌漢人，要減削其勢力，而明代紳士的暴橫，亦是一個大原因。

第四編

近代史

第一章 明清之際

"人必自侮，而後人侮之"，以中國之大，豈其區區東北一個小部落所能吞併？金朝的兵力，不算不強，然而始終不能吞滅南宋，便是一個證據。然則明朝的滅亡，並非清之能滅明，還只是明朝人的自己亡罷了。

北部淪陷之後，明朝的潞王常淓、福王由崧，都避難南來。當時眾議，因潞王較賢，多想立他。而鳳陽總督馬士英，挾着兵力，把福王送到儀徵。眾人畏懼他，只得立了福王，是為弘光帝。士英引閹黨阮大鋮入閣，而把公忠的史可法排擠出去，督師江北。正人君子，非被斥，即引去。弘光帝又沉迷聲色。南都之事，就不可為了。

清朝的能入關，也並非全靠自己的兵力。佔據北京，已為非望，如何會有吞滅全中國的心理呢？所以世祖入關後，給南方的檄文，還有"明朝嫡胤無遺，勢難孤立，用移大清，宅此北土。其不忘明室，輔立賢藩，戮力同心，共保江左，理亦宜然，予不汝禁"之語。然而南都既不能自立，清朝就落得進取。當清兵入北京之後，即已分兵打定河南、山東、山西。及世祖入關，又遣英親王阿濟格，帶着吳三桂、尚可喜出榆、延；豫親王多鐸，帶着孔有德出潼關；以攻陝西。李自成走死湖北的通城。多鐸的兵，就移攻江南。這時候，史可法分江北為四鎮。而諸將不和，互相仇視①。武昌的左良玉，又和阮大鋮不合，以清君側為名，舉兵東下。大鋮大懼，急檄可法入援。可法兵到燕子磯，左良玉已死在路上，其兵給守蕪湖的黃得功打敗了。可法再回江北，則清兵已至。可法檄諸鎮赴援，沒有一個來的。可法守揚州七日，城陷，死之。清兵遂渡江而南。弘光帝奔蕪湖。清兵追襲。黃得功拒戰，中箭而死。帝遂北狩。後來殉國於北方。清兵直打到杭州而還。時為一六四五年。

於是明人奉魯王以海，監國紹興。唐王聿鍵，即位福州，是為隆武帝。當清兵初入北京之日，曾下令，強迫人民剃髮。二十日之後，又聽民自由。及下江南，復下剃髮之令。於是江南人民，紛紛起兵抗拒。然既無組織，又無訓練，大多數旬月即敗。清廷復遣肅親王豪格和吳三桂攻四川。張獻忠陣殞於西充。其黨孫可望、李定國、白文選、劉文秀，潰走川南。旋入貴州。清兵追至遵義，糧盡而還。只勒博洛攻閩、浙，魯王走入海。隆武帝頗為英武，而為鄭芝龍所制，不能有為。時何騰蛟招降李自成餘眾，分佈湖南、湖北。楊廷麟也起兵江西，恢復吉安。隆武帝想出就廷麟，未果而清兵至。帝從延平走汀州，入於清軍。後來崩於福州。時為一六四七年。

明人又立唐王之弟聿鐥於廣州，桂王由榔於肇慶，是為永曆帝。清使李成棟攻廣東，聿鐥殉國。孔有德、尚可喜、耿仲明攻湖南，何騰蛟退守桂林。金聲桓攻江西，楊廷麟亦敗殞。未幾，李成棟、金聲桓都反正，何騰蛟乘機復湖南。川南，川東亦來附。於是永曆帝有兩廣、雲、貴、江西、湖南、四川七省之地，形勢頗張。而張名振亦奉魯王，以舟山為根據地，出入江、浙沿海。清廷乃使洪承疇鎮江寧，吳三桂取四川，耿仲明、尚可喜攻江西，孔有德攻湖南。金聲桓、李成棟、何騰蛟都敗死。一六五〇年，清兵進陷桂林，瞿式耜亦殉節。明年，張名振和起兵浙東的張煌言合兵攻吳淞，不克，而舟山反為清所襲陷，二人奉魯王奔廈門②。永曆帝避居南寧，遣使封孫可望為秦王。可望遣兵三千，厪桂王居安隆；而使劉文秀攻四川，李定國攻桂林。孔有德伏誅。吳三桂也戰敗，逃回漢中。清乃命洪承疇鎮長沙，以保湖南；李國英鎮保寧，以守川北；尚可喜鎮肇慶，以保廣東；無意於進取了。而永曆帝因孫可望跋扈，密使召李定國。定國迎帝入雲南，可望攻之，大敗。遂降清。洪承疇因之請大舉。一六五八年，清兵自湖南、四川、廣西三道入滇。李定國扼北盤江力戰，不能敵。乃奉帝如騰越，而伏精兵於高黎貢山。清兵追之，遇伏，大敗而還。時劉文秀已死，李定國、白文選奉帝入緬甸。一六六〇年，三桂發大兵出邊。緬人乃奉帝入三桂軍。一六六二年，為三桂所弒，明亡③。此時清世祖亦已死，這一年，是聖祖的康熙元年了。

明朝的統緒雖絕，然而天南片土，還有保存着漢族的衣冠，和清朝相抗的，是為鄭成功。成功是芝龍的兒子，芝龍降清時，成功不肯順從，退據廈門，練着海陸兵，屢攻沿海之地。清兵入滇時，成功大舉入江以圖牽制。破鎮江，薄南京，清廷大震。旋為清兵所襲破，乃收軍，出海而還。

一六六〇年，成功攻取台灣④。於是務農練兵，定法律，設學校，築館以招明之遺臣渡海，歸之者如織。天南片土，儼然獨立國的規模了。

即以閩、廣、雲南而論，實亦非清朝實力所及。清朝的定南方，原靠一班漢奸，為虎作倀。所以事定之後，仍不得不分封他們，以資鎮攝。於是以尚可喜為平南王，鎮廣東；耿仲明為靖南王，鎮福建；吳三桂為平西王，鎮雲南；是為三藩。三藩之中，三桂功最高，兵亦最強。他當時用錢用兵，戶、兵二部，不能節制。用人亦不由吏部，謂之西選。西選之官半天下。清朝之於南方，簡直是徒有其名，不但鞭長莫及而已。然而"償軍之將，不可以言勇；亡國之大夫，不足與圖存"，既已靦顏事仇，忽又起而反抗，就不免有些進退失據：天下的人，未免要不直他，士氣亦易沮喪，和始終以忠義激厲其下的，大不相同了。這是三藩之所以終於無成。尚可喜受封之時，年已老邁。乃將兵事交給其兒子之信。久之，遂為所制。乃請撤藩歸老遼東。清廷許之。時耿仲明已死，傳子繼茂以及精忠，和吳三桂都不自安，亦請撤藩，以覘清朝的意向。當時明知許之必反，廷議莫敢主持。清聖祖獨斷許之。一六七三年，三桂遂舉兵反。三桂的意思，本想走到中原，突然舉事的，而為清朝的巡撫朱國治所逼，以是不得不發。既舉兵之後，有人勸他棄滇北上。三桂也暮氣深了，不能用。三桂舉兵之後，貴州首先響應。明年，攻下湖南。廣西、四川和湖北的襄陽，亦都響應。福建、廣東，更不必説了。於是三桂親赴常、澧督戰。派一支兵出江西，以應福建；一支兵出四川，以攻陝西。清朝的提督王輔臣，亦據寧夏以應三桂。三桂想親出兵以應輔臣，不曾來得及，而清朝的兵，反從江西打入湖南。三桂雖然回兵，把他打退，然自此遂成相持之局。這是於三桂不利的。而耿、尚二藩，又因一和鄭成功的兒子鄭經相攻，一苦三桂徵餉，復叛而降清，三桂勢窮。乃於一六七八年，稱帝於衡州⑤，以圖維繫人心。未幾而死。孫世璠立。諸將又互相乖離。一六八一年，清兵自湖南、廣西、四川，分三道入滇，世璠自殺。尚可喜先已為清人所殺，至此又殺耿精忠。中國大陸之上，就真無漢族自立的寸土了。

然而海外的台灣，還非清朝兵力所及。鄭成功以一六六二年卒，子經繼立。和耿精忠相攻。曾略取漳、泉等地。後為清兵所敗。並失金門、廈門，退歸台灣。三藩平後，清廷想照琉球之例，聽其不剃髮，不易衣冠，與之言和，而閩督姚啟聖不可。水軍提督施琅，本是鄭氏的降將，尤欲滅鄭氏以為功。一六八一年，鄭經卒。群小構成功之妻董氏，殺其長子克㙫。而立其次子克塽。鄭氏內部乖離，一六八三年，施琅渡海入台灣，鄭氏亡。漢族遂全被滿人所征服。

註解

① 可法命劉澤清駐淮北，以經理山東；高傑駐泗水，以經理開、歸；劉良佐駐臨淮，以經理陳、杞；黃得功駐廬州，以經理光、固。諸將互相仇視。可法乃把高傑移到瓜洲，黃得功移到儀徵。高傑感可法忠義，頗願為之用。多鐸陷歸德，傑進駐徐州。為睢州鎮總兵許定國所殺，定國降清。

② 名振死後，把兵事都交給張煌言。鄭成功是受知於隆武帝的，魯王和隆武帝，曾有違言，所以成功不願推戴魯王，然和煌言甚睦。成功大舉入江之役，煌言曾分兵攻皖南。後因成功兵敗，乃收兵出浙東而還。

③ 白文選從永曆帝入滇。李定國旋卒於緬甸。

④ 當時台灣為荷蘭人所據，見第二章。

⑤ 國號周。建元昭武。世璠改元洪化。

第二章 歐人的東略

從亞洲的東方到歐洲，陸路本有四條：（一）自西伯利亞逾烏拉嶺入歐俄。（二）自蒙古經天山北路，出兩海之間。（三）自天山南路逾葱嶺。（四）自前後印度西北行，兩道並會於西亞。第一路荒涼太甚。第二路則沙漠地帶，自古為遊牧民族薦居之地，只有匈奴、蒙古自此以侵略歐洲，而兩洲的聲明文物，由此接觸的頗少。葱嶺以西，印度固斯以南，自古多城郭繁華之國。然第三路有沙漠山嶺的阻隔，第四路太覺迂遠，而沿途亦多未開化之國，所以歐、亞兩洲，雖然陸地相接，而其交往的密切，轉有待於海路的開通。自歐洲至東洋的海路：一自敍利亞出阿付臘底斯河流域；二泛黑海，自阿美尼亞上陸，出底格利斯河流域。兩路均入波斯灣。三自亞歷山大黎亞溯尼羅河，絕沙漠而出紅海。這都是自古商旅所經。自土耳其興，而一二兩道，都入其手，第三道須經沙漠，不便，乃不得不別覓新航路。其結果，海道新闢的有二：一繞非洲的南端而入印度洋。二繞西半球而入太平洋。

歐人的航行東洋，首先成功的為葡萄牙。一四八六年，始達好望角。一四八九年，進達印度的馬拉巴爾海岸，一五○○年，遂闢商埠於加爾各答。明年，略西海岸的臥亞，進略東海岸及錫蘭、摩洛哥、爪哇、麻六甲。一五一六年，遂來廣東求互市。明朝在廣州，本設有市舶司。東南洋諸國，來通商的頗多。都停泊在香山縣南虎跳門外的浪白洋，就船貿易。武宗正德時①，移於高州的電白。一五三五年，指揮使黃慶納賄，請於上官，移之濠鏡，就是現在的澳門。是為西人在陸地得有根據之始。就有築城置戍的。中國人頗疑忌他。而西人旋亦移去。只有葡萄牙人，於隆慶初，歲納租銀五百兩，租地建屋②。自此就公然經營市埠，視同己有。一六○七年，番禺舉人盧廷龍，入京會試。上書當道：請盡逐澳中諸番，出居電白。當事的人不能用。天啟初，又有人說"澳中諸番，是倭寇的嚮導"，主張把他們移到外洋。粵督張鳴岡說："香山內地，官軍環海而守。彼日食所需，咸仰於我。一懷異志，立可制其死命。移泊外洋，大海茫茫，轉難制馭。"部議以為然，遂不果徙——這是後來藉斷絕接濟，以制西洋人的根原。

葡萄牙人到好望角後七年，哥倫布始發見美洲，其到廣東後三年，則麥哲倫環繞地球。於是西班牙人，於一五六五年，據菲律賓，建馬尼剌。一五七五和一五八○年，兩次到福建求通商，都為葡萄牙人所阻。然中國商船，聚集於馬尼剌的頗多。

荷蘭人以一五八一年，叛西班牙自立。時西班牙王兼王葡萄牙，禁止其出入里斯本。荷人乃自設東印度公司，謀東航。先後據蘇門答臘、爪哇、摩鹿加。於好望角和麥哲倫海峽，都築塞駐兵。其勢力反駕乎西、葡之上。一六二二年，荷蘭人攻澳門，不克。一六二四年，據台灣、澎湖。至一六六〇年，而為鄭成功所奪。清朝因想藉荷蘭之力，以夾攻鄭氏，所以許其每八年到廣東通商一次，船數以四為限。

英吉利的立東印度公司，事在一五九九年。東航之後，和葡萄牙人爭印度。葡人戰敗，許其出入澳門。一六三七年，英船至澳門，為其地的葡人所拒。英人乃自謁中國官吏，求通商。至虎門，為守兵所炮擊。英人還擊，陷其炮台。旋送還俘掠，中國亦許其通商。此時已值明末。旋廣東兵事起，英人貿易復絕。鄭經曾許英人通商於廈門和安平。然安平初開，實無甚貿易，止有廈門，英船偶然一到而已。

以上所述，是從明中葉到清初，歐人從海道東來的情形。其主要的目的，可說是在於通商。至於從陸路東來的俄人，則自始即有政治的關係。俄人的叛蒙古而自立，事在十五世紀中葉。至葡萄牙人航抵好望角時，則欽察汗國之後裔，殆悉為所壞滅③。此時可薩克族④附俄，為之東略。蒙古族在葉尼塞、鄂畢兩河間的，亦為所擊破。一五八七年，俄人始建託波兒斯克。其後託穆斯克、葉尼塞斯克、雅庫次克、鄂霍次克，相繼建立。一六三九年，直達鄂霍次克海，就想南下黑龍江。至一六四九年，而建立雅克薩城。一六五八年，又建尼布楚城。此等俄國的遠征隊，只能從事於剽掠，而不能為和平的拓殖。黑龍江流域的居民大受其害。而此時正值清朝初興，其兵力，亦達黑龍江流域。兩國勢力的衝突，就不可避免了。

註解

① 一五〇六至一五二一年。

② 隆慶，明穆宗年號，自一五六七至一五七二年。葡人的不納地租，起於一八四九年，即清宣宗道光二十九年，見第十四章。

③ 拔都建國之後，將東部錫爾河以北之地，分給其哥哥鄂爾達。自此以北，西抵烏拉河，則分給其兄弟昔班。西人因其宮帳的顏色，稱拔都之後為金帳汗；鄂爾達之後為白帳汗；昔班之後為藍帳汗，亦稱月即別族。Uzbeg（昔班）的兄弟脫哈帖木兒之後，住在阿速海沿岸，稱為哥里米汗。金帳汗後嗣中絕，三家之裔，都想入承其統，因此紛爭不絕，遂至為俄所乘。一四七〇年，欽察汗伐俄，敗亡。其統緒遂絕。後裔分裂，為大幹耳朵（Ordou），阿斯達拉幹（Astrakan）兩國在窩瓦、烏拉兩河之間。其時薩萊北方的喀山，為哥里米汗同族所據。和哥里米汗及鹹海沿岸的月即

別族，都薄有勢力。俄人乃和喀山，哥里米兩汗同盟。一五〇二年，哥里米汗滅大幹耳朵。一五三二年，俄人滅喀山。越二年，滅阿斯達拉幹，惟哥里米汗附庸於土耳其，至一七八三年，乃為俄所滅。

④ 就是哈薩克人（Kazak），為唐代黠戛斯之後，俄人稱為吉利吉思。

第三章 基督教和西方科學的傳入

　　中國和外國的交通，也有好幾千年了。雖然彼此接觸，總不能無相互的影響，然而從沒有能使我國內部的組織，都因之而起變化的。其有之，則自近世的中歐交通始。這其間固然有種種的關係，然而其最主要的，還是東西文化的差異。東西文化最大的差異，為西洋近世所發明，而為中國所缺乏的，便是所謂科學。所以科學的傳入，是近世史上最大的事件。科學與宗教，雖若相反，其最初傳入，卻是經教士之手的。

　　基督教的傳入中國，亦由來已久。讀第三編第二十五、第三十八兩章，就可知道了。可是因中國人迷信不深，對於外國傳入的宗教，不能十分相契，所以都不久而即絕。至近世，新教興於歐洲，舊教漸漸失勢，舊教中有志之士，乃思推廣其勢力於他洲。其中號稱耶穌會的，傳佈尤力。耶穌會的教士，第一個到中國來的，是利瑪竇。以一五八一年至澳門。初居廣東的肇慶。一五九八年，始經江西到南京。旋入北京。一六〇〇年，神宗賜以住宅，並許其建立天主堂。天主教士的傳教於中國，和其在他國不同。他們深知道宗教的教理，不易得華人尊信的。所以先以科學牖啟中國人。後來才漸漸的談及教理。利瑪竇到北京之後，數年之間，信教的便有二百餘人。徐光啟、李之藻等熱心科學之士，都在其內。當時的教士，並不禁華人拜天、拜祖宗、拜孔子。他們說：“中國人的拜天，是敬其為萬物之本；其拜祖宗，係出於孝愛之誠；拜孔子，是敬仰其人格；都不能算崇拜偶象。”教士都習華言，通華文。飲食起居，一切改照華人的樣子，他們都沒有家室，制行堅卓，學問淵深。所以很有敬信他們的人。然亦有因此，而疑其別有用心的。

　　當利瑪竇在口，就有攻擊他的人。神宗因其為遠方人，不之聽。一六一〇年，利瑪竇卒。攻擊的人，更為利害。到一六一六年，就被禁止傳佈。教士都勒歸澳門。然而這一年，正是滿洲叛明自立的一年。自此東北一隅，戰爭日烈，明朝需用槍炮也日亟。至一六二二年，因命教士製造槍炮，而教禁亦解。明朝所行的大統曆，其法本出西域。所以當開國時候，就設有回回曆科。到了末年，其法疏舛了。適會基督教中深通天文的湯若望來華。一六二九年，以徐光啟之薦，命其在北京曆局中，製造儀器，翻譯曆書，從事於曆法的改革。至一六四一年，而新曆成。越二年，命以之代舊曆。未及行而明亡。清兵入關後，湯若望上書自陳。詔名其曆為時憲。湯若望和南懷仁，都任職欽天監。這時候，基督教士，可以說很得信任了。到清世祖殂，而攻者又起。

　　當時攻擊基督教最烈的，是習回回曆法的楊光先。但他的主意，並不在乎曆法。他曾說："寧可使中國無好曆法，不可使中國有西洋人。"他又說："他們不婚不宦，則志不在小。其製器精者，其兵械亦精。"他們著書立說，說中國人都是邪教的子孫，萬一蠢動，中國人和他對敵，豈非以子弟拒父兄？"以數萬里不朝不貢之人，來不稽其所從來，去不究其所從去；行不監押，止不關防；十三省山川形勢，兵馬錢糧，靡不收歸圖籍，百餘年後，將有知余言之不得已者。"楊光先之說如此：利用傳教，以作侵略的先鋒，這是後來之事——也可說是出於帝國主義者的利用，並非傳教者本身的罪惡——基督教初入中國時，是決無此思想的。楊光先的見解，在今日看起來，似乎是偏狹，是頑固。但是中國歷代，本有藉邪教以創亂的人；而基督教士學藝之精，和其無所為而為之的精神，又是中國向來沒有看見過的。這種迷信的精神，迷信不深的中國人，實在難於了解。楊光先當日，有此疑忌，卻也無怪其然。不但楊光先，怕也是當日大多數人所同有的心理。即如清聖祖，他對於西洋傳入的科學，可以說是頗有興味的。對於基督教士，任用亦不為不至。然而在他的《御製文集》裏，亦說"西洋各國，千百年後，中國必受其累"，這正和楊光先是一樣的見解。不過眼前要利用他們，不肯即行排斥罷了。人類的互相了解，本來是不大容易的。在學藝上，只要肯虛心研究，是非長短，是很容易見得的。但是國際上和民族間的猜忌之心，一時間總難於泯滅，就做了學藝上互相灌輸的障礙。近世史的初期，科學輸入的困難，這實在是一個大原因。

楊光先以一六六四年，上書攻擊基督教士，一時得了勝利。湯若望等都因之得罪。當時即以監正授光先。光先自陳"通曆理而不知曆法"，再四固辭。政府中人不聽。不得已任職。至一六六七年，因推閏失實，得罪遣戍。再用南懷仁為監正。自此終聖祖之朝，教士很見任用。傳教事業，也頗稱順利。直至一七〇七年，而風波才再起。

原來利瑪竇等的容許信徒拜天、拜祖宗、拜孔子，當時別派教士，本有持異議的。後來許諸教皇。至一七〇四年，教皇乃立《禁約》七條，派多羅①到中國來禁止。多羅知道此事不可造次。直遲到這一年，才以己意發佈其大要。聖祖和他辯論，彼此說不明白。大怒。命把多羅押還澳門，交葡萄牙人監禁。在中國的傳教事業，是印度的一部分，本歸葡萄牙人保護的。後來法國人妒忌他，才自派教士到中國②。葡萄牙人正可惡不由他保護的教士，把多羅監禁得異常嚴密。多羅就憂憤而死。然而教皇仍以一七一五年，申明前次的禁約。到一七一八年，並命處不從者以"破門"之罰。於是在華教士，不復能順從華人的習慣，彼此之間，就更生隔礙。一七一七年，碣石鎮總兵陳昂，說天主教在各省，開堂聚眾，廣州城內外尤多，恐滋事端。請依舊例嚴禁，許之。一七二三年，閩浙總督滿保，請除送京效力人員外，概行安置澳門。各省天主堂，一律改為公廨。朝廷也答應了③。自此至五口通商以前，教禁就迄未嘗解。

基督教士東來以後，歐洲的各種科學，差不多都有輸入。曆法的改革，槍炮的製造，不必論了。此外很有關係的，則為清聖祖時，派教士到各省實測，繪成的《皇輿全覽圖》。中國地圖中，記有經緯線的，實在從此圖為始。當明末，陝西王徵，曾譯西書，成《遠西奇器圖說》，李之藻譯《泰西水法》，備言取水、畜水之法及其器械。徐光啟著《農政全書》，也有採用西法的。關於人體生理，則有鄧玉函所著的《人身說概》。關於音樂，則有徐日升所修的《律呂正義續編》。而數學中，利瑪竇和徐光啟所譯的《幾何原本》，尤為學者所推重。代數之學，清朝康熙年間，亦經傳入，謂之借根方。清朝治天文、曆、算之士，兼通西法的很多。形而上之學，雖然所輸入的，大抵不離乎神學。然而亞里斯多德的論理學，亦早經李之藻之手，而譯成《名理探》了。就是繪畫、建築等美術，也有經基督教士之手而傳入的④。所以在當時，傳入的科學，並不為少。但是（一）因中國人向來不大措意於形而下之學；（二）則科學雖為中國人所歡迎，而宗教上則不免有所障礙；所以一時未能發生很大的影響。

註解

① Toumon，近譯亦作鐸羅。

② 在印度和中國的舊教徒，依一四五四年教皇的命令，受葡萄牙王保護。法人所自派的教士，則於一六八四年到中國。

③ 安置澳門一節，明年，兩廣總督孔毓殉，因澳門地窄難容，奏請准其暫居廣州城內天主堂，而禁其出外行走。詔許依議辦理。至各省天主堂改為公廨，則直至一八六〇年《北京條約》定後，方才發還。參看第二十四章。

④ 基督教士初來時所帶來的，都是些宗教畫。今惟楊光先《不得已書》中，尚存四幀。後來郎世寧（Jeseph CastigLione）等以西洋人而供職畫院，其畫亦有存於現在的。至於建築，則圓明圓中水木明瑟一景，即係採用西洋建築之法造成。

第四章 清初的內政

　　清朝的盛衰，當以乾隆時為關鍵。從世祖入關，到三藩平定，這四十年，算是清朝開創之期。自此至雍正之末，五十餘年，為乾隆一朝，表面上看似極盛，實則衰機潛伏於其中。至其末年，內亂一起，就步步入於否運了。

　　清朝的初起，和遼金元情形，又微有不同。遼、金、元初起時，都不甚了解中國的情形。清朝則未入關時，已頗能譯漢書、用漢人了。當太祖之時，憎惡漢人頗甚，當時俘獲漢人，都發給滿人為奴。尤其是讀書人，得者輒殺。到太宗時，才知道欲成大業，單靠滿洲人，是不行的。所俘漢人，都編為民戶，令其與旗人分居，且另選漢官治理。對於讀書人，則加以考試。錄取的或減免差徭，賞給布帛。於明朝的降臣、降將，尤其重視。清朝當日的創業，和一班投效的漢人，如范文程、洪承疇、吳三桂等，確是很有關係的。

但是其了解中國深者，其猾夏亦甚。所以清朝的對待漢人，又非遼、金、元之比。即如剃髮一事，歷代北族，沒有敢強行之於全中國的①。清朝則以此為摧挫中國民族性的一種手段，厲行得非常利害。入關之後，籍沒明朝公、侯、伯、駙馬、皇親的田。又圈佔民地，以給旗人。也是很大的虐政。而用兵之際，殺戮尤甚。讀從前人所著的《嘉定屠城》、《揚州十日》等記，就可以見其一斑了。

北族的政治，演進不如中國之深。所以其天澤之分，也不如中國之嚴，繼嗣之際，往往引起爭亂。清朝也未能免此。當太祖死時，其次子代善，五子莽古爾泰和太祖弟舒爾哈齊之子阿敏，還是和太宗同受朝拜，並稱為四貝勒的。後來莽古爾泰和阿敏，次第給太宗除去了。代善是個武夫，不能和太宗爭權。所以在關外之時，幸未至於分裂。太宗死後，世祖年幼。阿敏的兒子濟爾哈朗和多爾袞同攝政。後來實權都入於多爾袞之手。當時一切章奏，都徑由多爾袞批答，御寶亦收歸其第。一時聲勢，是很為赫奕的。幸而多爾袞不久就死了，所以沒釀成篡弒之局。世祖親政後，大體還算清明，頗能釐定治法，處理目前的問題。當時中國的遺黎，經死亡創痛之餘，實在更無反抗的實力，而又得一班降臣，為虎作倀，就漸漸的給他都壓下去了。世祖在位不久。聖祖初立，亦年僅八歲。輔弼大臣鰲拜，頗為專權。然不久，亦就給聖祖除去。聖祖的聰明和勤於政治，在歷代君主中，也頗算難得的，而在位又很長久。內政外交，經其一番整頓，就頗呈新氣象了。

中國的國民，自助的力量，本來是很大的。只要國內承平，沒甚事去擾累他，那就雖承喪亂之餘，不過三四十年，總可復臻於富庶。清朝康熙年間，又算是這時候了。而清初的政治，也確較明中葉以後為清明。當其入關之時，即罷免明末的三餉。又釐訂《賦役全書》，徵收都以明萬曆以前為標準。聖祖時，曾疊次減免天下的錢糧。後來又定"滋生人丁，不再加賦"之例，把丁賦的數目限定了。這在農民，卻頗可減輕負擔。而當時的用度也比較地節儉。所以聖祖末年，庫中餘蓄之數，已及六千萬。世宗時，屢次用兵，到高宗初年，仍有二千四百萬。自此繼長增高，至一七八二年，就達到七千八百萬的巨數了。以國富論，除漢、隋、唐盛時，卻也少可比擬的。

聖祖晚年，諸子爭立。太子允礽，兩次被廢。後來就沒有建儲。世宗即位之後[2]，和他爭立的兄弟，都次第獲罪。因此撤去諸王的護兵。並禁止諸王和內外官吏交通。滿洲內部特殊的勢力，可以說至此而消滅。但清朝的政治，卻亦得世宗整飭之益。聖祖雖然勤政，其晚年亦頗流於寬弛。各省的倉庫，多不甚盤查；錢糧欠繳的，也不甚追究。世宗則一反其所為。而且把關稅、鹽課，徹底加以整頓。徵收錢糧時的火耗，亦都提取歸公[3]。如此，財政上就更覺寬裕。而康雍對外的兵事，也總算徼天之幸，成功時多。清朝至此，就臻於全盛。

世宗死後，高宗繼之。高宗在表面上，是專摹效聖祖的，但他沒有聖祖的勤懇，又沒有世宗的明察，而且他的天性是奢侈的，正合着從前人一句話，"內多欲而外施仁義"。在位時六次南巡，供帳之費無藝。對外用兵，所費亦屬不貲。凡事專文飾表面，虛偽和奢侈之風養成了。而中年後，更任用和珅，其貪黷為古今所無。內外官吏，都不得不用賄賂去承奉他。於是上官貪取於下屬，下屬誅求於小民，至其末年，內亂就一發而不可遏了。

"國於天地，必有與立。"清朝歷代的君主，對於種族的成見，是很深的。他們對於漢人，則提唱尚文。一面表章程、朱，提唱理學，利用君臣的名分，以箝束臣下。一面開博學鴻詞科，屢次編纂巨籍，以牢籠海內士大夫。但一面又大興文字之獄，以摧挫士氣。乾隆時，開四庫館，徵求天下的藏書，寫成六部，除北京和奉天、熱河的行宮外，還分置於江、浙兩省[4]。看似曠古未有的盛舉，然又大搜其所謂禁書，從事焚毀。據當時禮部的奏報，被焚的計有五百三十八種，一萬三千八百六十二卷之多。清朝的對於士子，是嚴禁其結社講學，以防其聯合的。即其對於大臣，亦動輒嚴詞詰責，不留餘地。還要時用不測的恩威，使他們畏懼。使臣以禮之風，是絲毫沒有的。如此，他們所倚為腹心的，自然是旗人了。確實，他們期望旗人之心，是很厚的。旗人應試，必須先試弓馬。旗兵是世襲的。一人領餉，則全家坐食。其駐防各省的，亦都和漢人分居，以防其日久同化，失其尚武的風氣。而又把東三省和蒙古，都封鎖起來，不准漢人移殖[5]。他們的意思，以為這是子孫帝王萬世之業了。然而旗人的既失其尚武之風，而又不能勤事生產，亦和前代的女真、蒙古人相同。而至其末造，漢人卻又沒有慷慨奮發，幫他的忙的，於是清朝就成為萎靡不振的狀態，以迄於亡。這是他們在前半期造成的因，至後半期而收其果。

註解

① 據日本稻葉君山所撰《清朝全史》：金太宗天會七年，曾下削髮令，然施行之範圍，惟限於官吏。元時，華人剃髮的甚多。然元朝實未嘗頒此禁令，見《東方雜誌》三十一卷第三號《中國辮髮史》。

② 世宗之所以得立，據他自己說，是他的母舅隆科多面受聖祖遺命的。但當時謠傳：聖祖彌留時，召隆科多入內，親寫皇十四子四字於其掌內。給世宗撞見了，硬把十字拭去的。這話固無據，況雍正和皇十四子允禵乃同母兄弟，聖祖斷無捨兄立弟之理。

③ 所謂耗，是官吏徵收賦稅時，藉口轉運、存儲，都有耗損，額外多取，以為彌補之地的。當錢糧徵收本色時，即有耗米等名目。明中葉以後，改而徵銀，則藉口碎銀融成大錠，然後起解，不免有所耗損，所以多取，謂之火耗。

④ 北京文淵閣、圓明園文源閣、奉天文溯閣、熱河文津閣。謂之內廷四閣。揚州文匯閣、鎮江文宗閣、杭州文瀾閣，謂之江浙三閣。太平軍興，文匯、文宗都被毀，文瀾亦有散亡，庚申之役，文源被焚。文溯現亦流落瀋陽。現在倖全的，只有文淵、文津兩部而已。

⑤ 東三省在清朝，只有少數民地，其餘都是官地和旗地。漢人出關耕墾，是有禁的。蒙古亦有每丁私有之地，和各旗公共之地，都不准漢人前往墾殖。其因漢人業已移殖，而設廳管理，都是嘉道以後的事。至於要想移民開拓，則更是光緒末年的事了。

第五章 清初的外交

　　清初的外交，是幾千年以來外交的一個變局，因為所交的國和前此不同了。但是所遇的事情變，而眼光手段，即隨之而變，在人類是無此能力的。新事情來，總不免沿用舊手段對付。而失敗之根，即伏於此。不過當此時，其失敗還潛伏着罷了。

　　清初外交上最大的事件，便是黑龍江方面中俄境界問題。因為這時候，俄國的遠征隊，時向黑龍江流域剽掠。該處地方的居民，幾於不能安其生了。當一六七〇年，聖祖嘗詒書尼布楚守將，請其約束邊人，並交還逃囚罕帖木兒①。尼布楚守將允許了，而不能實行。及一六七五年，俄人遣使來議畫界通商。聖祖致書俄皇，又因俄人不通中國文字，不能了解②。交涉遂爾停頓。一六八一年，三藩平定，聖祖乃決意用兵。命戶部尚書伊桑阿赴寧古塔造大船，並築齊齊哈爾、墨爾根兩城，置十驛，以通餉道。一六八五年，都統彭春，以水軍五千，陸軍一萬，圍雅克薩城。俄將約降，逃往尼布楚。彭春毀其城而還。俄將途遇援兵，復相率偕還，築城據守。明年，黑龍江將軍薩布素，再以八千人圍之。城垂下，而聖祖停戰之命至。

　　是時俄皇大彼得初立，內難未平，又外與波蘭、土耳其競爭，無暇顧及東方。在東方的實力，亦很不充足，無從與中國構釁。適會是時，聖祖又因荷蘭使臣，詒書俄皇。俄皇乃復書，許約束邊人，遣使議畫疆界，而請先解雅克薩之圍。聖祖亦許之。於是俄使費耀多羅東來，而聖祖亦使內大臣索額圖等前往會議。一六八八年，相會於尼布楚。當費耀多羅東來時，俄皇命以黑龍江為兩國之界，而索額圖奉使時，亦請自尼布楚以東，黑龍江兩岸之地，俱歸中國，議既不諧，聖祖所遣從行的教士徐日升、張誠從中調停，亦不就。兵釁將啟。此時俄使者從兵，僅一千五百，而清使臣扈從的精兵萬餘，都統郎談，又以兵一萬人，從瑷琿水陸並進。兵釁若啟，俄人決非中國之敵，俄人乃讓步，如中國之意以和。定約六條：西以額爾古訥河，東自格爾必齊河以東，以外興安嶺為界。嶺南諸川入黑龍江的，都屬中國,其北屬俄。立碑於兩國界上,再毀雅克薩城而還。

《尼布楚條約》既定,中俄的疆界問題,至此暫告結束,而通商問題,仍未解決。一六九三年,俄使伊德斯來。聖祖許俄商三年一至京師,人數以二百為限;居留於京師的俄羅斯館,以八十日為限;而免其稅。旋因俄人請派遣學生,學習中國語言文字,又為之設立俄羅斯教習館。

當尼布楚定約前三年,蒙古喀爾喀三汗,為准噶爾所攻,都潰走漠南,至一六九七年,乃還治漠北。於是蒙、俄畫界通商的問題復起。土謝圖汗和俄國是本有貿易的。此時仍許其每年一至。然因互市之處無官員管理,頗滋紛擾。蒙人逃入俄境的,俄國又多不肯交還。於是因土謝圖汗之請,於一七二二年,絕其貿易。至一七二七年,才命郡王策凌等和俄使定約於恰克圖。自額爾古訥河以西,至齊克達奇蘭,以楚庫河為界。自此以西,以博木沙奈嶺為界。而以烏帶河地方,為甌脫之地。在京貿易,與舊例同。俄、蒙邊界,以恰克圖和尼布楚為互市之地。一七三七年,高宗命停北京互市,專在恰克圖。此時中、俄交涉,有棘手時,中國輒以停止互市為要挾。乾隆一朝,曾有好幾次③。

清初的中、俄交涉,看似勝利,然得地而不能守,遂伏後來割棄之根。這是幾千年以來,不勤遠略,不餝守備,對於邊地僅事羈縻的結果。至於無稅通商,在後來亦成為惡例。然關稅和財政、經濟的關係,當時自無從夢見;而一經允許,後來遂無從挽回,亦是當時夢想不到的。所以中西初期交涉的失敗,可以說是幾千年以來,陳舊的外交手段不適用於新時代的結果,怪不得哪一個人,其失策,亦不定在哪一件事。要合前後而觀其會通,才能明瞭其真相。

至於海路通商,則因彼此的不了解,所生出的窒礙尤多。通商本是兩利之事,所以當台灣平後,清朝沿海的疆吏,亦屢有請開海禁的④。而其開始解禁,則事在一六八五年。當時在澳門、漳州、寧波、雲台山,各設榷關⑤。一六八八年,又於舟山島設定海縣,將寧波海關,移設其地。一七五五年,英人請收泊定海,而將貨物運至寧波,亦許之。乃隔了兩年,忽然有停閉浙海之議。原來中國歷代海路的對外通商,是最黑暗不過的。官吏的貪婪,商人的壟斷和剝削，真是筆難盡述。這是二千年以來，都是如此。到了近代，自然也逃不出此例的。當時在廣東方面，外人和人民不能直接貿易，而必經所謂官商者之手。後來因官商資力不足，又一入專利，為眾情所不服，乃許多人為官商，於是所謂公行者興。入行的所出的費用，至二三十萬之巨。所以其取於外商，不得不重⑥。而因中國官吏，把收稅和管束外人的事，都交託給他，所以外人陳訴，不易見聽，即或徇外商之請，暫廢公行，亦必旋即恢復。於是外商漸捨粵而趨浙。一七五七年，閩督喀爾吉善、粵督楊應琚，請將浙關稅收，較粵關加重一倍。奉諭："粵東地窄人稠，沿海居民，大半藉洋船為生；而虎門，黃埔，在在設有官兵，較之寧波之可以揚帆直至者，形勢亦異；自以驅歸粵海為宜。明年應專令在粵。"英商通事洪任輝憤怒，自赴天津，訐告粵海關積弊。中朝怒其擅至天津，命由岸道押赴廣東，把他圈禁在澳門。雖亦將廣東貪污官吏，懲治一二，而管束外人的苛例，反因此迭興⑦。一七九二年，英人派馬甘尼東來⑧，要求改良通商之事。其時正值清高宗八旬萬壽。清人賞以一席筵宴、許多禮物，而頒給英王《敕諭》兩道，將其所陳請之事，一概駁斥不准。未幾，東南沿海，艇盜橫行，而拿破侖在歐洲，亦發佈《大陸條例》，以困英國。葡萄牙人不聽，為法所破。英人慮其侵及東洋，要派兵代葡國保守澳門，以保護中、英、葡三國貿易，助中國剿辦海寇為由，向中國陳請。中國人聽了大詫，諭粵督嚴飭兵備。一八〇八年，英人以兵船闖入澳門，遣三百人登岸。時粵督為吳熊光，巡撫為孫玉庭，遣洋行挾大班往諭⑨，不聽，熊光命禁其貿易，斷其接濟。英人遂闖入虎門，聲言索還茶價和商欠。於是仁宗諭吳熊光："嚴飭英人退兵抗延即行剿辦。"而熊光等因海寇初平，兵力疲敝，主張謹慎，許其兵退即行開艙。乃退兵貿易而去。仁宗怒其畏葸，把熊光、玉庭都革職，代以百齡和韓葑。於是管理外人愈嚴⑩。一八一〇年，英人再遣阿姆哈司來聘。又因國書及衣裝落後，未得覲見⑪。於是中、英間的隔閡，愈積愈深，遂成為鴉片戰爭的遠因了。

① 係什勒喀河外土酋。因俄人侵掠來降。怨清人待遇薄，復奔俄。罕帖木兒後徙居墨斯科，入希臘教。索額圖知其不可復得，所以尼布楚之會，未曾提出索取。

② 中國此時，於俄國情形，亦全然隔膜。當時稱俄人為羅剎。聖祖致書俄皇，則用蒙古話，稱他為鄂羅斯察罕汗。

③ 一七六五、一七六八、一七七九、一七八五年，均曾停市。而一七八五年一次停閉最久，至一七九二年乃復開。

④ 當台灣鄭氏未亡時，清朝併漳、泉等處沿海之地，亦禁人居住，數百里間，變為荒地。其後廣東海禁雖弛，福建人仍禁出海。一七二七年，閩督高其倬奏：「福建地狹人稠，宜廣開其謀生之路。如能許其入海，則富者為船主、商人，貧者為舵工、水手，一船所養，幾及百人。今廣東船許出外國，何獨於閩而靳之？」廷議許之，而福建出海之禁乃解。

⑤ 設於澳門的稱粵海關，漳州稱閩海關，寧波稱浙海關，雲台山稱江海關。

⑥ 當時外貨估價之權。全在公行之手。公行的估價，係合稅項、規費、禮物……並計。估價既定，乃抽取若干，以為行用。其初銀每兩抽三分。後來軍需出其中，貢項出其中，各商攤還洋債，亦出其中，有十倍二十倍於其初的；而官吏額外的需索，還不在內。公行的壟斷，亦出意外。如當時輸出，以茶為大宗。茶商賣茶於外國的，必須先和公行接洽。其茶都聚於江西的河口，溯贛江過大庾嶺，非一兩個月，不能到廣東。嘉慶時，英商自用海船，從福州運茶到廣東，不過十三天。而公行言於當道，加以禁止。英商竟無如之何。

⑦ 當時粵督李侍堯，奏定防範外夷五事：（一）禁夷商在省住冬。（二）夷人到粵，令住洋行，以便管束。（三）禁借外夷資本，及夷人僱倩漢人役使。（四）禁外夷僱人傳遞消息。（五）夷船收泊黃埔，拔營員彈壓。此後迭出的苛例甚多。如居住洋行的外人，不許泛舟江中；並不許隨意出入；不許挈眷；不許乘輿；外人有所陳請，必由公行轉遞；公行壅蔽，亦只許具稟由城門守兵代遞，不許擅行入城等；均極無謂。

⑧ 近譯亦作馬嘎爾尼，EarlOf MaCartney。

⑨ 東印度公司的代理人，中國謂之大班。

⑩ 是時整飭澳門防務，定各國護貨兵船，均不准駛入內港。禁人民為夷人服役；洋行搭蓋夷式房屋；舖戶用夷字為店號。清查商欠，勒令分年停利歸本；而選殷實的人為洋商——當時稱外商為夷商，中國營對外貿易的商人為洋商——一八一〇年，英商以行用過重，訴於韓封。封與督臣及司道會議。都說夷商無利，或可阻其遠來，卒不許減。

⑪ 是時仁宗命戶部尚書和世泰，工部尚書蘇楞額赴天津，迎迓英使。命在通州演禮英使既不肯跪拜，和世泰又挾之，一晝夜從通州馳至圓明園。國書衣裝都落後。明日，仁宗御殿召見，英使遂以疾辭。仁宗疑其傲慢，大怒，絕其貢，命押赴廣東。旋知咎在和世泰，乃加以譴責，命粵督慰諭英使，酌收貢品；仍賜英王敕諭，賞以禮物，然英人的要求，則一概無從說起了。

第六章 清代的武功

中國歷代，對北方的用兵，大概最注重於蒙古、新疆地方，是不煩兵力而自服的。至於青海、西藏，則除唐代吐蕃盛強之時外，無甚大問題。而蒙、新、海、藏相互之間，其關係亦甚薄弱。自喇嘛教新派——黃教盛行以後，青海、蒙古，都成了該教的區域；而天山南路，因回教盛行，團結力亦較前為強；而此諸地方，近代的形勢，遂較前代又有不同。

黃教始祖宗喀巴，以一四一七年，生於西寧。因舊派末流，頗多流弊，乃入雪山修苦行，自立一派，而黃其衣冠以示別。人因稱舊派為紅教①，新派為黃教。黃教的僧徒，是禁止娶妻的。所以宗喀巴遺命，其兩大弟子達賴喇嘛、班禪額爾德尼，世世以呼畢勒罕，主持宗教事務。因西藏人信教之篤，而達賴和班禪的威權，遂超出乎政治勢力之上。馴致成為西藏政教之主。一五五九年，蒙古酋長俺答，遣其二子賓兔、丙兔，襲據青海。兩人亦都信了喇嘛教。一五七九年，俺答遂自迎達賴三世到漠南佈教，是為喇嘛教化及蒙古之始，其後蒙人信教日篤，乃自奉宗喀巴第三大弟子哲卜尊丹巴胡土克圖居庫倫。而達賴五世，曾通使於清太宗。清太宗亦有報使。至世祖入關，遂迎達賴入京，封為西天大善自在佛。而清人藉宗教以懷柔蒙、藏的政策，亦於是乎開始。

因喇嘛教的感化，使漠南北遊牧民族獷悍之氣潛消。向來侵略他人的，至此反受人侵掠，而有待於中國人的保護，這亦是一個新局面。衛拉特，就是元時的斡亦剌，明時的瓦剌。當清初，其眾分為四部：曰和碩特，居烏魯木齊。曰准噶爾，居伊犁。曰杜爾伯特，居額爾齊斯河。曰土爾扈特，居塔爾巴哈台。時紅教還行於後藏。後藏的藏巴汗，為其護法。達賴五世的第巴②桑結，乃招和碩特固始汗入藏，擊殺藏巴汗，而奉班禪居札什倫布。是為達賴、班禪，分主前、後藏政教之始。於是和碩特部徙牧青海，遙制西藏政權。桑結又嫌惡他。再招准噶爾噶爾丹入藏。把固始汗的兒子達顏汗襲殺。其時噶爾丹業已逐去土爾扈特，又把杜爾伯特懾服了。至此，遂統一衛拉特四部，其勢大張。

一六八八年，噶爾丹攻喀爾喀。三汗部眾數十萬，同時潰走漠南。清聖祖乃命科爾沁部假以牧地。而親自出塞大閱，以耀兵威。一六九五年，噶爾丹以兵據克魯倫河上流。清聖祖親自出塞，把他打破。一六九七年，又自到寧夏，發兵邀擊。這時候，噶爾丹伊犁舊地，已為其兄子策妄阿布坦所據。噶爾丹窮蹙自殺。阿爾泰山以東悉平。三汗遂各還舊治。

然而伊犁之地，還是未能動搖。清朝乃以其間，平定西藏和青海。先是達賴五世死後，桑結秘不發喪，而嗾使噶爾丹內犯。噶爾丹敗後，盡得其狀。聖祖下詔切責。會桑結為固始汗曾孫拉藏汗所殺，奏立新六世達賴。聖祖乃封拉藏為翼法恭順汗，以為藏事可從此平定了。而青海、蒙古，都說拉藏汗所立達賴是假的。別於里塘迎立一達賴。詔使暫居西寧。正在相持之間，而策妄阿布坦又派兵入藏，把拉藏汗襲殺。於是藏事又告緊急。好在西藏人都承認了青海所立的達賴。聖祖乃派皇子允禵和年羹堯，從西寧、四川兩道入藏，把准噶爾的兵擊退，而送青海所立的達賴入藏。一七二二年。聖祖死，子世宗立，固始汗之孫羅卜藏丹津，煽動青海諸喇嘛叛變，亦給岳鐘琪襲破。於是青海、西藏都平，梗命的只有一個准噶爾了。

一七二七年，策妄阿布坦死，子噶爾丹策凌繼立。清朝想一舉而覆其根本。還沒有出兵，而噶爾丹策凌先已入犯。清兵出戰不利。策凌就進犯喀爾喀。為額駙策凌所敗。清高宗乃定以阿爾泰山為準、蒙遊牧之界。這是一七三七年的事。到一七四五年，噶爾丹策凌死，准噶爾又生內亂。高宗乃因輝特部長阿睦爾撒納的降[④]，用為嚮導，發兵把准部蕩平。而既平之後，阿睦爾撒納又叛。亦於一七五七年，給兆惠等打定。

喇嘛教雖然盛行於蒙古和海、藏，而天山南路，則仍自成其為回教的區域。天山南路，在元時本屬察合台汗國。後來回教教主之裔和卓木，入居喀什噶爾，因為人民的尊信，南路政教之權，遂漸入其手。而和卓木之後，又分為白山、黑山兩宗，軋轢殊甚。策妄阿布坦曾廢白山宗，代以黑山，而質白山酋長的二子於伊犁，是為大小和卓木。清兵定伊犁後，二子歸而自立。一七五九年，亦給兆惠、富德等打平。於是從天山南北路以通西域的路全開。

葱嶺以西之國，如浩罕、哈薩克、布魯特、乾竺特、博羅爾、巴達克山、布哈爾、阿富汗等，都來通朝貢。清朝對西北的國威，這時候要算極盛了。

　　其對於西南，則因廓爾喀侵犯西藏，於一七九二年，遣福康安把他打破。廓爾喀人請和。定五年一貢之例。廓爾喀東邊的哲孟雄，本來服屬於西藏；更東的哲丹，則當雍正年間，即已遣使來進貢；也當然成為中國的屬國。清朝因為防護西藏起見，乃提高駐藏大臣的職權，令其在體制上和達賴、班禪平等。又頒發金奔巴兩個：一個藏在北京雍和宮，一個藏在西藏大昭寺。達賴、班禪和大胡土克圖出世有疑義時，就在這瓶中抽籤。所以管理西藏的，也漸漸嚴密了。

　　以上所述，是清朝對於西、北兩方面的武功。至於南方，歷代對外的關係，比之西北，似乎不重要些。然至近代，隨着世運的進化，而其關係亦漸次重大。原來在南方和中國緊相鄰接的，便是後印度半島。自唐以前，安南本是中國的領土。其餘諸地方，開化的程度很淺。自宋以後，安南既已獨立，而半島的西北部，又日益開化。南方的國際關係，也就漸形複雜了。當明初，西南土司，以平緬、麓川為最大。其南為緬甸。又其南為洞吾。又其南為古剌。其在普洱之南的，則為車里。車里之南為老撾。老撾之南為八百。這時候，中國的領土，實尚包括伊洛瓦底江流域和薩爾溫、湄公兩江上游。平緬、麓川，在元代本為兩宣慰司。明太祖初命平緬酋長思氏兼轄麓川。後來又分裂其地，設立若干土司。思氏想恢復舊地，屢次造反。自一四四一後十年間，明朝嘗三次發兵征討，卒不能克，僅立隴川宣撫司而歸。思氏在當時本有統一後印度半島西部的資格。自為明所破壞，亦終至滅亡。於是緬甸日強。一五八三年，因寇邊，為明將劉綎所擊破，然明亦僅定隴川。自此中國對西南，實力所至，西不過騰沖，南不過普洱附近，就漸成為今日的境界了。

　　緬甸酋長，本姓莽氏。一七五四年，為錫箔江夷族所殺，木梳土司雍籍牙，入據其地。取阿瓦、平古剌。至其子孟駁，又並阿剌幹，滅暹羅，國勢頗盛。一七六五年，遂寇雲南邊境。高宗兩次發兵，都不能克，僅因其請和，許之而還。暹羅是當明太祖時，受封於中國的。既為緬甸所滅，其故相鄭昭——本是中國潮州人——起兵恢復。以一七七八年即王位。旋為前王餘黨所弒。養子華⑤，定亂自立。以一七八六年，受封於中國。緬人怕中國和暹羅夾攻他，才遣使朝貢請封。安南黎氏，自離中國獨立後，至一五二七年，而為其臣莫氏所篡。至一六七四年，乃得完全恢復⑥。當復國之時，實賴其臣阮氏之力。而鄭氏以外戚執政。阮氏和他不協，南據順化，形同獨立。至清高宗時，又為西貢的豪族阮氏所破。併入東京，滅鄭氏，留將貢整守之，貢整想扶黎拒阮，又為阮氏所破。時為一七八六年。清高宗出兵以討新阮，初破其兵，復立黎氏末主。後復為阮氏所襲敗，亦因其請和，封之而還。清朝對於安南、緬甸的用兵，實在都不得利。但是中國國力優厚，他們怕中國再舉，所以雖得勝利，仍然請和，在表面上，總算維持着上國的位置。

至清朝對於川、滇、黔、桂諸省的用兵，雖然事在疆域之內，然和西南諸省的開拓，實在大有關係，亦值得一述。原來西南諸省，都係苗、傜、倮儸諸族所據。雖然，自秦、漢以降，久列於版圖，而散居其地的種落，終未能完全同化。元時，其酋長來降的，都授以土司之職，承襲必得朝命。有犯順、虐民，或自相攻擊的，則廢其酋長，代以中國所派遣的官吏，是之謂改流。雖然逐漸改流的很多，畢竟不能不煩兵力。湖南省中，湘江流域，開闢最早。澧、沅、資三水流域，則是自漢以降，列朝逐漸開拓的，至清朝康雍時代，闢永順和乾州、鳳凰、永綏、松桃等府廳，而大功告成。貴州一省，因其四面閉塞，開闢獨晚。直至一四一三年，始列於布政司。而水西安氏、水東宋氏，分轄貴陽附近諸土司，和播州的楊氏，仍均極有勢力。明神宗時，播州酋楊應龍叛。至熹宗時，調川、滇、湖南三省之兵，然後把他打平。其時水東宋氏已衰，而水西安氏獨盛。到毅宗初年，才告平定。於是貴州省內，惟東南仍有一大苗疆，以古州為中心。而雲南東北境，有烏蒙、烏撒、東川、鎮雄四土府。西南部普洱諸夷，亦和江外土司勾結為患。清世宗以鄂爾泰總督雲貴，到底把雲南諸土司改流。鄂爾泰又委任張廣泗，把貴州的苗疆打定。此等用兵，雖一時不免勞費，然在西南諸省的統治和開發上，總可算有莫大利益。惟四川西北境的大小金川，高宗用兵五年，糜餉七千萬，然後把他打下⑦，那就未免勞費太甚。亦可見清高宗的舉措，都有些好大喜功，而實際則不免貽累於民了。

註解

① 喇嘛教自印度來，其衣本尚紅色。
② 西藏治政務之官。
③ 本隸札薩克圖汗。清朝嘉其功，因使獨立為一部，是為三音諾顏汗。喀爾喀自此始有四部。
④ 輝特為土爾扈特屬部。
⑤ Pnaya Cnakri，譯名亦作丕耶卻克里。其上中國的表文，自稱鄭華，係襲前王之姓。
⑥ 莫氏篡黎氏時。明朝要出兵討伐。莫氏懼，請為內臣。乃削去國王的封號，立都統使司，以莫氏為使。其時黎氏後裔，據西京。至一五九二年，入東京，併莫氏，明以其為內臣，又來討，且立莫氏於高平。其結果，黎氏亦照莫氏之例，受明都統使之職，明乃聽其並立。至一六七四年，黎氏乘三藩之亂，中國無暇南顧，乃把莫氏滅掉。
⑦ 大金川為今四川理番縣的綏靖屯，小金川為四川懋功縣，其地勢甚險，而又多設碉堡，所以攻之甚難。

第七章 清中葉的內亂

清朝的中衰，是起於乾隆時代的，這個讀第四章所述，已可見其大概了。清朝是以異族入主中原的，漢人的民族性，雖然一時被抑壓下去，然而實未嘗不潛伏着，得着機會，自然就要起來反抗。如此，就釀成了嘉、道、咸、同四朝的內亂。

清中葉的內亂，是起於一七九五年的。這一年，正是高宗傳位於仁宗的一年。其初先藉苗亂做一個引子。漢族的開拓西南，從大體上說，自然於文化的廣播有功，便苗族，也是受其好處的。然而就一時一地而論，該地方原有的民族，總不免受些壓迫，前章所述湖南永順、乾州一帶，當初開闢的時候，土民畏吏如官，畏官如神。官吏處此情勢之下，自不免於貪求。而漢人移居其地的又日多，苗民的土地，多為所佔。這一年，遂以"逐客民，復舊業"為名，群起叛亂。調本省和四川、雲南、兩廣好幾省的兵力，才算勉強打平。然而事未大定，而教匪已起於湖北了。

白蓮教，向來大家都說他是邪教。從他的表面看來，自然是在所不免。但是這種宗教，是起於元代的。當元末，教徒劉福通，曾經努力於光復事業。而當清代，此教的勢力，也特別盛，在清代起兵圖恢復的，都自託於明裔，而嘉慶初年的所謂川、楚教匪，其教中首領王發生，亦是詐稱明裔的。便可知其與民族主義不無關係。不過人民的程度不一，而在異族監制之下，光復的運動也極難，不能不利用迷信的心理，以資結合，到後來，遂不免有忘其本來的宗旨的罷了。然而其初意，則蛛絲馬跡，似乎是不可盡誣的。

所謂白蓮教，是於一七七五年被發覺的。教首劉松，遣戍甘肅。然其徒仍秘密傳播。至一七九三年，而又被發覺。其首領劉之協逃去。於是河南、湖北、安徽三省大索，騷擾不堪，反給教徒以一個機會。至一七九六年，劉之協等遂在湖北起事。同時，冷天祿、徐天德、王三槐亦起於川東。自此忽分忽合，縱橫於川東北、漢中、襄鄖之境。官軍四面圍剿，迄無寸效。你道為甚麼？原來高宗此時，雖然傳位，依舊掌握大權。如此，和珅自然也依舊重用。和珅是貪黷無厭的，帶兵的人，都不得不刻扣軍餉，去賄賂他——當時得一個軍營差使，無論怎樣赤貧的人，回來之後，沒有不買田、買地，成為富翁的——所以軍紀極壞。而清朝當這時候，兵力本已不足用。官兵每戰，輒以鄉勇居前，勝則攘奪其功，敗亦撫恤不及。匪徒亦學了他，每戰，輒以被擄的難民居前，勝則樂得再進，敗亦不甚受傷。加以匪勢飄忽，官兵常為所敗。再加以匪和官兵，都要殺掠，人民無家可歸的，都不得不從匪。如此，自然剿辦連年，毫無寸效了。直到一七九九年，高宗死了，和珅伏誅，仁宗乃下哀痛之詔；懲辦首禍官吏；優恤鄉勇；嚴核軍需；許匪徒投誠；又行堅壁清野之法；一面任能戰之將，往來追逐。至一八〇二年，大股總算肅清。明年，餘匪出沒山林的，也算平定。而遣散鄉勇，無家可歸的，又流而為盜。又一年餘，然後平定。這一次亂事，前後九年，雖然勉強打平，然而清朝的政治力量，就很情見勢絀了。

然而同時東南還有所謂艇盜。艇盜小是起於乾隆末年的。當新阮得國之後，因財政困難，乃招徠沿海亡命，給以器械，命其入海劫掠商船。廣東沿海，就頗受其害。後來土盜亦和他勾通。一發深入閩浙。土盜倚夷艇為聲勢，夷艇藉土盜為耳目。夷艇既高大多炮，土盜又消息靈通。政府以教匪為急，又無暇顧及沿海。於是其患益深。一八〇二年，安南舊阮復國。禁絕海盜，夷艇失勢，都並於閩盜蔡牽。後為浙江水師提督李長庚打敗。又與粵盜朱濆相合。清朝用長庚總統閩浙水師，而前後督臣，都和他不合，遇事掣肘。一八〇七年，長庚戰死南澳洋面，朝廷繼任其部將邱良功、王得祿。至一八一〇年，才算把艇盜打平。

川、楚教匪定後，不滿十年，北方又有天理教匪之亂。天理教，本名八卦教──後來的義和團，也是出於八卦教的。此時的天理教，是反清的，而後來的義和團，至於以扶清滅洋為口實，民族意識的易於消亡，真可以使人警惕了。當時天理教的首領，是大興林清和滑縣李文成。他們吸收徒眾的力量極大。教徒佈滿於直隸、河南、山東、山西。便是清朝的內監，也有願意做內應的。他們謀以一八一三年起事。乘清仁宗秋獮木蘭時，襲據京城。未及期而事泄。李文成被捕下獄。林清仍進行其豫定計畫。以內監為嚮導和內應，攻擊京城。攻入東西華門的有百餘人。文成亦被教徒劫出，攻佔縣城，殺掉知縣。長垣、東明、曹縣、定陶、金鄉，都起而響應。雖然其事終於無成，亦足使清朝大吃一驚了。

天理教匪亂後八年，便是一八二〇年，仁宗死了，宣宗即位。這一年，回疆又有張格爾之變。天山南路的回民，信教最篤。清朝的征服回部，本來不能使他們心服的。但是清朝知道他們風氣強悍，事定之後，亦頗加意撫綏。回民喪亂之餘，驟獲休息，所以亦頗相安。日久意怠，漸用侍衛和在外駐防的滿員，去當辦事領隊等大臣。都黷貨無厭，還要廣漁回女。由是民心憤怨。這一年，大和卓木之孫張格爾，就借兵浩罕，入陷喀什噶爾、英吉沙爾、葉爾羌等城。清廷命楊遇春帶着陝甘的兵，前往剿辦，把張格爾打敗。張格爾走出邊。楊遇春又誘其入犯，把他擒殺。於是清廷命浩罕執獻張格爾家屬。這張格爾是回教教徒認為教主後裔的，這如何辦得到？於是清廷絕其貿易。浩罕就又把兵借給張格爾的哥哥玉普爾，使其入寇。交涉轇轕，直到一八三一年，才定議：清朝仍許浩罕通商，而浩罕允代中國監視和卓木的家族，這交涉才算了結。清朝在這時候，對外的威嚴，就也有些維持不住了。

第八章 鴉片戰爭

鴉片戰爭，是打破中國幾千年來閉關獨立的迷夢的第一件大事。其禍雖若天外飛來，其實醞釀已久，不過到此始行爆發罷了。

中英通商問題，種種轇轕，已見第五章。英國在中國的貿易，自一七八一年以後，為東印度公司所專。至一八三四年才廢。公司的代理人，中國謂之大班。公行言“散商不便制馭，請令其再派大班來粵”。粵督盧坤奏請許之。於是英人先派商務監督，後派領事前來，而中國官吏，仍只認為大班，不肯和他平行交接。於是英領事義律，上書本國，說要得中國允許平等，必須用兵；而中英之間，戰機就潛伏着了。而其時適又有一鴉片問題，為之導火線。

鴉片是從唐代就由阿剌伯人輸入的，但只是作藥用。到了明代，煙草從南洋輸入，中國人開始吸食，其和以鴉片同熬的，則稱為鴉片煙，才成為嗜好品。當時鴉片由葡萄牙人輸入，每年不過二百箱①。而吸食鴉片煙，則當一七二九年之時，已有禁例②。自英國東印度公司，壟斷在中國的貿易後，在印度地方，廣加栽種，而輸入遂多。乾隆末年，粵督奏請禁止入口。嘉慶初年，又經申明禁令。鴉片自此遂成為無稅的私運品，輸入轉見激增③。海關每年，漏銀至數千萬兩之巨。不但吸食成癮，有如劉韻珂所說：“黃巖一邑，白晝無人，竟成鬼市。”林則徐所說：“國日貧，民日弱，十餘年後，豈惟無可籌之餉，亦且無可用之兵。"未免不成樣子。而銀是中國的貨幣，銀價日貴，於財政、經濟關係都是很大的。所以至道光之世，而主張禁煙的空氣，驟見緊張。

當時內外的議論，都是偏向激烈的。只有太常寺卿許乃濟一奏，較為緩和。宣宗令疆臣會議，覆奏的亦多主張激烈。而一八三八年，鴻臚寺卿黃爵滋奏請嚴禁的一疏尤甚④。於是重定禁例，而派林則徐以欽差大臣，馳赴廣東，查辦海口事件。

則徐既至粵，強迫英商，交出鴉片二萬零二百八十三箱，悉數把他焚燬。又佈告各國：商船入口，都要具"夾帶鴉片，船貨充公，人即正法"的甘結，各國都願遵照。惟英領事義律不可。則徐遂命沿海斷絕英人接濟。時英國政府，尚未決定對中國用兵；而印度總督，遣軍艦兩艘至澳門。義律大喜。以索食為名，炮擊九龍。時則徐在沿海亦已設防，英人不得逞。乃請葡萄牙人出而轉圜，請刪甘結中人即正法一語，餘悉如命。則徐仍不許。時英議會中，亦分為強硬緩和兩派。然畢竟以九票多數，通過"對中國前此的損害，要求賠償；對英人後此的安全，要求保證"。時為一八四〇年四月。於是英人調印度、好望角的兵一萬五千人，命伯麥和加至義律⑤統率前來，而中、英的兵釁遂啟。

英兵既至，因廣東有備，轉攻廈門。亦不克。乃北陷定海。投英國巴里滿致中國首相的書⑥。浙江巡撫不受，乃轉赴天津。清宣宗是個色厲而內荏的人。遇事好貌為嚴厲，而對於事情的本身，實在無真知灼見。又沒有知人之明。所以其主意很易搖動。當時承平久了，沿海各省都無備，疆臣怕多事，都不悅林則徐所為，乃造蜚語以聞於上。於是朝意中變。命江督伊里布赴浙江訪致寇之由。又諭沿海督撫：洋船投書，許即收受馳奏。時林則徐已署理粵督，旋革其職，遣戍伊犁，而命琦善以欽差大臣赴粵查辦。

琦善既至，盡撤林則徐所設守備。時加至義律有疾，甲必丹義律代當談判之任。琦善一開口，就許償煙價二百萬。義律見其易與，又要求割讓香港。琦善不敢許。義律就進兵，陷沙角、大角兩炮台。副將許連陞戰死。

琦善不得已，許開廣州，割香港。英兵乃退出炮台。朝廷聞英人進兵，大怒。命弈山以靖逆將軍赴粵剿辦。英人遂進陷橫當、虎門兩炮台。提督關天培又戰死，弈山既至，夜襲英軍，不克。城外諸炮台盡陷。全城形勢，已落敵人手中。不得已，乃令廣州知府余葆純縋城出見英人。許償軍費六百萬，盡五天之內交出。而將軍率兵，退至離城六十里之處。英兵乃退出虎門。弈山乃冒奏：「進剿大挫兇鋒，義律窮蹙乞撫，惟求照舊通商，永遵不敢售賣鴉片。」而將六百萬之款，改稱商欠。朝廷以為沒事了。而英人得義律和琦善所訂的《草約》，以為償款太少，對於英人後此之安全，更無保證，乃撤回義律，代以璞鼎查。續調海軍東來，於是廈門、定海，相繼陷落。王錫朋、鄭國鴻、葛雲飛三總兵，同日戰死。英兵登陸。陷鎮海。提督余步雲遁走。江督裕謙，時在浙視師，自殺。英軍遂陷寧波。清廷以弈經為揚威將軍，進攻，不克。而英人又撤兵而北。入吳淞口。陷寶山、上海。又進入長江，陷鎮江，逼江寧。清廷戰守之術俱窮，而和議以起。

先是伊里布因遣家人張喜，往來洋船，被參奏，革職遣戍[7]。至是，乃用他和耆英為全權大臣，和璞鼎查在江寧議和。訂立條約十三款。時為一八四二年八月二十九日。是為中國和外國訂立條約之始。約文重要的：

（一）中國割香港與英。

（二）開廣州、廈門、福州、寧波、上海五口，許英人攜眷居住，英國派領事駐紮。

（三）英商得任意和華人貿易，無庸拘定額設行商。

（四）進出口稅則，秉公議定，由部頒發曉示。英商按例納稅後，其貨物得由中國商人，遍運天下，除照估價則例加收若於分外，所過稅關，不得加重稅則。

（五）英國駐在中國的總管大員，與京內外大臣，文書往來稱照會，屬員稱申陳，大臣批復稱札行。兩國屬員往來，亦用照會，惟商賈上達官憲仍稱稟。

這一次條約，和英國巴里滿所要求的，可以說是無大出入。總而言之，是所以破前此（一）口岸任意開閉，（二）英人在陸上無根據地，（三）稅額繁苛，（四）不許英官和中國平行之局的。

　　五口通商的條約，可說是中國人受了一個向來未有的打擊。當時的不通外情，說起來真也可笑。當時英人進犯雞籠，囚觸礁，有若干人為中國所獲。總兵達洪阿和兵備道姚瑩奏聞。廷寄乃命其將"究竟該國地方，周圍幾許？所屬之國，共有若干？其最為強大，不受該國統束者，共有若干人？英吉利至回疆各部，有無旱路可通？平素有無往來？俄羅斯是否接壤？有無貿易相通？……"逐層密訊，譯取明確供詞，據實具奏。在今日看起來，真正可笑而又可憐了⑧。而內政的腐敗，尤可痛心。當時廣東按察使王廷蘭，寫給人家的信，說："各處調到的兵，紛擾喧呶，毫無紀律。互鬥殺人，教場中死屍，不知凡幾。"甚而至於"夷兵搶奪十三洋行，官兵雜入其中，肩挑擔負，千百成群，竟行遁去。點兵冊中，從不聞清查一二"。又說：從林則徐查辦煙案以來，"兵怨之，夷怨之，私販怨之，莠民亦怨之，反恐逆夷不勝，則前轍不能復蹈"。而劉韻珂給人家的信，亦說："除尋常受僱，持刀放火各犯外，其為逆主謀，以及荷戈相從者，何止萬人？"人必自侮而後人侮之，這真可使人悚然警懼了。然而僅此區區，何能就驚醒中國人的迷夢？

註解

① 每箱一百二十斤。

② 雍正七年，販者枷杖，再犯邊遠充軍。

③ 其時鴉片躉船，都停泊外洋，而其行銷之暢如故。包買的謂之"窰口"。傳遞的謂之"快蟹"。關泛都受其賄賂，為之包庇。一八二六年，粵督李鴻賓專設水師巡緝。巡船所受規銀，日且逾萬。一八三三年，盧坤督粵，把他裁撤。至一八三七年，鄧廷楨又行恢復，則巡船受賄如故，而且更立新陋規，每煙一萬箱，須另送他們數百箱，不但置諸不問，並有代運進口的。所以後來禁煙如此之難；反對禁煙的人，如此其眾。我們觀於此，可知社會上事，無一非複雜萬端，改革真不易言，斷不容掉以輕心了。

④ 當時販煙一事，因其利太豐，恃以為活的人太多，所以法令之力，亦有時而窮。究竟能否用操切的手段，一時禁絕，實屬疑問。許乃濟之奏，主張仍用舊制，照藥材納稅，但只准以貨易貨，不得用銀購買，亦未始非漸禁之一策。總而言之，當時的問題，不在乎有法無法，法之嚴與不嚴，而實在乎其法之能行與否。當時主張激烈的人，對這一點，似乎都少顧及。

⑤ 伯麥（Bremer）統海軍，加至義律（George Elliot）統陸軍。

⑥ 書中要求六事：（一）償貨價。（二）開廣州、廈門、福州、定海、上海通商。（三）中、英官交際用平行禮。（四）償軍費。（五）不以英船夾帶鴉片，累及岸商。（六）盡裁經手華商浮費。後來和約之意，大抵不外乎此。

⑦ 當時通知外情的人太少。伊里布此事，實在亦怪不得他。伊里布起用後，張喜仍參與交涉之事。《中西紀事》記其聞英人索賠款，拂衣而起，則亦並非壞人。

⑧ 當時英人犯台灣，共有三次：第一次犯雞籠。第三次犯大安港，船均觸礁。中國俘獲白夷、紅夷、黑夷、漢奸，共一百六十餘人。台灣本屬福建，此時以其隔在海外，特許達洪阿、姚瑩得專折奏事。兩人謂俘獲的人。解省既不可，久羈亦非計，奏請儻夷船大幫猝至，惟有先行正法，以除內患。報可。於是除英酋顛林等九人及漢奸黃某、張某，奉旨禁錮外，餘悉殺之。及和議成，訂明被禁的英人和因英事被禁的華人，一律釋放。於是顛林等都送廈門省釋。而英人脅江、浙、閩、粵四省大吏入奏，說台灣所殺，都係遭風難夷。詔閩督怡良渡海查辦。怡良乃迫達洪阿、姚瑩自認冒功，革職了事。此事的處置，亦出於不得已。當時輿論，很替達洪阿、姚瑩呼冤。說怡良因他二人得專折奏事，本有忌他們的心，所以趁此加以陷害，這也未必得實。達洪阿、姚瑩，濫殺俘虜，自今日觀之，自屬野蠻。但在當時，思想不同，亦不能以現在的見解，議論從前的人，姚瑩亦是當時名臣。他革職被逮後，寫給劉韻珂的信，說：「鎮道天朝大臣，不能與夷對質辱國。諸文武即不以為功，豈可更使獲咎，失忠義之心？惟有鎮道引咎而已。」這亦很有專制時代，所謂大臣的風概的。

第九章 太平天國和捻黨之役

滿族佔據中國，倏忽二百年了。雖然他治理中國之法，還是取之於中國，然而在民族主義上，總欠光晶。加以他政治腐敗，國威陵替，五口通商之役，以堂堂天朝，而受辱於海外的小蠻夷，這在當日，確是個非常之變。英雄豪傑，豈得不乘時思奮？於是霹靂一聲，而太平天國以起。

太平天國天王洪秀全，是廣東花縣人。他以一八一二年誕生，恰在民國紀元之前百年。他是有志於驅除異族，光復河山的人。要做光復事業，不得不和下層民眾結合，乃不得不藉助於宗教。廣東和外國交通早，西教輸入的年代亦久。所以洪秀全所創的上帝教，頗與基督教相近。以耶和華為天父，基督為天兄，而自稱為基督之弟。和馮雲山等同到廣西傳佈，信他的人頗多。大多數都是貧苦的客民。一八四七、一八四八年間，廣西年荒盜起，居民倡團練自衛，和教中人頗有衝突。秀全乘機，以一八五〇年六月，起事於桂平的金田村。

時廣西盜賊甚多，清朝派向榮等剿辦，不利。洪秀全以起事的明年據永安。始建太平天國之號，自稱天王。又明年，突圍而出。攻桂林，不克。乃北取全州，浮湘而下。為江忠源鄉勇所扼，改由陸道出湘東。攻長沙，亦不克，而清援軍漸集，乃捨之，北出洞庭。克岳州，遂下武、漢。沿江東下，直抵江寧，建為天京。時為一八五三年。

當洪秀全在永安時，有人勸他，由湘西出漢中，以圖關中。秀全不能用。及克武、漢，又有主張北上的，以琦善統大兵扼河南，不果。天京既建，清向榮以兵踵至，營於城東孝陵衛，而琦善之兵，移駐揚州，是為江南、江北兩大營。太平軍殊不在意。當時派兵兩支：一自安徽出河南北伐，一沿江西上。後來北伐的兵，因形勢太孤，雖經河南、山西，打入直隸，畢竟為清兵所殲滅。這個從太平軍一方面論起來，實在是件可惜的事。其西上之兵，則甚為得勢。再破安慶、九江，佔據武、漢，並南下岳州、湘陰。

此時清朝的兵，不論綠營、八旗，都不足用，乃不得不專靠鄉勇。當時辦團練的地方很多。而湘鄉曾國藩，以在籍侍郎，主持辦團之事。國藩仿戚繼光之法，倡立營制。專用忠勇的書生，訓練誠樸的鄉農。又創立水師，以期和太平軍相角逐。遂成為太平軍的勁敵。湘軍以一八五四年，出境作戰。初出不利。旋復戰勝，克復岳州。又會湖北兵復武、漢。然進攻九江不能克，而石達開坐鎮安慶，遣兵盡取江西州縣。國藩孤居南昌，一籌莫展，形勢甚危。長江中流，太平軍仍佔優勢。而天國於是時鬧起了內訌，遂授清軍以可乘之隙。

洪秀全的為人，似長於佈教，而短於治政和用兵。既據天京之後，就深居簡出，把軍國大事，一切交給楊秀清。旋又相猜忌，乃召韋昌輝，使殺秀清。石達開聞變回京，昌輝又殺其家屬。達開縋城而遁。自此別為一軍，不復受天京節制，秀全又使秀清餘黨，殺掉昌輝。於是太平軍初起諸人略盡，遂呈散漫之象。清軍乘之，以一八五七年冬克武、漢。明年春，又復九江。胡林翼居武昌，籌餉練兵，屹為重鎮。太平軍僅據安慶和天京相犄角，形勢就很危險了。

　　然而太平軍中，還有後起之秀，足以支持危局的，那就是李秀成。其時清軍上流一方面，分遣陸軍攻皖北，水軍攻安慶。下流一方面，向榮的江南大營，前此被太平軍攻破，清朝用其部將張國梁，主持軍事，於九江失陷之際，再逼天京而軍。此時捻黨已盛於江北。李秀成和其首領張洛行相聯絡，把皖北的軍事，交託悍將陳玉成，而自己入京輔政。玉成殲湘軍精銳於三河集，安慶之圍亦解。李秀成知道江南大營的餉源出於浙江。其時江北大營，已不置帥，歸江南大營兼統，汛地更廣。乃出兵陷杭州，以搖動其軍心。又分軍擾亂各處，以分其兵力。而突合各路的兵猛攻之，大營遂潰。國梁走死。蘇、松、常、太，相繼皆下，太平軍的形勢又一振。

　　然而大廈非一木所能支，單靠一個忠勇善謀戰的李秀成，到底不能挽回太平天國的末運。清朝此時，胡林翼已死，乃用曾國藩為兩江總督。發縱指示之責，集於國藩一身。國藩使弟國荃攻圍安慶。陳玉成不能將將，諸將都不聽命，遂不能救。一八六一年，秋間，安慶陷落。玉成戰敗走合肥，為苗沛霖所執，送於清軍，被殺。曾國藩乃薦沈葆楨撫贛，左宗棠撫浙，以敵太平軍方面李世賢、汪海洋的兵。使鮑超、多隆阿等分攻皖南、北。都興阿鎮守揚州。而使曾國荃沿江東下，楊岳斌、彭玉麟以水師為之聲援，以逼天京。又使李鴻章募兵淮、徐，以圖蘇、松。李秀成力勸洪秀全出兵親征，不聽。請與太子俱出，又不聽。秀成曾一度出兵江北，因張洛行已被擒，亦無成功。只得守了蘇州，和天京作為聲援。

　　藉外力以平內亂是件可恥的事，亦是件可危的事。當道咸之世，清朝的昏憒反覆，很為外人所厭惡。太平軍在此時，很有和外人聯絡的機會，而太平軍未肯出此——或亦是未知出此——清朝則似非所恤。一八五八、一八六〇年兩役，外人在條約上所得的權利，實在多了，乃有助清人以攻太平軍之議，清廷初亦未敢接受。然至蘇、松失陷後，江蘇巡撫薛煥和布政使吳煦，避居上海，到底藉外人所訓練統率的華兵，即所謂常勝軍者，以禦太平軍。此時中國兵弱，洋將多不聽命。蘇人避居上海的，乃自僱汽船七艘，以迎李鴻章的淮軍。太平軍既未能邀擊。蘇州諸生王畹，獻策於李秀成，請先設計封鎖或擾亂上海，俾外人避居，然後出而招撫，收為己用，秀成又未能用。李鴻章至，淘汰前所募兵，代以淮勇，都強悍能戰；常勝軍亦隸麾下，輔以精利的器械；而上海此時，餉源又甚豐富；太平軍東路的形勢，遂亦陷於危急。

李秀成此時，以一身負天京和蘇州兩方面守禦的重任，兼負調度諸軍之責。當一八六二年時，曾國荃已攻破沿江要隘，直逼天京。是年秋間，其軍大疫。秀成合李世賢攻浙的兵，猛攻其營。凡四十六日，卒不能破。天京之圍，自此遂不能解。至一八六三年初冬，而蘇州又失陷，秀成乃入天京死守。明年六月，天京亦陷。天王已死，秀成奉太子福瑱出走。於路相失，為清軍所獲，死之。太子會李世賢、汪海洋之師入贛，亦為清軍所執，殉國於南昌。海洋、世賢的兵，沒於閩、粵①。石達開先別為一軍，歷贛、閩、湘、桂而入川，欲圖割據，亦為清兵合土司所擒。陳玉成敗後，在皖北的陳德才，北入河南，聞天京緊急，率兵還救，不及，自殺。太平天國自立凡十五年，兵鋒所至，達十六省②，卒仍為滿族所征服。

然而其餘眾合於捻黨，猶足使清廷盱食者數年。所謂捻黨，是很早就有的③。太平軍起而捻勢亦盛。蔓衍於蘇、皖、魯、豫四省之間④。雉河集的張洛行、李兆受為其首領。壽州練總苗沛霖，亦陰和太平軍、捻黨相通。清命袁甲三等剿之，無效。一八六○年，英、法兵陷京城。捻眾亦乘機北略，至濟寧。英、法兵既退，乃命僧格林沁剿辦。僧格林沁攻破雉河集，張洛行、李兆受都死。苗沛霖亦被陳玉成餘眾所殺，捻勢稍衰。太平天國既亡，餘眾多合於捻，其勢復盛。僧格林沁勇而無謀。捻眾多馬隊，其勢飄忽，僧格林沁常為所致。遂以一八六五年，敗死於曹州。清廷命曾國藩往剿。國藩首創圈制之法。練黃河水師。以濟寧、徐州、臨淮關、周家口為四鎮，各派重兵駐紮。於運河東岸，賈魯河西岸築長牆，想把捻眾蹙之一隅。

然而止不住捻眾的衝突，一八六六年，捻眾突圍而出，張宗禹入陝，賴文光入山東，於是罷國藩，代以李鴻章。鴻章仍守國藩遺策，倒守運河，把東捻逼到海隅。於一八六七年打定。其西捻則由左宗棠剿擊。宗棠敗之渭北。捻眾乃北犯延綏，渡河入山西。再出河南，以入直隸。宗棠率兵追擊。李鴻章亦渡河相助。命直隸之民，多築寨堡以自衛，而沿黃、運二河築長牆以守。至一八六八年，才把他逼到黃、運、徒頗之間打平。

　　捻匪不過是擾亂，說不上甚麼主義的。太平天國，則當其兵出湖南時，即已發佈討胡之令。可謂堂堂之陣，正正之旗。其定都金陵後，定田制，改曆法，禁蓄妾及買賣奴婢，並禁倡伎，戒纏足，頒天條以為法律，開科舉以取士，亦略有開創的規模，且頗富於新理想。有人說：“中國當日，惡西教正甚，而太平天國，帶西教的色彩很重，這是其所以失人心的原因。”然而天王的創教，本不過是結合的一種手段，兵勢既盛之後，亦未曾盡力推行。太平天國的滅亡，其中央無真長於政治和軍事的人才，實在是其最大的原因。而其據天京之後，晏安鴆毒，始起諸人不能和衷共濟，反而互相殘殺。又其後來，所謂老兄弟者日少，新兄弟日多⑤，軍紀大壞，亦是其致亡的原因。太平天國，提唱民族主義，曾國藩等，則揭櫫忠君主義，以與之對抗。在當日，自然是忠君主義，易得多數人的扶助，然而民族主義的源泉，終不絕滅，遂潛伏着，以待將來的革命。

註解

① 李世賢是李秀成入天京城守時，派他到江西去的。汪海洋則在浙江，為左宗棠所敗，而入江西的。後來兩軍會合入福建，又入廣東。世賢為海洋所殺。海洋戰死。
② 內地十八省中，惟陝、甘兩省未到。
③ 捻匪的起原很早。有人說：“鄉人逐疫，燃紙然脂，共為龍戲，謂之為捻，後遂相聚為盜，故得此稱。”亦有人說：“皖北之民，稱一聚為一捻，所以稱股匪為捻匪。”未知孰是。康熙時已有其名。嘉道時，漸肆劫掠。至咸豐初年乃盛。
④ 當時江蘇的淮、徐，安徽的潁、亳，山東的兗、沂、曹、濟，河南的光、固，為捻眾最盛的區域。
⑤ 廣西初起事的兵，謂之老兄弟；後來附從的，謂之新兄弟。

第十章 英法聯軍之役

　　鴉片戰爭，在中國歷史上，為從古未有的奇變，然其實不過外人強迫通商的成功而已。在實際上，關係還不算很大。其種種喪權辱國的條約，實在又是五口通商以後，陸續所造成的，至一八五八年的《天津條約》，一八六〇年的《北京條約》，而作一總匯。

　　《江寧條約》成後，伊里布以欽差大臣赴廣東辦理通商事宜。死後，耆英代之，與英另訂《五口通商章程》十五條。而法、美、瑞典，亦相繼和中國訂立條約。惟俄國仍不准在海口通商①。"

　　交涉的輾轉，起於廣東英人入城問題。先是一七九三年，高宗曾有"西洋各國商人，不得擅入省城"之諭。此時另訂條約，國交一新，此項上諭，自然無效，而粵民仍執之以拒各國領事入城。粵中大吏，既不能以法令效力後勝於前的道理，曉諭人民，又不敢明拒外人，而依違其間；於是粵民遂自辦團練，欲以拒絕外人。以為官吏軟弱，寖至官民亦生齟齬。耆英知道交涉是棘手的，乃陰謀內召。先是《江寧條約》，訂明舟山、鼓浪嶼的英兵，須俟賠款交清後，方行撤退。一八四六年，賠款清了，耆英要求英人撤兵。又另訂條約五條，申明許英人入城，而中國不得以舟山群島，割讓他國②。明年，耆英內用，英人請實行入城之約。耆英知道廣東民氣難犯，請展期兩年。英人也答應了。

　　於是徐廣縉為總督，葉名琛為巡撫。兩人都是有些虛怯之氣，好名而不通外情的。一八四九年，英人以入城之期已屆，又請實行。廣縉登舟止之。英人謀劫廣縉，以求入城，廣東練勇數萬人，同時聚集兩岸，呼聲震天。英人懼，乃罷入城之議。事聞於朝，封廣縉一等子，名琛一等男，都世襲。餘官均照軍功例，從優議敍。並傳旨大獎粵民。於是廣東人民，更為得意。遂散佈流言要破壞通商之局。英人聞之，寫信給廣縉，請另定《廣東通商專約》。廣縉要求其將不入城列入《專約》之中，英人也答應了。此時廣縉、名琛，都很負時望。

一八五〇年，宣宗死了，文宗繼立。明年而徐廣縉移督湖廣，葉名琛代為總督。此時太平天國正盛，清廷怕多生枝節，亦諭令交涉謹慎；而名琛以為外國人不過虛聲恐喝，遇事多置諸不理。既不能措置妥帖，而又不設防備。這時候，沿海的中國船，頗有恃外國旗號為護符的③。一八五六年，有在英國登記，而業經滿期的亞羅船，停泊粵河，為水師千總捕去十三人。英領事巴夏禮，要求省釋。葉名琛也把所捕的人送還了。而英人又要趁此要求入城，拒絕弗受；而提出四十八小時內無確實答復，作為談判破裂的警告。名琛置諸不答，英兵遂陷廣州。然既不得本國政府的允許，而兵又少，旋又退出。而粵人又盡焚英、法、美諸國商館。巴夏禮遂馳書本國政府請戰。

　　時英國議會，亦不主開釁。英相巴馬斯頓，把他解散，另行召集。通過"要求中國改訂條約，並賠償損失，否則開戰"的議案。英國又要約俄、法、美三國。俄、美僅派使臣偕行，而法國因廣西地方，教士被殺，派兵和英國同行④。

　　一八五七年，四國使臣到廣州。英使先致書名琛，要求會議改約和賠償損失，法美願任調停。名琛均置不答。英、法兵遂陷廣州，名琛被虜⑤。四國要求派遣全權大臣至上海議善後。由江督何桂清奏聞。朝命革名琛職，代以黃宗漢。命英、法、美三使回廣東，聽候查辦。對俄國，則申明海口不許通商之旨，令回黑龍江，和將軍會議。四使不聽，徑行北上。明年三月，至天津。四月，陷大沽炮台。清廷乃派大學士桂良、吏部尚書花沙納赴津，和四使會議。各訂條約。其稅則，命其赴滬會同何桂清，和各國會議。又成《通商章程》十條。英、法、美三國相同。是為一六五八年的《天津條約》。

　　其明年，英、法二使來換約。時僧格林沁在大沽設防，請其改走北塘。弗聽。強航白河。為炮台守兵所擊，狼狽走上海。一八六〇年，英、法再派兵來。先照會何桂清，説："若守《天津原約》，仍可罷兵。"而清廷上諭，又説他"輒帶兵船，毀我海口防具。首先背約，損兵折將，實由自取，所有八年議和條款，概作罷論。若彼自知悔悟，必於前議條款內，擇道光年間曾有之事，無礙大體者，通融辦理。仍在上海定議，不得率行北來。"於是兵端之啟，遂無可避免。此時清廷亦怕啟釁，所以美使後至，遵命改走北塘，即許其在天津換約⑥。雖封鎖大沽，然仍留北塘為款使議和之地。而僧格林沁又惑於"縱洋人登陸，以馬隊蹵而殲之"之說，遂棄北塘不守。其所埋地雷，為漢奸告知英人掘去。於是英、法兵從北塘登陸，攻陷大沽炮台。僧格林沁退駐張家灣。清廷不得已，再派怡親王載垣和英、法議和。有人告載垣，說"巴夏禮袞甲將襲我"。載垣懼，以告僧格林沁。僧格林沁執巴夏禮。英、法兵進攻，僧格林沁敗績。助守的禁軍和旗兵亦都敗。文宗乃逃往熱河，而留恭親王奕訢守京城。旋以為全權大臣。英、法兵脅開京城，又焚圓明園。奕訢懼不敢出。因俄使伊格那提業幅的保證，乃出而與英、法議和，重行訂定條約，是為《北京條約》。

這兩約，實在是把五口通商以後，英、法兩國所訂的條約，合併整理而成的⑦；而又有新喪失的權利。論口岸，則增開牛莊、登州、台灣、淡水、潮州、瓊州及沿江各口。因此內河航行之權，亦和外人相共⑧。領事裁判和關稅協定，都自此確定。內地遊歷通商和傳教的條文，亦起於此兩約。前此清朝中央政府，不願與外人直接交涉，至此則接待駐使，亦成為條約上的義務了⑨。而又把九龍割給英國。賠英、法軍費及商虧，各八百萬兩。《美約》還是一八五八年所定的，所以和英、法兩約，又有不同⑩。然各國的條約，都有最惠國條款，則此等異同，也不足計較了。至對於俄國的條約，則損失尤大，別見下章。

註解

① 法、美條約，均定於一八四四年。瑞典條約，定於一八四七年。都係在廣東所訂。俄事參看下章。

② 第三款申明中國不得以舟山群島割讓他國。第四款說他國如犯舟山，英必出而保護，毋須中國給與兵費。後來法越之役，法兵謀佔舟山，寧紹台道薛福成，在西報申明此約，英政府亦出而申明，舟山遂得不陷。然亦很可羞恥了。

③ 桂良等在上海議商約時，曾照會英、法、美三使，說"上海近有中國船戶，由各國領事，發給旗號。此等船戶，向係不安本分，今恃外國旗號為護符，地方官欲加之罪，躊躇不決，遂至無所不為，犯案纍纍。上海如此，各口諒均不免。擬請貴大臣即飭各口領事，嗣後永不准以貴國旗號，發給中國船戶，從前已給者，一概撤銷。"可知此時確有依靠外國旗號，為非作歹之事。

④ 一八五八年，《法國補遺條約》第一款，規定西林縣知縣張鳴鳳，因法神父被害，處以革職。第二款規定革職後照會法使，並將其事由載明《京報》。是為因教案處分官吏之始。

⑤ 一八五九年卒於印度的加爾各答。

⑥ 上諭云："換約本應回至上海，念其航海遠來，特將和約用寶發交恆福，即在北塘海口與該國使臣互換。"

⑦ 一八四三年，英國所定的《五口通商章程》和一八四四年法美兩約，已均有領事裁判和最惠國條款。其進出口稅，耆英在廣東時，亦有和英人協定的表，大致都是值百抽五。

⑧ 《天津英約》，沿海開牛莊、登州、台灣、潮州、瓊州；沿江自漢口而下，開放三口——後開漢口、九江、鎮江。《法約》多淡水、江寧而無牛莊。《北京英約》又增開天津。

⑨ 《天津美約》第五款，規定美使遇有要事，准到北京暫住，與內閣大學士或派出平行大憲酌議；但每年不得逾一次。到京後應迅速定議，不得耽延。若係小事，不得因有此條，輕請到京。《北京英約》第二款，則說"英使在何處居住，總候本國諭旨遵行"，其權全操之外人了。又《天津英約》五款，規定"特簡內閣大學士尚書中一員，與英國欽差大臣，文移會晤，商辦各事"。這是後來總理各國通商事務衙門的所以設立。

⑩ 《天津英約》，償英商虧一百萬，軍費二百萬。《法約》，賠款軍費共百萬。《北京英約》，改為商欠二百萬，軍費六百萬，《法約》亦改為軍費七百萬，賠償法人在粵損失一百萬。

第十一章 璦琿條約和北京條約

　　侵略國的思想，是愛好平和之國所夢想不到的。假如中國而有了西伯利亞的廣土①，亦不過視為窮北苦寒之地，置諸羈縻之列——所以黑龍江兩岸，遠較西伯利亞為膏腴，尚且不能實力經營。若說如俄國，立國本在歐洲，卻越此萬里荒涼之地，以求海口於太平洋，這是萬想不到的事。然而近世的帝國主義，則竟有如此的。所以近世中國受列強的侵削，歷史上國情的不同，實在是其最重要的根原。

　　凡事不進則退。《尼布楚條約》，中國看似勝利，然而自此以後，對於東北方，並沒有加意經營；而俄人卻步步進取，經過一世紀半之後，強弱自然要易位了。一八四七年，俄皇尼古拉一世以木喇福岳福為東部西伯利亞總督②。木喇福岳福派員探測，始知庫頁之為島③。一八五〇年，俄遂建尼哥來伊佛斯克為軍港。一八五二年，進佔德喀斯勒灣和庫頁。東北的風雲，就日形緊急了。

這一年，俄、土開戰，英、法要援助土耳其。木喇福岳福歸見俄皇，極陳當佔據黑龍江，於是決議和中國重行議界。而俄國的外務部，不以為然。致書中國，請協定格爾必齊河上流界標。於是吉、黑、庫倫，同時派員會勘。此時若能迅速定議，自是中國之利。而派出的人員，或以冰凍難行，或以期會相左，輾轉經年，終無成議。而俄國已和英、法開戰，尼古拉一世，已畀木喇福岳福以極東的全權，得徑和中國交涉了。

木喇福岳福致書中國政府，說為防守太平洋起見，要從黑龍江運兵，請派員會議疆界，使者至恰克圖，中國不許其進京。木喇福岳福遂徑航黑龍江，赴尼哥來伊佛斯克佈防。璦琿副都統見其兵多，不敢抗拒。一八五五年，木喇福岳福和黑龍江委員台恆會晤。藉口為防英、法起見，黑龍江口和內地，必須聯絡，請劃江為界。台恆示以俄國外務部來文，說該文明認黑龍江左岸為中國之地，何得翻議？木喇福岳福語塞，乃要求航行黑龍江，而境界置諸緩議。這時候，朝命吉、黑兩將軍和庫倫辦事大臣照會俄國，說此次畫界，只以未設界碑的地方為限。會尼古拉一世卒，亞歷山大二世立。俄外部仍不以木喇福岳福的舉動為然。木喇福岳福乃再西歸，覲見俄皇，自請為中俄畫界大使。且請合堪察加半島、鄂霍次克海岸和黑龍江口之地，置東海濱省。其時江以北之地，實際上幾盡為俄國所佔，清朝不過命吉、黑兩將軍，據理折辯，而且命理藩院行文俄國，請其查辦而已。

然而一八五七年，普提雅廷到天津，以畫界為請，上諭仍說交界只有烏特河一處未定，飭其回黑龍江會議。及一八五八年，英、法兵陷大沽，木喇福岳福帶着兵到黑龍江口，派人約黑龍江將軍奕山，說自己要到璦琿去，可以就便開議。於是中國派奕山為全權大臣，和木喇福岳福定約三條：把黑龍江以北之地，都割給俄國，而以烏蘇里江以東，為兩國共管之地。

黑龍江、松花江、烏蘇里江，只准中、俄兩國行船④。是為《璦琿條約》。此約成後，侍講殷兆鏞，劾奕山"以黑龍江外之地，拱手讓人，寸磔不足蔽辜"。然奕山在當日，亦曾竭力爭執。而俄人以開戰相脅，這時候的情形，恰和結《尼布楚條約》時相反，儻使開戰，中國是萬無幸勝之理的，徒然弄得牽涉更廣。所以邊疆的不保，是壞在平時邊備的廢弛，並不能專怪哪一個人。

這時候，普提雅廷在天津，仍以添設通商海口；由陸路派員赴黑龍江，再清疆界為請。清朝對於俄國，前此迄未許其在海路通商。這時候，仍限於每國通商，只許五口。先是一八五〇年，俄人請在伊犁、塔爾巴哈台和喀什噶爾三處通商，清廷議許伊犁和塔爾巴哈台，而拒絕喀什噶爾。以奕山為伊犁將軍，和俄國訂立《通商章程》。所以這時候，清朝說俄國通商，已有三口⑤，若再援五口之例，則共有八處，他國要求，無以折服，乃命於五口之中，選擇兩口，至多三口。後來因要藉俄、美之力，以牽制英、法，乃先和俄、美兩國訂約，把前此所爭執，概與通融。是為一八五七年俄國的《天津條約》。約中訂明：（一）以後行文，由俄外務部直達軍機處或特派的大學士。俄使遇有要事，得由恰克圖故道，或就近海口進京。（二）開上海、寧波、福州、廈門、廣州、台灣、瓊州七處通商⑥。（三）陸路通商，人數不加限制。（四）許在海口和內地傳教。（五）京城恰克圖公文，得由台站行走⑦。（六）而仍有派員查勘邊界一條。

於是俄國以伊格那替業幅為駐華公使。一八六〇年之役，奕訢本懼不敢出，因俄使力保，和議才得成就。於是俄使自以為功，再和中國訂立《北京條約》：就把（一）烏蘇里江以東之地，亦割屬俄國。（二）交界各處，准兩國的人，隨便貿易，並不納稅。（三）恰克圖照舊到京。所經過的庫倫、張家口，零星貨物，亦准行銷。（四）在庫倫設立領事。（五）西疆再開喀什噶爾。（六）而其未定之界，則此約第二條預行訂定大概，以俟派員測勘。這兩約，不但東北割地之廣駭人聽聞，而蒙古、新疆方面，亦幾於藩籬盡撤，就伏下將來無窮的禍根了。約既定，俄國遂將黑龍江以北之地，設立阿穆爾省，而將烏蘇里江以東，併入東海濱省並建海參崴為軍港。

註解

① 中國當漢、唐盛時，西伯利亞南部諸國，亦都曾朝貢服屬。在唐時，並曾置羈縻府州。

② Muravyev，舊譯亦作木哩斐岳福。中國行文舊習慣，外國人、地名長的，多截取其末數字，所以舊時記載，又有但稱為岳福的。

③ 俄人初以庫頁為半島，則入黑龍江口，必須航行鄂霍次克海，鄂霍次克海冰期甚長，今知庫頁為島，則可航韃靼海峽，韃靼海峽是不凍的，而且可容吃水十五英尺的汽船。

④ 此約華文云：“黑龍江、松花江左岸，由額爾古訥河至松花江海口，作為俄羅斯國所屬之地。”此松花江三宇，不知何指。中國人因説是指松花江口以下的黑龍江，並下文“黑龍江、松花江、烏蘇里河，此後只准中國、俄國行船”的松花江，亦要以此説解釋，謂俄人航行松花江，實與條約相背。然據錢恂《中俄界約斠註》，則説滿、蒙文、俄文及英、法文本，上句都沒有松花江字樣，而下句則都有之。

⑤ 恰克圖及伊犁、塔爾巴哈台。

⑥ 他國再增口岸，俄亦一律照辦。

⑦ 信函亦得附帶。其運送應用物件，則三個月一次。台站費用，由中、俄各任其半。《北京條約》，又定恰克圖至北京書信，每月一次；物件兩月一次。商人願自僱人送書信物件的，報明該處長官允行後照辦。

第十二章　西北事變和中俄交涉

　　西北本是興王之地，在漢、唐之世，都以此為天下根本。當時關中的武力和文化，都為全國之冠。涼州的風氣，尤其強悍。所以經營西域的力量，也非常之強。自宋以後，武力不競。北方迭受異族的蹂躪，國都非偏在東南，則僻在東北。西北方的實力，遂漸漸落後。而自元以後，回教盛行於西北，漢、回之間，尤其多生問題。

　　中國人是不甚迷信宗教的，所以爭教的事情很少。但是信仰回教的人民，因其習俗不同，不易和普通人民同化，而漢、回之間，遂不免留着一個界限。在平時的爭執，原不過民間的薄物細故。但是回人團結，而漢人散漫。所以論風氣，是回強而漢弱。在官吏，就不免袒漢而抑回。到回民激而生變，則又不免敷衍了事。釀成了"漢、回相猜，民怨其上"的局面。咸同大亂之時，又發生所謂回亂。

回亂是起於西南，而蔓延於西北的。一八五五年因臨安漢回的衝突，漸至蔓延。永昌的回民杜文秀，就起兵佔據大理。回酋馬德新，則居省城，挾巡撫徐之銘為傀儡。之銘亦挾回以自重。清朝所派的督撫，不能到任的很多。後來布政使岑毓英，結回將馬如龍為援。先定省城。次平迤東，誅叛酋馬連升。清朝即用為巡撫，直到一八七二年，才把大理克復，雲南全省打定。總計其始末，也有十八年了。但還是限於一隅的。至西北則事變更形擴大。

西北的回亂，是起於一八六二年的。先是陝西募回勇設防。及是年，太平天國的陳德才，合捻黨以入武關。回勇潰散。有和漢人衝突的。彼此聚眾相仇。而雲南叛回任五，此時匿居渭南，遂誘之為亂。清朝派勝保剿辦，無功。賜自盡，改派多隆阿。回眾被驅入甘肅。於是固原、平涼和寧夏一帶，回亂大熾。回酋馬化龍，居金積堡，白彥虎居董志原，為其首領，陝西北部的遊勇、土匪，亦由叛回接濟，到處糜爛。叛回又派遣徒黨，四出招誘。於是回酋妥得璘，以一八六四年，據烏魯木齊。旋陷吐魯番。據南路八城。至一八六六年，遂陷伊犁和塔爾巴哈台。其時漢人亦有起兵自衛的，以徐學功為最強。而浩罕又把兵借給張格爾的兒子布蘇格，令其入據喀什噶爾。一八六七年，布蘇格為浩罕之將阿古柏怕夏所廢。自稱喀什噶爾汗。和徐學功聯合。合攻烏魯木齊，妥得璘走死。地皆入於阿古柏。於是阿古柏想聯合回教徒，在中、英、俄三國之間，建立一國。因徐學功的內附，介之以求封冊，而通使於英、俄和土耳其。先是伊犁危急時，將軍明緒、榮全，都想藉助於俄。俄人卒未之應。及阿古柏陷北路後，俄人因與回眾衝突，於一八七一年，佔據伊犁。然仍與阿古柏訂立《商約》。英人則更想扶助之以拒俄。英國的公使，亦替他向中國代求封冊。

時中國以左宗棠督辦陝甘軍務。因追剿捻匪，無暇顧及回亂，所以陝、甘兩省，更形糜爛。到一八六八年，捻匪平了。宗棠乃回到西安。先出兵肅清陝西。進取甘肅。甘回分擾陝西，宗棠又回兵定之。至一八七二年，而甘肅自黃河以東皆定。馬化龍被殺，宗棠又進兵河西。一八七三年，河西亦定。白彥虎走歸阿古柏。

其時英人仍為阿古柏祈請，而中國亦有因軍費浩大，主張以南路封之的，左宗棠力持不可。一八七五年，乃以宗棠督辦新疆軍務。宗棠任劉錦棠，先進兵北路，一八七六年，復烏魯木齊。明年，遂克辟展，進取吐魯番。其時浩罕已為俄國所滅，而南路纏回，亦和阿古柏不洽。阿古柏窮蹙，乃飲藥自殺。其子伯克胡里，仍據喀什噶爾，而白彥虎則據開都河，以拒華軍。一八七八年，劉錦棠又進兵定之。兩人都逃入俄國。於是天山南北路皆平。而伊犁仍為俄人所據，而中、俄的交涉遂起。

從一七五九年，天山南北路平定以來，中國西北數千里，都和俄國接界，而地界則自一七二八年以後，迄未重定。所以中俄邊界，西方仍只規定至沙賓達巴哈為止。一八六〇年的《北京條約》，訂明"西疆未定之界，應順山嶺大河，中國常駐卡倫，自沙賓達巴哈往西至齋桑淖爾，自此西南，順天山之特穆圖淖爾，南至浩罕邊界為界"，此約之誤，在常駐卡倫四字。其後一八六四年，明誼和俄人定立界約，就把烏里雅蘇台以西之地，喪失一大段了①。明誼之約既定，科布多、烏里雅蘇台、塔爾巴哈台所屬，均由中國派員，於一八六九、一八七〇兩年間，與俄會立界牌鄂博，而伊犁屬境，始終未及勘定②。

所以中國此時，所重要的，實仍在畫界問題。畫界既定。則伊犁不索而自回，若但索一個伊犁城，就是走的下着了。而中國當日，派出一個全不懂事的崇厚到俄國去會議。不但在地界上損失甚巨，別一方面的損失，更其不可思議。議既定，中外交章論劾③。主戰之論大盛。郭嵩燾上書力爭，論乃稍戢④。於是改派曾紀澤使俄。於一八八〇年，與俄重定條約，總算把崇厚的原約，爭回了些。然而其所損失，業已很大了。

要明白中、俄的《伊犁條約》，先得知道前此的中俄《陸路通商章程》。原來俄國人對於東北，固然要想侵略，而其對於蒙古，亦是念念不忘的。於是《北京條約》立後，俄人又要求到京城通商⑤。又要在蒙古地方，隨意通商。又要在張家口設立行棧、領事。且藉口陸路運費貴，定稅不肯照海口一律。於是於一八六二年，訂立《陸路通商章程》。一八六五、一八六九兩年，又兩次修改。准（一）俄人於兩國邊界百里之內，均無稅通商⑥。（二）中國設官的蒙古地方，和該官所屬的盟、旗，亦許俄人隨意通商，不納稅。其未設官的地方，則須有俄邊界官執照，方許前往⑦。（三）由陸路赴天津的，限由張家口、東壩、通州行走。（四）張家口不設行棧，而准酌留貨物銷售⑧。（五）稅則許其三分減一。中國這時候，於商務的盈虧和稅收，都不甚措意。所最忌的，是外人的遍歷內地。所以所就就注重的，全在乎此。

崇厚原約，收回伊犁之地，僅廣二百里，長六百里，曾紀澤改訂之約，則把南境要隘，多索回了些，而原約償款五百萬盧布，改至九百萬。肅州、吐魯番兩處，均許設領事。原約尚有科布多、烏里雅蘇台、哈密、烏魯木齊、古城五處。改約訂明俟商務興旺再議。而將蒙古的貿易，擴充至不論設官未設官之處，均准前往。凡設領事之處和張家口，都准造舖房行棧。而天山南北路通商，亦許暫不納稅。此約雖較原約為優，然所爭回的地界，亦屬有限；而後來定立界牌，於約文之外，又有損失。西北的境界遂大蹙，而蒙、新兩方面，自此以後，亦就門戶洞開了。

當曾紀澤使俄時，俄人持原議甚堅。其艦隊又遊弋遼海以示威。中國亦召回左宗棠，命劉錦棠代主軍務。李鴻章在天津設防。後來總算彼此讓步，把事情了結了。中國知道西北情勢的危急，乃於一八八二年，改新疆為行省。

<hr>

註解

① 邊徼卡倫，向分三等：設有定地，歷年不移的，謂之常設卡倫。有時在此處，有時移向彼處，有春秋，或春冬兩季，或春夏秋三季遞移的，謂之移設卡倫。有一定時節，過時則撤的，謂之添撤卡倫。卡倫之設，本只禁遊牧人私行出入，和界址無關。所以常設卡倫，有距城不過數十里的。《北京條約》，指明以常駐卡倫為界，後來明誼勘界時，再三辯論，要以最外的卡倫為界。而邊徼規制，彼中習見習聞，竟不克挽回，而烏里雅蘇台以西之界遂蹙。案此約定後，烏里雅蘇台、科布多、伊犁、塔爾巴哈台所屬卡倫和民莊，有向內遷徙的，見第四、第十條。

② 科布多屬境，由奎昌與俄會立，定有《約誌》三條。烏里雅蘇台屬，由榮全與俄會立，定有《約誌》兩條。均在一八六九年。塔爾巴哈台屬，亦由奎昌與俄會立，定有《約誌》三條，事在一八七〇年。

③ 當時下崇厚於獄，擬斬監候。後來曾紀澤奉使時，請貸其死，以緩和俄人的感情。

④ 嵩燾時為使英大臣，臥病於家，疏意略謂："國家用兵卅年，財殫民窮，又非道咸時比。俄環中國萬里，水陸均須設防，力實有所不及。釁端一開，後患將至無窮。"

⑤ 《北京條約》第五條，説俄國商人"除在恰克圖貿易外，其由恰克圖照舊到京經過之庫倫，張家口地方，如有零星貨物，亦准行銷"，約文之意，本係指明路線之詞，而俄人執照舊到京四字，遂堅求在京城通商。

⑥ 這是援照一八六〇年的《北京條約》的。中俄邊界，不論吉、黑、蒙古，都是我國境內繁盛，而俄境荒涼，所以此項辦法，在税收上，我國亦很吃虧的。

⑦ 此條一八六二年的通商章程，本有"小本營生"四字，至一八六九年之約刪除。

⑧ 一八六二年的章程，准留貨物十分之二。一八六九年的章程，改為"酌留若干"，而添"不得設立領事"一語。

第十三章　晚清的政局

中國地方大而政治疏闊，要徹底改變，是很不容易的。所以一朝中衰之後，很難於重振。何況清朝，從道光以來，所遭遇的，是千古未有的變局？然而這時候，清朝還能削平內難，號稱中興，這是甚麼理由呢？這都是漢人幫他的忙。

清朝人滿、漢之見，是很深的。從道光以前，總督用漢人的很少，專征更不必論了。到咸豐初年，而局面一變。清仁宗中歲以後，是信任曹振鏞的。振鏞的為人，瑣屑不知大體①。宣宗則初任曹振鏞，後相穆彰阿。穆彰阿是個柔佞之徒。鴉片戰爭之役，他竭力主持和議。舊時人的議論，有詆為權奸的。其實他哪裏説得上權奸？不過坐視宣宗的輕躁②，而不能匡正罷了。宣宗死於一八五〇年，子文宗繼立。文宗在清代諸帝中，漢文的程度號稱第一。亦頗有志於圖治。這時候，正值海疆多事，太平軍又已起兵之際，時事很為艱難。文宗乃罷斥穆彰阿、耆英，昭雪林則徐、達洪阿、姚瑩等。又下詔求直言。曾國藩、倭仁等，都應詔有所論列。海內翕然，頗有望治之意。此時因內外滿員，多屬昏憒庸懦，不足任用。軍機大臣文慶，力言於帝，說要重用漢人。文宗頗能採納。這是咸同時代，所以能削平內亂的根本。

專制政體，把全國的事情，都交給一個人做主。於是這一個人的智愚仁暴，就能使全國的人民，大受其影響。而君位繼承之法，又和家族中的承繼，並為一談。於是家庭間的爭奪，亦往往影響於國事。這是歷代都是如此的，到晚清仍是其適例。清文宗因時事艱難，圖治無效，意思就倦怠了。其宗室中，載垣、端華、肅順，因此導之以遊戲，而暗盜政權。軍機拱手而已。一八六〇年，文宗因英、法聯軍進逼，逃到熱河。英、法兵退了，群臣都懇請回鑾，載垣等以在熱河便於專權，暗中阻止。明年，文宗就死在熱河。文宗皇后鈕鈷祿氏無子，貴妃葉赫那拉氏，生子載淳，是為穆宗。年方六歲。載垣等宣佈遺詔，自稱贊襄政務大臣③。葉赫那拉氏和奕訢等密謀回鑾。到京，便把載垣、端華、肅順執殺④。於是尊鈕鈷祿氏為母后皇太后，葉赫那拉氏為聖母皇太后，同時垂簾聽政。而實權都在那拉氏⑤。

載垣等三人之中，肅順頗有才具。重用漢人之議，肅順亦是極力主張的。那拉后、奕訢，雖和肅順是政敵，卻於此點能遵循而不變。當時沈桂芬、李棠階等，盡忠於內；湘淮諸將，戮力於外；所以能把內難削平。內難既定之後，那拉后漸漸的驕侈起來。穆宗雖是那拉后所生，卻和鈕鈷祿后親昵。一八六九年，那拉后所寵的太監安得海，奉后命到廣東。路過山東，山東巡撫丁寶楨，把他捉起來，奏聞。清朝的祖制，太監不准外出，出宮門便要處死的。那拉后無可如何，只得許其照辦。有人說：此事實是穆宗授意的。從此母子之間，更生隔閡。一八七二年，穆宗將立皇后。鈕鈷祿氏屬意於尚書崇綺之女阿魯特氏。那拉后欲立鳳秀之女富察氏，相持不能決。乃命穆宗自擇。穆宗如鈕鈷祿后之意，那拉后大怒。大婚之後，禁止穆宗不得和皇后同居。穆宗鬱鬱，遂為微行，因以致疾，於一八七四年病死。宮中諱言是出天痘死的。

清朝當高宗時，曾定立嗣不能逾越世次之例。穆宗死後無子，照清朝的家法，自應在其姪輩中選出。但如此，那拉氏便要做太皇太后，未免位高而無權。加以醇親王奕譞的福晉，是那拉氏的妹妹。所生的兒子載湉，就是那拉氏的外甥。於是決意迎立了他是為德宗⑥。年方四歲，兩宮再垂簾。鈕鈷祿氏雖然無用，畢竟是嫡后，那拉氏終有些礙着她。一八八一年，鈕鈷祿后忽然暴死。那拉氏從此更無忌憚。寵太監李蓮英。罷奕訢，而命軍機大臣遇事和奕譞商辦。賣官鬻爵。把海軍衙門經費，移修頤和園。一八九一年，德宗大婚親政。然實權仍都在那拉后之手。因此母子之間，嫌隙更深。遂成為戊戌政變的張本。

中國當道咸之世，很不願意和外人交接。被迫通商，實在是出於無奈。同治初年，還是這等見解。所以當時歐美各國來求通商，還是深閉固拒。但是到後來，迫於無可如何，也就只得一一和他們訂約了⑦。至一八六七年，總署乃奏派志剛、孫家穀及美人蒲安臣等出聘有約各國。在美國定約八條。在歐洲各國，則申明彼此交涉。當以和平公正為主，不可挾持兵力，約外要求。這實在是中國外交更新的第一聲。惜乎後來未能繼續進行。至於改革，前此是說不到的。同治以後，湘淮軍中人物，主持政事。他們都是親身經歷，知道西洋各國，確有其長處，我們欲圖自強，是萬不能不仿效的。於是同文館、廣方言館、製造局、船廠、水師和船政學堂，次第設立。輪船、電報、鐵路、郵政、新法採礦等，亦次第興辦起來⑧。但所學的，都不過軍械和技藝的末節，這斷不足以挽回國勢，而自進於世界強國之林。而且當時，還有頑固守舊之士，聽說要造鐵路，就說京津大路，從此無險可守的。聞同文館將招正途出身的人學習，就以為於人心士氣，大有關係的。又有一種不諳國際情勢，而專唱高調，自居於清流之列的。在民間，則因生產方法之不同。而在經濟上，漸漸受外國的侵削。而大多數平民，依舊是耕鑿相安，不知道今日是何世界；即讀書人亦是如此。這都是幾千年以來的積習，猝難改革，而外力卻愈逼愈深，就演成晚清以後種種的事變。

註解

① 陳康祺《燕下鄉脞錄》説：宣宗初即位，苦章奏之多，以問曹振鏞。振鏞説："皇上

幾暇，但抽閱數本，摘其字跡有誤者，用朱筆乙識發出。臣下見皇上於細節尚且留心，自不敢欺罔矣。"此説未知確否。總之不知大體，不能推誠佈公，而好任小數，拘末節，則是實在的。

② 宣宗是性質輕躁，好貌為嚴厲，而實無真知灼見的人。但看其鴉片戰爭時的舉動，就可知了。當時下情的不能上達，於此亦很有關係。

③ 載垣、端華、肅順外，御前大臣景壽，軍機大臣穆蔭、匡源、杜翰、焦祐瀛，共八人。

④ 當時肅順護送梓宮，兩宮及載垣、端華，自間道先歸。至京，猝發載垣、端華之罪，殺之。肅順則被執於途，亦被殺。

⑤ 鈕鈷祿氏徽號為慈安，謚孝貞，當時稱東宮皇太后。葉赫那拉氏號慈禧，謚孝欽，當時稱西宮皇太后。

⑥ 德宗立後，穆宗皇后飲藥死。時懿旨説以德宗嗣文宗，生子即承大行皇帝。侍讀學士廣安上疏，援宋太宗故事，請頒鐵券，奉旨申飭。及穆宗后既葬，吏部主事吳可讀自殺，遺疏請長官代奏，請再下明文，將來大統，必歸繼承大行皇帝之子。懿旨説："皇帝將來誕生皇子，自能慎選賢良，續承統緒，繼大統者即為穆宗毅皇帝嗣子，皇帝必能善體是意也。"因清朝家法，不許建儲，所以不能説德宗哪一個兒子繼承穆宗，而只能説續承統緒的，即為穆宗嗣子。

⑦ 各國立約，除英、法、俄、美外，惟瑞典在一八四七年，在《天津》、《北京》兩約之前，餘則皆在其後。當一八五八、六〇年間，清廷雖脅於兵力，和英、法、俄、美訂約，對於其餘諸國，還是深閉固拒的。所以桂良、花沙納在上海議商約時，西、葡兩國來求通商，桂良據以奏聞，上諭還是不許。後來有許多國請於薛煥奏聞，上諭仍令嚴拒，並令曉諭英、法、美三國，幫同阻止。有"如各小國不遵理諭，徑赴天津，惟薛煥是問"之語。然一八六一年，普魯士赴上海求通商，為薛煥所拒，徑赴天津入京，由法使為之代請，清廷卒無可如何，與之立約。於是荷蘭、丹麥，於一八六三年，西班牙於一八六四年，比利時於一八六五年，意大利於一八六六年，奧斯馬加於一八六九年，相繼與中國訂約。當其請求立約時，大率由英、法等國，為之介紹。而所訂條約，即以介紹國之條約，為其藍本，所以受虧益深。這都是同治一朝中之事。其中惟秘魯，因有苛待華工，葡萄牙因有澳門交涉，在同治朝商訂條約，久無成議。《秘約》直至一八七四年，即同治十三年才商定。明年，即光緒元年才互換。《葡約》則到一八八七年才訂定，事見下章。清代所訂條約，以《南京條約》為始，至《天津》、《北京》兩條約而集其大成。同治一朝所訂條約，差不多全是抄襲成文的。至一八七四年的《秘魯條約》以後，則所訂條約，較前已略有進步了。但大體上，因為前此的條約所束縛，所以總不能免於不平等之譏。至後此所訂條約，其吃虧又出於《天津》、《北京》兩約之外的，則以一八九五年和日本所立的《馬關條約》為始，參看第十五章。

⑧ 一八六二年，李鴻章撫蘇，奏設廣方言館於上海——後移並製造局，譯出西書頗多。一八六四年，又在上海設製造局。一八六六年，以左宗棠請，於福建設船廠。由沈葆

槙司其事。是年，又於北京設同文館。一八七一年，曾國藩、李鴻章始奏派學生，赴美留學。一八七二年，設輪船招商局。籌辦鐵甲兵船。一八七六年，設船政學堂於福州。一八八〇年，設水師學堂於天津。又設南北洋電報。一八八一年，設開平礦務局。同時創辦唐胥鐵路。

第十四章　中法戰爭和西南藩屬的喪失

藩就是藩籬的意思。中國歷代，所謂藩屬，是外國仰慕中國的文明，自願來通朝貢；或者專制時代，君主好大喜功，喜歡招徠外國人來朝貢，以為名高，朝聘往來，向守厚往薄來主義。從不干涉人家的內政，或者榨取甚麼經濟上的利益。在國計民生上，是無甚實益的。所以歷代的政論家，多以弊中國事四夷為戒。然當帝國主義侵略的時代，有一藩屬，介居其間，則本國的領土不和侵略者直接，形勢要緩和許多。所以當此時代，保護藩屬，實在是國防和外交上的要義。然而中國卻不能然，藩屬逐漸淪亡，本國的邊境也就危險了。

西南的屬國，後印度半島三國最大。當十八世紀的前半，尚在五口通商之前，安南和緬甸即已和英、法有接觸。舊阮為新阮所滅後，其遺族遁入暹羅。後來藉暹羅和法國的助力，於一八〇二年滅新阮，仍受封於中國，為越南國王。當越南人藉助於法時，曾和法國人立有草約。許事定後割化南島，租借康道耳島，並許法人自由來往居住。後因法國發生革命，此約未曾簽字。越南復國後，但許法人來往居住，而未曾割地，其歷代君主，又多仇視外人。因此，當中國訂立《天津條約》之年，法國和西班牙就聯兵入廣南。明年，陷下交阯。越南無力抗拒。於中國訂立《北京條約》之後二年，和法國立約：割邊和、嘉定、定祥三州及康道耳群島。一八六七年，法越又因事啟釁。法人取永隆、安仁、河仙三州。下交阯遂盡為法有。這時候，馬如龍因平回亂，使法商秋畢伊購買軍械。秋畢伊發見溯航紅河，可通中國，遂於一八七二年，強行通航。因此又和越南啟釁。法人佔據河內、北寧一帶。先是太平天國亡後，其將吳琨佔據越南邊境，其後分為黃旗兵和黑旗兵，而黑旗兵較強。越南人乃結其首領劉義以拒法[1]。把法國的兵打敗！法人乃和越南結約：聲明越為自主之國。割下交阯屬法。從紅河至中國雲南的蒙自，許法人自由航行。而撤河內一帶的駐兵。時為一八七四年。法人以此約照會中國。中國不承認越南自主，提出抗議。法人置諸不理，仍和越南訂結《通商條約》。

其緬甸和英國的衝突，則起於一八二四年。先兩年，阿薩密內亂，緬人據其地。阿薩密求救於英。英印度總督，遂於是年出兵，據仰光。緬人連戰不勝。乃於一八二六年，和英人議和。割阿薩密、阿剌幹、地那悉林與英。許英人訂約通商。到一八五一年，又因商人受虐起釁。緬甸再割白古以和。自此緬人沒有南出的海口，伊洛瓦諦江流域貿易大減，國用日蹙。緬人屢圖恢復，終無成功。

廓爾喀、不丹、哲孟雄，都是西藏南方的屏蔽，而哲孟雄尤為自印入藏要途。當林則徐燒煙之年，英人已向哲孟雄租得大吉嶺之地。到英法聯軍入北京的一年，又取得哲孟雄境內鐵路敷設之權。於是西藏藩籬漸撤。緬甸和西藏都是和雲南接界的，英人遂固求派員從印度入雲南探測，總署不能拒，於一八七三年允許了他。明年，英國的印度總督，遂派員前往，英使威妥瑪又遣參贊從上海溯江往迎。又明年，至騰越廳屬的蠻允，被殺。印度所派武員續至，亦被人持械擊阻，退入緬甸境。中國派員入滇查辦。說英國參贊是野匪所殺，擊阻印度所派探測隊，是南甸都司李珍國主謀。而英人定說係大員主使。威妥瑪因此出居芝罘，交涉幾至決裂。乃由李鴻章追蹤往議。於一八七六年定約：中國許滇緬通商。開宜昌、蕪湖、溫州、北海四口。重慶許英派員駐紮，查看川省英商事宜，俟輪船能駛抵重慶時，再議英國商民在彼居住及開設行棧之事。大通、安慶、湖口、武穴、陸溪口、沙市，均准英商停輪，上下客商貨物。而另訂專條，許英派員由北京，或歷甘肅、青海，或自四川入藏抵印，探訪路程；或另由藏、印交界，派員前往。這一次條約，英人因一參贊之死，所得亦不可謂之薄了。

《芝罘條約》定後六年，即一八八二年，法人復和越南啟釁，陷河內。越南始來求援。中國遂由雲南方面派兵入越南。這一年冬天，法國公使到天津，李鴻章和他商議：彼此撤兵畫河內為界，北歸中國，南歸法國保護。紅河許各國通航，而中國在勞開設稅關。法使無異議。鴻章命駐法公使曾紀澤和法外交部定約。因法國求償軍費，不決。明年，法兵攻順化。越南立約，許受法國保護。時中國方面，李鴻章主和，而彭玉麟等主戰，清廷初以鴻章節制兩廣、雲、貴軍務。旋移鴻章督直隸，代以玉麟，而命滇、粵出兵。越南亦因政變，否認保護之約，戰端遂啟。旋雲南、廣西兵入越南的，戰皆不利。乃復由李鴻章在天津和法使議定和約：中國許撤兵，承認法越前後條約。惟不得礙及中朝體制，而法允不索兵費。旋因撤兵期誤會，中、法兵衝突於北黎。法人復要求賠償兵費一千萬鎊。中國已批准草約，而此議仍不能決。法人乃欲佔據一地，以利談判。命其海軍攻基隆，而致最後通牒於中國，將償金減為三百二十萬鎊，限四十八小時答覆。中國亦停止商議。而正式的戰事以起。

時北洋方面，主持外交軍事的是李鴻章。鴻章是顧慮國力，始終不願啟釁的，所以電令在福建方面的張佩綸等[2]，勿得先行開釁。我福州的海軍，遂為法所襲擊。兵艦十一艘沉其九，船政局和馬尾炮台都被毀。明年，法艦又入黃海，封鎖寧波口，破鎮海炮台。又南陷澎湖。其陸軍亦破諒山，陷鎮南關。然劉銘傳棄基隆而守淡水，法軍進攻，卒不能克。其海軍大將孤拔，又因傷而死。而廣西提督馮子材，亦大破法兵於鎮南關，長驅復諒山。雲南岑毓英的兵，亦擊破法兵，進逼興化。乃由英國調停。由李鴻章在天津，再與法國立約：（一）法越條約，中國悉行承認。惟中越往來，不得有礙中國威望體面，然亦不致有違此次之約。（二）畫押後六個月，派員查勘邊界。（三）中國邊界，指定兩處通商。後來界約和商約，於一八八七年成立。廣西開龍州，雲南開蒙自和蠻耗。中國貨入越南的，照海關稅則，減十分之四。越南貨入中國的，則減十分之三。

緬甸自十八世紀以來，時有內亂。當一八八二年時，法人曾與結密約，允代監禁緬甸要爭位的王族，而緬甸人許割湄公河以東屬法。明年，此約宣露。英人大驚。乃於一八八五年，乘中法多事之秋。發兵陷蒲甘。遂陷舊都阿瓦和新都蠻得。俘其王，致諸印度。緬甸遂亡。中國和英交涉，英人説緬甸史籍，但稱饋贈中國禮物，並無入貢明文，不肯承認緬甸為中國藩屬。後來又説緬甸曾和法國立約，儻使仍立緬王，《法約》即不能廢，欲由緬甸總督派員來華。這時候，英人將實行《芝罘條約》，派員由印入藏。中國欲杜絕此事。乃於一八八六年，和英人訂立《會議緬甸條款》：（一）中國認英在緬政權。（二）每屆十年，由緬甸總督選緬人入貢。（三）彼此會勘邊界，另議通商專章。（四）而將派員入藏之事停止。

當英人初並緬甸時，因慮緬人不服，而中國從中援助，所以願允中國展拓邊界，並允將大金沙江作為兩國公共河流。中國要求八莫，英人未允，而允另勘一地，由中國設官收税。曾紀澤在英和英國外部互書《節略》存案，後來中國遷延未辦。到一八九二年，薛福成再向英國提起，英國人就説《節略》在一八八六年條約之前，不肯承認。一八九四年，福成和英國訂立《續議滇緬界務商務條款》：（一）所謂展拓邊界者，遂僅允以北丹尼、科幹之地歸我。兩屬的孟連、江洪，上邦之權，仍歸中國。惟未經與英議定，不得讓給他國。（二）中國運貨和運礦產的船，得在大金沙江行走。税鈔和一切事例，與英船同。（三）其出入貨品，照海口減税十分之三，或十分之四，則和法、越之約一律。中國的邊界，向來是全不清楚的。當初和英國議界時，曾要求騰越所屬漢龍、天馬、虎踞、鐵壁四關。漢龍、天馬，本無問題。虎踞、鐵壁，照雲南省的地圖，亦均在中國界內。英人以為必不致誤，遂許照原界分畫，後來實行查勘，才知道二關久為緬佔③，英人遂不肯歸還。而漢龍、天馬，雖許歸還，漢龍又不知所在，於此約中訂明"由勘界官查勘；若勘得在英國界的，可否歸還中國，再行審量"，豈非笑柄？而此約所定之界，於北緯二十五度三十五分以北，又未能分畫，訂明俟將來再定，遂為後來英人佔據片馬的根本。

《英約》所以訂明孟連、江洪，不得割讓他國，所防的是法國。法國既併越南之後，就想侵略暹羅。暹羅在後印度半島三國中，是最能輸入西方文化的，所以未致滅亡。然靠他獨拒英、法，自然力亦不足。一八九三年，法人以湄公河東曾屬越南為口實，向暹羅要求割讓，暹羅不能拒。而中國車里轄境，亦大半在湄公河以東，法人以畫界為請，遂於一八九五年，訂立《續議商務界務專條》、《商務專條》：（一）改蠻耗為河口，添開思茅。（二）雲南、兩廣開礦，先向法人商辦。（三）越南已成或擬設鐵路，可接至中國境內。《界務專條》，法人亦多所侵佔。而其中猛烏、烏得，實在江洪界內，亦割歸法國，英人乃於其明年，與法國訂立協約，放棄江洪，定以湄公河為兩國勢力範圍界線，湄南河流域為中立之地。然後向中國提出違約割棄江洪交涉。於是一八九七年，中國再和英國訂立《中緬條約附款》。照一八九四年之約，地界又有變動。而（一）申明現存孟連、江洪之地，不得割讓。（二）駐蠻允領事，改駐騰越或順寧，並得在思茅設領。（三）雲南如修鐵路，即允與緬甸鐵路相接。（四）添開梧州、三水、江根墟。（五）許英人航行香港、廣州至三水、梧州。（六）江門、甘竹灘、肇慶、德慶，均准上下客商貨物。（七）北丹尼、科幹，均割屬英國。（八）而將查勘漢龍關一節取消。

　　雖然如此，西藏問題，仍未得平安無事。當一八八六年條約訂定時，英國所派入藏隊伍，仍未即折回。藏人乃於邊外隆吐山，修築炮台以禦英。英人以地屬哲孟雄，和中國交涉。總署行文駐藏大臣開導。藏人不聽。至一八八八年，遂被英兵逐回。一八九〇年，乃由駐藏大臣升泰在印度和英人訂立《藏印條約》：（一）承認哲孟雄歸英保護。（二）藏哲通商等事，於批准後六個月會商。至一八九三年，乃成《接議印藏條約》。訂開亞東關。而西藏人拒不肯行，遂為一九〇四年英兵侵藏張本。

　　於此還有一事，也是因英法侵略西南而引起的。葡萄牙人借居澳門，本來按年納租。到一八四九年，才藉口其頭目啞嗎嘞被殺，抗不交納。一八六二年，葡人請法國介紹，和中國訂立條約。因為澳門問題，未能互換④。法、越事起，葡人自稱係無約之國，可以不守局外中立之例。中國人怕他引法國兵船從澳門侵入，頗敷衍他。後來事情也就過去了。而鴉片從五口通商以來，就不再提禁止之事。一八五五、一八五六年間，東南各省，且紛紛抽釐助餉。一八五八年，桂良、花沙納在上海所議《通商章程》，訂明每百斤抽稅三十兩。並訂明運入內地，專屬華商。如何抽稅，聽憑中國辦理。《芝罘條約》又訂定釐稅在海關並徵。而所徵之數，仍未能定。後來彼此爭執。直到一八八三年，才於《芝罘條約續增專條》，定為每百斤徵收釐金八十兩。而緝私問題又起。英人藉口澳門若不緝私，香港亦難會辦。中國不得已，和葡人先定《草約》四款，許其永居管理澳門。然後於一八七七年正式訂立條約，遂成割澳門以易其緝私之局了。而澳門割讓以後，界址又未能畫定，不但陸地多所侵佔，一九一〇年議界時，葡人並要求附近大小橫琴諸島嶼。我國堅持不許。迄今尚為懸案。

註解

① 越南亡後，義內附，改名永福。
② 時閩浙總督為何如璋，以船政大臣督辦沿海軍務。張佩綸以侍讀學士會辦海防。但實際由佩綸主持。
③ 據薛福成原奏，其時英所守界，越虎踞而東，已數十里；越鐵壁亦六七十里。
④ 一八六八年，總署曾將六十二年所定草約刪改，議由中國償葡道路房屋之費一百萬兩，而將澳門收回，未能有成。

第十五章 中日戰爭

使中國歷史大變局面的，前為鴉片戰爭，後為中日戰爭。

歡迎西學，而畏惡西教；西人挾兵力以求通商，則深閉固拒，以致危辱；到外力的壓迫深了，才幡然改圖，以求和新世界適應；這是歐人東略以後，東洋諸國所同抱的態度；而日本因緣湊合，變法維新，成功的最快，遂轉成為東方的侵掠者。

中國在明代，受倭寇之患是很深的。所以清開海禁以後，仍只准中國人去，而不准日本人來。而且對於日本，戒備之情很深①。在一八六八年以前，實無國交之可言。這一年，日本明治天皇立，和各國訂立條約。乃與其明年，遣使到中國來請立約。這時候，中國對於外國，還有深閉固拒之心。所以總署對於日本之請，是議駁的。一八七一年，日人復遣使臣前來。總署令其另派大臣再議。其時疆臣仍有以倭寇為言，奏請拒絕的。朝命曾國藩、李鴻章籌議。二人都說不可②。拒絕之議乃罷。由李鴻章與立《修好規條》和《通商章程》：（一）領事裁判權，彼此都有。（二）進口貨照海關稅則完納；稅則未載明的，則值百抽五；亦彼此所同。（三）內地通商，明定禁止。都和泰西各國不同。明年，日本就派人來，要想議改。鴻章說約未換而先議改，未免失信詒笑，把他拒絕。

琉球是兩屬於中日之間的。一八七一年，琉球人遭風飄至台灣，為生番所殺。一八七三年，日本小田縣民漂至，又被殺。這一年，日本副島種臣來換約。命其副使柳原前光詰問總署。總署說：“琉球亦我屬土。屬土之民相殺，與日本何預？小田人遇害，則沒有聽見。”又說：“生番是化外之民。”日本人說：“既如此，我們將自往問罪。”又爭琉球是日本屬國。彼此議不能決而罷。明年，日本派兵攻台灣。又派柳原前光到中國來，說係問罪於中國化外之地。中國聲教所及，秋毫不犯。中國派沈葆楨巡視台灣，調兵渡海。日人氣餒。其兵又遇疫。乃由英使調停，在津立專約三款：中國恤日本難民家屬銀十萬兩，償還日本修築道路房屋之費銀四十萬兩了事。一八七九年，日本竟滅琉球，以為沖繩縣。中國和他交涉，迄無結果③。

朝鮮離中國，本較日本為近；其文化程度，實亦較日本為高。不幸歐人東略之時，適值其國黨爭積弱之際，遂致一蹶不振。當清朝同光之際，正值朝鮮國王李熙初立之時。其父是應攝政④。是應的為人，頗有才氣，而智識錮蔽，持閉關主義甚堅。歐美諸國去求通商，輒遭拒絕，各國來告中國。中國輒以向不干預朝鮮內政答之。在中國的習慣，固然如此。然和國際法屬國無外交之例，卻是相背的。日人乘此機會，一八七六年，用兵力強迫朝鮮立約通商，約文中竟訂明朝鮮為獨立自主之國。這時候，李鴻章主持中國外交，主張引進各國勢力，互相牽制。乃勸朝鮮和美、英、法、德，次第立約。約文中都申明朝鮮為中國屬邦。然和屬國無外交之例，仍屬相背。這時候，李熙已親政。其妃閔氏之族專權。昰應失職怏怏。一八八二年，朝鮮因聘日武官教練新兵，被裁的兵作亂，焚日使館，復擁昰應攝政。駐日公使黎庶昌，急電直隸總督張樹藩。樹藩立遣提督丁汝昌督兵船前往。總署又派吳長慶率兵繼往。代定其亂，執昰應以歸⑤。這一次，日本亦派兵前往，而較中國兵遲到，所以於事無及。事定之後，吳長慶遂留駐朝鮮。這時候，朝鮮分為事大、獨立兩黨。在朝的事大黨，以王妃閔氏之族為中心。一八八四年，獨立黨作亂。為吳長慶所鎮定。日公使自焚其使館，說是我兵炮擊他的。明年，日本派伊藤博文來，和李鴻章在天津立約：（一）兩國均撤兵。（二）勿派員教練朝鮮兵士。（三）朝鮮有變亂事件，兩國派兵，均先行文知照；事定仍即撤回，中國和日本，對朝鮮遂立於同等地位了⑥。其明年，出使英、法、德、俄大臣劉瑞芬建議，和英、美、俄諸國立約保護朝鮮。李鴻章頗贊成之，而總署持不可，其議遂罷。

一八九四年，朝鮮東學黨作亂。全羅道求救於我。李鴻章派葉志超率兵前往。未至而亂已平。日兵亦水陸大至。屯據京城。鴻章責其如約撤兵，日本不聽。而要求中國共同改革朝鮮內政。中國亦拒絕。日使大鳥圭介，遂挾眾入朝鮮王宮。誅逐閔氏之黨。復起昰應攝政。派兵屯據朝鮮要害。李鴻章知道中國兵力，是靠不住的，不欲輕於言戰。遍告英、俄、德、法、美諸國，希望他們出來調停，而事終不就。中國租英船運兵，為日本所擊沉。中國主戰派，紛紛責備鴻章。中國乃正式宣戰。

時中國續派左寶貴等赴朝鮮，而前所派的葉志超等，已為日本所襲敗，退至平壤。日兵來攻，諸軍敗績。左寶貴死之。海軍亦敗績於大東溝，自此蟄伏威海不能出。日人遂縱橫海上。宋慶總諸軍守遼東。日兵渡鴨綠江，連陷九連、安東。慶退守摩天嶺。日兵遂陷鳳凰城、寬甸、岫巖。其第二軍又從貔子窩登陸，陷金州。進陷大連灣，攻旅順。宋慶把摩天嶺的防守，交給聶士成⑦，自統大軍往救，亦不克。旅順又陷落，於是中國僅以重兵塞山海關至錦州。而日兵又分擾山東。自成山登陸，陷榮城。攻威海。海軍提督丁汝昌以兵艦降敵，而自仰藥死。山東巡撫李秉衡，自芝罘退守萊州。日兵復陷文登、寧海。明年二月，日兵併力攻遼東，陷營口、蓋平、海城。遼陽、瀋陽，聲援俱絕。其艦隊又南陷澎湖，逼台灣。於是中國勢窮力竭，而和議以起。

當旅順危急時，中國即派德璀琳⑧赴日議和。後又改派張蔭桓、邵友濂。均給日本拒絕。乃改由李鴻章自往。日本要求駐兵大沽口、天津、山海關，方行停戰。鴻章不許。而日人持之甚堅。鴻章乃請緩停戰，先議和。議未定，鴻章為刺客所傷，日人慚懼，乃定停戰之約。旋議定《和約》十款。其中重要的：（一）中國認朝鮮自主。（二）割讓奉天南部和台灣、澎湖。（三）賠款二萬萬兩，分八次交清。（四）換約後訂立《通商行船條約》、《陸路通商章程》，均以中國與泰西各國現行約章為準。（五）添開沙市、重慶、蘇州、杭州。（六）日軍暫佔威海，俟一二次賠款繳清；通商行船約章批准互換；並將通商口岸關稅，作為餘款及利息的抵押；方行撤退。此約割地之多，賠款之巨，不待更論。通商行船。一照泰西各國條約，是日本求之多年而不得的。而（七）約中又訂明“日本臣民，得在中國通商口岸城邑，從事各項工藝製造；又得將各項機器，任便裝運進口”，則又是泰西各國，所求之而不得的。從此以後，中國新興幼稚的工業，就更受帝國資本主義的壓迫，求自振更難了。

約既定，台灣人推巡撫唐景崧為總統，總兵劉永福主軍政，謀自立。旋因撫標兵變，景崧出走，台北失陷。永福據台南苦戰，亦以不敵內渡，台灣遂亡。

其奉天南部之地，則因俄、德、法的干涉而還我。三國當時由駐使照會日本外部，以妨礙東洋平和為辭，勸日本將遼東歸還中國。日人得照會，急開御前會議，籌商或許，或拒，或交列國會議。多數主張第三策。而其外相大為反對，說：“列國會議，各顧其私，勢必不能以遼東問題為限，全部條約，都要生變動了。”於是日人運用外交手腕，請美國勸俄國不必干涉。又求英國援助，願意給與報酬。英、美都不肯援助。日本再和俄國交涉，願意歸還遼東，但求割一金州，俄人亦不許。日人不得已，乃照三國的要求，徑行承諾。而要求我出償款一萬萬兩。後由三國公議，定為三千萬兩。由李鴻章和日人另訂《交還遼東條約》，把擬訂陸路章程之事取消。

① 康熙時，風聞日人將為邊患，曾遣織造馬林達麥爾森改扮商人往探。雍正六年，即一八二七年，蘇州洋商余姓，言日本將軍，聘請中國人教演戰陳，製兵器戰船。浙督李衛，因此請嚴邊備，密飭沿海文武，各口稅關嚴查出洋包箱。水手、舵工、商人、搭客，均令具結限期回籍，於進口時點驗人數，缺少者拿究。朝命衛兼轄江南沿海。衛請密飭閩、廣、山東、天津、錦州訪察。後訪得別無狡謀，且與天主教世仇，備乃稍弛。

② 國藩原奏，謂 "前此與西人立約，皆因戰守無功，隱忍息事。……日本與我無嫌，援例而來，其理甚順，若拒之太甚，彼或轉求西國介紹，勢難終卻。且使外國前後參觀，疑我中國交際之道，逆而脅之則易，順而求之則難。既令其特派大員，豈可復加拒絕？惟約中不可載明比照泰西各國通例辦理；尤不可載恩施利益，一體均沾等語。" 鴻章奏意略同。

③ 琉球亡後，中國與日交涉，日本堅執前言，謂琉球係彼屬國。一八七九年，美前總統格蘭德來遊，復往日本。恭親王、李鴻章都託其從中調停。日本乃議分琉球宮古、八重山兩島歸我，而請於條約添入內地通商和最惠國條款。鴻章不許。一八八二年，日本駐津領事竹添進一謁鴻章申前論。鴻章議還中山舊都，仍以中山王之族尚氏主其祀。日本亦不允。

④ 朝鮮國王本生之父，稱為大院君。

⑤ 把他拘留在保定，到一八八五年才釋歸。

⑥ 此約論者多歸咎鴻章。然據鴻章原奏：則（一）因隔海遠役，將士苦累異常，本非久計。（二）則朝鮮通商以後，各國官商，畢集王城；又與倭軍逼處；帶兵官剛柔操縱，恐難一一合宜，最易生事。（三）則日兵駐紮漢城，用心殊為叵測，正可趁此令其撤兵。因此鴻章謂："該使臣要求，惟撤兵一層，尚可酌量允許。惟若彼此永不派兵，無事時固可相安，萬一倭人嗾朝叛華；或朝人內亂；或俄鄰侵奪；中國即不復能過問，此又不可不審處。" 旋奉電旨："撤兵可允，永不派兵不可允，萬不得已，當添敘兩國遇有朝鮮重大事變，各可派兵，互相知照等語。" 鴻章乃又與博文磋議定約，則當時亦自有其不得已的苦衷；而彼此派兵，互相知照一層，並不出於鴻章的意思。鴻章又說："即西國侵奪朝鮮土地，我亦可會商派兵。" 這一層，在後來固然成為虛語。然在當時，視耽欲逐者，並不止一日本。後來的事情，此時豈能豫料？鴻章當時的用心，亦不能一筆抹殺的。

⑦ 後來士成入衛畿輔，摩天嶺之防，改由東邊道張錫鑾接任。

⑧ G. Detring，津海關稅務司，德國人。

第十六章　中俄密約和沿海港灣的租借

從鴉片戰爭到中日戰爭，為時恰好半世紀。這半世紀之中，中國藩屬的喪失和本國權利的被剝削，其情形也可謂很危急了，然而中日戰爭以後，還有更緊張的局勢。

當中、日戰爭時，李鴻章知道兵力的不足恃，本想藉別國之力牽制日本的。這時候，別國中對遠東有野心的，自然以俄國為最。所以後來三國的干涉還遼，亦以俄國為主動。前門拒虎，後門進狼，當帝國主義橫行之日，哪裏有仗義執言之舉？果然，遼東甫行歸還，而俄國的要索繼起，一八九六年，俄皇尼古拉二世舉行加冕禮。俄人示意總署，要派李鴻章為賀使。鴻章到俄，俄人遂以援助中國等甘言相誘，訂立所謂《中俄密約》。其條件是：

（一）日本如侵佔俄國亞洲、中國、朝鮮的土地，兩國應將所能調遣的水陸各軍，盡行派出，互相援助。軍火糧食，亦盡力互相接濟。

（二）當開戰時，如遇緊要之事，中國各口岸，均准俄兵船駛入。

（三）許俄國西伯利亞鐵路，經黑、吉以達海參崴。由中國國家交華俄銀行承辦。俄國於照前款禦敵時，可由此運兵、運糧、運械；平時亦得運過境的兵糧。

此項條約，係屬攻守同盟性質，以我國兵力之弱，俄人果何所利而與我聯合呢？則其意之所在，不言可知了。李鴻章當時，亦深慮俄人藉此以行侵略。所以對於鐵路，由俄國國家承辦，竭力反對。然而後來中國和俄國訂結的《華俄道勝銀行契約》，仍給該銀行以收稅、鑄幣、建築鐵路、架設電線之權。契約立後，復與該銀行訂立《東省鐵路公司契約》，又給以開礦和設警之權。其非單純承造鐵路的公司，又不言可知了。

勢力範圍這個名詞，本起於歐人分割非洲之際。儻使要實行分割，這豫定的勢力範圍，便是分割時的界線。這真是個不祥的名詞，如何竟會使用到中國領土上來呢？列國在中國的所謂勢力範圍，以要求某某地方不割讓為保證，而以各於其中攘奪築路開礦的權利為第一步的侵略。其事起於一八九五年的《中法續議商務界務專條》，已見第十四章。此次《界務專條》中，把前此許英人不割讓的江洪，割讓了一部分，於是又有一八九七年的《中緬附約條款》。其事亦已見十四章。而法人遂於是年，要求我國宣言海南島不得割讓他國。至此，則干涉還遼的俄法兩國，都已得有報酬，惟德國尚抱向隅。

這一年冬天，山東巨野縣殺掉兩個德國教士。德國遂以兵艦闖入膠州灣。明年，強迫中國立《租借膠州灣條約》：（一）以九十九年為期。（二）膠濟、膠沂濟鐵路，由德承造。其由濟往山東邊界，與中國自辦幹路相接，則俟造至濟南後再商。（三）鐵路附近三十里內煤礦，許德開採。（四）山東各項事務，如用外國人、外國資本、物料，均先和德商辦。山東全省，儼然成為德國的勢力範圍了。

於是俄人起而租借旅順、大連灣，其租期為二十五年。並准東省鐵路，展築支線。英人亦起而租借威海衛，其租期和旅、大一樣。又立《展拓香港界址專條》，租借香港後面九龍地方，亦以九十九年為期。並要求長江流域各省，不得割讓他國。法人亦要求兩廣、雲南不割讓。日人亦要求福建省不割讓。這都是一八九八年的事。其明年，廣東遂溪縣殺害法國的武官和教士，法人又以兵船闖入廣州灣，迫我立租借之約，亦以九十九年為期。

中國當甲午以前，築路的阻力是很大的。甲午以後，卻漸漸的變了。於是有築蘆漢、津鎮兩大幹線之議。而蘆漢一線，遂成為各國爭奪的起點。此時爭中國路權的，英、美、德為一派，俄、法為一派。蘆漢鐵路的終點，在英國勢力範圍之內。儻使由俄、法承修，一定要為英人所反對，所以由比出面，於一八九八年，成立契約。然而其內容是俄國，誰不知道？於是英人又要求（一）津鎮，（二）河南到山西，（三）九廣，（四）浦信，（五）蘇杭甬五路。同時俄人要求山海關以北的鐵路，全由俄國承造。英人又捷足先得，和中國訂定了從牛莊到北京的鐵路承造契約。英、俄兩國，鑒於形勢的嚴重，乃於一八九九年，在聖彼得堡換文。英國承認長城以北鐵路歸俄，俄國承認長江流域鐵路歸英[1]。同時，英德由銀行團出面，在倫敦訂立條文。英國承認山東和黃河流域，為德國勢力範圍。但除外：山西鐵路，可與正定以南的京漢路相接，並再展築一線，以入於長江流域。德國承認山西省、長江流域及江以南各省為英國勢力範圍。而津浦鐵路，遂由英、德兩國，分段承造。

如此，中國竟要成為砧上之肉，任人宰割了。在中國，自然更無抵抗之力。然而列強的分贓，也很難得均勻。儻使因分贓不均，而引起衝突，中國固然很糟，列國亦有何利？況且其中還有在中國並無所謂勢力範圍的，豈非獨抱向隅？於是美國的國務卿海約翰，於一八九九年，向英、俄、德、法、意、日六國通牒，要求在中國有勢力範圍之國，都承認三個條件：

（一）各國對於中國所獲利益範圍，或租借地域，或他項既得權利，彼此不相干涉。

（二）各國範圍內各港，對他國入港商品，都遵中國現行海關稅率課稅，由中國徵收。

（三）各國範圍內各港，對他國船舶所課入口稅，不得較其本國船舶為高。鐵道運費亦然。

這就是所謂門戶開放主義。門戶開放，無非各國維持其對中國條約上已得的權利。儻使中國的領土而有改變，條約上的權利，不能維持，自然無待於言，所以又必聯帶而及於保全領土。這就是所謂均勢。勢力範圍，固然是瓜分的代名詞，固然很危險，藉均勢而偷安，亦豈是長久之道？在這種情勢之下，無怪中國人要奮起而求自己解決自己的問題了。

註解

① 後來中俄所訂《交還東三省條約》，第四條，規定交還山海關、營口各鐵路。又説："修完並養各該鐵路各節，必確照俄國與英國一八九九年所定和約辦理。"即係強迫中國承認此項換文的。

第十七章 維新運動和戊戌政變

中國的該變法，並不是和外國人接觸了，才有這問題的。一個社會和一個人一樣，總靠新陳代謝的作用旺盛，才得健康。但是總不能無老廢物的堆積。中國自秦漢統一之後，治法可以說是無大變更。到清末，已經二千多年了，各方面的積弊，都很深了。便是沒有外人來侵略，我們種種治化，也是應當改革的①。但是物理學的定例，物體靜止的，不加之以力，則不能動，社會亦是如此。所以我們近代的改革，必待外力的刺激，做一個誘因。

中國受外力刺激而起反應的第一步，便是盲目的排斥，這可謂自宋以來，尊王攘夷思想的餘波。排斥的目的，已經非是，其手段就更可笑了。海通以後，最守舊的人，屬於這一派②。其第二步，則是中興時代湘淮軍中一派人物。大臣如曾國藩、李鴻章，出於其幕府中的，則如薛福成、黎庶昌之類。此派知道閉關絕市是辦不到的。既已入於列國並立之世，則交際之道，不可不講，內政亦不得不為相當的改革。但是他們所想仿效他人的，根本上不離乎兵事。因為要練兵，所以要學他們的技藝；因為要學他們的技藝，所以要學他們的學術；因此而要學他們的語文。如此，所辦的新政雖多，總不出乎兵事和製造兩類。當這世界更新，一切治法，宜從根本上變革的時候，這種辦法，自然是無濟於事的。再進一步，便要改革及於政治了。

但是從根本上改革，這句話談何容易？在高位的人，何能望其有此思想？在下位的人而有此思想，談何容易能為人所認識？而中日之戰，以偌大的中國，而敗於向所輕視的日本，這實在是一個大打擊。經這一個打擊，中國人的迷夢，該要醒了，於是維新運動以起。

當時的維新運動，可以分做兩方面：一是在朝，一是在野。在朝一方面，清德宗雖然無權但其為人頗聰明，頗有志於變法自強，特為太后所制，不能有為③。在野一方面，則有南海康有為。他是個深通舊學，而又講求時務，很主張變法的。清朝是禁止講學的。但到了末年，其氣焰也漸漸的衰了，其禁令，在事實上，也就漸漸的鬆弛了。有為很早的就在各處講學，所以其門下才智之士頗多。一八八九年，有為即以蔭生上書請變法，格未得達。中日和議將成時，又聯合各省入都會試的士子，上書請遷都續戰，陳變法之計。書未上而和約已換，事又作罷。有為乃想從士大夫一方面提倡。立強學會於京師。為御史楊崇伊所參，被封。而其弟子梁啟超，設《時務報》於上海，極力鼓吹變法，海內聳動。一時維新的空氣，彌漫於好新的士大夫間了——雖然反對的還是多數。

公車上書之後，康有為又兩次上書請變法。其中有一次得達，德宗深以為然。德國佔據膠州灣時，有為又走京師，上書陳救急之計，亦未得達。其明年，恭親王奕訢死了。朝廷之上，少了一個阻力。德宗乃和其師傅翁同龢商議，決意變法，遂下詔定國是，召用康有為、梁啟超等。

此時所想摹仿的，是日本的睦仁、俄國的大彼得，想藉專制君主的力量，把庶政改革得煥然一新。於是廢八股，設學校，獎勵著新書，製新器，裁冗兵，練新操，辦保甲，籌設銀行，造鐵路，開礦山，設農工局，立商會。大開言路，廣求人才。從戊戌四月至八月間，變法之詔，連翩而下。雖然不能盡行，然而海內的精神，確已為之一振了。

專制君主的權力，在法律上是無制限的，在事實上則不盡然。歷代有志改革的君主，為舊勢力所包圍，以致遭廢弒幽禁之禍的，正自不乏。這其間，由於意見的不同者半，由於保存權位之私者亦半。康有為是深知舊勢力之不可侮的。所以他於德宗召見之時，力言請皇上勿去舊衙門，但增設新差使；擢用的小臣，賞以虛銜，許其專折奏事；就夠了。有為此等見解，原以為如此，則舊人不失祿位，可以減少其反對之力，然而權既去，祿位亦終於難保；即可保，亦屬無味。這仍不足以滿守舊阻撓者之所欲。況且亦有出於真心反對，並不為祿位起見的。而那拉后和德宗的不和，尤其是維新的一大阻力。

那拉后是很不願意放棄權勢的，他當時見德宗變法，很不謂然。於是以其黨榮祿為直隸總督，總統近畿諸軍，以鞏固其勢力。而使裕祿在軍機上行走，以偵察德宗的舉動。自然有不滿意於德宗的大臣，用半虛半實的詔，譖訴於那拉后。而德宗也有"不容我變法，毋寧廢死"的決心。於是帝后之間，嫌隙愈深。就有舊黨將乘德宗到天津去閲兵，實行廢立的風說；又有新黨將利用袁世凱的新兵，圍頤和園之説。而政變以起。

這一年八月，那拉氏由頤和園還宮，説德宗因病不能視事，復行垂簾聽政，而幽帝於南海的瀛台。康有為之弟廣仁和新黨譚嗣同、劉光第、林旭、楊鋭、楊深秀，同時被殺。時人謂之六君子④。康有為因奉德宗密詔，先期出京走香港。梁啓超則於事變後走日本。新政一切廢罷。和新政有關連的人，一切罷斥，朝右的新黨一空。

然政治雖云復舊，人心則不能復變。於是康有為在海外立保皇黨。圖推翻那拉后，扶助德宗親政。一九〇〇年，其黨唐才常謀在武漢舉事，事泄被殺。有為等遊説當時的大臣，亦沒有敢聽他的話，實行清君側的。然而輿論的勢力，則日日增長。梁啓超走日本後，發行《清議報》，痛詆那拉后。便國內諸報，如上海的《蘇報》等，亦有明目張膽，反對舊黨的。其餘各報，雖不敢如此顯著，亦大都偏向維新。那拉后要想禁絕他，以其地在租界，未能辦到。要想照會外國，拘捕康、梁，外人又認為國事犯，加以保護。於是守舊之念，漸變而為仇外之念。而帝后間的嫌隙，積而愈深。那拉后想行廢立，其黨以意諷示各公使，各公使都表示反對。乃先立端郡王載漪之子溥儁為大阿哥，以覘輿情。而海外的華僑，又時時電請聖安，以示擁戴德宗。經元善在上海，亦合紳民等電爭廢立。太后要拘捕他，又被逃到澳門。於是后黨仇外的觀念愈甚，遂成為庚子拳亂的一因。

註解

① 譬如君主專制，是從前視為天經地義的，然而明末，黃宗羲著《明夷待訪錄》，對於君臣之義，即已根本懷疑，便是其一例。可參看第三編第四十六章。

② 拳匪亂時，守舊大臣的意見，仍屬此派，可參看下章。

③ 德宗的有志於變法，是很早的，當一八九四年，即中日開戰的一年，即擢編修文廷式為侍讀學士。那拉后因廷式為德宗所寵珍、瑾二妃之師，杖二妃；妃兄志鋭，亦謫烏里雅蘇台，廷式託病去。後亦革其職，至一八九五，即和日本定和約的一年，德宗和翁同龢謀變法，那拉后知之，又撤去同龢的毓慶宮行走，戊戌政變後，又奪其前大學士之職，交地方官嚴加管束。

④ 楊銳、林旭、劉光第、譚嗣同，當時都為軍機章京。變法論旨，大抵出此四人之手。章奏亦都交此四人閱看，當時舊黨側目，謂之四貴。

第十八章 八國聯軍和辛丑條約

　　天下事無其力則已，有其力，是總要發泄掉，才得太平的。義和團之事，亦是其一例。

　　中國從海通以來，所吃外國人的虧，不為不多了。自然，朝野上下，都不免有不忿之心。然而忿之而不得其道。這時候，大眾的心理，以為：(一) 外國人所強的，惟是槍炮。(二) 外國人是可以拒絕，使他不來的。(三) 而民間的心理，尤以為交涉的失敗，由於官的懼怕洋人。儻使人民都能齊心，一鬨而起，少數的客籍，到底敵不過多數的土著。(四) 而平話、戲劇，怪誕不經的思想，又深入民間。(五) 在舊時易於號召的，自然是忠君愛國之說。所以有扶清滅洋的口號，所以有練了神拳，能避槍炮之說，所以他們所崇奉的孫悟空、托塔李天王之類，無奇不有。這是義和團在民間心理上的起源。而自《天津條約》締結，教禁解除以來，基督教的傳佈，深入民間，不肖的人民，就有藉教為護符，以魚肉良懦，橫行鄉里的，尤使人民受切膚之痛。所以從教禁解除以來，教案即聯綿不絕，而拳匪的排外、鬧教，亦是其中重要的一因。

　　這是說民間心理。至於堂堂大臣，如何也會相信這種愚謬之說呢？這真百思而不得其解了。須知居於高位的人，並不一定是聰明才智的，而位高之後，習於驕奢怠惰，尤足使其才智減退。所以怪誕不經之事，歷代的王公大人，迷信起來，和平民初無以異，況且當時的中朝大臣，還有幾種複雜的心理。(一) 端郡王載漪，是想他的兒子早正大位的。(二) 其餘親貴，也有人想居翊戴之功①。(三) 有一派極頑固的人，還是鴉片戰爭時代的舊思想，想把外國人一概排斥。如此，自然要以義和團為可信；或雖明知其不可信，而亦要想利用他了。

拳匪是起於山東的，本亦無甚大勢力。而當時巡撫毓賢，加以獎勵，其勢遂漸盛。地方上教案時起。山東是德國人的勢力範圍，自然德人不能坐視，於是向總署交涉。政府無可如何，把他開缺，代以袁世凱。袁世凱知道拳匪是靠不住的，痛加剿辦，其眾遂流入直隸。直隸總督裕祿是那拉后的心腹。其人是不懂事的，只知道仰承意旨。當時中央既有此頑固複雜的心理，自然要利用拳匪，裕祿自然也要加以獎勵了。於是拳匪大盛於京、津之間。自地方紳民，以至朝貴，也有懾於勢，不得不然；也有別有用心的，到處都迎奉他們，設壇練拳。於是戕教民，殺教士；焚教堂；拆鐵路；毀電線；見洋貨則毀；身御洋貨的人，目為二毛子，則殺。京、津之間，交通為之斷絕。其事在一九〇〇年夏間。

外國公使，紛紛責問。極端守舊頑固之人，固然不知所謂。略明事理而有權的人，也開不得口。別有用心的人，又說外國人要如何，藉此恐嚇那拉后。遂至對各國同時宣戰。其實這時候，英、美、德、奧、意、法、俄、日八國聯軍已到，大沽已失陷四日了②。

其時駐守津、沽之間的為聶士成。因拳匪淫掠，痛加剿擊。拳匪很恨他。聯軍攻其前，拳匪亦攻其後。士成戰死。天津失陷。裕祿兵潰，自殺。巡閱長江大臣李秉衡，率兵北上勤王。兵潰，亦自殺。京城之中，其初命董福祥率甘軍，合着拳匪去攻使館。因有陰令緩攻的，所以使館沒有打破。而德國公使克林德、日本使館書記杉山彬，都為亂民所戕。天津失陷。聯軍進逼通州，遂逼京城。德宗及太后出居庸關，走宣、大以達太原，旋聞聯軍有西進之說，再走西安。聯軍的兵鋒，東至山海關，西南至保定而止。

這時候，兩江總督劉坤一、湖廣總督張之洞、兩廣總督李鴻章等，相約不奉偽命。派人和上海各國領事，訂結保護東南，不與戰事之約。戰禍的範圍，幸得縮小。而黑龍江將軍壽山，舉兵攻入俄境。於是俄人從阿穆爾和旅順，兩路出兵。阿穆爾的兵，分陷（一）墨爾根、齊齊哈爾；（二）哈爾濱、三姓；（三）琿春、寧古塔；合陷呼蘭、吉林。旅順的兵，（一）西陷錦州；（二）

東陷牛莊、遼、瀋；新民、安東；挾奉天將軍增祺，以號令所屬。東三省不啻全入俄人的掌握。

事勢至此，無可如何。乃復派慶親王奕劻和李鴻章為全權大臣，和各國議和。鴻章未能竣事而卒。代以王文韶。明年秋，和議成。與議的凡十一國③。其條件是：

（一）派親王大臣，赴德、日，表示惋惜之意。

（二）懲辦首禍諸臣，開復被害諸臣原官④。

（三）諸國人民遇害被虐城鎮，停止考試五年。

（四）軍火暨製造軍火之物，禁止進口二年。

（五）賠款總數，海關銀四百五十兆兩，照市價易為金款，年息四釐，分三十九年償還。

（六）劃定使館境界，界內由使館管理，亦可自行防守⑤。

（七）大沽及有礙京師至海口通路的各炮台，一律削平。

（八）許諸國駐兵黃村、廊坊、楊村、天津、軍糧城、塘沽、蘆台、唐山、灤州、昌黎、秦皇島、山海關，以保京師至海口的交通。

（九）許改訂通商行船各條約。

後來通商條約改訂的，有英、美、日、葡四國。（一）因賠款重了，許我加海關進口稅至值百抽一二·五，出口稅至七·五，而以裁釐為交換條件。（二）中國許修改礦務章程，招致外洋資財，及修改內河行輪章程。（三）中國釐定國幣，外人應在中國境內遵用。（四）律例、審斷及一切相關事宜，均臻妥善，則外人允棄其治外法權。（五）英允除藥用外，禁煙進口。亦皆在此約中。又開商港多處。

其俄國，當奕劻、李鴻章與各國議和時，藉口東三省事件與中國有特別關係，當另議。於是以駐俄公使楊儒為全權大臣和俄國外交部商議。俄人要求甚烈。日、英、美、德、奧、意等，均警告中國，不得和俄人訂立密約，交涉遂停頓。各國和約大致議定後，乃由李鴻章和俄人磋議。一九○二年，奕劻、王文韶和俄使訂立《交收東三省條約》。俄人許分三期撤兵⑥。第一期如約撤退，第二期則不但不撤，反要求別訂新約，且續調海陸軍。一九〇三年六月，俄人合阿穆爾、關東，設極東大都督府，以亞歷塞夫為總督。九月，俄兵復佔奉天。而日、俄二國，作戰於我國境內的活劇，就不可免了。

註解

① 當時欲行廢立，既懼外人反對；國內輿情，又不允洽，計惟有於亂中取事。當秩序全失之時，德宗已廢，溥儁已立；事定之後，本國人雖反對，亦無可如何。至對於外人，則無論怎樣割地、賠款，喪失國權，都非所恤。這是當時載漪等人所願出的擁立溥儁的代價。其立心之不可問如此。說他迷信拳匪，還是淺測他的。見惲毓鼎《崇陵傳信錄》。

② 宣戰上諭，在庚子五月二十五日，大沽失陷在二十一日。

③ 德、奧、比、西、美、法、英、意、日、荷、俄。

④ 首禍諸臣：端郡王載漪，輔國公載瀾，發往新疆，永遠監禁。莊親王載勛，都察院左都御史英年，刑部尚書趙舒翹賜自盡。山西巡撫毓賢，禮部尚書啟秀，刑部左侍郎徐承煜正法。協辦大學士禮部尚書剛毅，大學士徐桐，前四川總督李秉衡，均已身故，追奪原官。被害諸臣：兵部尚書徐用儀，戶部尚書立山，吏部左侍郎許景澄，內閣學士兼禮部侍郎衛聯元，太常寺卿袁昶，均與各國宣戰時，為載漪等所殺。

⑤ 中國人概不准在界內居住。諸國得常留兵隊，分保使館。

⑥ 以六個月為一期。第一期，自庚子年九月十五起，撤盛京西南段至遼河之兵。第二期撤盛京其餘各段及吉林之兵。第三期撤黑龍江之兵。將軍會同俄官訂定俄兵未退前三省駐兵之數，及其駐紮之地，不得增添。撤退後如有增減，隨時知照俄人。俄人交還山海關、營口、新民屯各路，中國不許他人佔據，並不得借他國兵護路。

第十九章　遠東國際形勢

遠東非復中國的遠東了，亦不是中國和一兩國關係簡單的遠東，而成為世界六七強國龍爭虎鬥之場。

在十六世紀以前，亞洲東北方還是個寂寞荒涼之境。乃自俄人東略以來，而亞洲的北部，忽而成為歐洲斯拉夫族的殖民地。俄人因在黑海、地中海為英、法等國所扼，轉而欲求出海之口於太平洋。於是中國黑龍江以北之地割，而尼科來伊佛斯克，而海參崴，相繼建立。再為進　少的侵略，則西伯利亞大鐵道，橫貫黑吉二省，而又分支南下，旅順、大連灣，亦成為俄國遠東的軍商港。

此等情勢，自然和日本的北進政策是不相容的。日本是個島國，在從前舊式的世界，本可做個世外桃源。乃自帝國主義橫行以來，而此世外桃源，亦不復能守其閉關獨立之舊。不進則退，當明治維新以前，日本也是被人侵略的，這時候，就要轉而侵略他人了。日本的政策，原分南進、北進兩派。論氣候和物產，自然南進較為相宜。但是南洋群島，面積究竟有限，而且也早給帝國主義者所分據了。要想侵略他人，自然要伸足於大陸。如此，朝鮮半島和中國的東三省，遂成為日俄兩國勢力相遇之地。

在中日戰前，競爭朝鮮的主角是中日。中日戰後，中國的勢力，完全打倒了。但是日本是戰勝國，而俄合德、法干涉還遼，是戰勝國的戰勝國。其勢焰已使人可驚，況且當時，日本在朝鮮的勢力，很為彌漫。朝鮮人處於日本鈐制之下，自然要想反抗。想反抗，自不得不藉助於外力。於是俄國的勢力，便乘機侵入了。當中日戰時，日本即強迫朝鮮訂結攻守同盟。及中日戰後，《馬關條約》認朝鮮為自主之國，於是朝鮮改國號為韓，號稱獨立。然實權都在日人手中。日人所扶翼的是大院君。閔妃一派，自然要想反抗，自然要倚賴俄國。其結果，遂釀成一八九五年閔妃遇弒之變。這一次，大院君的入宮，挾着日本兵自隨。而日本公使三浦梧樓，又以日使館衛隊繼其後，各國輿論囂然，都不直日本。日本不得已，把三浦梧樓召回，禁錮在廣島，而實未嘗窮究其事，這就是所謂廣島疑獄。此等舉動，適足以形日人手段的拙劣。其結果，反益促成韓國的親俄。日人無可如何，只得吞聲忍氣，和俄國商量。一八九六年，兩國因韓事訂立協商。在韓的權利，殆處於平等的地位。到一八九八年，又訂立第二次協商。俄人亦僅承認日人在韓國工商業上，有特殊的利益而已。對於東三省的利益，則絲毫不許日人分潤。於是亞洲的東北角，潛伏着一個日俄衝突的危機。

不但如此，便中、西亞之間，也是危機潛伏。當十八世紀中葉，中國蕩平天山南北路之時，正值英人加緊侵略印度之際。而俄國的侵略中亞，亦已於此時開始進行①。三國的勢力，恰成一三角式。不進則退，中國對於屬部，始終以羈縻視之，而英、俄兩國，卻步步進取。於是巴達克山，夷為英之保護國。乾竺特名為兩屬，實際上我也無權過問了②。而俄國亦服哈薩克，慴布魯特，滅布哈爾，並基華，並取浩罕③。三國間的隙地博羅爾，竟由英、俄兩國，擅行派員，劃定界線④。我國最西的屬部阿富汗，則由兩國的爭奪，而卒入於英人的勢力範圍⑤。而兩國的爭點，遂集於西藏。蒙古支族布里雅特人，是多數住居在俄國的伊爾庫次克和外貝加爾兩省的，亦信喇嘛教。俄人乃利用其人入藏，以交結喇嘛。一八九九和一九〇〇兩年，達賴和俄政府之間，竟爾互通使聘。中國還熟視無睹，英人看着，卻眼中出火了。

在中國本部的利益，自然是列國所不肯放鬆的，而東北一片處女地，尤其是要想投資的人眼光之所集注。當《辛丑條約》業經訂結，而東三省尚未交還時，俄人侵略的形勢，最為可怕，日人於此，固然視為生死關頭；便英人也不肯落後，法國在東洋，關係較淺，而其在歐洲，頗想拉攏俄國，所以較易附和俄人的主張。德國便不然了。他從佔據膠州灣以後，對於東方，野心勃勃，斷不容俄國人獨強的。至於美國，在東方本沒有甚麼深固的根柢，其利於維持均勢，自更無待於言了。

所以當此時，頗有英、德、日、美諸國，聯合以對付一個俄國之概。當庚子拳亂，俄人佔據東三省時，英國方有事南非，自覺獨力不足以制俄，乃和德國在倫敦訂立《協約》，申明開放門戶，保全領土之旨。此約經通知各國，求其同意。日、美、法、奧、意都復牒承認。獨俄國主張限於英德的勢力範圍，不適用於東三省。德國因關係較淺，就承認了俄國的主張，惟英、日兩國，反對最力。於是英人鑒於德國之不足恃，知道防禦俄國，非在遠東方面，有個關係較深切之國不可。而且印度和英國，關係太深了，亦非有一國助英防護，不足以壯聲勢。乃不惜破棄其名譽的孤立，而和日本訂立同盟。此事在一九〇二年。而俄國亦聯合法國。發表宣言，說："因第三國侵略，或中國騷擾，致兩國利益受侵犯時，兩國得協力防衛。"這明是把俄、法同盟的效力，推廣及於遠東，以對抗英日同盟。日、俄兩國的決裂，其形勢已在目前了。但是以這時候的日本而和俄國開戰，究竟還是件險事。所以在日人方面，還斤斤於滿·韓交換之論。至一九〇四年，日本公使和俄國交涉，卒無效果，而戰機就迫在眉睫了。

註解

① 中國的蕩平准部，事在一七五五年。英人佔據加爾各答，事在一七五七年。俄人侵略中亞，則自一七三四年，在哈薩克地方，建築炮台為始。

② 巴達克山，以一八七七年，淪為英之保護國。乾竺特當光緒初年，薛福成和英國外交部商定選立頭目之際，由中英兩國，會同派員，還是兩屬之地。後來英人藉口其本是克什米爾的屬部，時時干涉其內政，又造了一條鐵路，直貫其境，中國也就無從過問了。

③ 哈薩克是一八四〇年，全部為俄國所征服的。布魯特亦相繼降俄，布哈爾及基華，一八七三年均淪為俄之保護國。浩罕則於一八七六年，為俄所滅。

④ 事在一八九五年。

⑤ 阿富汗於一八七九年訂約。承認嗣後宣戰講和，須得英人認許。至一九〇七年，英俄訂結協約，而俄人承認阿富汗在俄國勢力範圍之外，其對俄政治界務等交涉，均由英國代辦。

第二十章　日俄戰爭和東三省

當一九〇三年之時，日俄戰爭，業已迫於眉睫了。此時亦有主張我國應加入日本方面的。然（一）中國兵力，能幫助日本的地方很少。（二）而海陸萬里，處處可以攻擊，儻使加入，無論如何是不會全勝的。那麼，日本即獲勝利，亦變為半勝了。而議和之際，反受牽制，所以日本是決不願意中國加入的。而且中國加入，則戰禍益形擴大，於列強經濟利益有礙。所以亦都不願我們加入。中國的外交，自動的地方很少，而這時候，確亦很難自動。於是日俄戰事，於一九〇四年之初爆發。而中國亦於其時，宣告中立，劃遼河以東為戰區①。

日本海軍，先襲敗俄艦於旅順和韓國的仁川，把旅順港封鎖了。海參崴的軍艦，亦屢為日兵所擊敗。俄國太平洋艦隊，失其效力。日軍遂得縱橫海上。其陸軍：第一軍自義州渡鴨綠江，連陷九連城、鳳凰城，直迫摩天嶺。後又別組第三軍，以攻旅順。旅順天險，所以相持久之不下。這一年秋間，日本一二兩軍，合攻遼陽。再加以從大孤山登陸的第四軍，遼陽遂陷。俄國的運兵，比日本為遲。遼陽陷後，而其西方的精銳始漸集。乃反攻遼陽，不克。這時候，天氣已漸寒冷了。兩軍乃夾渾河相峙。而日人於其間，竭全力攻陷旅順。到明年，俄國西方之兵益集，日亦續調大軍。日兵三十四萬，俄兵四十三萬，開始大戰。經過兩旬，俄軍敗退。日軍遂陷奉天，北取開原。俄國波羅的海艦隊，因英日同盟，不敢航行蘇彝士運河，繞好望角東來。又為日人邀擊於對馬海峽，大敗。於是俄國戰鬥之力窮，而朴資茅斯的和議起。

《朴資茅斯和約》，共十五條。其重要的：（一）俄承認日本對韓，有政治上、軍事上和經濟上的卓絕利益。（二）租借地外，日俄在滿洲的軍隊，盡數撤退，以其地交還中國。俄人在滿洲，不得有侵害中國主權，妨礙機會均等主義的領土上利益，暨優先及專屬的讓與權利。（三）中國因發達滿洲的工商業，為各國共同的設置時，日俄兩國，都不阻礙。（四）俄國以中國政府的承認，將旅、大租借地和長春、旅順間的鐵路，讓與日本。（五）庫頁島自北緯五十度以南，讓與日本②。（六）日人在日本海、鄂霍次克海、白令海的俄領沿岸，有漁業權。

此時日本可調的兵，差不多都已調盡。其財政亦異常竭蹶。其急於要議和的情形，反較俄國為切。所以賠款分文未得。而且一切條件，差不多都是照俄人的意思決定的。日本戰爭雖勝利，和議是屈辱的。所以其全國人民，大起騷擾。費了許多氣力，才鎮壓定。然而日本雖未能大有所得於俄，而仍可以取償於我。當戰役將終時，我國輿論，有主張乘機廢棄《俄約》，並向英交涉，收回威海，而自動的和日本訂立新約的。列國的眼光，則不過要把東三省作為共同投資之地，不欲其為一國所把持。而又希望其地的和平秩序，可以維持，所以有主張以東三省為一永世中立之地的。我國這時候，希望立憲之心正盛。而滿族皇室，終竟遲遲不肯放棄其權利，亦有就此議論，加以修正，主張以滿洲為一工國，仿奧匈、瑞那之例，由中國皇帝兼其王位，而於其地試行憲政的。這許多議論，都成為畫餅。僅於日、俄議和之時，由我國政府照會二國，說和約條件有涉及中國的，非得中國承認不生效力而已。日、俄和議既定，日本乃派小村壽太郎到中國來，和中國訂立《會議東三省事宜協約》中國政府承認《日俄和約》第五、第六兩條。而日本政府，承認遵行中俄租借地和築路諸約。別結《附約》：（一）開鳳凰城、遼陽、新民、鐵嶺、通江子、法庫門、長春、吉林、哈爾濱、寧古塔、三姓、齊齊哈爾、海拉爾、璦琿、滿洲里為商埠。（二）安奉軍用鐵路，許日本政府接續經營，改為商運鐵路。除運兵歸國十二個月外，以兩年為改良竣工之期。自竣工之日起，以十五年為限。屆期請他國人評價，售與中國。（三）許設中日合辦材木公司，採伐鴨綠江左岸森林。（四）滿韓交界陸路通商，彼此以最惠國待遇。明年五月，日人設立南滿洲鐵道株式會社。七月，又設關東都督府。於是東北一隅，成為日俄兩國劃定範圍，各肆攘奪的局面，不但介居兩大之間而已。

《會議東三省善後事宜協約》，立於一九〇五年十二月二十六日。照約，安奉鐵路的興工，應在一九〇六年十二月二十七日之後，而其完工，則應在一九〇八年十二月二十六日之前。乃日人至一九〇九年，才要求派員會勘線路。郵傳部命東三省交涉使和他會勘。會勘既竣，日人要收買土地。東三省總督錫良，忽然說路線不能改動。日人就自由行動，逕行興工。中國人無可如何，只得同他補結《協約》，承認了他。而所謂滿洲五懸案，亦於此時解決。

（一）撫順煤礦。日人主張是東省鐵路的附屬事業。中國人說在鐵路線三十里之外。日人則說照該《鐵路條例》，許俄人開礦，本沒限定三十里。此時並煙台煤礦，都許日人開採。

（二）間島問題。圖們江北的延吉廳，多韓民越墾。日人強名其地為間島。於其地設立理事官。這時候，仍認為中國之地。日所派理事官撤退。惟仍准韓民居住耕種，而中國又開龍井村、局子街、頭道溝、百草溝為商埠。

（三）新法鐵路。中國擬借英款興造。日人指為南滿鐵路的平行線。這時候，許興造時先和日本商議。

（四）東省鐵路營口支路。是中俄《東省鐵路公司契約》許俄人興造的，這是為運料起見，所以原約規定八年之內，應行拆去，而日人抗不履行。至此，准其於南滿鐵路限滿之日，一律交還。

（五）吉會鐵路。滿鐵會社要求敷設新奉、吉長兩路，業於一九〇七年訂立契約。該會社又要求將吉長路展至延吉，和朝鮮會寧府鐵路相接。至此，許由中國斟酌情形，至應開辦時和日本商議。

自日俄戰後，各國已認朝鮮為日本囊中之物了。所以日俄議和的一年，英日續訂盟約，即刪去保全朝鮮領土一條。然而對於中國門戶開放，領土保全的條文，依然如故，一九〇七年的《日法協約》、《日俄協約》，一九〇八年的《日美照會》，都是如此。然而日本的行動，則大有惟我獨尊，旁若無人的氣概，列國自然不肯放手。而中國也總希望引進別國的勢力，以抵制日俄兩國的。當新法鐵路照日本的意思解決時，中國要求築造錦齊鐵路時，日不反對。日人亦要求昌洮路歸其承造。彼此記入會議錄中。懸案解決後，中國要借英美兩國之款，將錦齊鐵路，延長到璦琿，改稱錦璦。日人嗾使俄人，出面抗議。於是美國人提議，各國共同出資，借給中國，由中國將滿洲鐵路贖回。此項借款未還清以前，由出資各國共同管理，禁止政治上、軍事上的使用——此即所謂滿洲鐵路中立——其通牒，向中、英、德、法、俄、日六國提出。明年，日俄二國，共提抗議。這一年，日俄兩國就訂立新協約。約中明言維持滿洲現狀，現狀被迫時，兩國得互相商議。如此，英美的經營，反促成日俄的聯合了。而這新約，或云別有密約，俄國承認日本併吞韓國，而日本則承認俄國在蒙新方面的舉動，所以這《協約》於七月四日成立，而朝鮮即於八月三十日滅亡，而到明年，俄人對於蒙、新，就提出強硬的要求了。

註解

① 後來俄人反攻遼陽失敗後，曾出奇兵，自遼西地方侵日。我國不能阻止。乃改以從溝幫子到新民屯的鐵路線，為中立地和交戰地的界限。

② 庫頁即明代的苦夷，本中國屬地。自黑龍江以北割棄後，日俄兩國的人，都有僑寓
　其間的，而俄人是時，又有進至於島的。一八七五年，兩國乃定議，以庫頁歸俄，
　千島歸日。

第二十一章　清末的憲政運動

　　戊戌變法、庚子拳亂，清朝的失政，一步步的使人民失望。而其時人
民的程度亦漸高，於是從改革政治失望之餘，就要擬議及於政體了。

　　中國的民主思想，在歷史上，本是醞釀得很深厚的。不過國土大，人
民多，沒有具體的辦法罷了。一旦和外國交通，看見其政體有種種的不同，
而且覺得他們都比我們富強；從國勢的盛衰，推想而及於政權的運用，自
然要擬議及於政體了。於是革命、立憲，遂成為當日思潮的兩流。

　　戊戌政變以後，康有為在海外設立保皇黨。梁啟超則在日本橫濱發行
《清議報》，痛詆那拉后，主張擁戴德宗，以行新政。這時候，還是維新運
動的思想。但是空口說白話，要想那拉后把政權奉還之於德宗，是無此情
理的，所以雖保皇黨要想奪取政權，亦不得不訴之於武力。人民哪裏來武
力呢？其第一步可以利用的，自然是會黨。原來中國各種會黨，溯其原始，
都是人民受異族的壓迫，為此秘密組織，以為光復之豫備的。日久事忘，
固然不免漸忘其原來的宗旨，然而他們，究竟是有組織的民眾，只要有有
心人，能把宗旨灌輸給他們，用以舉事，自較毫無組織的人民為易。所以
在當時，不論保皇黨、革命黨，都想利用他們。就是八國聯軍入京的這一
年，康有為之黨唐才常，在上海設立國會總會，漢口設立分會。才常居漢
口。後來的革命黨人黃興居湖南，吳祿貞居安徽的大通，聯絡哥老會黨，
廣發富有會票，謀以這一年七月間，在武漢同時舉事，而湖南、安徽，為
之策應。未及期而事泄。才常被殺。鄂、湘、蘇、皖四省，搜捕黨眾，殺

戮頗多。當時鄂督張之洞，有一封信，寫給上海國會總會中人，勸他們不要造反。國會中人，也有一封信復他，署名為是中國民。暢發國家為人民所公有，而非君主所私有之義，為其時之人所傳誦。保皇運動，寖寖接近於革命了。

但是到十九世紀的初年，而保皇黨宗旨漸變。《清議報》發刊，滿一百期而止。梁啟超改刊《新民叢報》。其初期，頗主張革命。後來康有為鑒於法國大革命殺戮之慘及中南美諸國政權的爭奪，力主君主立憲，詒書諍之，梁啟超漸漸改從其說。於是《新民叢報》成為鼓吹立憲的刊物，和當時革命黨所出的《民報》對峙。以立憲之說，可以在國內昌言之故，《新民叢報》在國內風行頗廣，立憲的議論漸漸得勢。到日俄戰爭以後，輿論都說日以立憲而勝，俄以專制而敗，立憲派的議論，一時更為得勢。

庚子一役，相信一班亂民，做這無意識開倒車的運動，以致喪權辱國，賠款之巨，尤其詒累於人民，清朝自己，也覺得有些難以為情了。於是復貌行新政，以敷衍人民。然而所行的都是有名無實，人民對於朝廷的改革，遂覺灰心絕望。除一部分從事於革命外，其較平和的，也都想自己參與政權，以圖改革，這是十九世紀初年立憲論所以興盛的原因。而其首將立憲之舉，建議於清朝的，則為駐法公使孫寶琦。其後兩江、兩湖、兩廣諸總督，相繼奏請。到一九〇五年，直督袁世凱，又奏請簡派親貴，分赴各國，考察政治。於是有派五大臣出洋考察之舉。明年回國，一致主張立憲。於是下上諭："先將官制改革，次及其餘諸政治，使紳民明悉國政，以備立憲基礎。數年之後，查看情形，視進步之遲速，以定期限之遠近。"是為清末的所謂豫備立憲。於是改訂內外官制。設資政院、諮議局，以為國會及省議會的基礎，頒佈《城鎮鄉自治章程》。立審計院，頒佈《法院編制法》及《新刑律》。設省城及商埠的檢察、審判廳，又設立憲政編查館，以為舉行憲政的總匯。看似風起雲湧，實則所辦之事，都是不倫不類的，而且或格不能行，或行之而名不副實，人民依舊覺得失望。於是即行立憲和豫備立憲，遂成為當日朝廷和人民的爭點。

朝廷上說："人民的程度不足，是不能即行立憲的。"輿論則說："程度的足不足，哪有一定標準？況且正因為政治不良，所以要立憲。若使把件件政治都改好了，然後立憲，那倒無須乎立憲了。"當時政府和人民的爭點，大要如此。當時的政府，是個軟弱無力的。既沒有直捷痛快拒絕人民的勇氣，又不肯直捷痛快實行人民的主張。一九〇八年，各省主張立憲的政團和人民上書請速開國會。朝廷下詔，定以九年為實行之期。這一年冬天，德宗死了。那拉后立醇親王載灃之子溥儀，年四歲，以載灃為攝政王。明日，那拉后也死了。其明年，各省諮議局成立，組織國會請願同志會，於一九一〇年，入都請願，亦不許。這一年，京師資政院開會，亦通過請願速開國會案上奏。清廷乃下詔，許縮短期限，於三年之後，開設國會。人民仍有不滿，請願即行開設的，遂都遭清廷驅逐。並命京內外，有唱言請願的，即行彈壓拿辦。其訑訑的聲音顏色，可謂與人以共見了。

當時的清廷，不但立憲並無誠意，即其政治亦很腐敗。政府中的首領，是慶親王奕劻。他是個老耄無能的人，載灃性甚昏庸。其弟載洵、載濤，亦皆欲干預政治，則又近於胡鬧。到革命這一年，責任內閣成立，仍以奕劻為總理。閣員亦以滿族佔多數。人民以皇族內閣，不合立憲公例，上書請願。諮議局亦聯合上書，不聽。到第二次上書，就遭政府的嚴斥。這時候的政治家，鑒於中國行政的無力，頗有主張中央集權之論的。政府也頗援為口實。但政治既不清明，又不真懂得集權的意義，並不能勵精圖治，將各項政權集中，而轉指人民奔走國事的，為有妨政府的大權，一味加以壓制。於是激而生變，醞釀多年的革命運動，就一發而不可遏了。

第二十二章　清代的制度

清代的制度，在大體上可以說是沿襲前朝的。至於摹仿東西洋，改革舊制，那已是末年的事了。

清代的宰相，亦是所謂內閣。但是只管政治，至於軍事，則是交議政王大臣議奏的。世宗時，因西北用兵，設立軍機處，後遂相沿未撤。從此以後，機要的事務，都歸軍機，惟尋常本章，乃歸內閣。軍機處之權，就超出內閣之上了。六部長官，都滿、漢並置①。而吏、戶、兵、刑四部，尚、侍之上，又有管部大臣，以至互相牽制，事權不一。還有理藩院，係管理蒙古的機關，雖以院名，而其設官的制度亦和六部相同。都察院，左都御史和左副都御史亦滿、漢並置②，其右都御史和右副都御史，則為總督、巡撫的兼銜。外官：督、撫在清代，亦成為常設的官。而屬於布、按兩司的道，亦若自成一級。於是督、撫、司、道、府、縣，幾乎成為五級了。壓制重而展佈難，所以民治易於荒廢；統轄廣而威權大，所以長官易於跋扈。和外國交通以後，首先設立的，為總理各國事務衙門，後來改為外務部。末年因辦新政，復增設督辦政務處等，其制度都和軍機處相像。到一九〇六年，籌備憲政，才把新設和舊有的機關，改並而成外務、吏、民政、度支、禮、學、陸軍、農工商、郵傳、理藩、法十一部。革命的一年，設立責任內閣，並裁軍機處和吏、禮兩部，而增設海軍部和軍諮府。省的區域，本自元明兩代相沿而來，殊嫌其過於龐大。末年議改官制時，很有主張廢之而但存道或府的，但未能實行。當時改訂外官制，仍以督撫為一省的長官。但改按察司為提法、學政為提學，而增設交涉司；裁分巡，而增設勸業、巡警兩道。東三省和蒙、新、海、藏的官制，在清代是和內地不同的。奉天為陪京，設立戶、禮、兵、刑、工五部，而以將軍管旗人，府尹治民事。且有奉天、錦州兩府。吉黑則只有將軍、副都統等官。後來逐漸設廳③。直至日俄戰後，方才改設行省。其蒙古和新疆、青海、西藏，則都治以駐防之官。新疆改設行省，在中俄伊犁交涉了結之後。青海、西藏，則始終未曾改制。

清代取士之制，大略和明代相同④。惟官缺都分滿、漢。而蒙古及漢軍、包衣，亦各有定缺，為其特異之點。戊戌變法時，嘗廢八股文，改試論策經義。政變後復舊。義和團亂後，又改。至一九〇五年，才廢科舉，專行學校教育。但學校畢業之士，仍有進士、舉貢、生員等名目，謂之獎勵。到民國時代才廢⑤。

兵制有八旗、綠營之分。八旗編丁，起於佐領。每佐領三百人。五佐領設一參領。五參領設一都統，兩副都統。此為清朝初年之制。後來得蒙古人和漢人，亦都用此法編制。所以旗兵又有滿洲、蒙古、漢軍之分。入關以後，收編的中國兵，則謂之綠營，而八旗又分禁旅和駐防兩種。駐防的都統，改稱將軍。乾嘉以前，大抵出征以八旗為主，鎮壓內亂，則用綠營。川楚教匪之亂，八旗綠營，都不足用，反靠臨時招募的鄉勇，以平亂事，於是勇營大盛。所謂湘、淮軍，在清朝兵制上，亦是勇營的一種。中、法之戰，勇營已覺其不足恃，到中、日之戰，就更形破產了。於是紛紛改練新操，是為新軍。到末年，又要改行徵兵制，於各省設督練公所，挑選各州縣壯丁有身家的，入伍訓練，為常備兵。三年放歸田里，為續備兵。又三年，退為後備兵。又三年，則脫軍籍。當時的計劃，擬練新軍三十六鎮，未及成而亡。水師之制，清初分內河、外海。太平天國起後，曾國藩首練長江水師和他角逐，而內河水師的制度一變。至於新式的海軍，則創設於一八六二年。法、越戰後，才立海軍衙門。以旅順和威海衛為軍港，一時軍容頗有可觀，後來逐漸腐敗。而海軍衙門經費，又被那拉后修頤和園所移用。於是軍費亦感缺乏。中日之戰，遂至一敗塗地。戰後，海軍衙門既裁，已經營的軍港，又被列強租借，就幾於不能成軍了。

清朝的法律，大體是沿襲明朝的。其初以例附律。後來就將兩種合纂，稱為《律例》。其不平等之處，則宗室、覺羅和旗人，都有換刑。而其審判機關，亦和普通人民不同⑥。流寓中國的外國人，犯了罪，由他自己的官長審訊，這是中國歷代如此。在從前，原無甚關係。但是海通以後，把此項辦法，訂入條約之中，就於國權大有損害了。末年，因為要取消領事裁判權，派沈家本、伍廷芳為修訂法律大臣，把舊律加以修改⑦。曾頒行《商律》和《公司律》。其民、刑律和民商、刑事訴訟律，亦都定有草案，但未及頒行。審判機關，則改大理寺為大理院，為最高審判，其下則分高等、地方、初等三級。但亦未能推行。

賦役是仍行明朝一條鞭之制的。丁稅既全是徵銀，而其所謂丁，又不過按糧攤派，則已不啻加重田賦，而免其役，所以清朝的所謂編審，不過是將全縣舊有丁稅若干，設法攤派之於有糧之家而已。和實際查驗丁數，了無干涉。即使按期舉行，所得的丁額，亦總不過如此。清聖祖明知其故，所以於一七一二年，特下“嗣後滋生人丁，永不加賦；丁賦之額，以康熙五十年冊籍為準”之詔。既然如此，自然只得將丁銀攤入地糧，而編審的手續，也當然可省，後來就但憑保甲以造戶口冊了。地丁而外，江蘇、安徽、江西、湖北、湖南、浙江、河南、山東八省，又有漕糧。初徵本色，末年亦改徵折色。田賦而外，以關、鹽兩稅為大宗。鹽稅仍行引制。由國家售鹽於大商，而由大商各按引地，售與小民。此法本有保護商人專利之嫌。政府所以要取此制，只是取其收稅的便利。但是初定引地時，總要根據於交通的情形，而某地定額若干，亦是參照該地方消費的數量而定的。歷時既久，兩者的情形，都不能無變更，而引地和鹽額如故，於是私鹽賤而官鹽貴，國計民生，交受其弊，而商人也不免於坐困了。關有常關和新關兩種。常關沿自明代，新關則是通商之後增設於各口岸的。稅率既經協定，而總稅務司和稅務司，又因外交和債務上的關係，限用外國人。革命之後，遂至將關稅收入，存入外國銀行，非經總稅務司簽字，不能提用。甚至償還外債的餘款，就是所謂關餘的取用，亦須由其撥付，這真可謂太阿倒持了。釐金是起於太平軍興之後的。由各省布政司委員，設局徵收。其額係值百抽一，所以謂之釐金。但是到後來，稅率和應稅之品，都沒有一定，而設局過多，節節留難，所以病商最甚。《辛丑和約》，因我國的賠款負擔重了。當時議約大臣，要求增加關稅，外人乃以裁釐為交換條件。許我裁釐後將關稅增加至值百抽五，然迄清世，兩者都未能實行。

④ 惟首場試四書文，次場試五經文。明代次場所試，在清則不試。

⑤ 當時京師立大學堂，省立高等學堂，府立中學堂，縣立高、初兩等小學堂。高等小學畢業的，為廩、增、附生。中學畢業的，為拔貢、優貢、歲貢。高等學堂畢業的為單人。大學畢業的為進士。其實業、師範等學校，各按其程度為比例。

⑥ 笞杖，宗室、覺羅罰養贍銀，旗人鞭責。徒流，宗室、覺羅板責圈禁，旗人枷號。死罪，宗室、覺羅，都賜自盡。凡宗室、覺羅犯罪，由宗人府審問。八旗、包衣，由內務府審問。徒以上諮刑部。旗人，在京由都統，在外由將軍，都統、副都統審問。在京者徒以上咨刑部，在外的流以上申請。盛京旗人獄訟，都由戶、刑兩部審訊。徒流以上，由將軍各部，府尹會斷。

⑦ 改笞杖為罰金，徒流為工作，死刑存絞斬，而廢凌遲、梟首等。

第二十三章　清代的學術

　　清代學術的中堅，便是所謂漢學。這一派學術，以經學為中心。專搜輯闡發漢人之說，和宋以來人的說法相對待，所以得漢學之稱。

　　漢學家的考據，亦可以說是導源於宋學中之一派的。而其興起之初，亦並不反對宋學。只是反對宋學末流空疏淺陋之弊罷了。所以其初期的經說，對於漢宋，還是擇善而從的。而且有一部分工作，可以說是繼續宋人的遺緒。但是到後來，其趨向漸漸地變了。其工作，專注重於考據。考據的第一個條件是真實。而中國人向來是崇古的。要講究古，則漢人的時代，當然較諸宋人去孔子為近。所以第二期的趨勢，遂成為專區別漢、宋，而不復以己意評論其短長。到此，才可稱為純正的漢學。所以也有對於這一期，而稱前一期為漢宋兼採派的。

　　第一期的人物，如閻若璩、胡渭等，讀書都極博，考證都極精。在這一點，可以說是繼承明末諸儒的遺緒的。但是經世致用的精神，卻漸漸地缺乏了。第二期為清代學術的中堅。其中人物甚多，近人把他分為皖、吳二派。皖派的開山，是江永，繼之以戴震。其後繼承這一派學風的，有段玉裁、王念孫、引之父子和末期的俞樾等。此派最精於小學，而於名物制度等，搜考亦極博。所以最長於訓釋。古義久經湮晦，經其疏解，而燦然復明的很多。吳派的開山，是惠周惕、惠士奇、惠棟，父子祖孫，三世相繼。其後繼承這一派學風的，有余蕭客、王鳴盛、錢大昕、陳壽祺、喬樅父子等。這派的特長，尤在於輯佚。古說已經亡佚，經其搜輯而大略可見的不少。

漢學家的大本營在經。但因此而旁及子、史，亦都以考證的方法行之。經其校勘、訓釋、搜輯、考證，而發明之處也不少。其治學方法，專重證據。所研究的範圍頗狹，而其研究的工夫甚深。其人大都為學問而學問。不攙以應用的，亦頗有科學的精神。

但是隨着時勢的變化，而漢學的本身，也漸漸地起變化了。這種變化，其初也可以說是起於漢學的本身，但是後來，適與時勢相迎合，於是漢學家的純正態度漸漸地改變。而這一派帶有致用色彩的新起的學派，其結果反較從前純正的漢學為發達。這是怎樣一回事呢？原來漢學的精神，在嚴漢、宋之界。其初只是分別漢、宋而已，到後來，考核的工夫愈深，則對於古人的學派，分別也愈細。漢、宋固然不同，而同一漢人之中，也並非不相違異。其異同最大的，便是第三篇第九章所講的今、古文之學。其初但從事於分別漢、宋，於漢人的自相歧異，不甚措意。到後來，漢、宋的分別工作，大致告成，而漢人的分別問題，便橫在眼前了。於是有分別漢人今古文之說，而專替今文說張目的。其開山，當推莊存與，而繼之以劉逢祿和宋翔鳳，再繼之以龔自珍和魏源。更後，更是現代的廖平和康有為了。漢代今文學的宗旨，本是注重經世的。所以清代的今文學家，也帶有致用的色彩。其初期的莊、劉已然，稍後的龔、魏，正值海宇沸騰，外侮侵入之際。二人都好作政論，魏源尤其留心於時務。其著述，涉及經世問題的尤多。最後到廖平，分別今古文的方法更精了。至康有為，則利用經說，自抒新解，把春秋三世之義，推而廣之。而又創託古改制之說，替思想界起一個大革命①。

清學中還有一派，是反對宋學的空談，而注意於實務的。其大師便是顏元。他主張仿效古人的六藝，留心於禮、樂、兵、刑諸實務。也很有少數人佩服他。但是中國的學者，習慣在書本上做工夫久了，而學術進步，學理上的探討和事務的執行，其勢也不得不分而為二。所以此派學問，傳播不甚廣大。

還有一派，以調和漢、宋為目的，兼想調和漢、宋二學和文士的爭執的，那便是方苞創其前，姚鼐繼其後的桐城派。當時漢、宋二學，互相菲薄。漢學家說宋學家空疏武斷，還不能明白聖人的書，何能懂得聖人的道理？宋學家又說漢學家專留意於末節，而忘卻聖人的道理，未免買櫝還珠。至於文學，則宋學家帶有嚴肅的宗教精神，固然要以事華采為戒；便是漢學家，也多自矜以朴學，而笑文學家為華而不實的──固然，懂得文學的人，漢、宋學家中都有，然而論漢、宋學的精神，則實在如此。其實三者各有其立場，哪裏可以偏廢呢？所以桐城派所主張義理、考據、辭章三者不可缺一之說，實在是大中至正的。但是要兼採三者之長而去其偏，這是談何容易的事？所以桐城派的宗旨，雖想調和三家，而其在漢、宋二學間的立場，實稍偏於宋學，而其所成就，尤以文學一方面為大。

清朝還有一位學者，很值得介紹的，那便是章學誠。章學誠對於漢、宋學都有批評。其批評，都可以說是切中其得失。而其最大的功績，尤在史學上。原來中國人在章氏以前不甚知道"史"與"史材"的分別，又不甚明瞭史學的意義。於是（一）其作史，往往照着前人的格式，有的就有，無的就無，倒像填表格一樣，很少能自立門類或刪除前人無用的門類的。（二）則去取之間，很難得當。當歷史讀，已經是汗牛充棟，讀不勝讀了，而當作保存史材看，則還是嫌其太少。章氏才發明保存史材和作史，是要分為兩事的。儲備史材，愈詳愈妙，作史則要斟酌一時代的情勢，以定去取的，不該死守前人的格式。這真是一個大發明。章氏雖然沒有作過史，然其藉改良方誌的體例，為豫備史材的方法，則是頗有成績的。

理學在清朝，無甚光彩。但其末造，能建立一番事功的曾國藩卻是對於理學，頗有工夫的，和國藩共事的人，如羅澤南等，於理學亦很能實踐。他們的成功，於理學可謂很有關係。這可見一派學問，只是其末流之弊，是要不得，至於真能得其精華的，其價值自在。

以上所說，都是清朝學術思想變遷的大概，足以代表一時代重要的思潮的。至於文學，在清朝比之前朝，可說無甚特色。稱為古文正宗的桐城派，不過是謹守唐、宋人的義法，無甚創造。其餘模仿漢、魏、唐、宋的駢文……的人，也是如此。詩，稱為一代正宗的王士禛，是無甚才力的。後來的袁、趙、蔣，雖有才力，而風格不高。中葉後競尚宋詩，亦不能出江西派杵臼。詞，清初的浙派，尚沿元、明人輕佻之習。常州派繼起，頗能力追宋人的作風，但是詞曲，到清代，也漸成為過去之物。不但詞不能歌，就是曲也多數不能協律，至其末年，則耳目的嗜好也漸變，皮黃盛而昆曲衰了。平民文學，倒也頗為發達。用語體以作平話、彈詞的很多。在當時，雖然視為小道，卻是現在平民文學所以興起的一個原因。

書法，歷代本有南北兩派。南派所傳的為帖，北派所傳的為碑。自清初以前，書家都取法於帖。但是屢經翻刻，神氣不免走失。所以到清中葉時，而潛心碑版之風大盛。主持此論最力，且於作書之法，闡發得最為詳盡的，為包世臣。而一代書家，卓然得風氣之先的，則要推鄧完白。清代學術思想，都傾向於復古，在書法上亦是如此的。這也可見一種思潮正盛之時，人人受其鼓盪而不自知了。

註解

① 康有為學說的精髓，在《孔子改制考》一書。此書説古代世界，本是野蠻的；經子中所説高度文化的情形，都係孔子和其餘諸子意圖改革，怕人家不信，所以託之於古，説古人已是如此。這話在考據上很成問題。但是能引誘人向前進取，不為已往的習俗制度所囿，在鼓舞人心、增加改革的勇氣上，實在是很有效力的。三世是《公羊春秋》之義，説孔子把春秋二百四十年之中，分為據亂、升平、太平三種世界，表示着三種治法。也是足以導人進取，而鼓舞其改革的勇氣的。

第二十四章 清代的社會

論起清代的社會來，確乎和往古不同。因為他是遭遇着曠古未有的變局的。這曠古未有的變局，實在當十六世紀之初——歐人東略——已開其端。但是中國人，卻遲到十八世紀的中葉——五口通商——方才感覺到。自此以前，除少數——如在海口或信教——與西人接近的人外，還是絲毫沒有覺得。

清代是以異族入主中國的。而又承晚明之世，處士橫議、朋黨交爭之後，所以對於裁抑紳權、摧挫士氣二者，最為注意。在明世，江南一帶，有所謂投大戶的風氣。仕宦之家，僮僕之數，盈千累百。不但擾害小民，即主人亦為其所挾制。到清代，此等風氣，可謂革除了。向來各地方，有不齒的賤民，如山、陝的樂籍，紹興的惰民，徽州的伴檔，寧國的世僕，常熟、昭文的丐戶，江、浙、福建的棚民，在清世宗時，亦均獲除籍。此等自然是好事。然而滿、漢之間，卻又生出不平等來了。旗人在選舉、司法種種方面，所佔地位都和漢人不同，具見第二十二章所述。而其關係最大的，尤莫如摧挫士氣一事。宋、明兩朝，士大夫都很講究氣節。風會所趨，自然不免有沽名釣譽的人，鼓動群眾心理，勢成一鬨之市。即使動機純潔，於事亦不能無害，何況持之稍久，為野心者所利用，雜以他種私見，馴致釀成黨爭呢？物極必反，在清代，本已有動極思靜之勢，而清人又加之以摧挫，於是士大夫多變為厭厭無氣之流，不問國事。高者講考據、治詞章，下者遂至於嗜利而無恥。管異之有《擬言風俗書》，最說得出明清風氣的轉變。他說：

明之時，大臣專權，今則閣、部、督、撫，率不過奉行詔命。明之時，言官爭競，今則給事、御史，皆不得大有論列。明之時，士多講學，今則聚徒結社者，渺焉無聞。明之時，士持清議，今則一使事科舉，而場屋策士之文，及時政者皆不錄。大抵明之為俗，官橫而士驕。國家知其敝而一切矯之，是以百數十年，天下紛紛，亦多事矣。

顧其難皆起於田野之間，閭巷之俠，而朝廷學校之間，安且靜也。然臣以為明俗敝矣，其初意則主於養士氣，蓄人才。今夫鑒前代者，鑒其末流，而要必觀其初意。是以三代聖王相繼，其於前世，皆有革有因，不力舉而盡變之也。力舉而盡變之，則於理不得其平，而更起他禍。

清朝當中葉以後，遇見曠古未有的變局，而其士大夫，迄無慷慨激發，與共存亡的，即由於此。此等風氣，實在至今日，還是受其弊的。

我們今日，翻一翻較舊的書，提到當時所謂"洋務"時，率以通商、傳教兩個名詞並舉。誠然，中西初期的交涉，不外乎此兩端。就這兩端看來，在今日，自然是通商的關係，更為深刻——因為帝國主義者經濟上的剝削，都是由此而來的——其在當初，則歐人東來，所以激起國人的反抗的，實以傳教居先，而通商顧在其次。歐人東來後，中國反對他傳教的情形，讀第二章已可見其大略。但這還是士大夫階級的情形。至一八六一年，《天津》、《北京》兩條約發生效力以來。從前沒收的教堂，都發還。教士得在中國公然傳教。從此以後，洋人變為可畏之物，便有恃入教為護符，以魚肉鄰里的。地方官遇教案，多不能持平，小民受着切膚之痛，教案遂至聯綿不絕[1]。直至一九〇〇年，拳匪亂後，而其禍乃稍戢。

至於在經濟上，則通商以後，中國所受的侵削尤深。通商本是兩利之事，歷代中外通商，所輸入的，固然也未必是必須品。然中國所受的影響有限。至於近代，則西人挾其機製之品，以與我國的手工業相競爭。手工業自然是敵不過他的。遂漸成為洋貨灌輸，固有的商工業虧折，而推銷洋貨的商業勃興之象。不但商工業，即農村亦受其影響，因為舊式的手工，有一部分是農家的副業。偏僻的農村，並有許多粗製品，亦能自造，不必求之於外的。機製品輸入而後，此等局面打破，農村也就直接間接受着外人的剝削了。此等情勢，但看通商以後，貿易上的數字，多為入超可見。資本總是向利息優厚之處流入的，勞力則是向工資高昂之處移動的。遂成為外國資本輸入中國，而中國勞工紛紛移殖海外的現象。

外人資本的輸入，最初是商店——洋行——和金融機關。從《馬關條約》以後，外人得在我國通商口岸設廠，而輕工業以興。其後外人又競攘我的鐵路、礦山等，而重工業亦漸有興起。此等資本，或以直接投資，或以借款，或以合辦的形式輸入，而如鐵路礦山等，並含有政治上的意味。至於純粹的政治借款，則是從一八六六年，征討回亂之時起的。此後每有缺乏，亦時借洋債，以資挹注。但為數不多。中、日戰後，因賠款數目較巨，財政上一時應付不來，亦借外債以資應付。但至一九〇二年，亦都還清。而其前一年，因拳亂和各國訂立和約，賠款至四萬五千萬兩之巨。截至清末，中國所欠外債，共計一萬七千六百萬，僅及庚子賠款三之一強，可見拳亂一役，貽累於國民之深了。

我國的新式工業初興起時，大抵是為軍事起見，已見第十三章。其中僅一八七八年，左宗棠在甘肅倡辦織呢局；稍後，李鴻章在上海辦織布局；張之洞在湖北辦織布、紡紗、製麻、繅絲四局，可稱為純粹工業上的動機。此等官辦或官商合辦的事業，都因官場氣習太深，經營不得其法，未能繼續擴充，而至於停辦。前清末造，民間輕工業，亦漸有興起的，亦因資本不足，管理不盡合宜，未能將外貨排斥。在商業上，則我國所輸出的，多係天產及粗製品。且能直接運銷外國者，幾於無之，都是坐待外商前來採運，其中損失亦頗巨。

華人移殖海外，亦自前代即有之。但至近世，因交通的便利，海外事業的繁多，而更形興盛。其初外人是很歡迎中國人前往的。所以一八五八年的《中英條約》，一八六一年的《中俄條約》，一八六四年的《西班牙條約》，一八六八年的《中美續約》，都有許其招工的明文。今日南洋及美洲繁盛之地，原係華人所開闢者不少。到既經繁盛，卻又厭華人工價的低廉，而從事於排斥，苛待、驅逐之事，接踵而起了。但在今日，華僑之流寓海外者還甚多。雖無國力之保護，到處受人壓迫，然各地方的事業，握於華人之手者仍不少。譬如暹羅、新加坡等，一履其地，儼然有置身閩、粵之感。我國的國際收支，靠華僑匯回之款，以資彌補者，為數頗巨。其人皆置身海外，深受異民族壓迫之苦，愛國之觀念尤強，對於革命事業的贊助，功績尤偉。若論民族自決，今日華僑繁殖之地，政權豈宜握在異族手中？天道好還，公理終有伸張之日，我們且靜待着罷了。

① 一八四五，即道光二十五年，法人赴粵，請弛教禁。總督耆英奏聞，部議准在海口設立天主堂，然內地之禁如故。至《天津條約》，則英、法、俄、美，都有許傳教的明文，《北京條約》第六款，又規定將前此充公的天主堂均行發還。教士得在各省租買田地，建造房屋，教禁至此，始全解除，然是年，江西、湖南兩省，即有鬧教之事。此後教案迭起，而一八七○，即同治九年天津一案，尤為嚴重。此案因謠傳教堂迷拐人口而起。法國領事豐大業，以槍擊天津知縣劉傑，不中，為人民所毆斃。並毀教堂、醫院，教民、洋人死者二十餘人。法人必欲以劉傑及天津府張光藻、提督陳國瑞抵償，調軍艦至津迫脅。中國輿論，亦有主戰的。曾國藩以署直督往查辦，力主持重。結果，將張光藻、劉傑遣戍，滋事之人，正法者十五，軍流者四，徒者十七，國藩因此，大為清議所不直。然當時情勢，實極危急。國藩赴津之時，至於先作遺書，以誡其子。其情勢亦可想見了。

第五編

現代史

第一章 革命思想的勃興和孫中山先生

甚麼叫做革命？前編第十七章，已經説過了。凡事積之久則不能無弊。這個積弊，好像人身上的老廢物一樣，非把他排除掉，則不得健康。人類覺悟了，用合理的方法，把舊時的積弊，摧陷廓清，以期達於理想的境界，這個就喚做革命。

革命不是中國一國的事。以現在的情形而論，是全世界都需要革命的。但是我們生在中國，其勢只得從中國做起。

然則中國的革命思想，又是如何產生的呢？我説其動機有三：

其（一）是民族思想。人生在世界上，最緊要的，是自由平等。但是因為民族的差殊，彼此利害不同，而又不能互相諒解，就總不免有以此一民族，壓制彼一民族之事。

中國待異民族是最寬大的。只覺得我們是先進的民族，有誘掖啟導後進的責任。絕無憑恃武力，或者靠甚麼經濟的力量，去壓迫榨取異民族之事。但是此等理想，要實現他很難。而以過尚平和故，有時反不免受異族的壓迫。中古史的後半期，遼、金、元、清，疊次侵入，便是其適例。到了近世，歐人東略，民族間利害衝突的情形，就更形顯著了。我們到此，自然覺得我們自己有團結以爭生存的必要。同時，就覺得阻礙我們民族發展，或者要壓迫榨取我們的，非加以排除抵禦不可。這是潛伏在人心上的第一種動機。

其（二）是民權思想。中國的民權思想，發達得是最早的。"民為貴，社稷次之，君為輕。""賊仁者謂之賊，賊義者謂之殘，殘賊之人，謂之一夫。聞誅一夫紂矣，未聞弒君也。"在紀元前四世紀時，就有人説過了。但是因為地大人多，一時沒有實現的方法。每到政治不良，人民困苦的時候，雖然大家也能起來把舊政府推翻，然而亂事粗定之後，就只得仍照老樣子，把事權都交給一個人。於是因專制而來的弊害，一次次的複演着，而政治遂成為一進一退之局。這種因政體而來的禍害，我們在從前，雖然大家都認為無可如何之事，然而從海通以來，得外國的政體，以資觀摩，少數才智之士，自然就要起疑問了。這是潛伏在人心上的第二種動機。

其（二）是民生問題。歷代的革命，從表面上看，雖然為着政治問題。然而民窮財盡，總是其中最主要的原因，這是誰都知道的。歷代的困窮，不過是本國政治的腐敗，經濟制度的不良，其程度尚淺。到歐人東略以來，挾着帝國主義的勢力，天天向我們侵削。我們就不知不覺的，淪入次殖民地的地位。全社會的經濟，既然日益艱窘，生於其中的人民，自然要覺得不安了。這是潛伏在人心上的第三種動機。

此等現象，或非全國人民所共知，即其知之，亦或不知其原因所在。然而身受的困苦，總是覺得的，覺得困苦，而要想奮鬥以求出路，也是人人同具的心理。如此，革命思想就漸漸的興起於不知不覺之間了。"山雨欲來風滿樓"，人心上雖然充滿着不安，至於有意識，有組織的行動，則仍有待於革命偉人的指導。

革命偉人孫中山先生，是生在廣東香山縣——現在的中山縣的。他從小就感覺外力的壓迫，中國政治的不良，慨然有改革中國以拯救世界之志。他雖學的是醫學，卻極留心於政治問題。當公元一八八五，就是中國因和法國交戰而失掉越南的一年，他才決定顛覆清廷，建立民國的志願。此時他的同志，只有鄭士良、陸皓東等幾個人。一八九二年，中山先生才在澳門創立興中會。由鄭士良結合會黨，聯絡防營，以為實際行動的準備。中日戰後，中山先生赴檀香山，設立興中會。一八九五年，謀襲據廣州，不克，陸皓東於此役殉難。中山先生乃再赴檀島，旋赴美洲，又到歐洲。這時候，清朝已知道中山先生是革命的首領了。由其駐英公使龔照瑗，把先生誘到公使館中，拘執起來。卒因先生感動了使館的侍役，替他傳遞消息出去。英國輿論嘩然。先生乃因此得釋。此即所謂"倫敦蒙難"。這時候，先生在歐洲考察，覺得他們國勢雖號強盛，人民仍是困苦。才知道專一仿效歐洲，也不能進世界於大同，畀生民以樂利的，才決定民生主義與政治問題並重。

戊戌變法這一年，中山先生始抵日本——因其距中國較近，革命事業易於圖謀之故。庚子拳亂這一年，先生命史堅如入長江，鄭士良在香港，設立機關，以聯絡會黨。於是哥老、三合兩會，都決議併入興中會。鄭士良旋襲入惠州，因接濟無着，退出。史堅如潛入廣州，謀炸粵督德壽，以圖響應，不克，亦殉難。中山先生乃再經安南、日本、檀島，以赴美洲。所至都聯絡洪門，替他們改訂《致公堂章程》。其第二章，說："本黨以驅除韃虜，恢復中華，建立民國，平均地權為宗旨。"革命的主義，於此確立，其氣勢也更形磅礴了。

這時候，中國風氣亦漸變。自學日本的人士很多。中山先生知其可以啟導，乃於一九〇五年，赴日本。改興中會為同盟會。其本部設於東京，支部則分設於海內外各處。當同盟會本部的成立，加入的有中國內地十七省的人士。從中山先生提唱革命以後，至此才有中流以上的人士參加。中山先生乃編定《革命方略》，分革命進行的次序，為軍法、約法、憲法三時期。當革命行動時，一切略地、因糧以及佔領地方後治理之法，也有詳細的規定，並發表對外《宣言》。中山先生說："到這時候，我才相信革命的事業，可以及身見其成功。"從此以後，革命的行動，就如懸崖轉石，愈接愈厲了。

第二章 清季的革命運動

清季的革命運動，有同盟會所指導的；亦有同盟會員非秉承會的計劃而自行行動的；並有並非同盟會會員懷抱政治革命或種族革命的思想而行動的。三者比較起來，自以同盟會所策劃的為最多，而其聲勢也較壯。

一九〇三年一月，洪秀全的第三個兄弟洪福全，曾聯絡內地洪門會，謀以舊曆壬寅除夕，乘清朝官吏聚集在萬壽宮時加以襲擊，然後起事。因事泄；未成。明年，黃興組織華興會。聯絡哥老會黨，謀以秋間起事於長沙，亦不克。又明年，便是同盟會成立的一年了。

革命運動的初期，所聯絡的不過是會黨。雖亦曾運動防營，而防營武力有限，且其人見解多陳舊，不易受主義的感動。會黨雖徒眾頗多，究不能公然行動，而其組織也並不十分緊密，所以其收效頗遲。到同盟會成立的前後，則中流社會覺悟的漸多。其時在上海報館中，則有從戊戌政變以後，始終反對舊黨的《蘇報》。又有章炳麟所著的《訄書》，鄒容所著的《革命軍》等發行。在日本的留學界，定期和不定期的刊物尤多，大都帶有革命色彩。人心風動，而革命主義的傳播，遂一日千里。到同盟會成立後，更加以組織和策劃。於是各種革命的勢力，漸匯於一，其行動就更有力了。

此時同盟會在日本，發刊《民報》，以為宣傳主義的機關。派遣同志入內地，聯絡各陸軍學堂的學生及新軍、工人。海外的同志，則擔任籌募軍費、接濟軍械等。一九〇六年，同盟會會員劉道一、蔡紹南等，聯絡會黨，並運動防營和工人，以初冬在萍鄉、醴陵、瀏陽三處，同時舉事。以力薄致敗。這一次，係同盟會會員個人的行動，未秉承會中計劃。事發之後，會中分籌應援，亦無所及，然而清廷合湘、鄂、蘇、贛四省的兵力，然後把他打平。可見清廷的無用，而革命黨人身殉主義的堅強了。明年，黨員許雪秋又以夏初起事於廣東饒平縣的黃岡，亦以勢弱致敗。

然而黃岡事定後，未幾，即有安徽候補道徐錫麟槍殺巡撫恩銘之事。徐錫麟此時，係警察學堂的提調，而恩銘則係總辦。錫麟潛以革命思想，灌輸學生。乘學堂畢業之時，把恩銘槍斃。率領學生，佔據軍械局。旋因被圍攻致敗。清人剖其心以祭恩銘。錫麟在其本籍紹興，辦有大通學堂。其表妹秋瑾，在學堂中擔任教員，暗中主持革命事務。清人又加以圍捕，把秋瑾殺害。

這一年秋間，同盟會策劃在廣東的欽州舉事。佔據防城，旋以接濟不至，退入十萬大山。冬間，又襲據鎮南關，以百餘人守三炮台。清兵攻擊的數千人不能進。旋亦以無接濟退出。別將入欽、廉、上思的，同時退回。此時孫中山先生，身居越南，為之調度。清朝和法國交涉。法國強迫先生退出。先生乃和黨員遍歷南洋英、荷各屬和暹羅、緬甸。在新加坡設立同盟會南洋支部。而這一年，同盟會會員，還有擬在四川舉事的。雖然未能有成，而清廷處此，真覺得風聲鶴唳，草木皆兵了。

一九〇八年春，我軍復集合越邊之眾，舉義於河口。一戰而清兵大敗。我師進迫蒙自。這一役，革命軍可謂聲勢百倍。旋亦以無接濟退卻。是年冬，清德宗和孝欽后都死了。適會湖北、兩江的陸軍，因秋操聚於安徽的太湖縣。安徽炮營隊官熊成基，乘機起事。攻城不克。乃整隊北行，沿途解散其眾，而自赴東三省。明年，清攝政王載灃之弟載洵赴歐洲視察海軍，路經哈爾濱，成基謀把他炸死，事泄，被執，就義。

這一年秋天，同盟會在香港成立支部，策劃進行。此時廣東的新軍，因黨員的運動，充滿革命空氣，乃派人和他聯絡。一九一〇年春，廣東新軍舉事，不克。事敗之後，同盟會中人因屢次舉事不成，乃有謀暗殺以搖動清廷的。於是汪兆銘隻身入北京，謀炸載灃，亦因事泄被執。

一九一一，便是武昌舉義的一年了。革命黨人決意更圖大舉。乃選各路敢死之士五百人為選鋒，以為新軍和防營的領導。決議由黃興率之，以攻督署。擬事成之後，分為兩軍：黃興出湖南，以攻湖北，趙聲出江西，以攻南京。乃因各路選鋒和器械，未能同時到達，而會城之內，人多口雜，風聲漏泄，未能按照預定的計劃行事，遂爾又無所成。這一役，黨人攻督署殉難，事後覓得屍體，叢葬於黃花岡的，共計七十二人，世稱為七十二烈士。其事在三月二十九日，為自有革命以來最壯烈的一舉。不及二百天，而武昌城頭，義旗高舉，客帝遂以退位，河山由之光復，忘身殉國的志士，也可以含笑於九原了。

第三章 辛亥革命和中華民國的成立

雄雞一聲天下白，武昌城頭，義旗高舉。滿族佔據了中國二百五十八年，就不得不自行退讓了。

中國國土大，邊陲的舉動，不容易影響全局。要能夠振動全國，必得舉事於腹心之地。但是登高一呼，亦必得四山響應，而其聲勢方壯。此種情勢，亦是逐漸造成的。革命黨的運動，固然是最大的原因，而清廷的失政，亦有以自促其滅亡。

清廷到末造，是無甚真知灼見的，只是隨着情勢為轉移。當時的輿論，因鑒於政府的軟弱無力，頗有主張中央集權的。政府感於中葉以後，外權漸重，亦頗想設法挽回。但不知道集權要能辦事，其舉動依然是凌亂無序，不切實際，而反以壓制之力，施之於愛國的人民，就激成川、鄂諸省的事變，而成為革命的導火線。

當清末，外人圖謀瓜分中國，以爭築鐵路，為其一種手段，這是人人共知的事實。國民鑒於情勢的嚴重，於是收回外人承造的鐵路和自行籌辦鐵路之議大盛。因資力和人才的闕乏，能成功的頗少，這也是事實。清廷因此而下鐵路幹線都歸國有的上諭①。粵漢鐵路，初由清廷和美國合興公司訂立草約。後來合興公司逾期未辦，乃由中國廢約收回自辦。此事頗得輿論的鼓吹和人民的助力。於是清廷派張之洞督辦川漢、粵漢鐵路。之洞和英、美、德、法四國銀行，訂立借款草約。約未定而之洞死。宣統末年，盛宣懷做了郵傳部尚書，就把這一筆借款成立。川、鄂、湘、粵四省人民，爭持自辦頗烈，清廷把"業經定為政策"六個字拒絕。川督王人文，湘撫楊文鼎，代人民奏請收回成命，都遭嚴旨申飭。又以王人文為軟弱，派趙爾豐代之。爾豐拘捕保路同志會和股東會的會長和諮議局議長。成都停課、罷市，各州縣亦有罷市的。朝命端方帶兵入川查辦。人民群集督署，要求阻止端方的兵。爾豐縱騎兵衝殺。成都附近各縣人民，群集省外。爾豐又縱兵屠殺，死者甚多。於是人心益憤。

其時革命黨人，雖屢舉無成，然仍進行不懈。川省事起，黨人乘機，運動湖北陸軍，約以舊曆中秋起事。旋改遲至二十五日。未及期而事泄，乃以十九夜，即新曆十月十日起事。清鄂督瑞澂、統制張彪都逃走。眾推黎元洪為中華民國軍政府鄂軍都督。連克漢口、漢陽。照會各國領事②。領事團即宣告中立，旋都承認我為交戰團體。

清廷聞武昌事起，即調近畿陸軍南下。派陸軍大臣蔭昌督師。並命海軍和長江水師赴鄂。旋召蔭昌回。起袁世凱為湖廣總督。清兵連陷漢口、漢陽。而各省亦次第光復。唯清提督張勳，負固南京，亦為蘇、浙兩省聯軍攻克。停泊九江、鎮江的海軍，又先後反正。清以吳祿貞為山西巡撫。祿貞頓兵石家莊，截留清軍前敵軍火，為清廷遣人刺殺。而張紹曾駐兵灤州，亦對清廷發出強硬的電報。清廷乃罷盛宣懷，下罪己之詔。又罷奕劻，以袁世凱為內閣總理。旋宣佈十九信條。其中第八條：“總理大臣，由國會公選。”第十九條：“國會未開會時，資政院適用之。”於是載灃退位。資政院選舉袁世凱為內閣總理。

先是各省都督府，於上海設立代表聯合會。旋以一半赴湖北，一半留上海。赴湖北的，議決《臨時政府組織大綱》。南京光復後，又議決：“以南京為臨時政府所在地。各省代表，限七日內齊集。有十省的人到齊，即開臨時大總統選舉會。”其時武昌民軍，以英領事介紹，自十一月三十日起③，許清軍停戰三天，旋又續停三天。期滿之後，又續停十五天。袁世凱派唐紹儀為代表，和黎都督或其代表人討論大局。民軍以伍廷芳為代表。旋以廷芳為民軍外交代表，不能離滬，乃改以上海為議和地點。其時民軍聞袁世凱亦贊成共和，乃議緩舉總統，舉黎元洪為大元帥，黃興為副元帥。臨時大總統未舉定前，由大元帥暫任其職權，而由副元帥代大元帥，組織臨時政府。議和代表旋在上海開議。議決開國民會議，解決國體④。

十二月二十五日⑤，孫中山到上海。二十九日，十七省代表⑥，開臨時大總統選舉會。選舉孫中山為臨時大總統。通電改用太陽曆。以其後三日，為中華民國元年元月元日。孫中山即以是日就職。

於是唐紹儀因交涉失敗，電清廷辭職。和議停頓。其時清廷親貴中，最反對共和的，為軍諮使良弼，被革命黨人彭家珍炸殺。段祺瑞復合北方將士⑦，電請改建共和。並說要帶隊入京，和各親貴剖陳利害。清廷乃以決定大計之權，授之內閣總理。由袁世凱和民國議定優待滿、蒙、回、藏暨清室條件，而清帝於二月十二日退位。失陷二百五十八年的中華，至此恢復。

註解

① 事在辛亥年四月二十二日。

② 照會大旨：以前所訂條約，軍政府均承認其有效。各國既得權利，亦一律承認。人民生命、財產，在軍政府領域內的，都盡力保護。賠款、外債，仍由各省如數攤還，惟此後與清政府訂立條約，概不承認。助清戰事用品，一概沒收。有助清的，軍政府即以敵人視之。請其轉呈各國政府，恪守局外中立。

③ 辛亥十月十日。

④ 其會議之法：以每一省為一處，內外蒙古為一處。前後藏為一處。每處各選代表三人，每人投一票，某處到會代表不及三人的，仍有投票之權。有四分三之代表到會，即可開議。

⑤ 辛亥十一月六日。

⑥ 江蘇、安徽、江西、浙江、福建、湖北、湖南、廣東、廣西、四川、雲南、河南、山東、山西、陝西、奉天、直隸。

⑦ 時清以馮國璋統第一軍，段祺瑞統第二軍，並受袁世凱節制。

第四章　二次革命的經過

革命是要把一切舊勢力，從根本上打倒的，這是談何容易的事？辛亥革命，不過四個月就告成功，自然不是真正的成功了。

當清帝尚未退位時，孫中山先生曾提出最後協議條件，由伍代表轉告袁世凱。（一）袁世凱須宣佈政見，絕對贊成共和。（二）中山辭職。（三）由參議院舉袁世凱為大總統。參議院是根據《臨時政府組織大綱》，由各省都督府所派參議員，組織而成的。於元年一月二十八日成立。到清帝退位之後，袁世凱電參議院，表示絕對贊成共和。於是中山向參議院辭職，並薦舉袁世凱。參議院於二月十五日，選舉袁世凱為臨時大總統。

袁世凱既當選，就發生國都在南在北的問題。當時民黨中人，多數主張在南。以為南方空氣較為清新，多少可以限制舊時的惡勢力——但亦有主張在北，以為較便於統馭北方的。參議院本已議決臨時政府移設北京。

後來復議，又議決仍設南京。於是派員北上，歡迎袁世凱南下就職。而北京和天津、保定，相繼兵變。乃又議決：許袁世凱在北京就職。袁世凱派唐紹儀南下，組織新內閣，辦理接收事宜。而臨時政府和參議院，遂先後北遷。孫中山先生於四月一日去職。

依據《臨時政府組織大綱》，臨時政府成立後六個月，即應召集議會。這時候，因為來不及，由參議院將《臨時政府組織大綱》修改為《臨時約法》。於三月十一公佈。依照《臨時約法》，本法施行後十個月內，應由臨時大總統召集國會。於是由參議院制定《國會組織法》、《參眾兩院選舉法》，據以選舉、召集。於二年四月初八日成立。

當袁世凱當選後，孫中山知道新舊勢力一時不易合作，主張革命黨人退居在野的地位，而自己願意專辦實業。但是這時候的革命黨人，步調未能一致。於是同盟會於元年八月，改組為國民黨——從革命團體變為政黨。此時國民黨的宗旨，近於急進，其主張偏於分權。其傾於保守，而主張擴張中央政府的權力的，則集合而為共和黨。國會選舉，參眾兩院，都以國民黨佔多數。共和黨乃和統一黨、民主黨合併而成進步黨。在眾院中，席數差足相敵，而在參院中，則仍以國民黨佔多數。此時進步黨是接近於政府的，國民黨則與政府立於反對的地位。當國民黨未成立時，袁世凱和唐紹儀內閣的同盟會閣員，已有齟齬①。到國民黨改組完成，國會開幕之後，兩者間隔閡的情勢，就更形顯著了。

但是政治既未上軌道，則藉為政爭武器的，自然還不是議會中的議席，而是實力。以實力論，自然北政府為強。當孫中山辭職之後，曾在南京設留守府，以黃興為留守，然未久即撤消。此時民黨中人為都督的，只有安徽的柏文蔚、江西的李烈鈞、湖南的譚延闓、福建的孫道仁、廣東的胡漢民而已。

舊勢力既已彌漫，則二次革命已勢不可免。但是當時民黨中人，還不能一致。而其與二次革命以刺激，而為之導火線的，則有善後大借款、俄蒙交涉和刺宋案三事。善後大借款和俄蒙交涉，別見下章。至於刺宋案：則唐紹儀內閣的閣員宋教仁，亦係民黨中人。係主張政黨內閣的。去職之後，為國民黨理事，遊歷長江流域各省，發表其政見。二年三月二十日，在上海車站遇刺。越二日身故。政府命江蘇都督，民政長查究。據其宣佈證據，則兇手武士英，係受應桂馨主使，而應桂馨又係受國務院秘書洪述祖主使。於是輿論大嘩[2]。

　　南北新舊的裂痕，既日益顯著。袁世凱乃於六月中，下令免柏文蔚、李烈鈞、胡漢民之職。於是李烈鈞以七月十二日起兵，稱討袁軍。安徽、湖南、福建、廣東，相繼俱起。黃興亦入南京。陳其美又起兵於上海[3]。袁世凱早有佈置。命李純扼守九江、鄭汝成守上海製造局。這時候，又派段芝貴、馮國璋率軍南下，而以倪嗣沖都督安徽，龍濟光都督廣東，張勳為江北宣撫使。安徽、江西、廣東、南京、上海，均因兵力薄弱失敗。湖南、福建兩省，則自行取消獨立。二次革命遂告失敗。

　　《臨時約法》第五十四條，以制定憲法之權，屬之國會。《大總統選舉法》本憲法的一部分，二次革命之後，乃有先舉總統，後制憲法之議。於是由憲法會議，將《大總統選舉法》，先行議決公佈。十月初六日，開總統選舉會。有自稱公民團的，包圍議院，迫令當天將總統選出。投票三次，袁世凱乃當選為大總統。次日，又選舉黎元洪為副總統[4]。袁世凱於十月十日就職。

　　袁世凱就職後，兩次通電各省都督、民政長，反對國會所定《憲法草案》。十一月四日，又稱查獲亂黨魁首和議員往來密電。遂下令解散國民黨。凡國會議員，籍隸國民黨的，一律追繳證書、徽章。旋又下令：各省省議會，也照此辦理。籍隸國民黨的候補當選人，亦一律取消。議員缺額，無從遞補，國會遂不能開會。

　　這時候，熊希齡為內閣總理，擬定大政方針。因為要設法實行，所以命各省行政長官，派員來京會議。適逢國會停頓，遂改組為政治會議[5]。各都督民政長，呈請將殘餘議員遣散。大總統據以咨詢政治會議。三年正月四日，據其呈復，停止兩院議員職務。其省議會，亦於三月二十八日解散。又令停辦地方自治，由內務部另行釐訂章程。政治會議呈請特設造法機關。乃議決《約法會議組織條例》，據以選舉議員。將《臨時約法》修改為《中華民國約法》，於五月一日公佈，此項《約法》，亦稱為《新約法》。

改內閣制為總統制。廢國務院，於總統府設政事堂。另設參政院，以備大總統的咨詢，審議重要政務⑥，並令其代行立法。

革命尚未成功，國內到處充滿着舊勢力。於是孫中山先生另行組織中華革命黨，以三年七月八日成立於日本的東京。以達到民權、民生主義，掃除專制政治，建設真正民國為目的⑦。其實行的方法，仍和從前所定相同⑧。因鑒於前此黨員，多有自由行動的，黨的紀律未免鬆弛，所以此次組織，以服從黨魁命令為重要條件。

註解

① 唐紹儀所組織的內閣，本係混合內閣。後來唐又加入同盟會。唐氏任王芝祥督直，而袁世凱命其赴南京遣散軍隊。唐氏拒絕副署。袁乃徑以命令付王。唐氏憤而辭職。同盟會閣員，亦皆辭職，內閣遂瓦解。時為元年六月十五日。時共和黨主張超然內閣。通過陸徵祥為總理。陸亦稱病不出。乃由趙秉鈞暫代。後遂即真。宋案起後，趙亦稱病，以段祺瑞代理。至國會開後，乃由熊希齡出而組閣。

② 後來武士英暴死獄中。應桂馨乘亂出獄，逃往北京，在京津火車中，被人暗殺。洪述祖於民國八年，在上海為宋教仁之子所捕，乃歸案處死刑。

③ 時任廣東軍事者為陳炯明。黃興去後，何海鳴入南京拒守。

④ 第一、二次，袁世凱得票雖最多，而均不滿四分之三。第三次，乃就袁世凱和得票次多的黎元洪決選。袁以過半數當選。黎自臨時政府初成，即被選為副總統。中山去職後，黎亦辭職。後仍被選。至此又當選。

⑤ 加入國務總理、各部總長、蒙藏事務局所舉人員、大總統特派人員和法官兩人。

⑥ 其組織：參政五十人至七十人，由大總統簡任。院長一人，由大總統特任。副院長一人，由大總統於參政中特任。

⑦ 時因滿清政府，業已推翻，故未提民族主義。

⑧ 如分軍法、約法、憲法三時期等。

第五章 民國初年的外交和蒙藏問題

　　"人必自侮，而後人侮之。"民國初年，原是一個外交更新的好機會，然而其劈頭記錄在外交史上的，卻是大借款和邊疆交涉問題。

　　要講民國初年的借款問題，必須回溯到清末。原來當清末，日、俄兩國，在東三省的勢力太膨脹了。政府乃想引進各國的資本，以為抵制之計。於是革命這一年，有向英、美、德、法，訂借改革幣制和東三省興業借款一千萬鎊之議，期限為二十五年。以東三省煙酒、生產、消費稅及各省新課鹽稅為抵。革命軍興，其事就擱起了①。革命軍既起，外交團協議，由銀行代表，組織委員會，監督關鹽兩稅的收入，以為外債的擔任。並決議，對於南北兩軍，都不借款。到唐紹儀到南京，組織新內閣時，才以將來大借款為條件，向四國銀行團，借到墊款三百萬元。北京政府成立後，又以善後的名義，向四國銀行團續商六億元的借款。此時四國銀行團，覺得將日、俄兩國除外，終竟不妥。於是向其勸誘加入，成為六國銀行團。在倫敦開會。日、俄兩國，要求借款不得用之滿、蒙，四國不許。又改在巴黎開會。決議將此問題歸外交解決②。各國的意見，既大略一致，乃向中國提出條件。其時中國，因六國團的條件過於苛刻③，有自向他銀團借款之舉。為外交團和銀團所阻止④。而美政府亦命令其國的銀行退出。於是四國團變為五國。卒因需款孔亟，中國政府不得已而俯就銀團的範圍。於二年四月間，以關鹽餘的全數為擔保，向五國團借得善後借款二千五百萬鎊，期限為四十七年。於北京鹽務署設稽核所，用洋員為會辦。各產鹽地方設分所，用洋員為協理。稅款盡存銀行，非總會辦會同簽字，不能提取。本利拖欠逾近情的日期，即將鹽政併入海關辦理。其用途，則於審計處設立稽核外債室，以資稽核。提起監督財政四個字來，閱者無不不寒而慄，然而這實在就是部分的監督財政了。

　　日、英、俄三國，對於東三省和蒙、新、西藏的侵略，其事是互相關聯的。當前清末年，英、俄因西藏問題，互相猜忌，已見前編第十九章。

一九○四年，英人乘日俄戰爭，中、俄兩國，都無暇顧及西藏，於是有派兵入藏之舉。達賴出奔。英人和班禪立約：（一）開江孜、噶大克為商埠。（二）賠償英國軍費五十萬鎊。（三）藏人非經英國許可，不得將土地租賣給外國人。鐵路、道路、電線、礦產，不得許給外國或外國人。一切入款、銀錢、貨物，不得抵押給外國或外國人。一切事情，都不受外國交涉，亦不許外國派官駐紮和駐兵。中國得報，大驚。再立交涉，到底於一九○六年，訂立《英藏續約》。承認《英藏條約》為附約。聲明英國不佔西藏的土地，不干涉西藏的內政。中國亦不許他國佔藏地，干藏政。並聲明《附約》中所謂外國或外國人，中國不在其內。賠款由中國代為付清。英兵方始撤退⑤。然而其前一年，日、英續盟，《條約》有日本承認英國在印度附近必要的處分一款，英人對西藏，就更覺肆無忌憚了。

《藏印條約》訂結後的四年，便是一九一○年，日、俄訂立《協約》。有人說：實在另有密約，俄人承認日本吞併韓國，而日人承認俄國在蒙、新方面的舉動。果然，其明年，俄國向中國提出蒙、新方面強硬的要求。並聲明：如不全部承認，就要自由行動。後來又提出最後通牒。中國無可如何，就只得復牒承認了。然而條約未及訂結。革命軍興未幾，活佛竟在庫倫宣佈獨立，並陷呼倫貝爾。亡清當這時候，固然無暇顧及蒙古。民國成立以後，亦未有何等適當的措置。於是俄人擅和蒙人立約：許代蒙古人保守自治制度。不許中國駐兵殖民。而別訂《商務專條》，以為報酬。這《商務專條》所許與俄人的權利，真是廣大得可驚。中國再三交涉。至二年七月間，才和俄國議定草約。提出於國會。眾議院通過，而參議院否決。直到國會停頓以後，才成立所謂《聲明文件》。（一）俄人承認中國在外蒙古的宗主權。（二）而中國承認外蒙古的自治權。（三）不派兵，不設官，不殖民。另以《照會》聲明：自治區域，以前清庫倫大臣、烏里雅蘇台將軍、科布多大臣所轄之地為限。其隨後商訂事宜，則由三方面約定地點，派員接洽。於是三年九月，中、俄、蒙三方會商於恰克圖。至四年六月，才訂成《中俄蒙條約》⑥。而呼倫貝爾，亦因俄人的要求，於是年十一月，改為特別地域⑦。

俄、蒙的交涉未平，而英、藏的風波又起。英兵入拉薩的明年，中國因駐藏幫辦大臣鳳全，被藏番殺害，任趙爾豐為邊務大臣。命四川提督馬維祺，出兵剿討。遂將川邊之地，改設縣治。又以聯豫為駐藏大臣。當達賴出奔時，清政府曾革其封號。一九〇八年，達賴到北京，乃將其封號恢復，加意撫慰。乃達賴回到拉薩，遽向中國反抗。聯豫電調鍾穎，以一千五百人入藏。達賴又逃到印度。清朝就下詔把他廢掉。這是一九一〇年的事。革命消息傳至西藏，西藏人遂將中國軍隊驅逐。達賴回到拉薩，宣佈獨立。並發兵陷巴塘、里塘，攻打箭爐。民國元年七月間，四川都督尹昌衡，出兵征討。雲南亦出兵相助。把失地恢復。而英人又提出抗議。中國不得已，改剿為撫。並恢復達賴封號，以示羈縻，而派員和英、藏代表，共同會議。到三年四月，在印度的西摩拉，議定草約。（一）英國承認中國在西藏的宗主權，而中國承認外藏的自治權。（二）不干涉其內政。不將其地改省。（三）彼此不派官，不駐兵，不殖民⑧。而所謂內外藏，則將紅藍線畫於所附的地圖上。中國政府，不承認此項附圖的界線，英國亦不肯改變，直爭執到如今。

這是民國初年的蒙、藏交涉。至其後來，則因俄國的革命，頗替中國造成一個好機會。外蒙因失其援助，且受兵匪的侵掠，於八年十一月，籲請取消自治。呼倫貝爾的自治，亦隨之而取消，其時政府方任徐樹錚為西北籌邊使，編練邊防軍。然而駐紮在外蒙古的，只有一旅一團。直皖戰後，更其無人過問。而白俄卻計劃以外蒙為根據地，以反對赤俄。又得他國接濟軍械。至九年十一月，庫倫遂為白俄所陷。中國不能鎮定。至十年七月，為遠東共和國的兵所打平。其時蒙古人已在恰克圖成立政府。至此，遂移於庫倫。以活佛為皇帝。十三年五月，活佛卒，遂將君主制取消。而唐努烏梁海，亦由俄人扶助，自立為共和國。西藏方面，中、英的交涉，依然停頓。藏番卻於六年、七年、九年、十年、十九年，迭次入犯。西康之地，多為所陷。班禪於十二年出奔，至今滯留在內地。而達賴又於二十二年十二月圓寂。藏事的解決，就更難着手了。

民國初年，還有一件重要的交涉，於此也得補敍的。那就是所謂滿、蒙五路的建築權。當民國成立以後，國人頗關心於承認問題。外國中有好幾國，是在正式國會成立之後承認的⑨。有許多國，則在正式大總統選出之後承認⑩。而日、英、俄三國，都附有條件。俄國要求外蒙古自治。英國要求外藏自治。日本則提出所謂開海、四洮、洮熱、長洮、海吉五路的建築權。這要求的提出，還和二次革命時張勛兵入南京，殺害日本人三名有關，但其提出恰在選舉正式總統之前一日。中國政府也承認了。日本自此覬覦蒙古之心就更切。

註解

① 但付墊款四十萬鎊。

② 又議決：關於特定問題的用途，有一國提出，即可作廢。

③ 當時中國最反對的，為"對於鹽稅，須設立特別稅關或類似稅關的機關，監督改良"一條。

④ 時財政總長周學熙，電令駐英公使和英國克利斯浦公司，成立借款一千萬鎊。六國團電知本國各分行，不代中國匯兌。周學熙命長蘆鹽運使，於稅項下按月取出克利斯浦借款利息。與庚子賠款有關的各公使，忽又出而抗議。說鹽稅係庚子賠款的擔保，不能移作別用──其實自辛丑以後，鹽稅逐年增加，以賠款餘額為擔保，久有其事。使團並沒反抗──中國不能已，將財部命令取消。《克利斯浦借款合同》，有"在債票全發行以前，中國政府，如欲借款，公司有優先權"的條件，亦由中國政府，予以賠償，將此條取消。

⑤ 賠款五十萬鎊，合七百五十萬盧布。後減為二百五十萬盧布。分二十五年還清。須前三年賠款付清，並商埠開辦，已滿三年，英兵乃撤退。此時賠款由中國代償，英兵亦即撤去。

⑥ 此約訂明：（一）外蒙古無與各國訂結政治，土地國際條約主權，而有與外國訂結關於工商事宜國際條約之權。（二）中國駐庫倫大員，衛隊以二百人為限。其佐理員分駐烏里雅蘇台、科布多、恰克圖的，以五十人為限。俄國庫倫領事衛隊，以五十人為限。他處同。

⑦ 是年十一月，中俄會訂《呼倫貝爾條件》：（一）呼倫貝爾為特別地域，直屬中華民國政府。（二）其副都統由總統任命，與省長同等。（三）軍隊全用本地民兵組織。儘有變亂，不能自定，中國通知俄國後得派兵赴援。惟事定後即須撤退。（四）其收入，全作地方經費。（五）中國人在呼倫貝爾，僅有借地權。（六）將來築造鐵路，借款須先盡俄國。

⑧ 中國得派大員駐紮拉薩，衛隊以三百人為限。英國駐紮拉薩的官的衛隊，不超過中國官衛隊的四分之三。

⑨ 巴西、美利堅、墨西哥、秘魯。

⑩ 日、奧、葡、荷，於十月六日承認。西、德、俄、意、法、瑞典、英、丹、比，於七日承認。

第六章 帝制運動和護國軍

凡事總免不了有反動的。中國行君主制度二千餘年，突然改為共和，自不免有帝制的回光返照，然不過八十三日而取消，這也可見民意所在了。

當民國四年八月間，總統府顧問美人古德諾氏，忽然著論，論君主與共和的利弊，登載在北京報紙上。旋有楊度等發起籌安會①，說從學理上，研究君主、民主兩種制度，在中國孰為適宜。通電各省軍民長官，上海、漢口各省城商會，請派代表來京。旋由各省旅京人士組織公民請願團。請願於參政院代行立法院②，要求變更國體。參政院建議：召開國民會議，以謀解決。已而國民代表一千九百九十三人，所投的票，全數主張君主立憲。並委託參政院為總代表，推戴袁世凱為皇帝。袁氏於十二月十二日，下令允許。於是設立大典籌備處。改明年為洪憲元年。

已而前雲南都督蔡鍔，秘密入滇。和督理軍務唐繼堯、巡按使任可澄於二十三日發出電報，請袁氏取消帝制，限二十五日答覆。屆期無覆。遂宣告獨立。定軍名為護國軍。並通電，宣佈袁氏偽造民意的證據。

護國軍興後，貴州首先響應。五年正月一日，雲南成立都督府。推唐繼堯為都督。以蔡鍔為第一軍長，李烈鈞為第二軍長。蔡鍔即率師入川。

袁世凱聞護國軍興，派兵分駐上海和福建。又命原駐岳州的兵，擇要進紮。而命張敬堯率師入川，龍繼光以廣東兵攻廣西。北軍在四川不利。而廣西、廣東、浙江、四川、湖南，先後獨立。陝西為反帝制的兵所佔。山東亦有民軍起事。而日、英、俄、法、意諸國，又先後提出警告，勸袁氏緩行帝制。袁氏派往日本的專使，日人又請其延期啟行。袁氏乃於三月二十二日，下令取消帝制。恢復黎元洪的副總統③。以徐世昌為國務卿，段祺瑞為參謀長。由黎、徐、段三人通電護國軍，請停戰商善後。

護國軍覆電，要求袁氏退位。並通電，恭承黎副總統為大總統。暫設軍務院，設撫軍若干人，以合辦制裁決庶政④。六月六日，袁氏因病身故。遺命命以副總統代行職權。黎氏於七日就職。黎氏就職後，下令恢復臨時約法，召集國會。國會於八月一日開會。旋重開憲法會議。並選舉馮國璋為副總統。獨立諸省，相繼取消。軍務院亦即裁撤。

一場帝制的風波，表面上總算過去了。然而暗中隱患，還潛伏着。原來天下大事，都生於人心。當袁氏帝制自為時，雖然咈逆民心，而中外有權力的人，卻多持着觀望的態度。所以護國軍初起時，通電各省說：

堯等志同填海，力等戴山。力征經營，固非始願所及。以一敵八，抑亦智者不為。麾下若忍於旁觀，堯等亦何能相強？然長此相持，稍互歲月，則鷸蚌之利，真歸漁人，其豆相煎，空悲爨釜。言念及此，痛哭何云。而堯等與民國共存亡，麾下為獨夫作鷹犬，科其罪責，必有攸歸矣。

這真可謂語長心重了。然而誰肯覺悟？談何容易覺悟？當南方要求袁氏退位，而袁氏尚未身故時，江蘇將軍主張聯合未獨立各省，公議辦法。通電說：「四省若違眾論，固當視同公敵；政府若有異議，亦當一致爭持。」正在南京開會，而袁氏病歿。長江巡閱使張勳，其時駐紮徐州，就邀各省代表到徐州開會⑤。後又組織各省區聯合會。於是全國的重心，既不在西南，連北政府也把握不住，而其餘各方面的人，也無甚覺悟。就近之釀成復辟之役和護法之戰，遠之則伏下軍閥混戰的禍根了。

註解

① 當時列名發起者六人：楊度外，為孫毓筠、嚴復、劉師培、李燮和、胡瑛，世稱為籌安六君子。但這六個人，並不是都真心贊成的。

②《新約法》第六十七條：「立法院未成立前，以參政院代行其職權。」

③ 袁氏籌備帝制時，曾封黎元洪為武義親王，黎未受。

④《大總統選舉法》：「副總統缺，由國務院攝行。」其時黎氏未能躬親職務，國務院亦無從組織，故暫設軍務院，以裁決庶政。對內命令，對外吏涉，都以軍務院的名義行之。聲明俟國務院成立，即行裁撤。

⑤ 到會省區，為京兆、直隸、山西、河南、安徽、熱河、察哈爾、奉天、吉林、黑龍江。

第七章 二十一條的交涉

城門失火，殃及池魚。這看似無妄之災，其實不然，凡事總有因果的，不過人不能知罷了。當十九世紀末業，中國的安全，久和世界大局，有複雜的關係，已見第四編第十九章。當這改革還沒有成功的時候，在中國，是利於列強的均勢的。而民國三年，即一九一四年，歐戰爆發，各國都無暇顧及東方，日本大肆其侵略的野心，中國就要受着池魚之殃了。

歐戰的爆發，事在民國三年六月間。中國於八月初六日，宣告中立。日本藉口英、日同盟，於八月十五日，對德國發出最後通牒。要求：（一）德國艦隊，在日本、中國海洋方面的，即時退去，否則解除武裝。（二）將膠州灣租借地全部，以還付中國的目的，於九月十五日以前，無償無條件，交付日本。以二十三日為最後的限期。屆期，德國無覆，日本遂對德宣戰。

膠州灣本非德國土地，日本即欲對德宣戰，亦只該攻擊膠州灣。乃日人於九月初二日，派兵由龍口登岸。中國不得已，劃萊州龍口接近膠州灣的地方為戰區。而與日本約，不得越過濰縣車站以西。其時英國兵亦從勞山灣登陸，與日軍會攻膠州灣。至十一月初七日，膠州的德人降伏。而日軍先已於九月二十六日，佔領濰縣車站。十月六日，並派兵到濟南，佔領膠濟鐵路全線和鐵路附近的礦產。中國提出抗議。日本說："這是膠州灣租借地延長的一部。"到青島降伏後，又將中國海關人員，盡行驅逐①。中國於四年一月七日，要求英、日兩國撤兵。英國無異議，而日本公使日置益，於十八日徑向袁世凱，提出五號二十一條的要求。你道那五號二十一條：

【第一號】（一）承認日後日、德政府協定德國在山東權利，利益讓與的處分。（二）山東並其沿海土地及各島嶼，不得租借割讓與他國。（三）允許日本建造由煙台或龍口接連膠濟的鐵路。（四）自開山東各主要城市為商埠——應開地方，另行協定。

【第二號】（一）旅順、大連灣、南滿、安奉兩鐵路的租借期限，均展至九十九年。（二）日本人在南滿、東蒙，有土地所有權及租借權。（三）日人得在南滿、東蒙，任便居住往來，經營工商業。（四）日人得在南滿、東蒙開礦。（五）南滿、東蒙，（甲）許他國人建造鐵路，或向他國人借款建造鐵路；（乙）以各項課稅，向他國人抵借款項，均須先得日本同意。（六）南滿、東蒙，聘用政治、財政、軍事各顧問、教習，必須先向日政府商議。（七）吉長鐵路，委任日政府管理、經營。從本條約畫押日起，以九十九年為期。

【第三號】（一）將來漢冶萍公司，作為合辦事業。未經日政府同意，該公司一切權利產業，中國政府不得自行處分；並不得使該公司任意處分。（二）漢冶萍公司各礦附近的礦山，未經該公司同意，不得准公司以外的人開採。此外凡欲措辦，無論直接、間接，恐於該公司有影響的，必先經該公司同意。

【第四號】（一）中國沿岸港灣及島嶼，概不租借或割讓與他國。

【第五號】（一）中國政府，聘日本人為政治、財政、軍事等顧問。（二）日本人，在內地設立寺院、學校，許其有土地所有權。（三）必要地方的警察，作為中、日合辦。或由地方官署，聘用多數日本人。（四）由日本採辦一定量數的軍械。或設中日合辦的軍械廠，聘用日本技師，並採買日本材料。（五）接連武昌與九江、南昌的鐵路，及南昌、杭州間，南昌、潮州間鐵路的建造權，許與日本。（六）福建籌辦路礦，整理海口——船廠在內——和需用外資，先向日本協議。（七）允許日人在中國傳教。

並要求嚴守秘密。如其洩漏，日本當另索賠償。

中國以陸徵祥、曹汝霖為全權委員。於二月初二日，和日本開始會議。日使日置益，旋因墮馬受傷，乃即在日使館中，就其牀前會議。至四月十七日，會議中止。二十六日，日使提出修正案二十四條。聲言"係最後修正。儻使中國全行承認，日本亦可交還膠澳"。五月一日，中國亦提出最後修正案，說明無可再讓。七日，日本發出《最後通牒》。"除第五號中，關於福建業經協定外，其他五項，俟日後再行協議。其餘應悉照四月二十六日修正案，不加更改，速行承諾。以五月九日午後六時為限。否則當執必要的手段。"中國政府，於五月九日午前，答覆承認。到二十五日，由陸徵祥和日使日置益，訂立條約二十一條。

其後日人又於六年十月，在青島設立行政總署。濰縣、濟南等處，都設分署。受理人民訴訟，抽收捐稅，並於署內設立鐵路科，管理膠濟鐵路及其附近礦產。中國抗議，日本置諸不理。到七年九月，才由駐日公使章宗祥和日本訂立《濟順高徐豫備借款契約》，並附以照會，許膠濟鐵路所屬確定後，由中、日合辦，而日本將膠濟路沿線軍隊，除留一部於濟南外，餘悉調回青島，並將所施民政撤廢。中有"中國政府，欣然同意"字樣。遂為巴黎和會我國交涉失敗之一因。見第九章。

註解

① 照一八九九年四月十七日《青島設關條約》和一九〇五年修訂條約，海關由德國管理，海關人員，則由中國自派。中國據此提出抗議，日人置諸不理。

第八章　復辟之役和護法之戰

袁世凱死後，北方連形式上的統馭，都失掉了。而南方的新勢力，又未能完成。就釀成復辟之役和護法之戰。

當民國六年之初，歐洲戰事，德、奧方面，漸已陷入困境。德國乃於二月初，宣佈無限制潛艇戰爭。我國提出抗議，無效，即提議對德絕交。參眾兩院，先後通過。於十四日宣佈，因進而謀對德宣戰。於是國務總理段祺瑞，召集各省、區督軍、都統，在京開軍事會議①。於四月二十五日開會。一致主張對德宣戰。五月初一日，通過國務會議。提出於眾議院。初七日，眾議院開委員會籌議。有自稱公民團的，包圍議院，要求必須通過。旋外交、司法、農商、海軍四總長辭職。十九日，眾議院決議："閣員零落不全，宣戰案應俟內閣改組後再議。"是晚，各督軍、都統，分呈總統和國務總理，反對國會所通過的憲法。說"如不能改正，即請解散，另行組織”。旋即先後出京赴徐州。二十三日，黎總統免國務總理段祺瑞職，以外交總長伍廷芳代理。二十九日，安徽宣告和中央脫離關係。於是奉天、陝西、河南、浙江、山東、黑龍江、直隸、福建、山西，紛紛繼起。並在天津設立軍務總參謀處。通電説：“出師各省，意在另訂根本大法，設立臨時政府，臨時議會。”六月初一日，黎總統令：“安徽督軍張勛來京，共商國是。”張勛帶定武軍五千，於初八日到天津。要求黎總統解散國會。十二日，伍廷芳辭職，國會解散。十四日，張勛入京。

七月初一日，張勛擁廢帝溥儀在京復辟。黎總統避入日本使館，電請馮副總統代行職務，以段祺瑞為國務總理。初四日，馮、段通電出師討賊，段祺瑞在馬廠誓師。以段芝貴、曹錕為司令，分東西兩路進討。十二日，我師復京城②。

京師既復，黎總統通電辭職。馮代總統於八月初一日入京。十四日，佈告對德宣戰。

當國會解散後，廣東、廣西，即宣告軍民政務，暫行自主。重大政務，徑行秉承元首，不受非法內閣干涉。復辟之後，定後，有人主張：“民國業經中斷，可仿初建時之例，召集臨時參議院。”於是海軍第一艦隊，開赴廣東。雲南亦宣言擁護約法。八月二十五日，國會開非常會議於廣州。議決《軍政府組織大綱》：在臨時約法未恢復以前，以大元帥任行政權，對外代表中華民國。選舉孫中山為元帥③。

此時兩廣、雲、貴，完全為護法省份。四川、福建、湖南、湖北、陝西，也有一部分獨立的。南北相持於湖南。六年十一月，南軍攻入長沙、岳州。七年三月，復為北軍所取。南方由兩院聯合會，修改《軍政府組織大綱》：“以政務總裁，組織政務會議，各部長都稱政務員，由政務員組織政務院；以政務院贊襄總裁會議，行使軍政府的行政權④。”旋選出孫中山等七人為總裁⑤。於六月初五日，宣告成立。推岑春煊為主席。國會於十二日在廣州開正式會，並續開憲法會議。北方則召集參議院，修改《國會組織法》和《兩院議員選舉法》，據以選舉、召集。八月十二日，選舉徐世昌為大總統。於十月十日就職。南方不承認。由兩院聯合會委託軍政府，代行國務院職權，以攝行大總統職務。

徐世昌就職後，通電南方，停戰議和。八年二月六日，南北各派代表，在上海開議，至五月初十日而決裂。九年四五月間，北方駐紮衡陽的第三師長吳佩孚，撤防北上。七月間，在近畿和定國軍衝突。定國軍敗。於是裁督辦邊防事務處，解散安福俱樂部⑥。是為皖直之戰。第三師撤防之後，南軍即佔領湖南。此時南北兩方，均撤換議和總代表。而國會議員，已先於四月間離粵。通電：“政務會議，不足法定人數。所有違法行為，當然不生效力。”七月初十日，國會在雲南開會。撤岑春煊總裁之職，代以劉顯世。八月十七日，議決國會、軍政府移設重慶。十月十四日，又宣言另覓地點。是時陳炯明以駐紮漳、泉的粵軍回粵。十月二十四日，岑春煊等通電解除軍政府職務。二十六日，廣東都督莫榮新，亦宣佈取消自主。三十日，徐世昌據之，下令接收。並通令依元年《國會組織法》暨《兩院議員選舉法》籌辦選舉。是為“舊法新選”。孫中山等通電否認。回粵再開政務會議。十年一月十二日，國會再在廣州開會。四月七日，議決《中華民國政府組織大綱》。選孫中山為大總統，於五月五日就職，軍政府即於是日撤消。中山宣言：“儻徐世昌捨棄非法總統，自己亦願同時下野。”

此時北方曹錕為直魯豫巡閱使，駐保定。吳佩孚為副使，駐洛陽。王佔元為兩湖巡閱使，駐武昌。張作霖為東三省巡閱使，兼蒙疆經略使，節制熱、察、綏三區，駐瀋陽。是年五月，以閻相文為陝西督軍。命十六混成旅馮玉祥等入陝。八月，相文暴卒，以玉祥署理。七月末，在湘鄂籍軍官，組織湖北自治軍，湖南組織援鄂軍，攻入湖北。北政府免王佔元，以蕭耀南為湖北督軍，吳佩孚為兩湖巡閱使。吳佩孚陷岳州，和湖南定約休戰。川軍入宜昌，亦被吳佩孚回軍擊退。十二月，吳佩孚電攻內閣撥借日款贖膠濟路，及發行九千六百萬元公債之事。奉天亦通電，“以武力促進統一”。十一年四五月間，直、奉兩軍，在近畿衝突。奉軍敗退出關。河南督軍趙倜起兵，馮玉祥出關，把他打敗。於是以馮玉祥為河南督軍。免張作霖之職。六月初四日，東三省省議會舉張作霖為聯省自治保安總司令，吉、黑兩督軍為副司令。十月三十日，以馮玉祥為陸軍檢閱使，移駐南苑。

孫中山就職後，以陳炯明為陸軍總長，兼粵軍總司令。是年六月至九月間，陳炯明平定廣西。八月初十日，國會通過北伐請願案。孫中山在桂林，籌備北伐。十一年四月，中山將大本營移設韶關。陳炯明辭職，走惠州。中山命其辦理兩廣軍務，肅清土匪。五月，北伐軍分三路入江西。六月初二日，徐世昌辭職。曹錕等十五省督軍電請黎元洪復位。元洪復電說：

諸公所以推元洪者，謂其能統一也，毋亦症結固別有在乎？症結惟何，督軍制之召亂而已。督軍諸公，如果力求統一，即請俯聽芻言，立釋兵柄。上至巡閱，下至護軍，皆刻日解職，待元洪於都門之下，共籌國是。微特變形易貌之總司令，不能存留，即欲劃分軍區，擴充疆域，變形易貌之巡閱使，亦當杜絕。

旋以各督軍、巡閱使，先後來電，均表贊同，於十一日先行入都，十三日，撤消六年六月十二日解散國會之令。國會於八月初一日開會。宣言係繼六年第二期常會。而浙督盧永祥又通電說河間代理期滿，即係黃陂法定任期終了。廣州國會，亦通電否認。孫中山則宣言：

直軍諸將，應將所部半數，由政府改為工兵。其餘留待與全國軍隊，同時以次改編。如能履行此項條件，本大總統當立飭全國罷兵。若惟知假借名義，以塗飾耳目，本大總統深念以前禍亂，由於姑息養奸，決為國民一掃兇殘，務使護法戡亂之主張，完全貫徹。

這時候，在廣西的粵軍，先後返粵。六月十五日，圍攻總統府。聲言要求孫總統實踐與徐同退的宣言，孫中山避居軍艦。旋由香港赴上海。陳炯明復出任粵軍總司令。北伐軍回攻，不克。粵軍退入福建，滇軍退入廣西。十月，徐樹錚在延平設建國軍政制置府。通電擁戴段祺瑞、孫中山為領袖人物。粵軍退福建的，合駐延平的王永泉旅，攻入福州。徐樹錚旋出走。北政府命長江上游總司令孫傳芳入福建。是歲歲杪，在廣西的滇、桂軍聲討陳炯明。廣東軍隊，亦有響應的。陳炯明再走惠州。十二年二月，中山返粵，以大元帥名義，主持軍務。

護法的始末，大略如此，至國民政府成立，而後風雲一變。

註解

① 革命軍興，各省主持軍務的，均稱都督。袁世凱時，改為將軍。護國軍興，獨立省份，復稱都督。黎元洪繼任後，將軍、都督，均改稱督軍。

② 張勛走入荷蘭使館。清帝仍居宮中。至十三年，馮玉祥軍隊回京，乃於十一月初五日，勒令出宮。並修改《優待條件》，取消皇帝尊號。

③ 元帥二人。選唐繼堯、陸榮廷為之。軍政府設外交、內政、財政、陸軍、海軍、交通六部。

④ 若執行約法上大總統的職權，則以"代理國務院攝行大總統職務的資格"行之。

⑤ 中山外為唐紹儀、唐繼堯、伍廷芳、林葆懌、陸榮廷、岑春暄。

⑥ 邊防軍即參戰軍所改，臨時又改為定國軍。參看下章。

第九章　參戰的經過和山東問題

　　中國和德、奧宣戰的經過，已見第八章。當這時期，中國曾設立參戰事務督辦處，並借入參戰借款二千萬，練成參戰軍，但實際都用之於內爭，對於歐戰，不過曾招募華工赴歐而已。

　　這時候，日本正想獨霸東洋。當中國對德提出抗議時，其公使即向我國外交部說："日本贊成中國的抗議，然而如此大事，中國竟不通知日本，甚為遺憾。"又向英、俄、法、意交涉，日本承認中國參戰，各國卻要保證日本接收德國在山東的權利。於是英法兩國和日本都立有密約，俄、意亦經諒解。

　　八年一月十八日，歐洲和會在巴黎開幕。我國亦派代表參與，先是七年一月間，美總統威爾遜，曾提出和平條件十四條。中有外交公開、減縮軍備、組織國際聯盟等項。各國都認為議和的基本條件。所以我國對於和會，當時頗抱熱望。曾作成希望條件，和《取消對日二十五條條約》，和《換文的陳述書》，一併提出。各國說："這不是和會權力所及。當俟國際聯盟的行政部能行使權力時，請其注意。"

時英、美、法、意、日五國，別組所謂最高會議。一切事情，頗為其所壟斷。關於山東問題，我國要求由德國直接交還，而日本則主張德國無條件讓與日本，相持不決。到四月二十四日，最高會議開會，招我國代表出席。威爾遜朗誦英法兩國和日本的《秘密換文》。又誦《中日條約》和《換文》的大要。問為甚麼有這條約？我國代表說："是出於強迫。"威爾遜又問："七年九月，歐戰將停，日本決不能再壓迫中國，為甚麼還有欣然同意的換文？"這消息傳到我國，輿情大為激昂。於是有五月四日，北京專門以上學校學生停課，要求懲辦曹汝霖、章宗祥、陸宗輿之舉。風聲所播，到處學校罷課，商店罷市，又有鐵路工人，將聯合罷工之說。政府乃於六月初十日，將三人罷免[①]。是之謂"五四運動"。

當時山東問題，在和會中，交由英、法、美專門委員核議。卒因英法的袒日，依照日本的意思，將德國在山東的權利，讓與日本[②]。插入《對德和約》第一五六、一五七、一五八三條中，中國代表提出保留案。聲明中國可以在《和約》上簽字，但關於山東條項，須保留另題——始而要求於《和約》內山東條項之下，聲明保留，不許。繼而要求於《和約》全文之後，聲明保留，不許。改為《和約》之外，聲明保留，不許。再改為不用保留字樣，但聲明而止，不許。最後要求臨時分函聲明，不能因簽字有妨將來的提請重議，不許。代表電告政府，說："不料大會專橫至此，若再隱忍簽字，我國將更無外交之可言。"二十八日，《和約》簽字，我國代表，就沒有出席。於是對德戰爭，由大總統以《佈告》宣佈中止。至於《奧約》，則由代表於九月初十日簽字。《國際聯盟條約》，美國提出後，經各國同意，插入《和約》中，作為全約的一部，我國雖未簽字於《德約》，而曾簽字於《奧約》，所以仍為會員國之一。《德奧和約》，兩國都應放棄因庚子拳匪在中國所得的權利和賠款，將專用的租界，改為各國公用。德國並須將庚子年所掠天文儀器交還。我國雖未在《德約》簽字，德國仍照《約》履行。其後德、奧兩國，於十年、十一年，先後和我國訂立條約，亦改為平等關係，和從前的條約不同。

至於對俄國的問題，則最為複雜。原來俄國從革命以後，其所採取的政體，業已和各國格不相入。而俄又於七年二月間，對德國成立和議。於是德奧武裝俘虜，在俄國大為活動。反俄的捷克軍，為其所制。各國乃有共同出兵之議。中國亦追隨其後，於七年三月・五月間，與口本訂立《共同防敵海陸軍協定》。而中國兵艦和英、美、法、意、日軍艦，亦先後駛入海參崴。旋又聯合俄國，組織一鐵路委員會，將西伯利亞和中東兩鐵路，置於管理之下。此時各國的出兵，都不甚起勁。惟日本則擁立俄舊黨謝米諾夫於赤塔、卡爾米哥夫於哈巴羅甫喀。並分兵佔據海蘭泡、阿穆爾、伊爾庫次克。直至十四年三月，方才和俄國訂約撤兵。而當共同出兵之時，日兵由中東路運出的甚多。吉、黑兩省，大受騷擾。而鐵路委員會的技術部長，且有共管中東鐵路的提議，在華盛頓會議席上提出。經我國代表力爭，方才作罷。這反是中國因參戰所受的損失了。

《和約》既經批准[3]，日本遂要求中國，直接辦理交還膠澳交涉。中國輿論，都主張提出國際聯盟，經政府拒絕，到十年十一月，華盛頓會議開會。我國決將山東問題提出。乃由英、美兩國調停，在會外交涉。英、美兩國，都派員旁聽。直至十一年一月，才訂成條約二十八條。膠濟鐵路，由我發國庫券贖回，期限十五年[4]。但五年之後，以先期六個月的知照，得隨時為全部或一部的償還。在償款未清以前，用日人為車務總管和總司計。其高徐、濟順鐵路，讓歸國際財團。煙濰鐵路，中國如用本國資本築造時，日本不要求並歸國際銀團辦理。溜川、坊子、金嶺鎮三礦，由中政府許與中、日合組的公司。膠州灣由中國宣告開放。鹽業及公產，都交還中國，其償價為日金一千六百萬元。其中二百萬元為現款，餘為十五年期的國庫券。青島佐世保間海電，亦交還中國。青島一端，由中國運用，佐世保一端，由日本運用，而日兵於是年四五月之間撤退。

註解

① 時曹為交通部長，章為駐日公使，陸為造幣廠總裁。

② 時中國代表，亦提出一讓步案。"德人在山東權利，移讓英、美、法、意、日；由英、美、法、意、日交還中國。中國償日攻青島兵費。其額，由英、美、法、意議定。"因英、法袒日，未能有效。惟美國委員，另遞一《節》略於威爾遜，說："實行《中日條約》；或照《中德條約》，將德國所享權利，移轉於日本；均不甚妥。不如照中

國所提議步案。"但亦未能生效。

③《歐戰和約》，英、意、法、日等國，均旋即批准。惟美國法律，和約須得上院三分之二同意，方能批准。後來美國上院，對於《和約》，共提出保留案十四起。聲明此項保留案，須得五強國中三國的承認和保證，作為原約的附件，和原約有同等效力，方可批准施行。山東問題，亦是其中之一。

④ 後來議定其數，為日金三千萬元。

第十章 華盛頓會議和中國

　　華盛頓會議，是民國十年十一月十四日，在美國的華盛頓開會的。因為所議的都是太平洋問題，所以一稱太平洋會議。

　　歐戰以前，日、俄、英、美、德、法，在太平洋上，本來都有勢力的。歐戰以後，德國在海外的屬地，業已喪失淨盡。俄國承大革命擾攘之餘，法雖戰勝而疲乏已極，亦都無力對外。在歐洲方面，只有英國向來是稱霸海上的，而和東方的關係最為密切，所以雖當大戰之後，對於太平洋的權利，還是不肯放棄。美國和日本，則是大戰期間，都得有相當利益的。所以這時候，太平洋上，遂成為此三國爭霸的世界。

　　講起地位來，則日本是立國於太平洋之中的。自中日、日俄兩戰後，南割台灣，北有旅、大租借地和南滿、安奉等鐵路。又承俄國革命之時，加以侵略。而德屬太平洋中赤道以北的島嶼，戰後議和，又委任他統治。其在西太平洋的勢力，可謂繼長增高。所以這時候，美國要召集這個會，主要的意思，就是對付他。

　　要講華盛頓會議，卻要先明白歐戰以來中國的形勢，二十一條的交涉，已見第七章。此項交涉，雖由兵力的迫脅，訂立二十五條條約，然而未經我國國會通過，以法律論，本不能發生效力。但是雖然如此，日本在事實上，其勢力卻是伸張無已的。除山東問題，已見上章外，當六七兩年，我國因忙於內戰，所借日債頗多。吉長、吉會和所謂（一）開海、海吉，（二）長洮，（三）洮熱，（四）洮熱間一地點到某海口的鐵路，均曾因此而訂有借款或借款的豫備契約。歐戰停後，英、美兩國，又提起中國鐵路統一之議①。因我國輿論不一致，未有具體辦法。旋英、美、法、日四國，組織新銀行團。於民國八年五月，在巴黎開會。十一日，訂立《草合同》。規定：（一）除實業事務——鐵路在內——已得實在進步者外，現存在中國的借款合同及取捨權，均歸共同分配。（二）聯合辦理將來各種借款事務。後因日本提出滿、蒙除外停頓。至九年，美銀行團代表赴日，和日銀行團談判。日乃放棄洮熱和洮熱間到海口兩路，而承認《草合同》。新銀行團於以成立。但因我國沒有統一的政府，所以借款之事，迄亦未能進行。

華盛頓會議開會後，分設限制軍備和遠東問題兩委員會。限制軍備委員會，由英、美、法、意、日五國組織。遠東問題委員會，則更加中、葡、荷、比四國。當開會之初，我國代表，即提出大綱十條。後由美國代表羅德氏，田總括為四原則。訂立《九國公約》。所謂《九國公約》：第（一）條，係列舉羅德氏四原則：（甲）尊重中國的主權獨立和領土及行政的完全。（乙）給中國以完全而無障礙的機會，以發展並維持穩固的政府。（丙）確立、維持工商業機會均等的原則。（丁）不得利用現狀，攫取特殊的權利；並不得獎許有害友邦安全的舉動。第（二）條説締約國不得締結違背此項原則的條約。第（三）條：不得在中國要求優先權或獨佔權。第（四）條：不得創設勢力範圍和實際排他的機會。第（五）條：中國全部鐵路，不得自行或許他國，對於各國為差別的待遇。第（六）條：中國不參加戰爭時，應尊重其中立權。此外還訂立《九國中國關税條約》，見第十六章。其（A）撤退外國駐兵；（B）撤廢領事裁判權；（C）關於中國的條約公開；（D）撤廢在中國的外國郵政局；（E）無線電台；（F）中國鐵路統一；（G）交還租借地諸議案，則或有結果，或無結果。

山東問題，即在會外解決，已見前章。二十一條件問題，又經我國代表在遠東問題委員會中提出。日代表説："與會國要提出從前的損害，要求會議中重行研究和考慮，日本必不能贊成。但因《中日條約》和《換文》成立後，事勢已有若干變遷。所以允將南滿、東蒙的鐵路借款權及以租稅為擔保的借款權，開放於國際財團，共同經營。其南滿洲聘用顧問、教練，日本並無堅持的意思。原提案中的第五項，日亦將其保留撤回。中國代表仍聲明不能承認。因此此問題在華會中，未能得有結果。其後十一年十一月、十二年一月間，眾參兩院，先後通過請政府宣佈二十五條條約及《換文》無效案。乃由政府照會日本，聲明廢棄。

至於各國所訂條約，有關東方大局的，則有英、美、法、日四國《海軍協定》。訂明相互尊重在太平洋中島嶼和殖民地的權利。如或發生爭議，當請其他締約國調停。此約既立，一九一一年七月十三日的《英日協約》，即因之而廢。國聯委任日本統治的德屬島嶼，中有雅浦島，為美國和西太平洋交通孔道。當時美國即提出保留。此時亦成立《協定》，規定使用無線電，日、美兩國，處於同等地位，美人得在雅浦島居住、置產、自由貿易。後來民國十二年，英、美、法、意、日五國，又有《海軍協定》。十九年，又有《海軍公約》。規定英、美、日三國海軍的比例為五五三。雖然如此，日本在太平洋中形勢，還較英、美為優勝。海軍協定和公約的期限，都到一九三六年為止，所以大家都説：一九三六年是世界的危機，然而苟非中國強盛，誰能保證太平洋上風雲的穩定。

註解

① 謂由中國另起新債，將舊債分別償還。此項用意，和前此提議的滿洲鐵路中立相同，都是想藉此取消各國在華的特殊勢力的，不過一限於東北，一普及全國而已。參看第四編第二十章。

第十一章 軍閥的混戰

照第六第八兩章所說，民國成立以後，內爭之禍，也可謂很利害了。然而這還是有關大局的，其比較的限於一隅的，還不在內。現在且揀幾件重要的說說：

民國以來，最安穩的，要算山西。他從民國十四年以前，簡直沒有參加過戰爭。閻錫山提唱用民政治，定出六政、三事，以為施政的第一步①。教育、實業，都定有逐年進行的計劃。又竭力提唱村自治。在當時，亦頗有相當的成績。惜乎到後來，牽入戰爭漩渦，以前些微的成績，也就不可得見了。次之，倒還是新疆。從民國十七年楊增新被殺以前，大體也還算安穩。此外就很難說了。

其中分裂最甚，而爭戰最烈的，要算四川。四川從袁氏帝制失敗後，北政府所任命的將軍解職。當時政府曾命蔡鍔入川。但不久，蔡鍔就病故了。代理的人，為川軍所逐。其後滇軍又打入四川。後來又被川軍逐回。於是四川本省，分為一、二、三軍，各有防地。北政府的勢力，常常從漢中和宜昌一帶——所謂長江上游侵入。而滇、黔兩省，亦時和四川發生關係。各省軍人，派別不一，離合無常。其失敗的，往往要藉助於人，而有野心的人，亦落得利用他，收為己助，或者藉以擾亂敵方，所以其紛擾迄不能絕。西南如滇、黔，西北如甘肅，雖然因地位偏僻，對大局的關係較少，然而其內部，也都不能沒有問題。

因為一切紛爭，都起於軍隊太多和軍人擁兵自重、爭奪權利之故，於是有廢督裁兵的呼聲，並有聯省自治的議論。聯省自治之說，其由來也頗早。原來行省的區畫，還沿自元朝。明、清兩代的省區，雖然逐漸縮小，然而其區域，還是很大，猶足以當聯邦國的一邦而有餘。而自清末以來，已漸成外重之局。辛亥革命，亦是由各省響應的。民國成立以來，中央事權，迄未能真正統一。而以中國疆域的廣大、交通的不便、政務的叢脞，一個中央政府，指揮統馭，也頗覺得為難。於是有創聯省自治之議，希望各省各自整理其內部的。當民國八、九年間，也頗成為一部分有力的輿論。於是有起而實行的，省各自制憲法。其中以浙江省成立為最早，於十年九月九日公佈。湖南省制憲最早，而公佈較遲，事在十一年一月一日。既已公佈省憲，自然用不著甚麼督軍。於是浙江於佈憲之日，即同時宣佈廢督。即未制省憲的省份，也有宣佈廢督的，如雲南省是[②]。然而名為廢督，而軍隊仍未能裁，即督軍之實，亦仍舊存在，不過換一個總司令或督辦善後軍務等等的名目罷了。所以還是無濟於事。

又有想以會議之法解決國是的。當華府會議將開時，外人曾警告我速謀統一。於是有人想利用這個機會，促起國人的覺悟。主張華會開會之前，先在廬山開一個國是會議，其辦法：分為國民會議和國軍會議。國民會議，以制定國憲解決時局。國軍會議，則議決兵額、兵制及裁兵問題。其所議決之件，再交國民會議通過。當時有力的軍人，都曾發電贊成，然而後來竟就暗葬了。而上海一方面，又有國民所發起的國是會議。其議發動於商教聯合會。於十一年三月十五日，在上海開會。議決其組織：為 (一) 各省省議會。(二) 各省、區教育會。(三) 各省總商會。(四) 各省、區農會。(五) 各省、區總工會。(六) 各律師公會。(七) 各銀行公會。(八) 各報界公會。其中 (二)、(三)、(五) 三項，都包含華僑團體。各推出代表三人。定名為中華民國八團體國是會議，於五月二十九日開會。旋組織國憲起草委員會。制成《國憲草案》，分送各方面。然後來亦未有何等影響。

此等解決時局之法，都是國民黨第一次宣言所明指為無用的。我們且進而看國民黨改組和國民政府成立以後的事實。

第十二章 中國國民黨的改組和國民政府的成立

　　二次革命失敗以後，孫中山先生在海外組織中華革命黨，這話在第四章中已經説過了。

　　袁世凱死後，中華革命黨的本部移於上海。八年十月十日，改稱中國國民黨。此時在國內還未明白組黨。到十二年一月，才發表宣言，宣佈黨綱和總章，這一年十一月，中山先生鑒於蘇俄革命的成功，由於組織嚴密，決意將國民黨改組。於是月十一日，發表改組宣言。十三年一月二十日，開全國代表大會。議決將大元帥府改組為國民政府。發表宣言，表明主義政綱和對內對外的政策。六月，又在黃埔設陸軍軍官學校。又就原有的軍隊中，設立黨代表，宣傳主義。於是南方的組織，驟見精嚴，旌旗變色了。

　　當十二年六月間，北京軍警包圍總統府索餉。旋又全體罷崗。黎總統移居私宅辦公。又被便衣隊包圍。並有人在天安門自稱開國民大會，主張驅黎的。十三日，黎總統赴津，總統印信，由其妾危氏攜帶，住居法國醫院。至天津，被邀於火車站。迫令打電話給危氏，將印信送國務院，然後放行。黎總統通電：“離京係為自由行使職權起見，並非辭職。”並通告外國公使。北京一方面，則宣告總統辭職，由國務院攝行。議員亦分為兩派：一部分赴上海開會，一部分留京，都不足法定人數。照《大總統選舉法》，國務院攝職，只能以三個月為限，九月十二日，北京的國會，人數依然不足。到十月十日，就連國會也要任滿了。於是由眾議院提出延長任期案，通過。十月初五日，選舉曹錕為大總統。初八日，通過《憲法》。初十日，曹錕就職。是日，《憲法》由眾議院公佈。曹錕既就職，以吳佩孚為直魯豫巡閲使，蕭耀南為兩湖巡閲使，齊燮元為蘇皖贛巡閲使。十三日，浙江和北京政府斷絕公文往來。雲南和東三省旋都通電討曹。

　　十三年九月初旬，江蘇和浙江開戰。江蘇方面，號稱蘇、皖、贛、閩四省聯合，而浙江方面，則聯合淞滬鎮守使，組成浙滬聯軍。主力軍相持於昆山。別將則在蘇州、嘉興間，宜興、長興間作戰。至九月中旬，而奉直戰事亦作。奉軍於九月廿二陷朝陽。進攻山海關，陷九門口。吳佩孚親臨前敵指揮。自十月六日，大戰開始。江、浙方面，孫傳芳自福建入浙。九月十八日，陷杭州。盧永祥宣言：將浙江交還浙江人。把軍隊都撤至淞滬之間。十月九日，松江陷落。十三日，盧永祥下野。二十二日，馮玉祥自古北口回兵北京。和胡景翼、孫岳宣言組織國民軍。馮為第一軍，胡為第二軍，孫為第三軍。十一月二日，曹錕辭職。於是山東宣告中立。山西兵扼守正太路和京漢路的交點。國民一軍佔楊村，三軍入保定。奉軍陷灤州、山海關、秦皇島，抵塘沽。吳佩孚自海道南下，經南京、漢口回河南。馮玉祥、張作霖會於天津，推段祺瑞為臨時執政。段於十一月二十四日入京。

當直奉大戰時，南方亦出兵北伐，分攻湖南、江西。北方政局既變，段祺瑞請孫中山北上。中山於十二月三十一日至北京。時孫中山主張開國民會議，以解決時局。段祺瑞就職後，亦宣言於一個月內，召集善後會議，以解決時局糾紛，三個月內，召集國民代表會議，以解決根本問題。並聲言：“會議成功之日，即為祺瑞卸職之時。”孫中山以其所謂兩會議者，人民團體，無一得與①，命國民黨員，勿得參與。十四年三月十二日，孫中山卒於北京。段祺瑞所召集的善後會議，於三月一日開會，僅議決軍事、財政兩善後委員會的條例而止。後來兩委員會於十月五日開會。因時局紛亂，也就無從議起了。

段祺瑞就職後，裁巡閱使、督軍。管理一省軍務的，都改稱督辦軍務善後事宜。以張作霖為東北邊防督辦。馮玉祥為西北邊防督辦。胡景翼督辦河南軍務善後事宜，孫岳為省長。免齊燮元，以盧永祥為蘇皖贛宣撫使。齊走上海，組織蘇浙聯軍。盧永祥以奉軍張宗昌的兵南下。齊走日本。浙奉軍在上海定約。浙軍退松江。奉軍退昆山以西。上海則彼此均不駐兵。時在十四年二月間。其時胡景翼的兵，自河北下河南。而鎮嵩軍的憨玉琨，已先據洛陽，東下鄭縣和開封。時政府又以孫岳為豫陝甘剿匪總司令。即以憨為副司令，命其退出。憨軍退至洛陽以西。二月下旬，胡憨的兵衝突。三月八日，胡軍入洛陽。鎮嵩軍援憨，不克，退入山西邊境。四月初十日，胡景翼卒。乃以岳維峻督豫。於是國民二軍的李雲龍師入西安。馮玉祥亦讓出南苑防地。

至八月杪，遂以玉祥督甘，孫岳督陝。李雲龍為幫辦。直隸當段祺瑞就職後，即以盧永祥為督辦。永祥南下後，改李景林。四月間，以張宗昌督山東。至是，又以楊宇霆督江蘇，姜登選督安徽。時奉軍張學良、郭松齡駐兵於京、津、山海關之間。自五卅案起後，奉軍並駐紮到上海。

是年十月十五日，孫傳芳自稱浙閩蘇皖贛五省聯軍總司令。發兵入江蘇。上海的奉軍即撤防。楊宇霆、姜登選亦北走。孫軍入南京。渡江，取浦口、蚌埠。十一月十七日，入徐州。越四日，吳佩孚起兵漢口，稱討賊軍總司令。其明日，郭松齡自稱東北國民軍，率兵出關。十二月二十三日，敗死於巨流河。當郭松齡起兵時，近畿和熱河的奉軍都退出。旋直、魯組織聯軍。十二月八日，國民一軍②和直軍開戰。二十四日，陷天津。李景林走濟南。是時吳佩孚的兵，正作戰於山東，三十一日，吳通電，停止討奉軍事。十五年一月一日，馮玉祥下野。十九日，奉軍復佔山海關。二十三日，東三省各法團制定《聯省自治規約》，推張作霖維持東北治安③。二月杪，吳佩孚兵入開封。三月，鎮嵩軍入洛陽。直魯聯軍亦北上。二十三日，入天津。吳軍亦佔據保定。三十日，國民一軍退出北京。四月九日，曹錕恢復自由④。段祺瑞走東交民巷。十七日，復入執政府。二十日，復走天津。通電引退。五月一日，曹錕通電引退。十七日，國民軍將領宣言：「專意開發西北。未有適合民意的政府以前，一切命令，概不承認。」於是熱河的國民一軍亦退出。奉軍以七月一日，攻佔多倫，八月十九日，佔張家口。吳軍攻南口，不克。後由奉軍會攻，於八月十四日佔領。山西軍以八月十八日佔大同，九月一日佔綏遠，十日佔包頭。而鎮嵩軍攻西安，迄未能下。此時國民政府的北伐軍，業已整隊北上了。

註解

① 孫中山所主張的國民會議，係：（一）現代實業團體。（二）商會。（三）教育會。（四）大學。（五）各省學生聯合會。（六）工會。（七）農會。（八）反對曹吳各軍。（九）政黨。其代表由團員選出。先開一預備會議，其代表則由團體指派，以期迅速。北方之國民會議，則兼採一般選舉及特別選舉。以省、區及大學、商業、實業所選出的代表組織。

② 段祺瑞就職之日，馮玉祥即通電下野，將國民軍名義取消，但是後來人家仍稱其兵為國民軍。執政對馮，亦僅准假一個月。

③ 此時東三省復對北京獨立。

④ 曹錕辭職後，因北京地方檢察廳檢舉其賄選，執政府命監禁之以俟公判。至此乃恢復自由。

第十三章 五卅慘案和中國民族運動的進展

　　近代的外侮和前代不同。前代的外侮，只是一個政治問題，近代則兼有經濟、文化諸問題。非合全民族的力量奮鬥，無以圖存。這是孫中山先生所以要提唱民族主義的理由。從中山先生提唱而後，我民族就漸漸的覺悟；而其實際的運動，也就逐步進展了。

　　講起中國民族運動的進展來，卻要連帶到一件傷心的歷史。這便是民國十四年上海地方的所謂五卅慘案。原來從一八九五年，中、日訂立《馬關條約》以來，外人便有在我國設立工廠，以利用我國的原料和低廉的工價的，勞資之間，自然免不了有些糾紛。這一年五月十五日，日本人在上海所設的內外棉織會社，無故停工。工人要求上工。日人竟爾開槍。死顧正紅一人，重傷者三十七人。被捕者無數。各學校學生大憤，起而援助。因此募捐和赴追悼會的學生，為租界捕房所拘捕者數人。三十日，學生大隊遊行講演。又有二百餘人被拘。群眾聚觀的，群趨捕房，要求釋放。英捕頭竟下令開槍轟擊。當場死者四人。送至醫院後因傷斃命者七人。六月一日，公共租界全體罷市。三四兩日，外人所經營的事業和有關交通事業的華人，繼之以罷工。英人調兵艦至滬。工部局宣佈戒嚴。調海軍陸戰隊和萬國義勇隊壓迫。續有被槍傷、拘捕的人。於是罷課、罷工、罷市的風潮蔓延各處。到處遊行講演，以促民眾的覺悟。提唱和英、日經濟絕交。民族運動的氣勢，一時異常蓬勃。

而慘案亦即繼之而起。其中最為重大的，要算廣東的沙基慘案。次之則是漢口同重慶的事件。

漢口事件，發生於是年六月十日。因英商大古公司的船抵岸，船員和工人衝突，工人被毆傷。明日，工人二千餘人，集隊遊行。英人調義勇隊及海軍陸戰隊，分佈租界。並於要路架設機關槍。後因群眾擁擠，竟爾開槍掃射，死者八人，傷者數十。其時英國的兵艦，並上溯到重慶。華人聚集觀看，英人又調海軍登陸，用刺刀驅逐。死傷多人。事在七月二日。沙基慘案，則發生於六月二十三日。當五卅慘案消息達到廣東之後，廣東即起一種抵制運動。香港工人，都回內地。英租界的工人，亦都回廣州。這一天，廣東開市民大會。會後遊行。經過租界對岸的沙基。對岸外兵，突然開槍射擊。繼以機關槍掃射。華人死者五十，傷者百餘。此外九江、汕頭等處，還有較小的衝突。

當五卅慘案發生後，北京政府即行派員調查。英、美、法、意、比、日六國公使館，亦派委員團赴滬調查真相。交涉於六月十六日，在上海開始。未幾即行破裂。九月中，公使團提出司法調查之議，要求我亦派員。經我國拒絕。但彼仍自行派員。其結果，令上海總巡捕和捕頭辭職，而略給死者家屬恤金。我國否認。外人亦遂置諸不理。直到十九年二月，工部局徑將銀十五萬元交給死者家屬，這件事就算如此結局了。漢口方面，我國亦曾提出條件多款。其結果，則十四年十月間，僅將先決條件簽字。英軍艦撤退，巡捕的武裝解除，太古公司在租界外的行棧碼頭撤消。英人並允賠償損失。其餘的交涉，就未有結果。重慶交涉，亦是如此。廣東一方面對英抵制最久。華人設立罷工委員會，以謀罷工工人的善後。又設立工商檢驗處，以檢查輸入的貨物。直到十五年十月十一日。乃由英人許我在海關抽收內地稅，普通貨物二・五，奢侈品加倍，以謀罷工工人的善後，而我許將工商檢查處取消。

因五卅慘案而引起的民族運動，似乎是失敗了。然而決非如此。因此慘案，而我國人的民族意識，格外發達。從此以後，民族運動就更有不斷的進展。大之則如取消不平等條約呼聲的加高，小之則如上海會審公廨的收回，以至國民軍到達長江流域後，漢口、九江、鎮江等地租界的交還，都是和五卅慘案很有關係的。

第十四章 國民革命的經過

當國民黨改組後，十三年秋間，即乘北方騷亂之際，出兵北伐。旋因段祺瑞就臨時執政職，邀請孫中山先生北上，乃又罷兵，已見第十二章。自中山先生卒後，北方的局勢，騷亂更甚。北伐之舉，乃到底不能不實現。

中山先生北上後，國民政府以十四年四月平東江。旋滇軍回據兵工廠，桂軍亦附和，政府遷於河南。六月初，黨軍和粵軍還攻。廣州於十二日恢復。國民黨中央執行委員會，議決改組政府，廢元帥，代以委員制，於七月一日成立。軍隊都改稱國民革命軍。黨軍和粵軍回攻廣州時，東江復為叛黨所佔。十一月，再把東江打平。十二月，平定高、雷、欽、廉和瓊崖等地。廣西亦依國民政府所定《省政府組織法》，組織政府。十五年一月，開第二次全國代表大會。六月五日，中央執行委員會召集臨時會，通過迅速北伐案。以蔣中正為總司令。

先是國民革命軍分為六軍。後來廣西歸附，編為第七軍。是時湖南紛擾，唐生智來求援，乃編為第八軍。派四、七軍往援。七月十二日，七、八兩軍克長沙。八月十二日，蔣中正到長沙。於是分兵為三：右入江西，左出荊、沙，而中路直攻武、漢。二十四日，吳佩孚自至漢口督戰。國民革命軍北進，破敵於汀泗橋、賀勝橋。九月初六、初七兩日，連下漢陽、漢口，武昌亦被包圍——後來到十月初十日降伏。正面的兵進展後，左路軍亦於九月十五日達到沙市。其右路軍，與蘇、皖、贛、閩、浙五省聯軍相持於江西，爭戰最為劇烈。至十一月七日，南昌陷落，江西平定。

北方的國民軍，以是年七月進甘肅。九月十五日，馮玉祥遊俄歸來，抵五原，諸將仍推為總司令。進甘肅的兵，以十一月入陝。是月杪，遂解西安之圍。至十二月初，而到達潼關。留守東江的兵，以十月入福建。至十二月而福建平定。浙江於十月間響應國民軍，不克。十二月一日，北方推張作霖為安國軍總司令，張宗昌、孫傳芳為副司令。孫軍撤退江北。張宗昌軍復入滬寧線。國民革命軍乃以湖南、湖北的兵為西路，進攻河南。出福建的兵為東路，進浙江。江西的兵為中路，復分江左、江右兩軍，沿江東下。東路軍以十六年一月入杭州。分兵為三：一沿滬杭鐵路達上海，一出平湖抵蘇州，一自宜興進常、鎮。均於二月中到達。而江左軍亦於三月初下蕪湖，江右軍於十六日佔當塗。至二十三日，遂入南京。西路軍於五月中北上。馮玉祥亦進兵洛陽。是月末，進至鄭州、開封，兩路兵會合。

當這北伐順利時，而南方有清黨之事起。先是孫中山改組國民黨時，第三國際共產黨員，聲明以個人名義加入。中山先生許之。但其後，共產黨員仍圖在國民黨中，擴充該黨的勢力。中山先生逝世後，第一屆執行監察委員，就有在西山開會，議決肅清共產分子的。旋在上海別組中央黨部。北伐之後，政治會議議決遷都武漢，而中央黨部，則在南昌，委員也有前赴武漢的。到三月廿八日，中央監察委員在上海開會，議決清共。四月七日，中央政治會議議決遷都南京。於是寧、漢之間，遂成對立之勢。直到七月十五日，武漢方面，亦舉行清黨，而寧、漢合作，乃漸告成。當寧漢分裂時，北軍乘機佔揚州和浦口。曾渡江佔龍潭，給國民軍打退。其時蔣中正辭總司令之職。國民政府乃命何應欽定江北，馮玉祥下徐州。山西亦於九月間出兵攻奉。奉軍退守河北。

十七年一月八日，蔣中正再起為北伐軍總司令。於是分各軍為四集團，再行北伐。四月，北伐軍下兗州、泰安。五月一日，入濟南。至三日而慘案作。國民軍乃繞道攻德州，進下滄州。六月三日，張作霖出關。四日，至皇姑屯車站，遇炸身死。東三省人推張學良繼其任。至十二月二十九日，三省通電服從國民政府。於是國民政府的統一告成。其後雖尚不免紛擾，然真正的統一，總不難於不遠的期間達到了。

第十五章 五三慘案和對日之交涉

中國的統一，是帝國主義者所不利的。所以要多方阻撓。如利用我國的內爭，將借款軍械等供給一方面等都是。而其尤露骨的，則莫如十七年的五三慘案。

當十六年五月間，國民革命軍，奠定東南，渡江北伐。當時日本政府，便有乘機干涉的意思。乃藉保護僑民為名，運兵到山東。經我政府迭次交涉，方才撤退。十七年四月，國民軍既克兗州。日本閣議，又通過第二次出兵案。先將駐津日軍三中隊，調赴濟南。又派第六師團，從青島登岸到濟。五月三日，在濟南的日兵和我無端啟釁。我國徒手的軍民，被殺的不計其數。甚且闖入交涉公署，把特派交涉員蔡公時和職員十人、勤務兵七名，一齊殺害。中國為避免枝節起見，即將在濟南的兵退出，只留一團駐守。而日本於初七日，又對我提出無理的要求：（一）高級軍官，嚴行處分。（二）和日兵對抗的軍隊，解除武裝。（三）我軍離開濟南和膠濟鐵路二十里。限十二小時答覆。而又不待我答覆，於初八日，徑用大炮攻城。我守城的一團兵，奉命於十日退出。十一日，日兵入城。又大肆屠戮。並且扣留車輛，截斷津浦路，強佔膠濟沿線二十里內的行政機關。

當日兵攻城之際，我政府即致電國際聯盟，請其召集理事會，籌畫處置，我願承諾國際調查或國際公斷等辦法。但是國際聯盟，並無適當的處置。日本卻又徑致《覺書》於我說：「戰爭進展到京、津，其禍亂或及滿洲之時，日政府為維持滿洲起見，或將採取適當有效的處置。」日本此時，以為如此一來，北伐必然停頓，即使繼續，也要經過長時間的鬥爭，日本於中取利的機會甚多。尤其兵爭延及東北時，日本可以遂其所大慾。誰知國民革命軍，依舊繞道北上。而且經此事變，我國人反有相當的覺悟，東北軍也發出息爭禦侮的通電，於六月初，竟退出關。膠東的兵，於九月一日易幟。在天津以東的直魯軍，亦因關內外的夾擊，於九月中旬解決。日人無可如何。十月初，乃和我國開始交涉。我國提出：（一）先行撤兵；（二）津浦通車；（三）交還膠濟沿線二十里內的行政機關；（四）膠濟路沿線土匪，由中國負責肅清等項。日人不願意，交涉停頓。後來屢經波折，到十八年三月二十八日，才定議：日軍於兩個月內撤退。雙方損害，則設共同委員會調查。議定之後，我方派出接收委員。日兵初定四月十八至二十五之間撤退。旋又說膠東匪亂甚熾，坊子以東，要議展期。我政府不贊成分期接收，索性將全部展緩。直至六月五日，日方才開始撤兵，至十六日而接收完畢。

在山東一方面，日人雖未遂其阻撓北伐的野心。然而對於東三省，則還是野心勃勃，所以有十七年六月四日，張作霖在皇姑屯車站遇炸之事。這一次的炸彈案，佈置得很為周密，非經多數人長時間之佈置不可。鐵路警備森嚴，其斷非張作霖的政敵或匪徒少數人所能為，不問可知了。經這一次陰謀，更促成東北的覺悟。於是有七月一日通電服從國民政府之舉。日本又命其駐奉天的總領事勸告：易幟之事，宜觀望形勢。又派專使到奉，以弔喪為名，勸告奉方，不宜與國民政府妥協。奉方都不聽從。三省實行易幟之後，東北一方面，收回權利的事，也逐漸進行，日人心懷忿恨，就伏下民國二十年"九一八"的禍根了。

第十六章 關稅自主的交涉經過

中國自海通以來，和外國所訂的不平等條約，可謂極多，而其最甚的，則無過於關稅稅率的協定。現在世界上，經濟競爭，日烈一日。貿易上的自由主義，久成過去，各國都高築關稅壁壘，以保護本國的產業。獨稅率受限制的國，則不能然。所以舊式和新興幼稚的產業，日受外力的侵略壓迫，而無以自存。中國所以淪入次殖民地的地位，這是一個最大的原因。

中國關稅，除（一）海關稅率，協定為值百抽五外，（二）其內地稅，並亦協定為值百抽二‧五。（三）而英、法、俄、日，在陸路上的通商，還有減免。而且（四）海關稅率，名為值百抽五，實際上，因貨價的高昂，所抽還遠不及此數。

改訂稅率之議，起於一九〇二年。這是義和團亂後訂定和約的明年。因賠款的負擔重了，所以這一年的《中英商約》，許我於裁釐之後，把進口稅增加到百分的一二·五，出口稅增加到百分的七·五。其所裁的釐，則許辦出產、銷場、出廠三稅，以資抵補。一九〇三年《中美》、《中日商約》，一九〇四年《中葡商約》，規定大致相同。這一次的失策，在於將裁釐作為加稅的交換條件。不但有損主權，而且裁釐在事實上猝難辦到。事後，果因中國人憚於裁釐外人，則其貨物運銷中國，本有內地半稅，以省手續，事實上釐金所病，係屬中國商人，所以也不來催問。這一次條約，就如此暗葬了。至於海關估價，則《辛丑和約》，訂定將從價改為從量，即於一九〇二年實行。然而所估的價，仍不能和實際符合。

還有一件事，也是很有損於主權的，那便是稅務司的聘用。當中外通商之初，海關稅本由外國領事代收。到一八五一年，才廢其制，由華官自行徵收。一八五三年，上海失陷，清朝所派官吏逃去，仍由英、美領事代課。其明年，上海道和領事商定，聘用英、美、法人各一，司理徵稅事務。是為稅務司的起原。此時的外人，係由上海道聘用。一八五八年，《中英通商章程善後條款》規定：中國得邀請英人，幫辦稅務。然仍訂明由中國自由邀請，“毋庸英官指薦干預”。而且法、美二約，亦有同樣的條文，並非英人獨有的權利。一八六四年，總理衙門公佈《海關募用外人章程》。自此以後，各關稅務司，遂無一華人。而一八九六、一八九八兩年的英、德借款，《合同》均訂明：“此項借款未還清時，海關章程，暫不變更。”英人又要求：“英國在華商務，在各國中為最大時，總稅務司必須任用英人。”亦於一八九八年，經總署答覆允准。於是中國所用的稅務人員，其地位，就儼然發生外交上的關係了。

辛亥革命，外人怕債權無着，由公使團協議，將關稅存放外國銀行。非經總稅務司簽字，不能提用，即償付外債的餘款——所謂關餘，亦係如此。於是中國財政上，又多一重束縛。民國六年，中國因參加歐戰，要求各國修正海關稅則。經各國允許，於次年實行。這一次的修改，據專家估計，亦不過值百抽三‧七而已。巴黎和會開會時，我國曾提出關稅自主案，被大會拒絕。華盛頓會議時，又經提出。其結果，乃訂成《九國中國關稅條約》。訂明批准後三個月，中國得召集與約及加入各國，開一關稅會議，實行一九○二年的《中英商約》。在此約未實行以前，得在海關徵收一種值百抽二‧五，其奢侈品，則加至值百抽五的附加稅。至於估計物價，切實值百抽五，則不待此約的批准，即可實行。約中並訂明中國海、陸邊關的稅率，應行畫一。其後關稅會議，於民國十四年，由段政府召集。十月初二日，在北京開會①。我國又提出關稅自主案。十一月十九日，通過：

　　各締約國，承認中國享受關稅自主的權利，允解除各該國與中國間各項條約中關稅的束縛。並允許中國國定關稅條例，於一九二九年一月一日，發生效力。

　　而中國政府，申明裁釐之舉，與國定稅率，同時施行。同時，中國擬定七級稅則，實際上得各國的承認。至於海關附加稅問題，則未能議決而段政府倒。關稅會議，於十五年七月三日，由各國代表，宣告停頓②。

　　國民政府定都南京後，一方面宣告取消不平等條約，並宣佈於十六年九月一日，實行關稅自主，同日裁釐。屆時未能實行。十七年七月，政府和美國先訂立《整理關稅條約》。約中訂明：“前此各約中，關於關稅的條文作廢，應用自主的原則③。”自此以後，德、挪、荷、英、瑞、法六國的《關稅條約》，先後訂成。而比、意、丹、葡、西五國，是年亦均訂有《友好通商條約》。約文規定，大致相同④。政府乃將七級稅公佈，於十八年二月一日實行。其後裁釐之舉，於二十年一月一日實現。同時廢七級稅，另定新稅率。關稅自主，到此才算真實現了。關稅既已自主，其他一切，自然不成問題。況且陸路邊關稅率中日間早於民國九年，訂立協定，申明和海關一律。中英、中法間，亦於十七年《換文》，申明舊辦法於十八年作廢。俄國則參戰後另訂新約，本係彼此平等。自更不成問題。稅務司雖仍任用，而從前約束，既已失效，亦可解為我國自由任用了。關稅自主，本係國家應有的權利，而一經喪失，更圖恢復，其難如此。此可見外交之不可不慎，而民國創業的艱難，後人也不可不深念了。

① 當時到會的，除原訂《九國條約》的英、美、法、意、荷、比、葡、日外，又有邀請加入的西、丹、瑞、挪四國，共十二國。

② 當時中國提出的附加稅率，較華會所許百分之二‧五為高。各國不肯承認。相持未決。而段政府倒，會議停頓，至十六年，北京政府乃即照百分之二‧五徵收。

③ 條文言"締約國在彼此領土內所享受的待遇，應與他國一律；所課關稅，內地稅，或其他捐款，不得超過本國或他國人民所納"；是為最惠國及國民待遇，但係相互的。

④ 惟中日《關稅協定》遲至十九年五月間，方才訂立。並附表規定若干貨物，彼此於一定期間，不得增稅。此約日本頗受實惠，但以三年為期，現在亦已滿期了。

第十七章 廢除不平等條約的經過

　　廢除不平等條約，可以有兩種辦法：其（一）是片面的宣告。其（二）是共同或個別的談判。中國在國際間，不平等條約的造成，全由前清政府昧於外情之故。至其末造，則外力的壓迫已深。帝國主義者，是很難望其覺悟的。無論共同或個別的談判，都很難望其有效。所以國民政府，於奠都南京後，即毅然發表廢除不平等條約的宣言。十七年七月七日，更照會各國公使，請其轉達各該國政府，定為三種辦法：（一）舊約期滿的，當然廢除另訂。（二）未滿期的，以相當的手續，解除重訂。（三）已滿期而未訂新約的，另定臨時的適當辦法。旋頒佈臨時辦法七條①。此項照會，既經發出後，和我訂立條約的，十七年有比、意、丹、葡、西五國。十八年有希、波二國。十九年有捷克和法國的《越南通商專約》。至土耳其的《友好條約》，則係二十三年四月訂成的。在此諸國以外，德、奧與俄，戰後的條約，本已平等，其餘各國，雖然新約尚未訂成，然廢除不平等條約，既經我國定為政策，此後自然要本此進行，平等條約的訂立，只是時間和手續的問題了。

　　不平等條約，貽害最大的，要算（一）關稅協定，（二）領事裁判權，（三）

租界，（四）租借地，（五）內河航行五端。關稅交涉，已見前章。取消領事裁判權的動機，也起於《辛丑條約》。見第四編第十八章。巴黎和會中，我國亦曾提出撤消領判權，給大會拒絕。華盛頓會議中，又經提出。乃議決：由各國各派代表[2]，組織委員會，調查在中國的領判權的現狀和中國法律、司法制度、司法行政的情形後再議。此項委員會，於十五年一月，在北京開會，至九月十五日而畢。撰有《調查報告書》[3]。對於撤消領判權，仍主緩辦。國民政府和意、丹、葡、西所訂條約，均有於十九年一月一日，放棄領判權的條文。《比約》則規定另訂詳細辦法。如詳細辦法尚未訂定，而現有領判權諸國過半數放棄，比國亦即照辦。五約均附有（一）中國於十九年一月一日以前，頒佈民、商法。（二）放棄領判權後，外人得雜居內地，經營工商業，享有土地權——但仍得以法律或章程，加以限制。（三）彼此僑民捐稅，不得較高或有異於他國人的條件[4]。墨西哥未定新約，但該國政府，於十八年十一月，宣言將領判權放棄。

租界的設立，本不過許外人居住通商。但是因中國人的放棄和外國人的侵奪，而行政、司法、警察等權，往往受其侵害。這還是事實。到一八九六年的《中日通商口岸議定書》就索性將管理道路、稽查地面之權，明定其屬於該國領事，這更可稱為不平等條約之尤了。而在事實上，妨害我國主權尤甚的，則要算上海的租界[5]。上海租界的市政，屬於工部局。其根據，係一八九六年的《洋涇浜章程》[6]。此章程由外人納稅會通過，經各國領事認可，駐紮北京的公使批准。工部局董事，係由納稅人選舉，而納稅人年會，則由領事團召集。是以各國的外交代表，和其照料商務的領事，而干涉起我國的市政來了。民國以來，除德、奧、俄三國在天津、漢口的租界，因歐戰而取消外，其餘一切，都因仍舊貫。到國民軍到達長江流域以後，英國在九江、漢口的租界，才和中國訂結協定交還。鎮江的英人，於當時退出，後亦申明願將租界交還中國。於十七年十一月十五日交還。比國的天津租界，則於十八年八月交還。英國在廈門的租界，亦於十九年九月，以協定聲明取消。現在所有的，除日本最多外[7]，只英在廣州、天津、營口，法在廣州、漢口、上海、天津和鼓浪嶼、上海、芝罘，還有公共租界而已。

內河和沿海的航行權，各國通例，都是保留之於本國人的。這不但以權利論，應為本國人民所獨享，即在國防上，亦有很重要的關係。而前清政府，不明外情，一八五八年的《天津條約》，許英人在長江航行。各國援最惠國之例，群起攘奪，而長江航權，遂非我所獨有。一八九五年《馬關條約》，開蘇、杭為商埠，後四年，遂頒佈《內港行輪章程》。華洋輪船，照章註冊的，一律准其通航。外人在華航行權，遂愈加推廣。至於沿海，則條約未訂立以前，外人業已自由航行，更其不必說了。前清所訂的條約，只有一八九九年的《中墨條約》，申明"不得在國內各口岸間，往來貿易"，然而無補於事。民國現在，雖亦未能將已喪失的航行權，即時收回。然十八年的《中波條約》，十九年的《中捷條約》，均訂明將內河和沿海的航權保留。其餘各國，重訂條約時，亦可漸謀改正了。

租借地在法律上，本來和割讓地顯然有別。但在事實上，則外人據之，亦未免隱然若一敵國。中國的有租借地，自德人之於膠州灣始，而旅、大、威海、九龍、廣州灣，就紛紛繼起了。歐戰之際，膠州灣又為日人所據。其後因山東問題的解決而交還。至於華盛頓會議中，中國代表要求各國交還租借地，則只有英國允將威海衛交還，其後於十九年四月實行。至英於九龍，日於旅、大，則均聲明不肯放棄。法於廣州灣，當時雖聲明願與各國同行交還，然訖今亦仍在觀望之中。

不平等條約的內容，其犖犖大端，要算前列的幾件。此外，如外人得在中國境內駐兵；又如因畫定勢力範圍，而得有築路，開礦之權；又如外人在中國遊歷、傳教，中國政府，負有特別保護的義務等都是。總而言之，凡其性質超過於國際法的範圍，而又係片面性質的，都可稱為不平等條約。一概盪滌淨盡，而達於完全平等之域，現在固尚有所未能。然既已啟其端倪，則此後的繼續進行，只看我政府和國民的努力了。

註解

① 對於駐華的外交官領事官，予以國際公法賦予的待遇。在華外人，應受中國法律的支

配，法院的管轄。關稅，在國定稅則未實行以前，照現行章程辦理。凡華人應納的稅捐，外人亦應一律繳納。未規定的事項，係國際公法及中國法律處理。

② 中國亦在其內。

③ 到會的為美、法、意、比、丹、英、日、荷、西、葡、挪。《報告書》分四章：（一）在中國領判權的現狀。（二）中國的法律。（三）中國的司法制度。（四）為改良意見。於軍人干涉司法，最致不滿，而法庭太少，法官俸給太低次之。

④ 各國與我訂約，亦有本無領判權的，亦有雖有而其條約業已滿期的。此時有領判權而條約尚未滿期的，為英、法、美、荷、挪、巴西六國。撤廢領判權的實行，即重在與此諸國的交涉。十八年十二月，國民政府曾令主管機關，擬具實施辦法。二十年，擬成《管理在華外人實施條例》十二條。於五月四日公佈。定二十一年一月一日實行。因日人侵略東北籌備不及，暫緩。

⑤ 上海英租界，設於一八四五年；美租界設於一八四八年；一八五四年，合併為公共租界。但其實權仍在英人之手。

⑥ 工部局譯為《上海洋人居留地界章程》。

⑦ 日人所有的為天津、營口、瀋陽、安東、廈門、杭州、蘇州、沙市、福州、重慶、漢口各租界。

第十八章　中俄的齟齬

最近的外交，中、俄之間，關係要算最為複雜了。俄國侵害中國的權利，中東鐵路要算是其大本營。當民國七年時，中國曾因俄國新舊黨的衝突，把中東路的護路權收回①。俄人曲解《中東鐵路合同》，握有哈爾濱的市政權，亦經我國於九年三月，將其廢除，改為東省特別區。俄國自革命以後，備受各國的封鎖，很想有一國能和他通商。曾於八年、九年，兩次宣言：願放棄舊俄帝國以侵略手段在中國取得的特權和土地，拋棄庚子賠款，無條件將中東路交還中國。此時中、俄關係，很有改善的希望。而中國因和協約國取一致的步驟，始終未能對俄開始交涉。直到九年九月間，才將舊俄使、領待遇停止。此時距離俄國的革命，為時已有三年半了。此時在蒙古一方面，既因舊俄的侵擾，而遠東軍佔據庫倫。而中東路則自共同出兵以來，列強頗有藉端干涉的趨向。我國乃於九年一月間和道勝銀行代表，另訂合同。規定：鐵路人員，除督辦歸我外，餘均中、俄各半。否認中、俄以外的第三國和鐵路有關。俄政府管理鐵路之權，由中國政府代為執行，以正式承認俄國，商有辦法之日為止。其對俄國通商，則僅是年四月間，新疆省政府曾和俄國訂立《局部通商條約》。十年五月間，呼倫貝爾善後督辦，亦曾和遠東共和國，訂立《境界交通協定》。此外迄無何等辦法。而十一年，遠東共和國派來中國的代表，也否認蘇俄曾有交還中東鐵路的宣言。直到十三年，遠東共和國早已合併於蘇俄②，而英、意兩國，也都承認蘇俄了。我國和蘇俄的交涉，才逐漸開展。於是年五月，訂定《中俄解決懸案大綱》及《暫行管理中東鐵路兩協定》。《解決懸案大綱》中：（一）俄國許拋棄帝俄時代在中國所取得的特權和特許，（二）及庚子賠款。（三）取消領事裁判權，（四）及關稅協定。（五）帝俄時代，與第三者所訂條約，有妨中國主權的，一概無效。（六）承認外蒙古為中國領土的一部，尊重中國的主權。（七）彼此不容許反對政府的機關和團結，並不為妨礙對方公共秩序，及反於社會組織的宣傳。（八）簽字後一個月，舉行會議，解決外蒙撤兵、重行畫界、賠償損失、通商航行諸問題。（九）中東路許我出資贖回，亦於此會議中商定辦法。其後此項會議，至十四年八月始開。而其時東三省對中央獨立，三省的事，事實上和中央政府商量無效。俄人乃又於九月中，和奉天派出的人，訂立協定，是稱《奉俄協定》。

十六年四月，北京方面，派兵搜查俄使館。旋又搜查天津的駐華貿易處等。俄國召還北京的代理公使，以示抗議。是年十一月，共產黨起事於廣州。政府認蘇俄有援助的嫌疑，於十二月十四日，對蘇俄領事，撤消承認。蘇俄在中國各地方的國營商業機關，亦勒令停止營業。十八年五月二十七日，蘇俄駐哈領事館集會。我國認為有煽動嫌疑，派員搜查逮捕。七月十日，又另派中東路督辦。撤換蘇俄正副局長。將蘇俄職員多人解僱。並查封其國營商業機關。蘇俄遂於七月十八日，對我絕交，時我國仍願和平處理。訓令駐芬蘭公使，因回任之便，赴哈調查，轉赴滿洲里和俄人商洽。而俄國無人前來。哈爾濱交涉員，雖和俄國領事接洽過幾次，亦不得要領。旋因蘇俄駐德人使，有願意交涉的表示，政府亦飭我國駐德公使，藉德人居間與俄商洽。至十月中，亦決裂。自八月中旬以後，俄兵即時侵我國境界。我國軍人防禦，很為勇敢，但因邊備素虛，又後援不繼，同江、滿洲里，於十月、十一月中，相繼陷落。而外蒙之兵，亦陷呼倫貝爾。十二月，因英、美兩國，勸告息爭，乃派員在伯力開豫備會議。二十二日，將《草約》簽字。中東路回復七月以前的狀況。彼此恢復領事。訂於明年一月二十五日，在莫斯科開正式會議。其後此項會議，久無進步。直到日本佔據東北以後，外交上的形勢一變。二十一年十二月十三日，乃由中、俄兩國出席軍縮會議的代表，在日內瓦互換文件復交。

註解

① 按照《中東鐵路合同》，俄國在鐵路沿線，本只能設警，不能駐兵，即《樸資茅斯條約》，日、俄兩國，駐兵保護鐵路，每基羅米突，亦僅得駐二十五名。然俄人在沿路駐兵，其數常至數萬。歐戰起後，此項駐兵，大都調赴歐洲。留者分為新舊兩黨，時起衝突。我國乃於是年一月十日，將其解除武裝，鐵路由我派兵保護。

② 遠東共和政府，設立於一九二一年四月二十七日。明年十一月十三日，與蘇俄合併。

第十九章　日本的侵略東北

在中華民國革命造行的程途中，可謂重重魔障，然而其嚴重，要未有若民國二十年九月十八日，日人侵略東北之甚的。

日人的侵略東北，本係處心積慮之舉。近年以來，我國對於東北的開發，頗有進展。盜憎主人，乃更引起日本的猜忌，而促成其積極侵掠之舉。是年六月間，因長春附近的朝鮮農民，強毀我國的民田築壩。該處日本駐軍，遂槍殺我無辜民眾，釀成所謂萬寶山慘案①。日人又在朝鮮境內，鼓動排華風潮，華人被殺的無算。然仍未能引起我國的釁端。至九月十八日夜，日人乃將南滿鐵路，自行炸毀一段，誣為我軍所為，徑向我國瀋陽的駐軍進擊。我軍奉命無抵抗退出。日人乃進佔瀋陽。其在長春、安東等地的駐軍，同時發動。不數日間，而遼、吉兩省間的要地，悉為所佔。

國際公法，不必說了。華府會議《九國條約》，有保持中國領土、行政完整的義務。便是一九二八年八月二十七日在巴黎所立的《非戰公約》，日本也與我國共同簽字的。日本此舉，其為蔑棄國際信義，自不待言。我國因國力懸殊，且為愛護和平起見，不願訴之武力，乃訴之於國際的信義。除對日本提出抗議外，即電日內瓦代表，要求根據《盟約》第十一條，召集理事會。國聯行政院開會後，一面通知中、日兩方，避免事態的擴大。一面通知美國。旋決議：令日兵撤回鐵路線內，盡十月十四日撤盡。

而日本悍然不顧。一面派兵進攻黑龍江。一面要求我國在錦州所設的遼寧行署，撤退關內。我黑省的兵，奮力抵抗，日人頗受損失。旋因援絕，於十一月十八日，退出省垣。日軍犯錦，我軍亦不戰而退。至二十一年一月一日，日兵遂陷錦州。我關外僅存的行政機關，遂又被破壞。而日兵又先於二十年十一月間，勾通漢奸，擾亂天津，挾廢帝溥儀而去。

先是國聯行政院，於十月十三日開會。邀請美國列席。二十四日，以十三票對日本一票議決，令日兵於下次開會，即十一月十六日以前，全行撤退。而日軍置若罔聞。及期，行政院在巴黎開會。乃議決：由國際聯盟派遣委員團，到東北調查。及錦州陷落，美國乃照會日本，不承認任何事實上所造成的情勢為合法。日人仍置若罔聞。時日本又派兵艦，在我沿江、沿海一帶，肆行威脅。二十一年一月十八日，藉口該國僧人被毆，要求我上海市政府：懲兇、道歉、撫恤、取締反日運動。市府業經接受，日領事亦宣稱滿意了。乃日軍於二十八夜，突然進攻。我駐滬的十九路軍，奮勇抵抗。日兵大敗。乃續調大軍，擴大戰事。延及吳淞、太倉、嘉定一帶，並派飛機，到蘇、杭等處轟炸。因我軍抵抗甚力，日軍累戰皆北，乃又續調精銳，拚命進犯。直至三月一日，我軍因人少，不敷分佈，瀏河被襲，乃自動撤至第二道防線。這一役，我軍雖未能始終保守陣地，然以少數之兵，抗數倍之眾，使日軍累次失利，列國評論，多認戰事勝利，當屬華軍。而國民自動接濟餉需的，其數不超過千萬，亦足以表示我國的民氣，而寒敵人之膽了。

當日兵進攻淞、滬時，我國代表，曾在國聯提出援用《盟約》第十條和第十五條，國聯乃議決：成立上海國際調查團，以英、德、法、意、西領事為委員，並邀美國加入。三月三日，國聯大會開會，十一日，通過上海、東北問題，均適用《盟約》第十五條。限日兵於五月十日以前，恢復去年九月十八日以前的原狀。此正式決議案，如中國接受，而日本拒絕，則《盟約》第十六條自然生效。又通過：以十九國的委員②，組織特別委員會，負責處理糾紛，並建議調解方案。十九國委員會於十六日開會。十九日，議決：令日兵撤退。將地方交還中國警察。在上海組織共同委員會證明。其間又屢經頓挫，直到五月五日，《上海停戰協定》，方才簽字。

日人在上海尋釁時，又派軍艦到首都附近，肆行威脅。我政府為保中樞的安全，以便長期抵抗起見，乃於一月三十日，遷都洛陽。四月七日，並在洛陽召開國難會議，至十二月一日，才遷回南京。仍繼續長期抵抗的宗旨，努力進行。

日人為遮掩耳目起見，乃肆其掩耳盜鈴之技，於三月九日，在長春擁廢帝溥儀，建立偽滿洲國。以溥儀為終身執政。我國的稅關、郵局以及鹽務等機關，次第為所攘奪③。並將直屬日皇的關東軍司令，受外務、拓殖兩省監督的關東長官及派遣偽國的大使，實際上任用一人，使其監督領事。並與偽滿簽定所謂《議定書》，將前此和中國所訂的不平等條約，關涉東北的，勒令承認履行。並藉口共同防衛，允許日軍駐紮偽國境內。然而東北正式軍隊和民眾，奮起抗日的，所在都是。屢次攻破城邑，擊敗日、偽軍。日人勢力所及，實在只是鐵路沿線罷了。

是年春間，國聯所派調查團東來④。於四月二十一日，開始調查。至六月四日而完畢。在北平製作報告，於九月四日完成。報告書的總括是：

日本的軍事行動，不能認為合法的自衛。

偽滿洲國，並非由真正自然的民意所產生。

主張召集顧問會議⑤，設立特殊制度，以治理東北。我國表示不能完全接受。日人則痛詆調查團認識不足，堅持既成事實。到二十二年二月二十四日，國聯開非常大會，通過十九國委員會的報告書，決定不承認偽國，而依調查團《報告書》，覓取解決辦法，日人老羞成怒，就竟於三月二十七日，退出國際聯盟了。

其時日本又一意孤行，宣言熱河當屬滿洲國，以長城為國境。二十二年一月三日，攻陷山海關。二月二十一日，日、偽軍入寇熱河，至三月一日，而承德陷落。我軍分退多倫及長城各口。日偽軍又跟蹤追擊，並進犯灤東。我軍在喜峰口等處，亦曾與敵以重創，然因軍備之懸殊，至五月間，卒將長城各口放棄，東路亦僅守灤西。至是月三十一日，乃成立《塘沽協定》。我軍退至延慶、昌平、通州、香河等地，日軍撤至長城。中間地方，定為非武裝區域，僅由警察維持治安。熱河既陷，則東北的義軍，更陷於勢孤援絕之境。然而矢志抵抗者仍不絕。

日人既志得意滿，乃於二十三年三月一日，擁溥儀僭號於長春。議定所謂滿洲經濟計劃，把東北的利源，要想一網打盡⑥。吉會鐵路，既於二十二年八月完成。中東鐵路，又想用非法手段從俄國手裏奪取⑦。此外添築鐵路、公路，繼續經營葫蘆港等，還正在計劃進行，在日人的意思，以為東北就是如此，算奪到手了。

註解

① 萬寶山，在長春東北。當民國二十年間，有個喚做郝永德的，租得該處民地五百坰，轉租與韓人耕種。其契約，實未經長春縣政府批准，而該韓人等，竟導引伊通河水，攔河築壩，強掘民田，因此遂引起衝突，日人遂藉此宣傳，謂係華人排斥韓人。在朝鮮境內，造成排華運動。

② 英、法、德、意、西、挪、波、捷、愛爾蘭、墨西哥、危地馬拉、巴拿馬，本係理事國。瑞士、瑞典、荷蘭、比利時、匈牙利、南斯拉夫、哥倫比亞七國係新選。

③ 東北稅關被奪後，我國即將各關封閉。應徵之稅，於運往時在他口島徵收。郵局則暫行停辦。寄往歐美的郵件，由蘇彝士、太平洋運送。偽國郵票，一概無效。國聯會員國，不承認偽國的，都遵守此約。

④ 英、美、法、德、意各一人。以英李頓爵士（LordLytton）為主席。

⑤ 中、日政府及當地人民代表。

⑥ 該計劃分做三種：（一）為統制經濟，由關東軍自辦，如交通、通信、礦業、電氣事業等。（二）為特許營業，須受關東軍監督。（三）為自由企業，人民得以投資經營。

⑦ 日人初侵東北時，曾宣言不侵犯蘇聯的權利。廿二年，又藉偽國出面，封鎖滿洲里，拘捕東路俄員。六月間，蘇俄欲將東路售與偽國，我國曾提出抗議。蘇俄和偽國談判，亦未有成。

第二十章　國民政府的政治

　　政治制度，是沒有絕對的好壞的，要視乎其運用之如何。民國肇建，本係仿效歐、美成例，行三權分立之制。以國會司立法，並監督政府；以大理院以下的法院掌司法；以國務院掌行政的。因國民未能行使政權，遂至為野心家所利用。紀綱不立，政爭時起。國事紊亂，外患迭乘，中山先生鑒於革命之尚未成功，乃有以國民造黨，以黨建國，以黨治國，然後還付之於國民之議。

　　中山先生的革命方略，是分軍政、訓政、憲政三時期的。軍政時期，由黨取得政權。訓政時期，代國民行使。經過此時期後，將政權還付國民，則入於憲政時期。在訓政時期中，代人民行使政權的是國民黨；行使治權的，則是國民政府。政綱和政策，發動於國民黨，由國民政府執行之。二者之間，則以政治會議為連鎖。

　　國民黨的組織，以全國代表大會為最高機關。在閉會期間，則其權力屬於中央執行委員會，而以中央監察委員會監察之①。次於全國的，為省和特別市，未改省而與省相等的區域及海北總支部。再次則縣及重要市鎮和國外支部。更次則區與區分部及國外分部。都以其代表或全體大會為最高機關。平時則權力屬於執行委員會，而以監察委員監察之。亦與中央黨部同。黨部不直接干預政治，然對於同級政府的施政方針或政治有疑義時，得請其改正、解釋或呈請上級執行委員會，轉請其上級政府辦理。所以黨的監督權，是兼及於行政的。

　　國民政府初成立時，設委員若干人，推一人為主席，若干人為常務委員。其下分設各部。十七年十月，公佈《組織法》。行政、立法、司法、考試、監察五院次第成立。各部均屬行政院。司法則改前此的四級三審制為三級②。二十一年五月，國民會議開會，制定訓政時期的約法。其後又經中央執行委員修正。於是國民政府的組織，亦隨而變更。設主席一人，委員二十四至三十六人。各院皆設院長及副院長，均由中央執行委員會選任。主席不負實際政治責任。五權由各院分別行使。惟遇院與院間不能解決的事務，則由主席團解決之。主席並對外代表中華民國。此外直屬於國民政府的，還有軍事委員會、訓練總監部、參謀本部、軍事參議院、全國經濟委員會、建設委員會等。

　　地方制度，民國以來，還是沿襲前代的省制的。但廢去府直隸州廳，而成為初級制。民國初元，各省的軍民長官，稱為都督和民政長。三年，改稱將軍、巡按使。六年，又改稱督軍、省長。統轄幾省軍事的，又有巡閱使、經略使等名目。裁兵議起，則督軍改稱督理或督辦軍務善後事宜。省與縣之間，又曾設立道尹。國民政府所頒佈的《省政府組織法》，亦取委員制。以一人為主席，其下分設民政、財政、教育、建設、實業各廳，廳長即就委員中任命。首都及人口百萬以上或政治經濟有特殊情形的為特別市，與省同屬行政院。其人口在三十萬以上或在二十萬以上，而營業、土地等稅佔全收入之半數以上的，則為普通市，不屬縣而直隸於省。市設市長，縣設縣長，其下都分設各局，以理庶政。未能設縣的地方，則立設治局，置局長。其交通便利或向來自治較有成績之地，則設縣政建設實驗區。其區域或一縣或合數縣不定。得設立區公署。不設道尹，惟近年蘇、皖、贛、鄂等省，設立行政督察專員。

　　縣在建國大綱中，本定為自治單位，其下分為若干區。區之下為鄉鎮。鎮之下為閭，閭之下為鄰。鄰五家。閭五鄰。鄉指村莊，鎮指街市，大約在百戶以上，而不得超過千戶。全縣分十區至五十區。區及鄉鎮，各設公所。區長、鄉長、鎮長，本應由人民選舉，但在未實行前，區長得由民政廳就考試合格人員中委任，鄉，鎮長由人民加倍選出，由縣長擇任。閭鄰長則都由民選。市以二十閭為坊，十坊為區，亦有區長、坊長、閭長、鄰長及區坊公所。區、坊、鄉、鎮，亦各有監察委員。到一縣的區長都由民選時，即得成立縣參議會。

以上所說，都係訓政時期的辦法。國民政府的政治，是以人民自治為目的的。所以到一縣自治完成之後，其人民即得行使選舉、罷免、創制、復決四權，縣長由人民選舉，並得選出國民代表一人，組織代表會，參與中央政事。一省的縣都完成自治時，即為憲政開始。省長亦由人民選舉。全國有過半數省份，達到憲政開始時期，則開國民大會，決定憲法頒佈。憲法頒佈之後，中央統治權歸國民大會行使——即國民大會，對中央政府官吏，有選舉、罷免之權，對中央法律，有創制復決之權——是為憲政告成。全國國民，即依憲法行大選舉。國民政府，於選舉完畢後三個月解職，授權於民選的政府，是為建國的大功告成。

以上所說，為國民政府施政的綱領。至於目前的政務，則最要的，自然要推軍財兩端。民國的軍制，本以師為單位，合若干師，則稱軍。國民政府北伐時，曾合所有的軍隊，編為四集團軍。十八年的編遣會議，全國定設六十五師。但其後編遣迄未能就緒。兵制之壞，由於召募烏合。所以軍人程度不一，而散遣之後，亦往往無家可歸。二十年六月，國民政府頒佈《兵役法》。常備兵役，分為現役、續役、正役三種。民年二十至二十五，得為現役兵，期限三年，退為正役兵六年。再退則為續役，至年四十歲止。其年自十八至四十五，不服常備兵役的，則服國民兵役。平時受規定的軍事教育。戰時由國民政府以命令徵集。海軍，當民國初年，曾按江防、海防，分為第一第二隊艦。護法戰起分裂。十八年編遣會議，議決海軍重行編制，乃復歸於統一。空軍起於民國以來，北京政府即設立航空署。國民政府，亦經設立，直隸於軍政部。我國陸軍，苦於兵多而不能戰；海、空軍則為力甚微，殊不足以禦外侮，這是我國民不可不亟思努力的。

財政本苦竭蹶，而自帝制運動以後，中央威權失墜，各省多不解款，遂致專恃借債，以資彌補。歐戰以前，所舉最大的債，為善後大借款，已見第五章。歐戰期間，各國無暇顧及東方，則專借日債。自九年以後，並日債亦不能借，則專借內債。國民政府，將中央和地方的稅款畫清。中央重要的收入，為關稅、鹽稅、統稅、煙酒稅、印花稅、礦稅等。田賦畫歸地方，和契稅、營業稅等，同為地方重要收入。病商的釐金，已於二十年裁撤。二十三年，又開財政會議。限制田賦的附捐。並通令各省，裁撤苛捐雜稅。豫算亦在屬行。但在目前，收支還未能適合。時時靠內債以資補苴，其為數亦頗巨。

註解

① 中央執行委員會，每半年至少應開大會一次。平時則互選常務委員若干人，以執行職務。

② 四級，謂初級、地方、高等審判廳及大理院。三審，謂同一案件，只能經過三級法院審判。如初審在第一級，則上訴終於第三級。現制則分地方法院、高等法院、最高法院三級，較為名實相符。

第二十一章　現代的經濟和社會

講起現代的經濟和社會來，是真使我們驚心動魄的。帝國主義者的剝削我們，固然不自今日為始，然而在現代，的確達到更嚴重的時期了。這個，只要看民國以來，貿易上入超數字的激增，便可知道。假如以民國元年的一萬零三百萬為百分，民國三年，便超過了一倍。四年至八年，正值歐洲大戰凋敝之時，美國、日本等，都因此而大獲其利，我國卻仍未能挽回入超的頹勢。九年以後，其數即又激增。此後十年之間，常在二萬萬兩左右。十九年增至四萬萬。二十年超過五萬萬。二十二年，又超過七萬萬。甚至合一切項目，還不能保持國際收支的平衡，而要輸出現銀了。

新式工業，當歐戰時期，頗有勃興之象，但因基本工業不興，又資本人才，兩俱闕乏，所以所振興的，都不過是輕工業。歐戰以後，不但外貨的輸入，回復到戰前的景象，抑且因世界不景氣之故，而群謀對我傾銷，我國新興的工業，遂大受其壓迫。而且所輸入的，都是日用必須之品。我國的天產，向稱獨佔市場的，如絲茶等，則無一不受排擠而失敗。大豆近來稱為出產的大宗，然而從東北淪陷後，佔大的產地，又喪失了，而且失掉了很廣大的國內市場。長此以往，我國的工商業，將何以支持呢？

我國是號稱以農立國的。全國之民，業農的總當在百分之八十左右。據近歲的調查，自耕農不過百分之五十二。其餘半佃農佔百分之二十二，佃農佔百分之二十六。即自耕農的土地面積，也是很小的。農民的生活，本來已很困苦了。加以二十年來，內戰不息，兵燹時聞，租稅加重。微薄的資本不免喪失，或者壅塞不能流通，又或因求安全之故而集中於都市農村的資本，益形枯窘。穀價低落，副業喪失，而日用之品，反不免出高價以求之於外。就呈現普遍破產的現象了。

天災人禍，帝國主義者的剝削，農村之民，日益不能安居，紛紛流入都市。都市中的勞動者，日漸增加，勞資問題，遂隨之而日趨嚴重。

雖然如此，總還有一部分人，度其奢侈的生活的。尤其大都市的生活程度和窮鄉僻壤，相去天淵。遂貽以舊式生產，營新式消費之譏。

經濟是社會組織的下層。其餘一切機構，都是建築在這基礎上面的。經濟組織而生變化，其他一切，自亦必隨之而生變化。況且喜新騖奇，是人們同具的心理。又且處於困苦之中，總要想奮鬥以求出路。所以近數十年來，文化變動的劇烈，亦是前此所未有。自由平等之說興，而舊日等位上下之說，不復足以維繫人心。交通便利了，人們離鄉背井的多了，而舊日居田園長子孫之念漸變；甚且家族主義，因之動搖，而父子、夫婦間的倫理，都要發生問題。新興的事業多了，成功之機會亦多，而舊日樂天安命的觀念漸變。物質的發達甚了，則享樂的慾望亦增，舊日受人稱賞的安貧樂道，或且為人所鄙夷。凡此種種，固然是勢所必至。亦且人們能隨環境為轉移，不為舊習慣所囿，原是件好事。然而舊時共信的標準，既已推翻；現代必須的條件，卻又未能成立；就不免有青黃不接之感了。混亂、矛盾，這就是我們現在的社會現象。

我們的出路在哪裏呢？

好了，救星來了。救星為誰，便是孫中山先生所提唱的民生主義。現代的經濟，維持現狀，總是不行的了，總是要革命的。革命走哪一條路呢？共產、集產，路是多着呢，卻都不是沒有流弊的。尤其是中國，情形和歐、美不同，斷不能盲從他人，削足適履。所以中山先生，提唱這大中至正的民生主義，以平均地權、節制資本為宗旨。而節制資本之中，又包含節制私人資本，發展國家資本兩義。

要發展國家資本，總免不了利用外資的。所以中山先生，很早就訂定《實業計畫》。想利用列國的資本和技術，來開發中國。這不但有益於中國，亦且有益於世界。苦於二十年來，列強則忙於爭城奪地，競事擴張軍備。中國亦內戰不息，借入的外資，大部用諸不生產之地。到後來，就連借外債而談不到了。而我國的經濟建設，亦就更無端緒。直到民國二十年，國民政府，才設立了一個全國經濟委員會。國府要人，都被任為委員。所以其所計畫，容易見諸實行。設立之初，即致電國際聯盟行政院，請其為技術上的合作。國聯亦很為贊成。即派聯絡代表來華，並供給了許多技術人員。從全國經濟委員會設立以來，努力於經濟的建設。對於復興農村、整治水利、改進交通三端，尤其注意。現在和國聯，雖不過是技術上的合作，然進一步而謀利用外資，亦非不可能的。資力雄厚，進步就自然更快了。

農村的建設，最重要的是經濟的流通。現在國民政府所努力指導農民的，則是合作事業。從十七年合作運動委員會設立以來，各地方的合作事業，便日有進展，尤其是江、浙兩省，農民銀行業已成立，而其放款，是以合作社為限的，所以尤其興盛，截至二十二年止，註冊的已有二千七百餘了。勞工團體的組織，亦是近年的事，民國十一年，第一次全國勞動大會，才開會於廣州。其後第二、第三次大會，相繼舉行。工會的興盛，要算十六年為最。十七年以後，又逐漸加以整理。《工會》、《工廠》、《工廠檢查》、《勞資爭議處理》及《團體協約》諸法，亦已次第頒佈。果能循序進行，自可達到平和革命的目的，而免卻階級鬥爭的危險了。

第二十二章 現代的教育和學術

使社會變動的根本，到底是甚麼？要問這句話，我們在現在只得回答道是文化。而教育和學術是文化變動的根原。所以這兩者和社會的關係是非常密切的。

中國的新式教育，雖然導源清末，然既存有獎勵章程，則仍然未脫科舉的意味。所以正式的新教育，實在要算從民國時代開始。民國的釐定學制，事在元年七月間。先是，已把清代的獎勵章程停止。又通令：凡學堂都改稱學校。至是，將舊制的初等小學，改稱國民學校。其期限為四年，國民學校以上為高等小學，其期限為三年。更上為中學，四年。大學分文、理、法、商、工、醫六科。預科二年，本科三年，相當於高等小學的，有乙種實業學校；相當於中學的，有甲種實業學校；期限均同。和高小及中學相當的補習學校，則期限均為二年。師範較中學，多預科一年。和大學相當的高等師範，期限為三年；專門學校為四年；均有預科一年。十一年，又將學制改革。把教育分做三個階段。小學教育，初級四年，高級二年。中學教育，初級高級各三年。師範、職業學校同。大學六年，專門學校四年，高師改為師範大學。十一年的學制，得設單科大學。十八年，又改大學為文、理、法、教育、農、工、商、醫各學院。醫科年限五年，餘均四年。有三學院的，乃得稱大學，否則稱獨立學院、專門學校，期限為二或三年。又增特別、幼稚、簡易各種師範。特別師範，招收高級中學畢業生，期限一年。幼稚師範，收初級中學畢業生，期限二年或三年。簡易師範，初級中學畢業生一年。高級小學畢業生四年。私人不准設立師範學校。自大學以上為研究院，為研究學術的機關。其期限無定。此外如民眾學校及各種補習學校、圖書館、博物館、美術館、講演所、體育場等，則均屬於社會教育的範圍。留學外國的，自清季即甚盛。其時因路近費省，又文字較易學，往日本的最多。民國以來，則赴歐、美者漸眾。其中公私費的都有。因庚子賠款，美國首先退還，規定作為派遣學生赴該國留學之用，所以赴美者尤盛。

中國對於社會科學的研究，本來亦很精深。惟對於自然科學，則較諸歐、美各國，瞠乎其後，而歐美各國，對於社會科學，其研究方法，亦有取自自然科學的。中國對於自然科學，既然落後，對於社會科學的研究方法，自亦不逮他人了。這是今日急當採取他人，以補我之所不足的。西學初輸入時，中國人未能認識其真價值，只是以應用的目的，去採取他。所以有所謂"中學為體，西學為用"之說。此時所得，只是一點微末的技能罷了。戊戌以後，漸知西人政治、法律、經濟、教育諸端，都有可取之處。然仍未能認識科學的真價值。科學的認識，不過是近二十年來之事。到此，才算能真知道西人的長處。所以中國人和西人交接雖早，而其認識西人則甚遲。知道科學方法之後，則一切學問，都可以煥然改觀。所以近來研究之家，所利用的材料，雖然有時甚舊，然其結論，亦就和前人判然不同了。這才是中國學問真正的進步。現在還正值開始。將來研究得深了，或者突飛進步，能有所新發見，以補現今東西洋學術的不足或者竟能別闢途徑，出於現世界上所有的學術以外，都未可知的。

研究學術和普及教育，都要注意於其工具。工具是甚麼？這是一時很難列舉的，然而語言、文字，要為其中最重要的一種。我國的語言，實在是很統一的。但因地域廣大，各地方的方音不同，所以詞類語法，雖然相同，而出於口，入於耳，還是彼此不能相喻。又歷代的言語，不能沒有變遷，而文人下筆，向來務效古語，於是普通的文字，亦為普通人所不能了解。雖亦有徑用口語，筆之於書的，然其範圍甚狹，只有佛家及理學家不求文飾的語錄、官府曉諭小民的文告、慈善家勸導愚俗的著述以及本於說書的平話用之而已。感於中國文字認識之難，而思創造音符以濟其窮者，久有其人，如清末勞乃宣所造的官話字母，便是其一例。民國以來，教育部知道漢字不能廢棄，而讀音則不可不統一。乃召集一讀音統一會，分析音素，制定符號，以供註音之用。於七年公佈。八九年間，又有人創新文學之論，謂著書宜即用現在的口語。於是白話文大為風行。此事於教育亦是很有利的。但其功用還不止此。因為文學思想，本是人人所同具。但是向來民眾所懷抱的感想，因限於工具，無從發表，而埋沒掉的很多。從白話文風行以來，此弊亦可漸漸革除了。所以最近的文學，確小另饒一種生趣，這都是不可否認的事實。但是舊文學亦自有其用，謂其可以廢棄，則又係一偏之論了。

第五編 共同民族主義的困境

第六編

結 論

第一章 我國民族發展的回顧

少年人的思想，總是往前進的。只有已老衰的人，才戀戀於已往。然則一個民族，亦當向前邁進，何必回顧已往的事呢？然而要前進，必先了解現狀；而要了解現狀，則非追溯到既往不可。現在是決不能解釋現在的。這話，在第一編第一章中，業已說過了。然則我民族已往的發展；又何能不一回顧呢？

外國有人說："中華民國，是世界上的怪物。"因為世界非無大國，而其起源都較晚；古代亦非無大國，然而到現在，都早已滅亡了。團結數萬萬的大民族，建立一個世界上第一等的大國；而文明進步，在世界上亦稱第一等；這是地球之上，中華民國之外，再沒有第二個國家的。我國民族，能成就如此偉大的事業，這豈是偶然的事呢？我們試一回顧已往的發展：

當公元前三千年以前，我國民族，棲息於黃河流域的時代，已經有高度的文化了。這就是傳說上所謂巢、燧、羲、農之世。當這時代，我民族的疆域，還不甚大。與我同棲息於神州大陸之上的民族很多。其後黃帝起於河北。黃帝一族的武力，似乎特別強盛。東征西討，許多異民族，都為我所懾服了，然而這一族，也不是專恃武力的，同時亦有較高度的文化。此時我國民族，行封建政體。凡封建所及之處，即是我國民族足跡所及之處。星羅棋佈於大陸之上，各據一定地點，再行向外發展。武力文化，同時並用。至於戰國之末，而神州大陸之上，可以稱為國家的，都因競爭而卒並於一。至此，而我國為一大國的基礎定；我民族融合神州諸民族，而形成一大民族的基礎亦定。

秦、漢以後，中國本部之地，既已統一了，乃再行向外發展。其中漢、唐時代，是我國民族，以政治之力，征服異民族的。五胡亂華，以及遼、金、元、清的時代，則不免反受異族的蹂躪。但因我國文化程度之高，異族雖一時憑藉武力，薦居吾國，卒仍不能不為我所同化。此諸族者，當其薦居中國之時，亦能向外拓展，大耀威稜。這並非他們有此能力，實在還是利用我國的國力的。所以還只算得我民族的事業。當此時代，我國力之所至，西逾蔥嶺，東窮大海，南苞後印度半島，北抵西伯利亞的南部。亞洲的地理，若依自然的形勢，分為五區，則其中部及東部，實在是隸屬於我國的。我國今日，本部以外的疆域，都戡定於此時代之中。這是說國力所及。至於人民的足跡，則其所至較此尤遠。地球之上，幾於無一處不達到。現在南洋、美洲，都有很多的華僑。便是西伯利亞，西至歐洲，亦都有華人流寓。其形勢，亦從這時代已開其端。雖然政治之力，尚未能及於此諸地方，這是我民族不尚武力的結果。最後的勝利，本未必屬於武力，我民族自然發展所及之處，真要論民族自決，恐未必終處於異族羈軛之下的。若論內部的文化，則我國當此時代，有很完密的政治制度，很精深的學術，很燦爛的文明，都為異族所取法。不但已同化於我的民族，深受吾國文化之賜，即尚未同化於我的民族，其沐浴吾國文化的恩惠，亦自不少，如朝鮮、日本、安南等，都是其最顯著的。這實在是我民族在發展的過程中，對於世界最大的貢獻。

　　世界的文明，一起源於美洲，一起源於亞洲的東部，一起源於亞洲南部的大半島。而一起源於亞、歐、非三洲之交。除西半球的文明，因距舊世界太遠，為孤立的發達，未能大發揚其光輝外，其印度半島的文化，當公元一世紀至七世紀之世，即與我國的文化相接觸、相融合的，當其接觸融合之時，彼此都保持平和的關係，絕無侵掠壓迫的事實發生。乃至最近四世紀以來，我國的文化，和西洋的文化接觸，就大不然了。他們的文化，是挾着武力而來的；而且輔之以經濟之力。我民族遂大受其壓迫。土地日蹙，生計日窘，不但無從發展，幾乎要做人家發展的犧牲了。然而這只是一時的現象。須知一種文化的轉變，是必須要經過相當的時間的。其體段大，而其固有的文化根柢深的，其轉變自不如淺演的小民族之易。然而其變化大的，其成就亦大。我國民族，現在正當變化以求適應於新環境的時候。一旦大功造成，其能大有造於世界，是可以預決的。到這時代，我民族的發展，就更其不可限量了。我國民族，是向不以侵略壓迫為事的。我國而能有所貢獻於世界，一定是世界的福音。所以我國民族的發展，和我國民對於世界的使命，兩個問題，可以合而為一。

　　然則我國民對於世界的使命安在呢？請看下章。

第二章 中國對於世界的使命

羅素說："東西洋人，是各有長處的。西洋人的長處，在於科學的方法。東洋人的長處，在於合理的生活。"這句話，可謂一語破的，自來談東西洋異點的人，沒有像這一句，能得其真際的了。

惟其有科學方法：所以對於一切事物，知之真切。然後其利用天然之力大，然後其制服天然之力強。以此種方法，施之於人事，則部勒謹嚴。佈置得當。不論如何精細的工作，偉大的計畫，都可以刻期操券，而責其必成。西洋人近興，所以發揚光大者，其根本在此。這真是中國人所闕乏，而應當無條件接受他的。

然而人與人相處之間，其道亦不可以不講。《論語》說得好："信如君不君，臣不臣，父不父，子不子，雖有粟，吾得而食諸？"利用天然之力雖大，制服天然之力雖強，而人與人之相處，不得其道，則其所能利用的天然，往往即成為互相殘殺之具。以近代科學之精，而多用之於軍備，即其一證——假使以現在的科學，而全用之於利用厚生方面，現在的世界，應當是何狀況呢？

若論人與人相處之道，則中國人之所發明，確有過於西洋人之處。西洋人是專想克服外物的，所以專講鬥爭。中國人則是專講與外物調和的。不論對於人，對於天然，都是如此。人和物，本來沒有一定界限的。把仁愛之心，擴充至極，則明明是物，亦可視之如人。近代的人，要講愛護動物，不許虐待，就是從這道理上來。把為我之心，擴充至極，則明明是人，亦將視之如物。他雖然亦有生命，亦愛自由，到與我的權利不相容時，就將視同障礙的外物，而加以排除、殘害，當作我的犧牲品了。天然之力，實在是無知無識的，我們應得制服他，利用他，以優厚人生。而中國一味講調和，遂至任天然之力，橫行肆虐，而人且無以遂其生。人和人，是應得互相仁偶的。而西洋人過講擴充自己，遂至把人當做犧牲品而不恤。這實在都有所偏。中國人的對物，允宜效法西洋，西洋人的對人，亦宜效法中國。這兩種文化，互相提攜，互相矯正，就能使世界更臻於上理，而給人類以更大的幸福。採取他人之所長，以補自己的所短；同時發揮自己的所長，以補他人之所短。這就是中國對於世界的使命。

中西文化的異點，溯其根原，怕還是從很古的時代，生活之不同來的。西洋文化的根原，發生於遊牧時代。遊牧民族，本來以掠奪為生的，所以西洋人好講鬥爭。中國文化的根原，則是農耕社會。其生活比較平和。而人與人間，尤必互相扶助，所以中國人喜講調和。中國人最高的理想，是孔子所謂大同。這並不是一句空話，而是有歷史事實，以為之背景的。其說，已見第一編第二章。文化不是突然發生之物。後來的文化，必以前此的文化為其根原。出發時的性質，往往有經歷若干年代，仍不磨滅的。大同的社會，在後來雖已成過去。然而其景象，則永留於吾人腦海之中，而奉為社會最高的典型。一切政治教化，均以此為其最後的鵠的。這是中國人的理想，所以能和平樂利的根原。

中國人既以大同為最高的典型，所以其治法，必以平天下為最後的目的，而不肯限於一國。而其平天下的手段，則以治國為之本；治國以齊家為本，齊家以修身為本，凡事無不反求諸己，而冀他人之自然感化；非到萬不得已，決不輕用武力。這又是中國人愛尚平和的性質的表現。其目的，既然不在發展自己，而是要求"萬物各得其所"的平，則決無以此一民族，壓迫彼一民族；以此一階級，壓迫彼一階級之理。所以中國的內部，階級比較的平等，經濟比較的平均；而其對於外國，亦恆以懷柔教化為事，而不事征伐。既然不講壓迫，則必然崇尚自由。自由，就沒有他人來管束你了，就不得不講自治。我國政體，雖號稱專制，其實人民是極自由；而其自治之力，也是極強的。這個，只要看幾千年來政治的疏闊，就是一個很大的證據。我們既不壓迫人，人家自樂於親近我。所以不論甚麼異族，都易於與我同化。我國的疆域，大於歐洲；人口亦較歐洲為眾。他們幾千年來，爭奪相較，迄今不能統一。我國則自公元前兩世紀以來，久以統一為常，分裂為變。人之度量相越，真不可以道里計了。

以歐洲近世文明的發展，而弱小民族，遂大受壓迫，國破、家亡，甚而至於種族夷滅。這種文明，到底是禍是福？至少在弱小民族方面論起來，到底是禍是福？實在是很可疑惑的了。此種病態的文明，豈可以不思矯正？要矯正他，非有特殊的文化，和相當的實力，又誰能負此使命。中國人起來啊！世界上多少弱小的民族，待你而得解放呢。